U0645009

三井商道在丰田

揭开日本财团的产经密码

白益民 著

人民东方出版传媒
People's Oriental Publishing & Media
东方出版社
The Oriental Press

图书在版编目（CIP）数据

三井商道在丰田：揭开日本财团的产经密码／白益民 著. —北京：东方出版社，2024.1

ISBN 978-7-5207-3637-4

Ⅰ.①三… Ⅱ.①白… Ⅲ.①企业管理—经验—日本 Ⅳ.①F279.313.3

中国国家版本馆 CIP 数据核字（2023）第 172447 号

三井商道在丰田：揭开日本财团的产经密码

（SANJING SHANGDAO ZAI FENGTIAN：JIEKAI RIBEN CAITUAN DE CHANJING MIMA）

作　　者：白益民

责任编辑：刘　峥　马　旭

出　　版：东方出版社

发　　行：人民东方出版传媒有限公司

地　　址：北京市东城区朝阳门内大街 166 号

邮　　编：100010

印　　刷：北京联兴盛业印刷股份有限公司

版　　次：2024 年 1 月第 1 版

印　　次：2024 年 1 月第 1 次印刷

开　　本：710 毫米×1000 毫米　1/16

印　　张：31

字　　数：369 千字

书　　号：ISBN 978-7-5207-3637-4

定　　价：106.00 元

发行电话：(010) 85924663　85924644　85924641

版权所有，违者必究

如有印装质量问题，我社负责调换，请拨打电话：(010) 85924602　85924603

——丰田佐吉只是日本乡下一个名不见经传的工匠，后来却风云际会成为丰田集团的创始人，谁是发现他的伯乐？

　　——当丰田佐吉因纺织产业不景气而陷入迷茫时，谁为他提供了远赴欧美考察的船票，开启了属于日本的汽车时代？

　　——汽车工业需要大量的资本支持，是谁及时伸出援手，让丰田喜一郎和丰田汽车能够追寻日本国产汽车梦？

　　——赤井久义艰难地承担起了丰田的经营重任，为丰田后来的发展保留了希望的火种，这位"干将"又来自哪里？

　　——在丰田汽车背负严重债务，陷入经营危机时，是谁扮演起"救世主"的角色，帮助丰田度过了春天来临前的寒冬？

　　——作为丰田销售体系的真正奠基者，神谷正太郎在日本被誉为"销售之神"，他的"共存共荣"经营哲学师承何处？

　　——丰田的迅速崛起和发展壮大，离不开"中兴之祖"石田退三的智慧经营，他最初是在哪里形成了商道思维？

　　——在全球汽车产业竞争中，谁教会了丰田以"扩大商权"为核心，掌控产业链上下游，构筑起庞大的网络体系？

　　——以丰田为代表的日本制造业企业逐渐形成了"产、商、融"相结合的财团体制，谁创造了这套产业生态模式？

答案只有一个：三井

到该研究三井的时候了

梦系中国人自己的商学体系
倡导中国新经济的东方智慧
促进国民企业的和合与共生
捍卫国家经济的长治与久安

1918 年，神谷正太郎毕业后进入三井物产公司工作，由于成绩突出，在几个月后被派往英国分公司工作，5 年以后又被派去美国分公司主持了 1 年的商务工作。若山富士雄与杉本忠明合著的《丰田的秘密》，记录了这段鲜为人知的历史。1935 年 8 月，神谷正太郎结识了正在筹备生产汽车的丰田喜一郎，转而到丰田麾下效力，主持销售工作，后来成为"日本销售之神"。

美国管理学大师德鲁克的《管理：使命、责任、实务》(使命篇) 第 6 章这样写道：在远东，市场营销是 1650 年左右在日本发明的，由三井家族中首先定居于东京的商人发明。在此基础上，他和他的继承人不仅创建了日本迄今为止最大的零售企业——三井公司百货连锁商店（三越百货），而且还创建了日本最大的制造业、贸易和金融财团之一，即三井财团。

1927 年，三井物产的经理儿玉一造，推荐在三井服部店工作的石田退三进入丰田纺织工作。石田退三于 1950 年出任丰田汽车社长，于 1961 年出任丰田公司会长。这 20 年正是丰田的飞跃发展时期，因而石田退三被誉为"丰田中兴之祖"。2005 年，他的《丰田智慧》在中国出版，主要讲述了用头脑和才干创建产业等内容，无不充满"三井商道"的智慧。

"中国管理学之父"包政在他的《丰田的社区商务方式》一文中指出：如果没有擅长商务活动以及具有资源整合能力的三井财团的协助，那么丰田公司当在 1950 年倒闭。其中的原因与三井物产直接相关，是三井物产帮助丰田确立起独特的商务活动方式。三井财团旗下三井物产的介入，强化了丰田公司的商务活动能力，促进了丰田商务活动方式的形成及其转变。

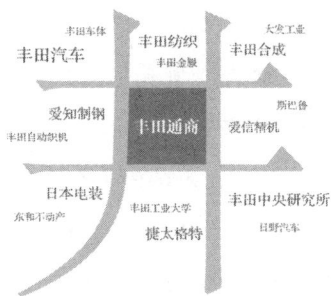

丰田车体 丰田纺织 大宝工业
丰田汽车 丰田金融 丰田合成
爱知制钢 斯巴鲁
丰田自动织机 丰田通商 爱信精机
日本电装 丰田中央研究所
东和不动产 丰田工业大学 捷太格特 日野汽车

自 序

20世纪80年代初，我刚刚进入北京101中学上初中。1981年，受益于日本教练大松博文执教的中国女排，在第三届女排世界杯上战胜了"东洋魔女"日本队，第一次夺得了世界冠军。此时，日本丰田汽车的一块广告牌矗立在北京机场附近。在周围众多白底黑字的广告牌中，红色的丰田广告显得尤为耀眼，上面赫然印着"车到山前必有路，有路必有丰田车"几个大字。

随后，日本丰田"皇冠"汽车于1984年正式进入中国市场。那时在北京除了红旗、吉普和一部分苏联的汽车外，几乎看不到其他品牌的汽车。在当时的国人心中，"皇冠"是不折不扣的高端豪华车代表。甚至到了90年代，不少企事业单位还是购买"皇冠"汽车作为工作用车。

1991年7月，我刚刚大学毕业进入北京市第一轻工业总公司技术开发处工作。一次工作外出，我首次尝试打出租车，是一辆天津大发公司生产的面包车，俗称"面的"。大发面包车在日本是厢式货车，但当时为收入有限的中国城乡老百姓出行提供了轿车的替代品。大发是日本最古老的汽车制造商，以生产内燃机起家。曾经让国人引以为荣的国产品牌汽车"夏利"，其技术便来自大发。

日本大发汽车与丰田的合作始于1967年，1998年被丰田控制了51.2%的股份。2003年，大发汽车借着丰田与一汽的合作，用达路（Dario）品牌在天津进行生产，通过一汽丰田销售网络进行销售。从2011年，大发开始生产丰田品牌微型车，在日本本土以及海外新兴市场，丰田和大发品牌产生更多协调效应。2016年，大发成为丰田100%的全资子公司。

1995年，是我在日本三井物产株式会社工作的第3年。在那年的一个秋日，有位朋友找到我，让我帮忙买一辆原装进口的日本丰田汽车。他说："经销商说三井物产是丰田汽车在中国的销售代理。"我听完很诧异，赶忙与机械部门的负责人核实，发现的确如他所说，而我也是第一次知道丰田汽车和三井物产还有这层关系。

2001年，办公室来了一位丰田通商公司的日本人，当时我是饲料原料和淀粉产品的负责人，他希望我帮忙推销他们用在印度尼西亚种植的白薯加工生产的白薯粉。这让我很诧异，丰田不是生产汽车的吗，怎么做起白薯粉的买卖了？原来，当时丰田公司利用某种技术可以生产出超级产量的白薯，目的是将其转化成淀粉后，一部分用于生产替代汽油的酒精，一部分也可用作饲料。

当时我仍然没有在意丰田与三井之间有着什么特别联系。直到有一天，三井物产的内田龙太郎先生从东京打来电话，又提到丰田的白薯粉，而且有些诡秘地对我说："丰田集团是三井物产一手培育起来的企业，是三井财团的重要成员，请多多关照他们的业务。"这次谈话引起了我的好奇心，于是我开始翻阅一些学者关于丰田企业管理经验的书籍。然而，这些书里并没有多少介绍三井与丰田关系的内容。甚至在三井物产里工作的日本人，也似乎非常避讳提到与丰田的关系。于是，我开始细心搜集有关"三井与丰田关系"的资料，希望有机会可以将其中的"三井商道"呈现出来。

2006年，我的处女作《三井帝国启示录》问世，首次揭秘了丰田通商（综合商社）是丰田财团的核心组织，这正是我曾经工作12年的三井物产的翻版。我通过追踪三井家族和丰田家族的人物联系，体察他们的行为方式和理念，意识到丰田经营哲学的神髓是"三井商道"。

现在看来，以三井物产（综合商社）为核心的三井财团的知识服务体系，与丰田集团的精益生产体系在融合后，二者通过相互持股构成"三井-丰田"汽车事业利益共同体。丰田集团的知识产权（包括品牌、整车和部品研发、制造、贩卖的汽车专业技能）和采用"三井商道"运营的丰田通商（小三井物产），形成了"丰田模式"。

2007年夏季的一天，总部设在安徽芜湖的奇瑞集团董事长尹同耀让他的一位副手找到我，说是看到《三井帝国启示录》这本书深受启发，希望请我帮助建立像丰田通商、三井物产这样的商社，拓展海外市场。当时除了中国一汽，奇瑞是第二个高调宣布自己学习"丰田生产方式"的车企。奇瑞当时曾提出：丰田管理理论＋奇瑞实践＝奇瑞管理模式，足见当年奇瑞学习丰田的力度和决心。

2008年9月，在我的第二本书《三井帝国在行动》中，我集中展现了按照"三井商道"理念运营的丰田模式，揭开了其鲜为人知的一面。事实上，丰田通商（小三井物产）与丰田汽车如影随形，当时在中国悄然投资了120多家企业，分布在汽车产业链的各个环节，并不断延伸到其他领域。

2009年3月，我接到时任《环球财经》运营总经理宋鸿兵（《货币战争》作者）的电话，邀请我加入《环球财经》。当时，《环球财经》杂志的投资人是北京智美传媒股份有限公司董事长任文女士。作为当时中国汽车行业专业传媒机构，智美传媒会聚了一大批一流的汽车、媒体、金融、信息等各类高端行业跨界人才，这段经历让我有了更多接触汽车行业的机会。

2010年4月，丰田"召回门"事件愈演愈烈，我就此热点为《环球财经》杂志策划了数期封面文章，其中包括《狙击丰田：美国打响新一轮产业战》《财团体系支撑"不死鸟"丰田将破门上路》《丰田用50年打败美国》等。

此后，我还发表了《丰田通商上演"盗利空间"》（《时代周报》）、《丰田的"和解"谋略》（《中国汽车报》）、《丰田汽车的幕后推手》（《中国汽车报》）、《"微增长"时代自主品牌向丰田学习什么》（《汽车商报》）、《11亿美元丰田交给美国政府的"保护费"》（《时代汽车》）等文章。

2011年7月，天津泰达物流公司张舰董事长看到《三井帝国在行动》一书中记述了他们公司与丰田通商的密切合作关系，邀请我去授课，介绍"三井商道"经管理念下的丰田模式。

2014年10月，在中国武汉举办的"全球汽车论坛"上，北汽集团总经理张夕勇表示："汽车产业的利润正在向服务业转移，销售利润占整个产业利润的20%左右，零部件60%左右，20%以上是通过服务业产生的，因此我们要大力发展生产型服务业，我们要向丰田等制造业企业学习，由产品提供者发展成为产品和服务的提供者学习。"

随后，北汽集团的北汽福田公司企划部的负责人找到我请教，他们同时也透露自身2001年导入丰田生产方式，先后经历了导入期、推进期和转型期。当时，北汽福田的经营理念只是停留在丰田的"精益制造"那种"术"的层面，还没有察觉到丰田成功的核心灵魂是"三井商道"这种"道"的层面，而对于丰田通商（小三井物产）的研究与学习，才是成功转型的关键。

2016年秋天，一位企业家在北京的私董会上遇到我，提到包政教授在深圳讲课时向企业家们专门推荐我写的《三井帝国在行动》这本书。包政教授在他的著作《营销的本质》"丰田商务领域的实践"中，这样写道："产销分离"反映了丰田在企业内部所做的具有战略意义的重大变革。在三井物产的主导下，丰田公司的销售职能从生产活动领域独立出来，单独成立丰田汽车销售公司。丰田公司之所以能成功实现"产销分离""神谷原则"，与三井财团的强势介入并主导变革密不可分。

2017年，长城汽车公司信息部门的两位负责人专程到北京拜访我，希望我能为长城汽车的发展提供一些建议。经过交流之后，我了解到原来长城汽车一直在以日本丰田为学习榜样。事实上，在执行高效、极致策略等方面，长城汽车的确都有着成为"中国丰田"的潜质。当时，我给了长城汽车两个建议：一个是瞄准丰田通商、三井物产这两家综合商社编织产业互联的机能，深入研究丰田财团十几家企业之间的组织模式；另一个建议是，强化长城汽车的战略情报部门，这是迎接未来跨越式发展和大集团作战的先决条件。后来听说长城汽车信息部隶属于销售部门，这两个建议最终是否能上升到集团的战略层面不得而知，但在我看来，它们其实关系未来的成败。

2020年5月，时隔12年，我出版了《三井帝国》第3部著作《三井帝国在布局》，其中这样介绍道：丰田汽车可以看成是制造业企业成功学习"三井商道"、升级为财团的典型案例，孕育出来的丰田通商（小三井物产），承担起了培育和构建全球汽车产业互联网的重任。

事实上，丰田汽车学习"三井商道"也不是一朝一夕的事情，除了在商业领域的各种合作，丰田家族与三井家族之间也一直有着剪不断理还乱的"强强联姻"。丰田汽车社长丰田章男的夫人是三井物产原副总裁田渊守的女儿田渊裕子，而丰田章男的母亲则是三井银行原董事三井高长的女儿三井博子，此外，家族中还有新日铁（属三井财团）、住友银行（现三井住友银行）等日本一流企业的经营者。

2021 年 4 月，我当选中国投资协会新基建投资专业委员会副会长，更加关注中国汽车产业的发展，因此加快了《三井商道在丰田》这本书的写作和出版。中国未来 10 年"新基建"的兴起，其所包含的 5G 网络、特高压、新能源汽车充电桩、大数据中心、人工智能、工业互联网等七大领域，都与汽车产业密切相关，必将使汽车产业转型升级迎来机遇。

2021 年 7 月，我与北京创投协会副会长曲敬鲁做了一期视频对话节目"丰田大战特斯拉"，这也成了《三井商道在丰田》第一章的标题。美国特斯拉选择将汽车不断金融化、资本化，而日本丰田则选择回归汽车的工业产品属性，之所以两者之间存在着本质上的不同，主要是因为丰田在整个发展过程中都深受三井商业文化的影响，丰田的模式中蕴含了很深的"三井商道"。

三井与丰田通过交叉持股和共同投资，构成汽车事业共同体。在丰田，三井是参股；在三井，丰田是参股。三井财团用同样的方式与东芝、索尼等交叉持股，形成产业联盟（汽车、家电、通信、IT 等产业之间的联盟）的融合。三井服务于汽车行业的主要业务有：知识服务、产业研究和运用、新事业开发与运用、产业发展协调与支持、丰田体系资源优化配置……

2021 年 10 月，在研究助理乔梓效的辅助下，我最终完成了《三井帝国在暗战》的创作。书中记述了美日汽车贸易严重失衡，2015 年日系车对美出口额是美系车对日出口额的 49 倍之多，三井财团旗下的丰田在美国的累计投资金额高达 600 亿美元，赢得了对美国的产业战争主导权。

日本人对市场竞争的理解是：市场就是战场。"三井-丰田体系"是"市场战争"中的大兵团，通过三井财团与丰田集团的交叉持股，建立利益共同体，三井的虚拟经济优势与丰田的实体经济优势融为一体。"三井-丰田"这个大兵团在美国、中国乃至全世界抢地盘，扩大市场占有率；抢资源，获取稳定的原料供应；抢人才，强化技术和技能……使各自的利益最大化。

2021 年 12 月，三井财团旗下的三井物产、三井住友金融集团、丰田汽车、东芝四家企业，联合新日本石油、川崎重工、神户制钢、岩谷、关西电力成立一个名为"日本氢能协会（JH2A）"的新组织，开展跨行业行动，建立氢价值链，加快社会实施，实现氢社会，推动建立以金融机构为背景的资金供应体系。

2022 年春节刚过，时值北京冬奥会，我接受了《中国汽车报》数字编辑中心杜娟副主任的采访，主要是针对氢燃料汽车和氢能产业的话题，自然离不开丰田这个主角。丰田向北京冬奥会一共提供 2205 辆汽车，其中包括 140 辆 Mirai 和 105 辆柯斯达，这两款车型皆为氢燃料电池汽车。同时，北汽福田投入了 515 辆搭载丰田氢燃料电池系统的车辆为冬奥会提供保障。

2022 年 8 月初，《三井商道在丰田》创作完成，感谢研究助理乔梓效的协助和付出。感谢东方出版社许剑秋老师、姜云松老师和马旭编辑为本书出版所作的辛勤付出与贡献。本书将带给读者一个全新视角的三井和丰田，为中国汽车产业的发展提供借鉴。

白益民

2022 年 8 月 18 日

丰田车体 丰田纺织 大发工业
丰田汽车 丰田金属 丰田合成
         斯巴鲁
爱知制钢 丰田通商 爱信精机
丰田自动织机
日本电装 丰田中央研究所
东和不动产 丰田工业大学
         捷太格特 日野汽车

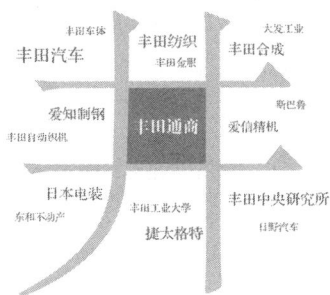

前　言
丰田的本质

丰田并不只是一家汽车公司，汽车行业只是丰田的冰山一角，丰田希望建设的是整个产业链的生态环境体系。2018 年 11 月，在首届中国国际进口博览会中，丰田以"触手可及的未来"为主题展示了多项最新研发成果，希望通过电动化、智能化、互联化的技术革新，勾勒出美好的未来蓝图。

在展览中，除了涵盖共享出行的全场景服务，还包括丰田的医疗建设。位于日本爱知县的丰田纪念医院已经投入使用，医院开设定制型医疗康复设施，可根据每个人的需求提供定制服务。丰田医院应用物联网（IoT）技术对手术进行支援，打破行业间壁垒，开发出能综合显示各种信息的"OPeLiNK"系统。

此外，丰田在农业领域应用丰田生产方式，实施"丰作计划"，并通过 IT 管理工具提高生产效率，把汽车领域的传感以及控制技术引入室内栽培的整体解决方案。针对蔬菜的生长，丰田则推出"引潮力同步栽培"法，研究植物生长和引潮力间的关系，顺应自然规律，实现安心安全的食品原料持续生产。

如今，在丰田致力创造出行社会的全产业链上，造车似乎已经成为副业，共享出行、家庭生活、医疗建设、农业生产、能源环境、人工智能等领域都可能成为丰田未来的主战场。显然，丰田打造的产业体系不止于汽车，就如同它的前辈三井一样，更像是一只看不见的大手，在影响着整个世界的产业链。

什么是丰田模式?

20世纪80年代开始,日本的"丰田模式"逐渐引起欧美产业界的关注。到90年代末,西方主流企业开始全面了解和学习"丰田模式",美国克莱斯勒前CEO罗伯特·伊通甚至宣称"不再惧怕丰田"。进入21世纪,中国企业之中也掀起了一股学习"丰田模式"的热潮。只是想学"丰田模式"的公司有很多,真正能学到的却是凤毛麟角。

很多企业全盘照搬所谓的"丰田模式"后,不但没能提升生产绩效,反而造成一片混乱。为什么很多企业学不了"丰田模式"? 实际上,在学习丰田之前首先要了解什么是丰田。丰田不仅仅是一个汽车品牌,其更是一个健康有序的产业集群生态(财团体系)。同样,"丰田模式"也不是简单的精益生产,而是支持这种生产方式的企业文化。

当年美国福特汽车前总裁雷德·波林参观丰田工厂,时任丰田总裁张富士夫亲自陪同,并对波林表示:"你可以去参观任何一个你想去的地方,可以询问任何一个你想问的问题,丰田对你完全开放。"一个半小时之后,张富士夫问波林:你有什么感想? 波林回答,没有看到什么特别的地方。显然,波林没有看到他想象中的奇迹。

如今,每年都有无数人像波林一样参观丰田、学习丰田,但几乎没有人能够复制出一个丰田。其实道理很简单,他们总是习惯于询问那些技术性的问题,而不是去了解丰田的历史和文化。通过模仿或者照搬一些丰田精益生产的做法,的确可以获得生产效率、产品品质以及订单交付等方面的改善和提升,但这样的学习只能带来一时的效果。

丰田拥有外在的"硬实力",即一套完善的精益生产系统和管理方法,同时也具有内在的"软实力",核心正是传承百年的日本商业文明。然而,丰田外在的硬实力是"末",内在的软实力才是"本"。许多人在学习丰田的时候都出现了本末倒置的现象。舍本逐末的后果是显而易见的,绝大多数企业只学到了皮毛,却学不到精髓。

实际上，在很长一段时间里，我们对"丰田模式"的理解都源于美国学者对丰田的系统性研究，习惯以丰田生产方式、TPS 或精益生产来称呼"丰田模式"，从而造成一个长期以来的误解，以为"丰田模式"就是精益生产，就是对各种精益工具（术）的应用，但实际上"丰田模式"是凌驾于各种"术"之上的"道"。

对于看板、自动化、准时制（JIT）、全员生产保全（TPM）等"丰田模式"之术（精益工具），相信大家都不陌生，现在也已经被广泛地应用在各行各业。可是，大部分人并不知道这些精益工具是怎么形成的。事实上，真正的精益生产并没有固有的模式或结果，任何期望复制丰田外在做法的努力都是徒劳的。

作为丰田生产方式的指导思想，所谓的"丰田模式"即指"丰田之道"。现代与传统、科学与文化、理性与感性、东方与西方等大量矛盾的要素，都可以和谐地共存于丰田体系中，这其实就是"丰田之道"的功劳。当然，想要真正理解"丰田模式"首先要了解丰田的历史与文化，了解其背后延续数百年的日本财团文明和"三井商道"。

在日本，"共生共荣"是普遍的价值观，丰田也并不是孤立于这一体系而单独存在的。财团最大的意义就是建立庞大的生产体系，企业可以通过交叉持股形成共渡危机、共享繁荣的命运共同体和利益共同体，从而有效避免了恶性竞争，实现了分工合作。日本财团虽以西方主导的国际通用、标准化形式出现，却带有明显的东方文化的烙印。

那么，丰田是一家传统的东方式的公司吗？显然也不是。事实上，如今的日本丰田早已成为东西方管理文化的集大成者。因此，在回答什么是"丰田模式"这一问题时，不能再简单地用西方现代管理学理论进行解答，而是应该将其定义为一种可以指导各类生产方式和管理方法的企业战略模式。

丰田太阳系

日本财团通常采取的横向联合方式，由三个核心部分组成，即产业（基础设施建设和大型装备制造等）、商业（综合商社，以贸易为平台，控制物流）、金融（包括银行、信托、基金等）。如今，丰田的"产商融"财团模式已基本定型，即以汽车相关制造业为产业基础，以丰田通商为综合商社及纽带，金融主体则包括了自有储备资金和丰田金融。

如果把丰田财团看作人类居住的地球所在的太阳系，那么核心的"丰田模式（三井商道）"就好比是太阳，四周围绕着丰田体系进行产业布局的相关企业则完全可以看作地球、水星、金星、木星这些围绕着太阳公转的行星。在丰田太阳系里，相关的行星企业包括丰田通商、丰田纺织、爱知制钢、日本电装、爱信精机……

作为丰田财团的产业根基，丰田纺织株式会社成立于1918年。随着"汽车时代"的到来，丰田纺织开始将此前积累下来的纺织技术应用到汽车座椅面套、安全带、汽车地毯等产品的生产制造中。如今的丰田纺织早已不是当初的纺织企业，而是世界排名前20位的汽车零部件厂商，并且在氢能源和自动驾驶领域积累了深厚的技术基础。

被称为"小三井物产"的丰田通商成立于1936年，作为丰田财团唯一的综合商社，以汽车相关业务为主轴，依托逐步建立起来的规模庞大的丰田产业群，为丰田提供生产、金融、零部件、物流、销售及其他相关环节的服务；在2021年《财富》世界500强排名第167位，是丰田财团当之无愧的"影子内阁"。

爱知制钢的前身是1934年成立的丰田炼钢部，担负着丰田汽车用特殊钢的制造使命。作为丰田汽车的核心配套企业，受益于日本汽车工业的高速发展，爱知制钢在20世纪七八十年代大幅跑赢钢铁行业指数。现在，爱知制钢开始涉足混合动力汽车及纯电动车用驱动电机永磁体领域，积极助力丰田的新能源战略。

1965年，爱知工业与新川工业合并成立了爱信精机，并从军工背景企业开始转向民用产品企业。经过数十年的发展，爱信精机已经成为一家主要生产汽车零配件、汽车保修设备、五金、机械设备、电动工具等产品的大型制造业企业，作为世界第九大汽车零部件生产商，在2021年《财富》世界500强中排名第365位。

二战结束后，橡胶研究部门从丰田工业株式会社中分离出来，成立名古屋橡胶株式会社，1973年改名为丰田合成株式会社。如今，丰田合成已经发展为一家世界级的橡胶聚合物、树脂聚合物及光半导体制造商，相关产品在全球市场中都占有主导份额。2019年，丰田合成在公司内部设立了风险投资部，以加速新技术和新产品的开发创新。

电装公司是1949年从丰田汽车分离独立出来的，在丰田财团的支持下，几十年间已经成长为世界第二大、日本第一大汽车零部件供应商，在2021年《财富》世界500强中排名第244位。而作为提供汽车前沿技术、系统以及零部件的顶级全球供应商之一，电装公司却一直保持着低调，他们坚信客户的认可才是最重要的。

当然，当代的日本财团早已不是传统意义上的私人家族企业。经过现代企业制度改造，它已成为真正的社会企业，被称为"民有国营"企业或"国民企业"。因此，再将丰田看作传统"财阀经济体制"就有些过时了。实际上，这种太阳系般的丰田财团模式是一种类似自然生态系统的"产业生态经济体制"，是一种产业赖以生存和发展的有机系统。

如今，丰田这种由制造业转型升级而成的新时代财团生态模式成了支撑日本经济发展的重要力量。在日本经济社会乃至全球汽车产业的影响范围内，丰田在产业链、价值链上下游的渗透深度和控制力都实属罕见，实际上也基本承担起了几大财团（三井、三菱、住友等）所承担的责任。

三井银河系

丰田财团（太阳系）实际上是从三井财团（银河系）的母体中孕育出来的。回顾历史不难发现，无论是人脉渊源还是企业关联，丰田与三井之间都有着千丝万缕的联系。早在1894年，丰田佐吉（丰田财团创始人）开办乙川棉布合资会社时，为其提供周转资金的正是三井财团的综合商社——三井物产。

1909年，正是在三井物产高管的陪同下，丰田佐吉开启了美国之旅，途中他意识到未来汽车将成为工业文明的主角，从而为日后丰田汽车的辉煌奠定了基础。二战以后，在来自三井财团体系的石田退三和神谷正太郎的努力下，丰田汽车不仅很快走出了战后发展困境，同时还在汽车的生产、销售等领域都取得了巨大的成功。

作为三井财团的综合商社，三井物产是日本最大的贸易投资公司之一。如自序所述，丰田现任掌门人丰田章男的妻、母都与三井财团有着渊源，不仅如此，丰田章男的堂兄丰田达也娶了原住友银行（现三井住友银行）行长堀田庄三的女儿堀田真理。

2011 年 2 月，三井物产宣布同俄罗斯索勒尔斯（Sollers）汽车公司成立合资公司，双方各控股 50%，计划在俄远东符拉迪沃斯托克组装生产丰田 SUV 汽车，这也是俄远东地区首次生产日系车。2013 年 2 月，丰田的"陆地巡洋舰普拉多"汽车在该合资工厂投产，每月 SUV 产能为 1000 台，并通过西伯利亚铁路将该车售往首都莫斯科等俄西部地区。

2014 年 11 月，三井财团旗下的东丽公司宣布，丰田汽车公司推出的氢燃料电池汽车（FCEV）"未来（Mirai）"采用的是东丽的碳纤维。同等体积时碳纤维的重量仅为铁的四分之一，而强度却是铁的 10 倍。在燃料电池车的高压氢罐和燃料电池的电极材料等主要部件上使用碳纤维，有助于实现车身轻量化以提高燃效。

东丽公司是世界著名的以有机合成、高分子化学、生物化学为核心技术的高科技跨国企业，是世界第一大碳纤维制造商。全球现在有东丽公司（属三井财团）、帝人公司（属三和财团）和三菱丽阳（属三菱财团）三大碳纤维企业，碳纤维生产核心技术主要都掌握在这三家日本企业的手中。

2020 年 6 月，丰田汽车与三井住友银行、三菱 UFJ 银行、瑞穗银行等 5 家公司宣布计划成立一家基金公司，投资日本国内的制造业企业，在新冠疫情下，对它们的经营给予支持。新基金公司成立后，将从资金方面支持拥有优秀技术和人才的企业，同时还提供丰田公司独特、高效的生产方式等经验技术，加强被扶持企业的竞争力。

三井住友银行是三井财团和住友财团联合成立的银行，由三井财团的樱花银行与住友财团的住友银行于 2001 年 4 月合并而成，作为三井住友金融集团的全资子公司，为三井财团及住友财团旗下的企业提供金融支持。2020 年 3 月，丰田公司还曾向三井住友银行申请 92 亿美元的信贷额度，以应对因新冠疫情增加的不确定因素。

2021 年 5 月，丰田宣布联手东芝（属三井财团）、NEC（属住友财团）以及其他大型日本企业和日本政府合作，共组量子研究小组，并且计划成立一个实体公司开展行业投资。量子技术用于高速计算和数据处理，可以大大提高处理能力，而且量子技术经过加密后，可以在情报搜集、分析等国家安全领域中发挥重要的作用。

东芝是日本最大的半导体制造商，也是第二大综合电机制造商，隶属于三井财团。除了共建量子研究小组，东芝和同样与三井财团渊源深厚的丰田一直保持着非常密切的合作关系，丰田汽车驾驶员辅助系统的关键零部件采用的就是东芝开发的 ViscontiTM4 图像识别处理器，此外，丰田还宣布与东芝开展车载电池领域的合作，以加速发展新能源汽车。

日本财团宇宙

在日本，当然不是只有丰田和三井，三菱、住友、富士、三和、第一劝银等也都是日本著名的大财团体系，同时由孙正义创办的日本软银集团其实也是典型的财团体制。每个财团都掌控着数十家大型企业，虽然各个财团内部之间的紧密程度不尽相同，但都十分强调"和"与"团结"，这也就进一步扩大了丰田的"朋友圈"。

2000 年秋天，日本京瓷集团（属三和财团）旗下的 DDI 公司与丰田财团的 IDO 公司以及国际通信巨鳄 KDD 公司三家公司合并成立日本第二大的电信运营商 KDDI 公司。新公司中，丰田是仅次于京瓷的第二大股东。在京瓷和丰田的共同努力下，KDDI 公司取得了巨大的进步，在 2020 年《财富》世界 500 强中排名第 241 位。

京瓷公司由从三井财团企业走出来的稻盛和夫创办，其大多数产品都与电信科技领域有关。多年来，京瓷公司一直都与丰田汽车保持着合作，为其提供"丰田太阳能电池板"用太阳能电池模块，主要用于丰田混合动力车"普锐斯"。此外，"丰田太阳能电池板"的选配项同样也可配备于丰田品牌的游艇上。

2017 年 10 月，富士财团旗下的日立公司宣布与丰田汽车建立一个基于日立的高效生产模式物联网（Lumada IoT）平台，其中应用了如人工智能技术和大数据分析。丰田和日立希望建立一个系统，通过分析数据，以改进、维护操作流程。在此合作项目中丰田工厂的设施、设备和其他系统将连接到该平台，以巩固和分析它们的数据。

日立是一家综合跨国集团，隶属于富士财团，事业领域涉及能源系统、保障人们安全舒适出行的铁路等交通系统，运用大数据进行创新的信息系统，以及通过健康管理、诊断、医疗技术等提供健康生活的医疗保健，等等。2020 年，丰田汽车、日立联合东日本旅客铁路有限公司宣布共同开发配备氢燃料电池和蓄电池供电的混合动力系统的列车。

2018 年 10 月，丰田汽车和软银集团宣布共同出资成立一家名为 Monet 的新合资公司，初期启动资本金为 20 亿日元，双方持股比例分别为 49.75% 和 50.25%。Monet 主要是把丰田汽车信息平台（MSPF）和软银数据收集分析平台结合起来，将车和人的各种数据结合起来，实现供需的最优化，解决出行相关的社会问题并创造新的价值。

日本软银集团由孙正义于 1981 年创立，是一家综合性投资公司，主要致力于 IT 产业的投资，包括网络、媒体、金融和电信。软银在全球投资过的公司已超过 600 家，在全球主要的 300 多家 IT 公司拥有多数股份。2016 年，软银收购英国芯片设计公司 ARM，而全世界超过 95% 的智能手机和平板电脑都采用 ARM 架构。

2021 年 3 月，丰田汽车、丰田汽车旗下的日野汽车、五十铃汽车（属第一劝银财团）联合宣布，三方已就商用车达成新的合作伙伴关系，三家公司计划利用五十铃和日野汽车在商用车方面的优势，与丰田汽车的 CASE 技术相结合，以最终实现碳中和为目标开展合作。在资本层面，丰田汽车与五十铃汽车还决定交叉持股。

　　具体来说，丰田汽车、日野汽车、五十铃汽车联合成立合资公司，其中丰田汽车持股80%，五十铃汽车和日野汽车各持股10%。此外，三家公司还计划共同开发电池电动汽车和燃料电池电动汽车、自动驾驶技术和以小型商用卡车领域为中心的电子平台。第一劝银财团旗下的五十铃汽车是一家日本的汽车制造公司，以生产商用车辆以及柴油内燃机闻名。

　　如今，在新冠疫情冲击以及产业升级加速的大背景下，丰田显然已经意识到抱团取暖的重要性。在遭遇经济危机的时候，抱团求生有利于企业保留人才和技术，等待宏观经济回暖后，发挥规模优势，迅速捕捉商机，实现企业利益最大化。事实上，日本财团的这种一损俱损、一荣俱荣的商业组织形式才是日本经济稳定发展的基石。

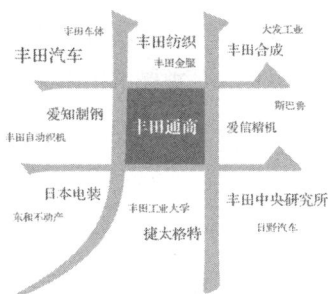

丰田系主要企业一览表

名称	成立时间	领域	业务	世界 500 强排名 *
丰田汽车	1937 年 8 月	汽车	汽车的生产和销售	第 13 位
丰田自动织机	1926 年 11 月	机械	纺织机械、工业车辆、汽车和汽车零部件的制造与销售	–
丰田通商	1948 年 7 月	综合商社	各种商品的进出口贸易、海外贸易及其他商品的生产、加工、销售及服务	第 172 位
丰田纺织	1950 年 5 月	纺织	汽车内饰产品、滤清器和动力总成设备零部件、纺织产品的制造和销售	–
丰田金服	2000 年 7 月	金融	提供多种金融服务，包括汽车销售融资、信用卡、投资信托，以及保险	–
爱知制钢	1940 年 3 月	钢铁	钢材、锻造产品、电磁产品的制造和销售	–
丰田车体	1945 年 8 月	汽车	保姆车、商务车、SUV、特种车、福祉车、超小型 EV 车的制造	–
爱信精机	1965 年 8 月	零部件	汽车零部件，能源和家居生活相关产品的制造和销售	第 409 位
电装公司	1949 年 12 月	零部件	各种汽车用品、电器设备、空调设备以及通用机械、电机的制造和销售	第 278 位

名称	成立时间	领域	业务	世界 500 强排名*
东和不动产	1953 年 8 月	房地产	房地产所有权、管理、购买、出售、租赁和寄售管理证券等投资	–
丰田中央研究所	1960 年 11 月	科研	综合技术开发利用相关的各种研究、试验和调查	–
捷太格特	2006 年 1 月	零部件	工作机械、汽车零部件的制造和销售	–
日野汽车	1942 年 5 月	汽车	卡车、巴士、小型商务车、轿车、各种发动机以及零部件的制造和销售	–
大发工业	1907 年 3 月	汽车	汽车的生产和销售	–
斯巴鲁	1953 年	汽车	主要生产汽车，同时也制造飞机和各种发动机	–
丰田合成	1949 年 6 月	材料	汽车密封产品、机能零部件、安全系统产品，光电子学产品以及其他特种机械	–
丰田工业大学	1981 年	教育	本科只有工学部，研究生院有先端工学、信息援用工学和极限材料	–

* 排位均为 2022 年《财富》杂志评选结果

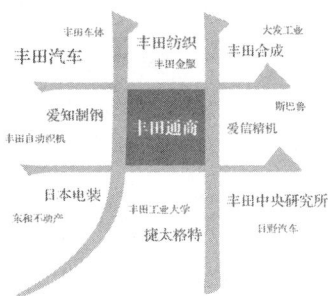

丰田车体　丰田纺织　大众工业
丰田汽车　　丰田合成
　　丰田金融
爱知制钢　　　　斯巴鲁
丰田自动织机　丰田通商　爱信精机
日本电装　　　　丰田中央研究所
东和不动产　丰田工业大学
　　捷太格特　日野汽车

三井–丰田关系说明

丰田	三井
1894 年 丰田佐吉与人合伙开办乙川棉布合资会社	
	1896 年 三井物产提出"纺织立国论",并成立井衍商会笼络丰田佐吉
1902 年 丰田佐吉在名古屋成立丰田商会	
	1904 年 三井物产决定投资丰田佐吉,并给予更多的自由和权力
1905 年 12 月 丰田织布机株式会社成立,主要由三井物产出资	
	1909 年 5 月 三井物产资助丰田佐吉开启欧美国家考察之旅
1910 年 结束欧美之行的丰田佐吉开始创建新的织布厂	
	1912 年 5 月 三井旗下的服部商店向急需资金的丰田佐吉提供了 25 万日元的借款
	1914 年 7 月 三井物产为丰田佐吉提供 6 万日元,并派出儿玉一造进行协助
1915 年 儿玉一造的弟弟成为丰田佐吉的婿养子,改名为丰田利三郎	

1921 年 11 月
丰田佐吉创办了第一家海外工厂
上海丰田纺织厂

1926 年
三井旗下的服部商店驻上海的负责人石田退三结识了丰田佐吉

1927 年
石田退三听从儿玉一造的建议，进入丰田工作

1933 年 9 月
丰田喜一郎设立"汽车部"，开始汽车研发

1933 年
石田退三参观"汽车部"，并决定全力支持丰田喜一郎

1935 年 9 月
出身自三井物产的神谷正太郎正式加入丰田汽车，主持销售工作

1937 年 3 月
丰田汽车工业株式会社成立，正式开启汽车生产

1938 年
神谷正太郎已在日本建立起了一县一店的丰田销售网

1939 年
受"战时经济体制"影响，丰田无法进行正常的商业活动

1940 年
来自三井物产的赤井久义成为丰田汽车工业株式会社的副社长

1950 年 6 月

丰田陷入严重的经营危机，背着10 亿日元的债务

1950 年 7 月

帝国银行（现三井住友银行）为丰田提供资金帮助，并支持石田退三出任丰田汽车社长

……

……

1950 年后，三井－丰田仍维持紧密联系，只是形式上不再突出外化。因为 1955 年 9 月，由三井银行发起的"三井系公司总经理会（三井系的恳谈会）"——月曜会正式成立，后于 1960 年正式改名为二木会。二木会作为三井财团的总经理会，是三井财团的统筹领导机构。从一开始，日本丰田就是三井财团二木会（总经理会议）的重要成员。时至今日，作为三井财团生态系统中的一员，在产业链和供应链等领域，日本丰田也一直与三井财团体系内的企业保持着密切的联系。

第一章 丰田大战特斯拉：慢就是快

　　相比于特斯拉在资本市场上的高歌猛进，丰田汽车近年来的动作似乎显得"迟钝"了些。事实上，丰田汽车的"快"与"慢"并不是绝对的，在技术积累和产业布局时的丰田汽车虽然很慢，但是当其全面发力时却又极具"速度感"。丰田汽车的目标从来都不是创新一辆汽车，而是构建一个产业生态。

第二章 三井全力扶植丰田创业

　　1905 年，丰田织布机株式会社诞生，由三井物产动员各方面共同出资。因此，丰田佐吉将精力完全放在研究、发明出更好的机械设备上，而筹措资金和维持贸易的工作则完全交由三井物产去完成。四年后，在三井物产经理人安排和陪同下，丰田佐吉开启了一次漫长的欧美之行，萌生制造汽车的念头。

第三章 融于骨血的"三井商道"

　　在丰田汽车的成长初期和遭遇困境之时，三井财团对其扶持不仅限于资金和市场等方面的帮助。大量三井财团内部的优秀管理人才被源源不断地输送到了丰田，并最终为丰田的迅速崛起立下了汗马功劳。出身三井财团的石田退三深谙"三井商道"，带领丰田开启了日本汽车工业独立自主的时代。

第四章　师出三井物产的销售之神

被誉为"销售之神"的神谷正太郎是三井物产的优秀毕业生，他挖掘社会上对汽车的潜在需求而创办了许多事业，促成丰田领先时代的布局。他不仅把西方近代销售体系引进到日本，更重要的是他还将"三井商道"的东方商业思想与西方销售模式完美结合，为传统日式经营模式赋予了新的生命力。

第五章　丰田通商构筑产业互联网

1956年，丰田通商正式成立，丰田由此建立起了规模庞大的产业集群。除了丰田以外，世界上其他的汽车巨头并没有专门设立类似丰田通商这样的综合商社。正是由于受到"三井商道"的影响，丰田通商才逐渐形成了"以夺取商权为根本目标"的独特经营之道，因而丰田通商也被称为"小三井物产"。

第六章　爱知制钢：专精特新小巨人

作为丰田汽车的核心材料配套企业，丰田财团旗下的爱知制钢在20世纪80年代曾一度大幅跑赢日本钢铁行业指数。当然，爱知制钢领先的不是产量，而是拥有专精特新的先进技术。爱知制钢非常看好未来新能源电车的发展前景，其全力涉足的钕铁硼永磁体正是新能源汽车驱动电机中应用最为广泛的材料。

第七章　爱信精机：军民融合显实力

经过数十年的发展，丰田财团旗下的爱信精机已经成为一家主要生产制造汽车零配件、汽车保修设备、五金、机械设备、电动工具等产品的大型制造业企业，其在美国、欧洲、亚洲等地均设有子公司。由其生产的"爱信变速箱"如今早已经成为全球最受欢迎的变速箱之一，几乎占据变速箱界的半壁江山。

第八章　丰田合成：产业升级无止境

2014年，诺贝尔物理学奖被授予了日本科学家赤崎勇。事实上，赤崎勇的功绩离不开丰田财团旗下的丰田合成，早在1986年丰田合成就开始支持赤崎勇开发蓝光 LED 技术。如今，丰田合成是 LED 领域、橡胶和树脂领域的一流制造商，在全球18个国家和地区拥有约100家工厂和办事处。

第九章　日本电装：智能制造迎未来

　　经过几十年的发展，丰田财团的电装公司已经是世界第二大、日本第一大汽车零部件供应商，在 2022 年《财富》杂志世界 500 强榜单中排在第 278 位。如今，电装制定了"2025 长期构想"：重点发展电动化、智能网联、自动驾驶和非车载事业四大领域，以未来高端制造为核心开启了企业的"第二次创业"。

第十章　丰田不仅造车，更是造财团

　　以三井物产为核心的三井财团是日本产业、商业力量的代表和象征，而丰田财团可以看成是制造型企业成功学习"三井商道"的典范。时至今日，丰田的"产商融"财团模式已基本定型，即以丰田汽车相关制造业为产业基础，以丰田通商为综合商社及纽带，金融主体则包括了自有储备资金和丰田金融集团。

第一章 丰田大战特斯拉：慢就是快

丰田车体
丰田汽车　丰田纺织　大发工业
丰田金服　丰田合成
爱知制钢　丰田通商　斯巴鲁
丰田自动织机　爱信精机
日本电装　丰田工业大学　丰田中央研究所
东和不动产　捷太格特　日野汽车

20 世纪 80 年代，三井财团的索尼公司会长盛田昭夫，命令公司的科研人员研发充电式锂电池。1988 年，索尼公司申请了第一份锂电池专利，并且把新产品命名为 Li-ion battery。1991 年，索尼在全球首发以碳素材料为负极的锂电池，首次实现了锂电池的商品化，市场销售大获成功。

2010 年，三井财团旗下的丰田汽车与特斯拉宣布达成战略合作。丰田汽车拿出 5000 万美元购买特斯拉 3% 的股份，并将自己位于硅谷（特斯拉的总部所在地）价值 10 亿美元的新联合汽车制造公司（NUM-MI）的大部分工厂以 4200 万美元的价格转让给马斯克的特斯拉公司。

2016 年，三井财团的三井化学宣布其位于名古屋工厂内的电解液解决方案生产设施竣工。2017 年，三井财团的东丽公司宣布在欧洲新建纯电动汽车等使用的锂离子电池零部件工厂。2020 年，三井财团旗下的东芝公司宣布开发出了不易燃、安全性更高的新型锂电池。

"三井"告诉了我们什么

　　许多汽车媒体把 2020 年称为丰田汽车的"纯电动汽车（Electric Vehicle，EV）元年"，认为丰田汽车作为世界传统车企的巨头，却是纯电动汽车方面的"新科状元"。对此，丰田汽车（中国）投资有限公司高级执行副总裁董长征给出了不一样的理解。他说，在电动汽车方面，丰田是"状元"，但绝不是"新科"，只是基于"在不改变用户使用习惯的前提下普及环保车"这一规律，优先推进了混合动力技术。

　　每年丰田汽车参加各大车展时，总会在展台上布置一棵绿色的大树，这棵树不仅代表了丰田汽车始终贯彻的环保战略，更是丰田汽车坚持适合自身发展规律、节奏的经营理念的一种表达。这种来自"三井商道"的经营理念体现为丰田汽车的"年轮经营"，"不盲目扩大规模，不追求数字的增长"和"像树木一样年轮紧密，才能经得住风雨"是其核心思想。

　　正是因为具备了不易折断的粗壮树干，才能够不断孕育出累累硕果。丰田汽车通过一步一个脚印的扎实成长，具备了"稳固的经营基础"，从而实现"创造富裕的社会"的理想。通过年轮，能够推测一棵树的年龄和生长状况；而在一定程度上，时间才是衡量一个企业优劣的最好参照物。

　　从前，汽车行业一直有"慢丰田"之说。但是没有人能够忽视丰田汽车的"慢"，因为东方哲学式的"慢"，正是构成丰田汽车强大企业"内力"的关键所在。通过"慢慢地"积累，不断夯实基础，才让丰田汽车多次渡过足以让其他公司灭顶的危机，并最终成长为全世界第一大车企，这恰恰证明了"慢就是快"的东方经营管理哲学。

　　当然，丰田汽车的"快"与"慢"并不是绝对的。进行产业技术积累时的丰田汽车虽然很慢，但是丰田汽车在全面发力的时候又极具"速度感"，即在变化挑战中寻找新的机会，又绝不会为了顺应变化而改变自己，恪守经营之道、恪守"快与慢""攻与守"的节奏，尊重客户、敬畏市场并坚持把价值链利益贯穿始终，才是丰田汽车百年来赖以制胜的"三井商道"。

　　《道德经》云："孰能浊以静之徐清？孰能安以动之徐生？"《庄子·天道》中也有"不徐不疾，得之于手而应于心"的说法。在中国古代哲学中，快慢之道本就不是矛盾体，根据时势，该快时快，该慢时慢，顺其自然，快慢相宜，才是最好的节奏。学习丰田汽车，在平衡的发展中稳健增长，追求快的速度，兼顾慢的基础。

本章导言

2014 年 4 月，中国第一批特斯拉车主拿到了新车钥匙。一时间，外形炫酷、大量"黑科技"加持的特斯拉成了汽车领域最热门的话题。随之而来的便是众多喊着"要做中国特斯拉"口号的创业者，他们似乎都有着先进的理念、优秀的策划，以及精美的 PPT。

对此，吉利汽车董事长李书福在 2018 年 4 月举行的北京车展上，直言不讳地说："互联网公司造车就是一天到晚在瞎忽悠老百姓。"李书福此前就曾表示："互联网颠覆不了汽车，今后主导汽车工业的一定是汽车公司，而不会是互联网公司。汽车变革是一个有序前进的变革过程，从传统汽车到未来高度电动化的汽车，无法简单跨越发展，必须按规律发展。"

事实上，李书福并没有否定谷歌、百度这类互联网企业造车的积极意义，他只是抨击那些假借"互联网+"概念的企业，根本不懂汽车，造车也只是"意在资本市场上圈钱"。长安汽车总裁朱华荣也曾给出过自己的判断："造车并不是一件容易的事，不仅需要大量资金的投入，还需要长期的技术积淀，大部分新势力汽车企业 3—5 年将被淘汰出局，80%—90% 成为'先烈'是大概率的事情。"

资本市场上的故事还能讲多久谁都无法预料，但新能源汽车特别是纯电动领域的巨无霸玩家们刚刚入局是毫无争议的事实。2021 年 12 月，德国大众汽车提出，计划在未来 5 年总共投资 1590 亿欧元，其中 890 亿欧元用于电动出行和数字化相关技术，占总投资额的 56%。大众汽车集团的战略目标就是成为全球纯电动汽车市场的领导者。

2021 年 12 月，丰田汽车举行全球电动车战略发布会，一口气发布了 15 辆纯电动车，覆盖了各种车型产品线。作为"后来者"的丰田，曾经凭借果断的转型，由一家纺织企业发展成了全球最大的汽车制造商。现在，在新能源汽车这一全新领域，丰田汽车或许能够再一次取得成功。

第一节
同床异梦的美日合作

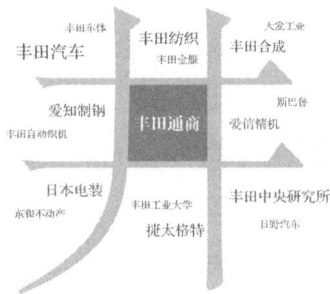

丰田东体 丰田纺织 大发工业
丰田汽车 丰田合成
丰田金融
爱知制钢 斯巴鲁
丰田自动织机 丰田通商 爱信精机
日本电装 丰田中央研究所
永和不动产 丰田工业大学 捷太格特 日野汽车

马斯克握手丰田章男

2010年4月，日本丰田汽车社长丰田章男出访美国，此行的目的是去洛杉矶拜访一位"新朋友"——美国电动汽车及能源公司特斯拉董事长兼首席执行官埃隆·马斯克。马斯克非常热情地邀请丰田章男到自己位于加利福尼亚的家中做客，并让丰田章男试驾了特斯拉生产的红色 Roadster 敞篷跑车，这是世界上首款以锂离子电池为动力的电动汽车。

5月，三井财团旗下的丰田汽车与特斯拉宣布达成战略合作。丰田汽车拿出5000万美元购买特斯拉3%的股份，并将自己的新联合汽车制造公司（NUMMI）的大部分工厂以4200万美元的价格转让给特斯拉。这家由丰田汽车和美国通用汽车联合建立的汽车工厂曾经价值高达

> **三井财团：** 日本三井财团的前身是起源于17世纪中叶的三井财阀，如今已发展成了以综合商社为核心的"产商融"企业集团生态体系。这也是一种较为特殊的事业形态。三井财团的经理会成员企业及其子公司和连带公司超过150家，其中丰田、东芝、富士胶片等都是大家所熟悉的。

10亿美元，更为重要的是这家汽车工厂就位于特斯拉的总部所在地。

此后，丰田汽车与特斯拉的合作进入快车道。7月，丰田汽车和特斯拉宣布共同研发电动版的丰田RAV4、SUV车型，并由特斯拉向丰田汽车提供电池和动力系统等开发服务。10月，丰田汽车宣布向特斯拉继续支付6000万美元，用以开发电池、发动机和其他电动车的配件。对此，丰田汽车表示特斯拉将是丰田在推行节能车型中最重要的战略合作伙伴。

被誉为"小型车专家"的日本大发汽车公司是日本最古老的汽车制造商之

一，时任总裁伊奈光一表示要加入丰田与特拉斯的电动汽车开发。1998 年，丰田汽车出资控制了大发 51.2% 的股份，大发汽车被纳入丰田体系，2016 年大发汽车更是成了丰田汽车的全资子公司。

2010 年 11 月，住友财团旗下的松下公司也因看好丰田汽车和特斯拉的发展前景而加入到合作当中，出资 3000 万美元收购美国特斯拉的部分股份，并计划同特斯拉合作生产新一代的电动汽车用锂离子电池。根据合作协议，松下为特斯拉的电动车 Model S 车型供应 6.4 亿颗 18650 型号的锂电池。此后，日本松下更是成了美国特斯拉的独家战略供应商。

值得一提的是，丰田汽车和松下的车载电池合作最早可以追溯到 1996 年。当时为了解决丰田混动汽车普锐斯（Prius）的电池问题，丰田汽车和松下成立合资公司松下电动汽车能源公司（Panasonic EV Energy Co.，PEVE），承担电池研发制造的重任，丰田的高标准要求结合松下电池的高水平工艺，圆满完成了电池制造任务。也是在此助力下，丰田普锐斯取得了巨大成功，几乎成了混动汽车的代名词。

就在日本丰田汽车与美国特斯拉合作高歌猛进的同时，也出现了很多质疑的声音，其中最多的就是认为两者"门不当户不对"。的确，当时的日本丰田是全球第一大汽车制造商，而美国特斯拉则正陷入巨大的经济困境，量产的跑车卖一辆最少就要亏损 1 万美元。截至 2009 年年底，特斯拉仅仅向 18 个不同国家的客户销售了 937 辆 Roadster 跑车。

原本就是一场"政治秀"

2010 年 2 月，就在丰田汽车与特斯拉宣布合作的 3 个月之前，丰田汽车社长丰田章男刚刚参加了一场由美国国会举行的听证会，会议的核心议题就是丰田"召回门"事件。起因是美国安全部门认为，丰田生产的真空助力泵密封胶圈因设计问题，在极端环境下使用，有一定概率会出现胶圈裂口，导致刹车踏板变硬、出现漏气异音、发动机故障灯亮等情况。

为此，丰田汽车先后于 2009 年 9 月和 2010 年 1 月，在北美地区分别召回了

380万辆汽车和340万辆汽车。陷入"召回门"事件的丰田汽车在质量领域失去光环；与此同时，美国媒体也对丰田汽车的质量问题大肆渲染。这一系列操作不禁让人想起1986年发生在德系奥迪上的"冤案"——当年5000辆奥迪轿车因突然"无意识加速"导致人为误操作而被召回，此后也就从美国市场上消失了。

实际情况是，在2008年金融危机爆发的大背景下，美国汽车工业陷入崩溃，国内汽车市场全面失守。2009年，通用和克莱斯勒两家美国汽车公司更是由于资不抵债而相继申请破产保护。与美国汽车业几乎险遭灭顶之灾不同的是，丰田汽车2008年的全球销量、利润达到了新高。于是，面对丰田汽车咄咄逼人的气势，美国再次祭出了"召回门"这招撒手锏。

日本丰田汽车陷入"召回门"事件旋涡为其美国竞争对手带来难得机遇。2010年1月，丰田汽车在美国的销量同比下降16%，是该公司自1999年以来首次在美国月销量跌破10万辆，而福特和通用则分别上涨24%和14%。美联社认为，短短数周，丰田"召回门"事件实现了美国通用、福特等汽车制造业巨头数十年来未实现的梦想，更是打破了丰田汽车的品质神话。

此时，丰田汽车亟须在美国市场打出一张新牌以挽回局面，而丰田选择的是"环保"牌。选择"环保"的理由很简单，2008年11月，以"变革"为口号的民主党候选人奥巴马当选新一届美国总统，与前任共和党布什政府青睐石油等传统能源不同，奥巴马政府极力推行《清洁安全能源法案》。

与其说是丰田汽车选择了特斯拉，倒不如说是奥巴马政府选择了特斯拉、选择了马斯克。2009年奥巴马时代到来，彼时马斯克的资金即将耗尽，急需一个新的"风口"，而奥巴马政府也需要一个推行环保法案的机会。于是，2009年美国总统奥巴马和美国能源部部长朱棣文参观了特斯拉工厂，随后特斯拉成功获得美国能源部4.65亿美元的低息贷款。

马斯克和他的特斯拉成了奥巴马政府的大红人，福布斯在评论马斯克的文中总结道："在奥巴马执政的8年时间中，借政策便利和政治正确之东风，加州企业家埃隆·马斯克建立了一个庞大的工业帝国：特斯拉汽车成为世界上最著名的高端电动汽车生产商；Solar City 一跃成为美国最大的太阳能服务提供商；SpaceX 更是以价格优势和野心勃勃的火星殖民计划震动业界。"

2011 年 2 月，美国交通部便为丰田汽车"平反"。为期 10 个月的调查显示，"消费者投诉的自动加速问题，绝大多数是驾驶者操作失误造成的，和汽车本身并没有关系"。其中一项关键性结论是，大多数"意外加速"事故中，驾驶员错误地踩下了油门踏板，而不是刹车踏板，这才导致了车辆的"意外加速"。

卖力编写资本故事的特斯拉

2008 年，第一批特斯拉 Roadster 跑车下线并开始交付，这是一款利用英国莲花汽车公司已有车型（Lotus Elise）现成的底盘和车身结构，再把日本松下电池组和电动机装进车内的组装品。但是，原计划售价 10 万美元的 Roadster 实际成本高达 12 万美元。当时特斯拉远没有现在这样受到市场和华尔街资本的宠爱，也没有华丽的舞台和无数聚光灯笼罩。

为此，特斯拉不得不将售价提升至 11 万美元一辆，这一举动显然引起了预订客户的极大不满。即便如此，特斯拉依旧面临着赔钱卖车的窘境。不仅是特斯拉，公司董事长马斯克当时也迎来了人生低谷，其成立的太空探索技术公司 SpaceX，先后三次火箭发射都以失败告终，马斯克也因此深陷债务泥沼，一度传闻即将破产。

为了渡过难关，特斯拉开始主动向传统车企示好，其选择的第一个目标就是全球第一大豪华车生产商——德国戴姆勒公司，著名的梅赛德斯-奔驰便是戴姆勒公司旗下的品牌。当时的戴姆勒正在为其发布的电动版 Smart 汽车寻找合适的电驱动力总成供应商。马斯克认为这是特斯拉的一个机遇，一旦有戴姆勒这家全球顶级车企的背书，以后企业的融资便不再是问题。

为此，马斯克把工程师们从特斯拉 Roadster 跑车的量产项目上全部撤了下来，并花费 8 周时间，在没有改动车辆内饰的情况下，移除了原有的发动机，在戴姆勒 Smart 底盘上小心翼翼地塞进了日本松下电池包、电机和电控系统。2009 年 1 月，戴姆勒便向特斯拉采购了首批 1000 个用于 Smart 的电池包，订单总价值达到 4000 万美元。

2009 年 5 月，戴姆勒以 5000 万美元的投资获得了特斯拉接近 9.1% 的股权。随后，戴姆勒又与特斯拉签订了供货协议，特斯拉向 Smart 车型和梅赛德斯-奔驰 B 级车型供应电驱动力总成，戴姆勒旗下的工程师则帮助特斯拉开发特斯拉 Model S 车型。马斯克事后回忆说，如果不是戴姆勒那笔投资，特斯拉的命运或许会走向终结。

获得戴姆勒 5000 万美元的"续命钱"，解决流动资金问题之后，马斯克接下来面临的就是特斯拉的量产问题。事实上，当时的特斯拉虽然已经成立超过 6 年，却依然没有一个真正能量产数万台汽车的工厂。马斯克便将目光瞄向了正被"召回门"事件困扰的丰田汽车，于是便有了文章开头的一幕，特斯拉以 4200 万美元的低价接手了占地约为 88 个足球场的丰田 NUMMI 工厂。

丰田汽车与特斯拉达成战略合作 1 个月之后，2010 年 6 月，特斯拉股票正式在纳斯达克上市，IPO 发行价 17.00 美元，发行日当天股票就涨了 41%，净募集资金 1.84 亿美元，融资额达 2.26 亿美元。而在 2008 年年底，特斯拉账上的现金数额一度下滑到不足 50 万美元，如果没有戴姆勒与丰田的订单和投资，特斯拉可能已经成为金融危机中无数破产公司中的一员了。

正是与日本丰田汽车和德国戴姆勒的合作，在一定程度上帮助了年轻的特斯拉成功实现 IPO，并吸引到了足够多的投资者关注。作为当时唯一一家在美国上市的纯电动汽车独立制造商，有来自世界顶级的豪华汽车品牌奔驰的订单，又有全球第一大汽车制造商丰田为其提供产能支持，这或许已经是资本市场上最动听的故事了。

2010 年 7 月，在上市仅 1 个月后，特斯拉便挖来了苹果公司的零售店副总裁乔治·布兰肯西普担任销售主管，负责汽车的零售业务，即使特斯拉的第一批量产车要到 2012 年才能真正问世。此后，特斯拉开始频繁挖各大国际知名企业的墙脚，将其高管收入自己麾下，而这也成了日后互联网初创车企们屡试不爽的"套路"。在资本故事的逻辑中，似乎"知名度"的重要性要远大于"专业性"。

丰田与特斯拉的蜜月冲突

2012 年 5 月，丰田汽车在美国洛杉矶正式发布了其全新的纯电动汽车丰田 RAV4。其外形轮廓与普通的 RAV4 基本一致，但采用了近乎封闭的大面积镀铬前格栅和重新设计的车身包围。由于电动车没有进气需要，因此采用这样的设计有助于降低空气阻力，以减少能量消耗。丰田公司官方表示，新车售价为 49800 美元，并计划在 3 年时间里在北美市场销售 2600 辆。

这款 RAV4 电动车作为丰田汽车与特斯拉的合作产品，将电动车的燃油效率与小型 SUV 的多功能性融合到了一起。在动力方面，全新 RAV4 EV 采用来自美国特斯拉公司的电驱动系统，最大功率为 154 马力，驾驶者可选择"普通"与"运动"两种驱动模式。在充电方面，新车可以接入 240V/40A 规格的充电设备，全部充满电约需 6 小时，最大行驶里程为 100 英里（约合 161 千米）。

根据合作协议，丰田汽车为这款纯电动版本的 RAV4 提供车身以及现金流支持，并至少为此项目投入 6000 万美元的资金，而特斯拉则为该车开发电池组、驱动电子模块、电动马达、变速箱以及相关车用软件。新车将在两家公司共同所有的加利福尼亚 NUMMI 装配厂生产。而且特斯拉为丰田电动版 RAV4 提供的供应链将会延伸到更多领域。

然而，合作的"蜜月期"是短暂的。2014 年 5 月，特斯拉宣布结束向丰田汽车供应 RAV4 电动跨界车的锂电池组和发动机的协议。10 月，丰田汽车则宣布出售一部分持有的特斯拉股票，并且停止生产双方合作项目电动版 RAV4 汽车。实际上，原本计划 3 年内卖出 2600 辆的丰田电动版 RAV4，到 2014 年停产时也只售出了不到 2000 辆。

销量惨淡的丰田电动版 RAV4 退出市场，意味着丰田汽车和特斯拉在纯电动汽车方面的第一次合作宣告失败。虽然两家公司对外宣称，合作的结束是由于双方发展战略不同，但结合此前种种传闻，这原本就是一场夹杂着政治色彩的"闪婚"。这之后，双方各取所需，特斯拉一跃成为资本市场上举足轻重的明星，而丰田也安然渡过了"召回门"难关。

如同时任丰田汽车发言人约翰·汉森表示的那样，就电动版 RAV4 的开发过程而言，"这是两家完全不同的公司，在用完全不同的行事方式合作"。参与电动版 RAV4 项目的人士曾透露，合作开始不久，双方工程师就爆发了"冲突"：特斯拉希望为电动版 RAV4 配备与 Roadster 跑车相同的电子驻车制动，但丰田团队驳回了特斯拉这一设计，坚持使用传统的机械式驻车制动。

争执充斥着合作全程：特斯拉提出要为 RAV4 加一个电池板底部的外壳，丰田汽车认为这会破坏车辆完整性，最后撇开特斯拉独立完成外壳设计；丰田汽车还对特斯拉的能量回收系统不信任，认为能量回收系统会导致车辆行驶不平顺，这会让消费者反感。最为重要的是，双方合作从一开始就没有建立起互信的基础，丰田汽车和特斯拉都不愿意分享各自的核心技术。

因此，从表面上看，分手是因为丰田汽车和特斯拉在电动版 RAV4 汽车的设计上产生了矛盾和分歧，双方又都不愿意做出妥协，到了不能调和的地步，最终只好草草收场。但实际上，这正是由于东西方商业文明之间巨大的差异所造成的。东方的农耕商业文明与西方的游牧商业文明在价值观的取舍上完全不同，一个坚守讲诚信、负责任的商道准则，一个则推崇自由、财富的思维逻辑。

第二节
特斯拉讲故事 vs 丰田行商道

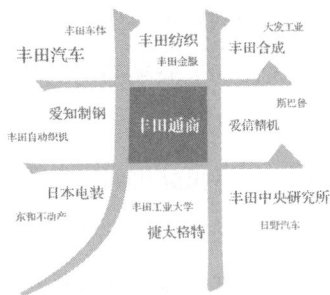

生意场上此一时彼一时

2016 年 11 月，日本三井财团旗下的丰田汽车对外宣布，成立纯电动汽车事业企划室，由丰田汽车社长丰田章男直接领导。部门成立之初只有 4 名成员，不过带头的是丰田普锐斯的开发负责人丰岛浩二。辅助丰岛的其余三个人分别来自丰田财团的日本电装、爱信精机和丰田自动织机，三家公司的研发费用（2015 财年的实际费用）加在一起超过 6000 亿日元。

这一次丰田汽车并没有提及它在纯电动汽车领域的合作伙伴特斯拉，原来丰田汽车已于当年年底清空所持有的全部特斯拉汽车股份，这标志着两家公司关于电动车研发的合作已经停止。对此，丰田汽车发言人酒井良在接受外媒采访时表示："我们与特斯拉的开发合作关系在不久前结束。鉴于双方在这一领域一直没有新的进展，我们认为是时候出售剩余股份了。"

丰田汽车之所以选择在这个时间点上终止与特斯拉的纯电动汽车项目合作，不仅仅是因为其与特斯拉合作的电动版 RAV4 汽车销量低于预期，更重要的顾虑来自美国特朗普政府对于新能源汽车的"反感"。2016 年当选美国总统的特朗普是共和党人，民主党和共和党在能源政策上一直泾渭分明，民主党重视清洁能源，而共和党更偏爱化石等传统能源。

传统能源产业与共和党有着长久的利益瓜葛，多年来共和党一直是其坚定支持者。早在竞选阶段，特朗普就表示要让美国能源走向独立，要大力发展传统能源产业。特朗普政府曾在 2016 年竞选时承诺美国将退出《巴黎气候协定》，并叫停新能源汽车补贴，收紧碳排放交易政策。这些势必会给美国新能源汽车制造企业的发展带来巨大的负面影响，丰田汽车显然没必要蹚这浑水。

生意场上向来都是此一时彼一时，对于马斯克和他的特斯拉也是一样。当年初涉汽车产业时，无论是从整车研发制造经验还是吸引投资者的角度，特斯拉都需要一个强大的传统整车企业作为盟友。马斯克就曾表示："丰田的这些投资对我们来说至关重要，而且影响深远。一个市值最高的内燃机车企投资了我们，不仅帮助我们渡过了财务危机，也是对特斯拉技术的莫大肯定。"

但经过几年的发展，特斯拉已羽翼丰满，不再需要丰田汽车遮风挡雨。特别是在资本市场上，特斯拉更被视为汽车界的苹果公司，成了聚光灯下的明星企业，也早已不会因缺少资金而担忧。2017 年 4 月，特斯拉股价首次突破 300 美元，市值更是达到了 550 亿美元，一举超过传统汽车制造商通用和福特，成为全美市值最高的汽车制造商。

然而，在这超高市值背后是另一番景象。据统计，2016 年通用汽车销量为 1000 万量，利润为 94.3 亿美元；福特销量为 665 万辆，利润为 46 亿美元；特斯拉销量为 76285 辆，且仍处于"烧钱"阶段，全年亏损 6 亿美元。《华尔街日报》则把汽车企业的销量和市值联系了起来：特斯拉每卖出一辆车，转化成股价就是 4.4 美元，而福特和通用每卖出一辆车，对应的股价只有 32 美分和 33 美分。

道不同不相为谋，对于任何两家公司的合资或合作而言，成功的关键不仅在于双方要有利益契合点，更重要的是要有能够较好融合的文化观和价值观，而对于历史悠久的传统汽车企业丰田汽车和互联网造车新贵特斯拉而言，丰田相对保守、安全第一的东方商业思维与特斯拉敢冒风险、资本为王的硅谷式精神之间，或许从一开始就是不可调和的。

美国资本市场的成功

尽管在与丰田汽车开展合作之初，特斯拉首席技术官斯特劳贝尔就表示，非常希望学习到丰田"世界级的产品质量管理流程"，但实际上特斯拉从一开始就更加崇尚开放、激进的行为模式。时至今日，由丰田 NUMMI 改造而成的弗里蒙特工厂仍是特斯拉旗下仅有的两座整车组装工厂之一，只是在那里再也看不到过去丰田生产方式的影子了。

　　特斯拉弗里蒙特工厂的前身是 1984 年成立的美国第一家合资汽车公司——新联合汽车制造公司（NUMMI），由日本丰田汽车公司与美国通用汽车公司共同出资。自 1984 年到 2009 年的二十多年里，丰田汽车在这间工厂向通用"传授"其生产工艺的秘诀，并改变了工厂中美国工人们的工作习惯。这家工厂共生产 800 万辆高质量汽车，是美国最知名的汽车制造工厂。

　　2009 年 6 月，受经济危机影响，美国通用汽车决定撤出在合资企业的投资。丰田汽车和通用汽车 25 年的合作关系结束后，丰田 NUMMI 工厂以 4200 万美元的低价被卖给了特斯拉。在谈及这间工厂时，马斯克总是习惯说："弗里蒙特工厂一片狼藉，之前的品牌离开时带走了所有完好的机器并且卖掉了大部分废料，工厂里根本没有留下任何员工，是特斯拉让整个工厂重新焕发生机。"

　　实际情况并不像马斯克渲染的那样。美国媒体 Business Insider 对 2008 年以来在特斯拉从事汽车制造工作的 42 人进行了采访，其中 15 人曾在丰田 NUMMI 工厂工作过，另外有 4 人则曾在丰田汽车工作过。多名曾在特斯拉和新联合汽车制造公司都工作过的受访者称，弗里蒙特工厂远没有丰田 NUMMI 时期表现得好，不是丰田未曾留下什么，而是特斯拉没有"继承"丰田著名的生产方法。

　　这些员工透露，两家公司最大的区别之一是：特斯拉更重视数量而非质量；丰田对生产过程中细节的关注要高于特斯拉。特斯拉会因为担心生产线停工而忽视出现的品控问题，因为生产线停一分钟，就会带来至少数千美元的损失，这与丰田的生产理念背道而驰。丰田内

> **安东拉绳：** 在丰田车间的每个工位上方都有一条与工位等长的细绳，工位上的作业者遇到无法解决的异常情况可马上伸手拉动，生产线就会自动停止，直到问题解决。这样可有效阻截不良品流到下一工位，起到确保品质的作用。"安东"原为"Andon"的日语音译，日语意思为"灯""灯笼"。

部设有"安东拉绳"，当员工自己感到"不合格"时，就可以马上使生产线停止。

　　在特斯拉身上，传统车企的"硬件好就是真的好，品控好就是真的好"这条规律并不适用。特斯拉的逻辑，或者说马斯克的逻辑是"能用软件算法解决

的问题，那就不需要改进硬件"。很显然，从一开始特斯拉就没有将自己定位为生产商业产品的公司；在金融市场里翻云覆雨，不断获取融资才是特斯拉的生存之道，而这一切都源于特斯拉的实际控制人——埃隆·马斯克。

提到美国特斯拉，大家首先想到的都是被称为现实版"钢铁侠"的埃隆·马斯克，但他并不是特斯拉最早的创始人。特斯拉最初的创业团队主要来自美国硅谷，马丁·艾伯哈德和马克·塔彭宁两个工程师于 2003 年 7 月合伙成立了特斯拉（TESLA）汽车公司。2004 年，通过金融投机赚得盆满钵满的马斯克作为投资人向特斯拉投资了 750 万美元，并出任特斯拉的董事长。此后，马斯克又通过一系列的注资操作不断扩大在公司的话语权，终于在 2008 年 1 月将"特斯拉之父"艾伯哈德和塔彭宁双双踢出特斯拉的管理层，特斯拉也正式属于了马斯克一个人。

实际上，马斯克和特斯拉"成功"的背后，是美国资本市场的成功。对于马斯克而言，特斯拉并不需要什么科研成果，只需要一个又一个好听的资本故事。以特斯拉生产的第一款 Roadster 跑车为例，这种利用英国莲花汽车公司已有车型现成的底盘和车身结构，把电池和电动机装进车内的模式听起来非常简单，也是目前许多互联网造车公司惯用的"组装"模式。

日式产业步步为营

对于丰田汽车和特斯拉的合作，一直都流传着这样一个论调，认为丰田汽车是想通过与特斯拉合作，以较少的资源获得特斯拉在纯电动车领域的相关技术。一些人认为，当年纯电动汽车发展方向并未明朗，极力推动混合动力和氢燃料电池技术发展的丰田汽车，在考虑到商业性和安全性的前提下，长期对纯电动汽车的发展持有谨慎态度，因此不愿意过多投入。

姑且不去讨论当年大量使用日本松下电池组的美国特斯拉是否真的具有核心技术，单是认为丰田汽车缺少电动汽车领域的技术积累就是大错特错了。早在 20 世纪 70 年代石油危机之后，丰田汽车便开始研究电动汽车了。作为日本通产省电动汽车研发项目的主要参与方，丰田汽车先后于 1983 年、1985 年和 1987

年推出了 EV-10、EV-20、EV-30 等电动汽车。

1972 年 6 月，联合国在斯德哥尔摩召开了第一次人类环境会议，并发表了《人类环境宣言》，全世界开始正视环境保护与经济发展是息息相关的这一事实。当时在汽车领域，绝大部分企业依然专注内燃机的燃效提升研发，在这片机械森林里，环保这个课题似乎太过遥远。作为汽车制造的先驱之一，丰田汽车敏感地洞悉到了这一社会变革。

时值第一次人类环境会议召开 20 周年，同时在 1991 年海湾战争造成的石油危机影响之下，1992 年 9 月，丰田汽车在第三研发中心下设立了电动汽车企划部，把此前分散在各个工程部门里的电动汽车研发力量整合了起来。10 月，丰田又启动了适合乘用车的燃料电池的研发项目。对于新能源汽车的未来，丰田汽车决定从纯电动、混合动力和氢燃料电池三个领域同时出发。

1993 年，丰田汽车成立 G21 小组，任务就是研发"面向 21 世纪的汽车"。1995 年 7 月，作为丰田纯电动汽车商业化的开端，丰田启动了 RAV4 EV 项目，并于 1997 年推出了第一代 RAV4 EV。丰田为这款车设计了两个不同的版本，一款搭载密封的铅蓄电池、一款使用镍氢电池。

被誉为"混动之王"的丰田普锐斯和丰田纯电动汽车 RAV4 EV 的发布时间都是 1997 年，可以说这一时期是丰田汽车在新能源领域不断取得突破的上升期。后来丰田汽车为什么开始在混合动力大规模布局，并笃定混合动力才是解决新能源汽车的合适方案呢？在回答这个问题之前，首先要弄清楚日本丰田到底是什么。

日本丰田既不是制造汽车的工程师，更不是研发新技术的科学家，丰田的本质就是商人。因此在日本企业界，一直以来都流传着这样一句谚语："商人的丰田，技术的本田。"作为商人就要一切从商业角度考虑问题，从 1997 年上市到 2003 年，丰田 RAV4 EV 的销量仅为 1900 台，当时的纯电汽车存在着续航里程短、充电时间长、搭载大量电池技术导致成本高等诸多问题。

因此，当时的丰田汽车仅仅是把纯电动汽车定位于短途城市用车。有着丰田"混合动力之父"称号的内山田竹志就一直认为，"要实现新能源汽车的普及，一方面要解决成本问题，另一方面则是要考虑方便可行性。就目前看来，还做不到用纯电动车完全取代传统动力车辆。汽车全电动化的时代还没有到来，如果现在快速普及纯电动汽车，那么几乎所有车企都会亏损"。

深谙"三井商道"的丰田汽车始终步步为营，以夺取市场商权为发展目标。从 1997 年推出第一款混合动力汽车普锐斯到 2013 年，丰田汽车共销售出 500 万辆混动车型；2017 年，丰田混动车型的累计销量达到了 1000 万辆；2020 年，这一数据更是已经刷新到 1500 万辆，取得了很好的商业回报。

慢的哲学，快的底气

2021 年 12 月，在全球电动车战略发布会上，丰田汽车宣布将投入 350 亿美元用于电动车研发，并提出于 2030 年实现年销 350 万辆电动车的计划。此外，丰田汽车还一次性发布了 15 款纯电动车，覆盖了各种车型产品线，吹响了进军纯电动车市场的集结号。

对于此前没有一款量产纯电动车的丰田汽车一次性推出 15 款纯电动车的举措，外界褒贬不一。有的人认为，这是一个过于激进的计划，因为丰田汽车的混合动力技术完全能够达到目标排放标准，如此进入纯电动汽车市场太"快"了。有的人则认为，此前在纯电动汽车研发生产热火朝天之际，丰田汽车迟迟未将电动汽车纳入其产品线，此时启动纯电动车的项目实际上是"慢"了。

事实上，对于丰田汽车的电动化战略而言，"慢"有慢的哲学，"快"也有快的底气。相比于特斯拉等造车新势力，丰田汽车已经积累了近 30 年的混动车型研发经验，并掌握了车辆电动化的三大核心技术——电机、电池、动力控制单元。因为丰田汽车曾经"抢跑了"，所以它现在才有足够的资本"闲庭信步"，还可以随时选择发力方向和发力时间。

丰田汽车是在用"四条腿"走路，以成熟稳定的蓄电池、电机、动力控制单元（PCU）这三大核心技术为基础，与发动机组合，制造出了混合动力汽车（HEV）；在此基础上加大电池容量并配备外插充电装置，研发出插电式混合动力汽车（PHEV）；去掉发动机和油箱，进一步扩充电池容量，就是纯电动汽车

（EV）；而将燃料电池与储氢罐组合，就形成了氢燃料电池电动汽车（FCEV）。

决定丰田汽车"快"与"慢"的只能是市场，丰田汽车一直认为新能源汽车的意义应该是在技术和商业可实现的基础上为环保做出贡献。因此，对于未来新能源究竟应该选择什么样的道路，丰田汽车给出了自己的方向——"左右逢源，面向未来"，既时刻关注市场需求（混合动力）与政策方向（纯电动），又不忘记把握住未来（氢燃料电池、固态电池）。

当然，相较于特斯拉在资本市场上的高歌猛进，不断用新的噱头点燃市场热情，丰田汽车似乎是显得迟钝了些。这是因为丰田汽车的目标从来都不是创新一辆汽车，而是构建一个产业生态。丰田汽车花费更多的时间，去构建电动车的全生命周期链条，而要完成这条链条，不能单靠丰田一家企业，于是丰田也找到了很多相关的合作伙伴，去补齐自己电动化技术版图的空缺。这些事情快不来。

丰田汽车之所以与特斯拉等汽车企业的经营理念不同，主要是因为其深受"三井商道"的影响。实际上，日本丰田汽车是三井财团二木会（总经理会议）的重要成员，其与三井财团之间有着割舍不断的历史渊源。在日本丰田创业初期，三井财团不仅提供资金支持，屡次帮助丰田渡过难关，还向丰田输送了许多商业人才，比如"中兴之祖"石田退三和"销售之神"神谷正太郎等。

"三井商道"来源于中国的浙江天台山三井潭地区，如今在"三井""丰田"的经营哲学和经营文化中，"浙东实学"等古老经营理念都有所体现。不仅如此，日本还将中国明代大哲学家王阳明的"心学"视为经世治国之学，王阳明更被日本社会视为圣人，而浙江天台山的思想家朱舜水也备受日本各界人士的推崇。

> 《三井帝国启示录》：在书中，作者率先倡导"东方经济学"的理念，并提出将"三井理念""三井哲学"看作东方文化和经营哲学的代名词：梦系中国人自己的综合商社，倡导中国新经济的财团机制，促进国民企业的振兴与发展，捍卫国家经济的主权与安全。

第三节
全力角逐中国市场

谋定而后动的丰田

从 1964 年第一辆丰田皇冠轿车进入中国，到 2004 年广汽丰田公司成立，丰田用 40 年的时间完成了其在华合资的规划。当时，日本丰田在合资合作上迈出的步伐并不像德国大众、法国标致那般大胆和果断，但却处处体现着日本企业的哲学，一步步为自己打下坚实的基础，努力换取中国政府和企业民众的信任，走好自己的中国之路。

丰田汽车的这种谋定而后动的战略也体现在其新能源汽车领域。早在 2005 年，一汽丰田便引入了中国混动汽车市场上的首款车型普锐斯，开创了中国国内混合动力产品的先河，而当时的美国特斯拉刚刚完成 A 轮融资，甚至还没有推出任何一款车型。直到 2007 年 11 月，中国的《新能源汽车生产准入管理规则》才正式实施。

在丰田混动普锐斯被一汽丰田引入中国市场后，随着混动技术的国产化和口碑的提升，一汽丰田的混动家族越来越壮大，价格也更加亲民。紧接着，一汽丰田相继推出了紧凑级轿车卡罗拉双擎、中级轿车亚洲龙双擎、紧凑级 SUV 荣放双擎以及进口销售的高端 MVP 威尔法双擎等一系列混合动力车型，让中国消费者充分领略了丰田"双擎家族"的魅力。

从 2005 年到 2020 年，一汽丰田用 15 年的时间让越来越多的中国消费者认识并认可了丰田混动双擎技术与产品，一汽丰田混动车型在中国国内的销量已累计超过 33 万辆，是当下中国混动市场当之无愧的"一哥"。目前，丰田汽车的油电混合动力技术已经发展到第二代，其核心竞争力就是技术先进、产品卖点多。当然，技术先进性只是其一，其在大空间、燃油经济性、动力性、驾驶安静等方面也具有明显优势。

然而，与丰田汽车的全球45款混动汽车产品阵容及其累计销量突破1800万辆相比，中国市场的33万辆显然很难算得上多么成功，而这背后有着一定的政策性因素。按照中国的相关政策规定，只有纯电动汽车才是新能源汽车的主方向，混动汽车甚至是插电式混动都被划入燃油车范畴。既然中国汽车市场需要纯电动车，丰田汽车肯定不会眼睁睁看着这块大肥肉从嘴边溜走。

丰田汽车一直时刻关注中国纯电动汽车领域。早在1998年，中国科学技术部在广东省汕头市南澳岛实施电动车行驶实验时，日本丰田汽车就为其提供了RAV4 EV作为行驶实验车。此后，丰田汽车一直关注中国的纯电动汽车市场。2012年，丰田汽车常务、技术管理本部副本部长吉贵宽良还曾表示，希望能将一款基于FT-EV Ⅲ概念车打造的小型电动车引入中国。

2018年4月，中国工信部发布了《乘用车企业平均燃料消耗量与新能源汽车积分并行管理办法》，即所谓的"双积分政策"。对于丰田汽车而言，这似乎是要向外界展示其在中国市场多年规划的成熟时机。2020年4月，广汽丰田率先发布了丰田旗下在中国国内的首款纯电SUV车型：C-HR EV。5月，一汽丰田也发布了旗下首款纯电SUV车型：奕泽E进擎。

就具体车型而言，丰田汽车在混动、插电混动、燃料电池三个领域都已布局好相应的产品，但是纯电动领域一直都有所欠缺。考虑到当前中国市场及其政策倾斜性对于纯电动车的支持力度显然要比其他领域的更大，此时将纯电动车提上日程正是时候。而凭借着丰田汽车在电控、电机和电池组等"三电技术"上积累的优势，生产出优秀的纯电动汽车产品并非难事。

特斯拉挑战"50∶50股权比例"

2013年8月，美国特斯拉汽车公司位于北京芳草地的体验店宣布接受预订，在不确定最终价格以及交货日期的前提下，消费者需交纳订金25万元人民币。这是特斯拉第一次在中国正式开售纯电动汽车，不过是以进口汽车的形式。对于中国市场，特斯拉 CEO 马斯克数次在公开场合表示，中国将会成为特斯拉继美国之后的全球第二大市场。

就在特斯拉宣布在中国开售 20 天后，中国国内某证券网站上出现了"江淮汽车拟与特斯拉在合肥成立电动汽车合资公司，项目总投资额为 50 亿元，双方各持 50% 股权"的消息。对于这一条与特斯拉的"绯闻"，江淮新能源汽车研究院开发管理部副部长王方龙表示，江淮汽车尚未与特斯拉达成合作协议，但其高层确实很认可特斯拉的模式。

显然，这一消息并非空穴来风。2014 年 3 月，江淮汽车所在地安徽合肥市政府也向特斯拉递出"橄榄枝"。据合肥市人民政府驻北京联络处发布的消息，合肥市委副书记、市长张庆军在北京会见了美国特斯拉集团副总裁吴碧瑄。这也是前一年特斯拉牵手江淮汽车传闻出现之后，特斯拉方面与合肥市政府的正式接触。受此消息影响，江淮汽车股票大涨，涨幅一度近 17%。

当时的特斯拉亟须寻找中国合作方，非常希望中国也给予其新能源补贴，被列入《节能与新能源汽车示范推广应用工程推荐车型目录》。不过，特斯拉争取到新能源汽车补贴的可能性几乎为零，因为特斯拉在中国的身份是进口车，这不符合政策规定：只有自主、合资等国产车型才有资格申请新能源汽车补贴。

马斯克原本就计划直接在中国建厂生产特斯拉汽车，而 2014 年出台的新能源政策则让特斯拉提前启动这一规划。资本市场最先领悟到了这种可能，在中国股市，一切与特斯拉有关的股票都被爆炒，其中对其国产合作伙伴的猜测曾一度令包括万向集团公司（经营汽车零部件）在内的数个股票连续两天涨停。在万向发布公告撇清与特斯拉的关系后，该股票又经历了瞬间跌停。

2014 年 4 月，特斯拉 CEO 马斯克造访北京，他首先拜访了中国科学技术部。在众多中国政府部门中，科技部一直对特斯拉持鼓励态度，几年前曾派代表团考察特斯拉位于加州的工厂（原丰田 NUMMI 工厂）。从科技部出来，马斯克又参加了极客公园创新大会，与他同台就座的还有杨元庆、周鸿祎、周航、张向东、张一鸣等众多中国互联网大佬。

此后，与特斯拉谈合作的中国车企越来越多。2016年，因为深受巴菲特的赏识，比亚迪传出要与特斯拉合作。6月，又有媒体报道称，特斯拉与上海金桥集团签订了一项非约束性备忘录，双方各投入300亿元人民币，在上海建立生产工厂。2017年2月，又传出特斯拉与上海临港合资建厂的消息。除此以外，苏州和合肥也在积极争取特斯拉投资入驻。

2017年3月，腾讯宣布斥资约18亿美元收购特斯拉5%的股份，成为该品牌的全球第五大股东。4月，《南方都市报》报道称，特斯拉着手准备在广东以独资的方式建立工厂，厂址已经选好，正在等候相关政府部门对项目的批复。6月，又传出上海市政府与特斯拉签署投资建厂协议的消息。特斯拉与多地政府的合作传闻，显然是在待价而沽，想让公司获得更大的利益。

不过无论是哪种传闻，根据此前的政策规定，中外合资企业中的外方占股不得超过50%。这就意味着特斯拉一旦在中国建立工厂，最多只能拥有一半的股权和收益，并对生产环节与合作者实行共同控制。显然，马斯克并不愿意分享特斯拉的核心技术与利润给合资企业，而是希望能够破除这种规则，通过独资的形式拥有工厂的完整所有权。

2018年3月，特斯拉CEO马斯克在美国社交媒体推特上呼吁美国总统特朗普挑战中国在汽车领域制定的不低于"50：50股权比例"，声称："没有美国车企能够在中国拥有甚至50%的股权建厂，但在美国却有5家中国完全独资的电动汽车车企。"随即，马斯克又表示："中国已经表示出开放市场的意愿，我相信他们会做出正确的事情。"

上海成为特斯拉的大救星

2018年3月，时任国家发改委副主任宁吉喆透露，中国要大幅度放宽市场准入，在一些领域放宽或取消外资股比限制。4月，国家发改委公布了取消汽车行业外资股比限制的时间表：汽车行业将分类型实行过渡期开放，2018年取消专用车、新能源汽车外资股比限制；2020年取消商用车外资股比限制；2022年取消乘用车外资股比限制，同时取消合资企业不超过两家的限制。

5月，美国特斯拉在上海注册了特斯拉（上海）有限公司，工商信息显示，该公司注册资本1亿元，特斯拉汽车香港有限公司（Tesla Motors HK Limited）为其全资股东，经营范围包括电动汽车及零部件、电池、储能设备、光伏产品等。此时距离中国宣布取消汽车行业外资股比限制仅仅才过去1个月，这也意味着特斯拉成为开放外资股比后的首个100%外资占股项目。

6月，中国商务部发布了《外商投资准入特别管理措施（负面清单）（2018年版）》，其中关于新能源汽车领域外商股比和外商合资数量的要求从当年7月底被正式取消，这也为特斯拉的中国之路彻底打开了大门。7月，特斯拉与上海临港管委会、临港集团共同签署了纯电动车项目投资协议。经过国务院的特批特许，特斯拉投资500亿元人民币，在上海建设超级工厂。

2018年10月，特斯拉（上海）有限公司以底价9.73亿元取得上海临港产业区超1200亩的工业用地，并举行《土地出让合同》签字仪式。2019年1月，在上海浦东新区临港的一片农田上，特斯拉举行了盛大的超级工厂奠基仪式；9月全面验收通过；10月拿到生产资质，开始生产Model 3；12月，第一辆国产特斯拉Model 3汽车正式在上海工厂向员工车主交付。

> **上海临港产业区**：位于上海东南角，地处长江口和杭州湾的交汇处，是世界上少有的集航空、海运、铁路、高速公路、内河运输五种交通功能于一体的区域；已经基本形成汽车整车及零部件、大型船舶关键件、发电及输变电设备、海洋工程设备、航空零部件配套五大装备产业制造基地。

特斯拉上海超级工厂从签约到土地摘牌，再到正式启动开工，只用了半年左右的时间，是历时最短的外资项目。而从大片农田到一期工厂建设完毕，再到2020年1月特斯拉上海超级工厂开启大规模交付，时间刚好是一年。不仅如此，特斯拉还创造了许多"第一"：是中国放开外资股比后第一个也是唯一一个外资独资项目，是第一个把车开进中南海紫光阁的外资企业，也是上海有史以来最大的外资制造业项目。

中国的超级工厂的出现时机非常合适，《新京报》报道，在上海市政府的重视和大力支持之下，上海部分银行为特斯拉上海工厂提供了低息贷款。对于外企自贸区建厂，中资银行贷款帮忙，有汽车业内人士就曾质疑："特斯拉进驻中国市场是想圈钱，从而回暖资金链，寻求中方投资人，重新取信华尔街。"毕竟当特斯拉宣布投资中国工厂的消息后，其股票一度大涨逾9.73%，极大地挽回了美国市场对于特斯拉的信心。

除了高昂的负债，特斯拉在欧美市场也可谓危机四伏，缺乏足够的流动资金是其最大的隐患。2007年以来，特斯拉累计获得了35亿美元的美国政府补贴，在所有获得补贴的企业中排名靠前，远高于苹果公司6.93亿美元的补贴。而随着美国国会取消了对达标厂商电动汽车厂商的补贴，以及共和党人特朗普当选总统，维持特斯拉现金流的政府补贴渠道面临"断供"。

在这种极度缺钱的大背景下，特斯拉上海工厂数百亿元的投资资金又从何而来？其实早在2018年8月的财报电话会议上，马斯克就披露称，上海建厂的资金将来自中国本土融资，包括银行贷款和"地方债务"，无须靠变卖股票筹资。"我认为，对于中国而言，我们的计划基本上是利用中国本地银行提供的一笔贷款，为上海的超级工厂提供资金。"

丰田扩大中国朋友圈

2018年8月，日本丰田汽车宣布与中国最大的民营汽车公司——吉利汽车合作推广混合动力技术。2019年1月，湖南科力远新能源股份有限公司花费1元购买了丰田THS混动核心技术，THS即Toyota Hybrid System，是丰田研发的双擎混动系统。吉利汽车是湖南科力远的第二大股东，此次用1元购买丰田THS技术，也进一步预示着吉利汽车未来或将大量推出搭载丰田混动技术的车型。

在国际上，混动技术并非丰田一家独大，本田、奔驰和宝马也都有着自己的插电混动系统，因此与其孤军作战，不如统一联合，率先抢夺市场话语权。当然，丰田汽车此次"卖给"中国吉利的THS混动技术并非最新的插电混动技术，而是上一代的技术，这样既能很好地利用中国汽车企业推广自己的技术，同时又能保持在相关产品技术上的领先性。

2019年7月17日，日本丰田汽车与中国宁德时代宣布，在新能源汽车动力电池稳定供给和发展进化领域建立全面合作伙伴关系。同时，双方将在电池新技术开发以及电池回收利用等多个领域开始进行广泛探讨。通过此次合作，双方将结合宁德时代在电池开发、供给方面的实力，以及丰田在电动车、电池研发方面的技术实力，致力于开发更具吸引力的电动车产品，推进电动车的普及。

宁德时代是中国国内率先具备国际竞争力的动力电池制造商之一，已和多家国际车企建立了良好的供应关系，包括戴姆勒、宝马、沃尔沃、上汽集团、东风汽车、吉利等。2021 年 6 月，宁德时代又与特斯拉签订了 4 年供货框架协议，向其供应锂离子动力电池产品。

宁德时代的创始人曾毓群博士与日本有着渊源。1989 年从上海交通大学毕业后，曾毓群来到广东东莞，入职了日本东京电气化学工业株式会社（TDK）旗下的东莞新科磁电厂。正是在这里，曾毓群第一次接触到了电池技术。此后，曾毓群团队的产品成功进入了苹果的产业链。2011 年，在国家大力扶持本土新能源企业的背景下，曾毓群回到家乡福建宁德成立了宁德时代。

在和宁德时代达成合作两天后，日本丰田汽车又与中国比亚迪签订合约，共同开发轿车和低底盘 SUV 的纯电动车型，以及上述产品所需的动力电池。2020 年 4 月，丰田汽车与比亚迪合作的纯电动车研发公司——比亚迪丰田电动车科技有限公司正式成立，注册资本为 3.45 亿元，双方各自持股 50%。

比亚迪公司由王传福于 1995 年创立，不仅在动力电池领域具备 100% 自主研发、设计和生产能力，也是全球唯一一家掌握电池、电机、电控等"三电核心技术"的新能源车企。比亚迪还推出了颠覆性的刀片锂电池技术以及 DM-i 混动技术，新能源汽车销量更是占其总销量的 90% 以上。因此，无论是技术硬实力还是产品认可度，比亚迪都是丰田最合适的合作伙伴。

此外，比亚迪一直以"技术至上"作为企业的底色，步步为营、稳扎稳打的风格也与日本企业十分契合。然而，比亚迪尽管技术过人，有着丰富的技术储备，但缺乏向外输出的途径，而通过与丰田汽车的合作，可以向全世界展现品牌形象，提升品牌知名度，也能够因此在新能源汽车这一细分市场上拥有更大的影响力与主动权。

在双方的合作过程中，比亚迪深厚的纯电动汽车技术也迅速赢得了世界汽车巨头丰田汽车的认可。2021年8月，比亚迪与日野电动车株式会社新设合营企业案已进入简易案件公示阶段。日野是丰田汽车旗下的商用车品牌，主要产品为卡车、客车等。面对卡车、客车等商用车的纯电转型，日野选择和比亚迪开展合作，显然是丰田汽车新能源"朋友圈"的一次扩展之旅。

丰田车体
丰田汽车
丰田纺织
丰田金融
大发工业
丰田合成
爱知制钢
丰田自动织机
丰田通商
斯巴鲁
爱信精机
日本电装
东和不动产
丰田工业大学
捷太格特
丰田中央研究所
日野汽车

第四节
三井财团 PK 市值第一

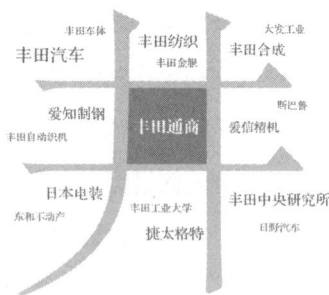

纯电领域的骨灰级玩家

2018 年年初，特斯拉宣布与日本住友财团旗下的松下公司在超级工厂量产用于 Model 3 的 21700 型号锂离子电池，而新生产的 21700 锂电池系统的能量密度在 300Wh/kg 左右，比其原来 18650 锂电池系统的 250Wh/kg 约提高 20%。随着电动汽车行业的发展，特斯拉需要安全性更高、能量密度更大、电池循环次数更多的电池，所以换装新的电池组被提上了日程。

在此之前，特斯拉车型一直使用的是松下的 18650 锂离子电池，此类电池最开始用于笔记本电脑和其他电子设备。为了能够让 18650 锂离子电池适应电动汽车的使用场景，特斯拉和松下做了大量改良研发和测试，使其通过了美国机专动车工程师学会（SAE）的电池组极限测试和美国联邦机动车辆安全标准（FMVSS）的测试。

电池系统是新能源汽车中成本占比最高的部件，甚至接近 40%，即便是最便宜的特斯拉 Model 3，其电池成本也占到了汽车总价的 25%。一直以来都有日本在纯电动汽车领域掉队，失去话语权的论调。但是，千万不要以为日本企业主要发力混动车，就说明日本在其他赛道中没有积累。事实上，在锂电池等核心领域，日本才是骨灰级玩家。

早在 20 世纪 80 年代，三井财团旗下的索尼公司会长盛田昭夫就命令公司的科研人员研发充电式锂电池。因为索尼生产出的大量电子产品都需要使用电池，但是一次性干电池无法循环使用，用完就要扔掉非常浪费，也不环保。于是在 1986 年，索尼中央研究所电子开发部科长西美绪正式着手研发充电式锂电池。

在刚接手锂电池研发的时候，西美绪曾和盛田昭夫便说明了锂电池最大的问题：锂非常容易发生化学反应，因此很容易燃烧并产生危险。当时索尼会长盛田昭夫用"糖吃多了对人有害，可谁都没有禁用糖"这句话来说服西美绪去做锂电池。但此后发生的索尼郡山工程火灾导致100万只锂离子电池被烧毁，仍直接表明锂离子电池的安全是个大问题。

> **三井与索尼**：发展初期的索尼实际上得到了三井财团的大力帮助。索尼内部曾在20世纪50年代设有一个顾问委员会，在索尼的融资和投资上起到了巨大的作用。顾问委员会的主席万代顺四郎曾是三井银行的首领，因此直到现在，索尼银行的银行卡都可以直接在三井住友银行的ATM机上办理业务。

1988年，三井财团的索尼公司（简称索尼）申请了第一份锂电池专利，并且把新产品命名为 Li-ion battery。1991年，索尼在全球首发了以碳素材料为负极的锂电池，首次实现了锂电池的商品化。当年5月，搭载该锂电池的索尼手提电话，也开始在市场上销售，并大获成功，而培养了诺奖得主吉野彰的企业旭化成直到1993年才真正生产出可商用的锂电池产品。

锂离子电池初期只应用于索尼自家的产品，此后才得以在移动电话、笔记本、计算器等携带型电子设备上广泛使用。1995年，锂离子电池摆脱了形状限制，日本住友财团的三洋电机推出铝壳锂离子电池103450。同索尼一样，三洋电机的锂电池业务规模在很长一段时间里都处于国际领先地位。2008年，松下收购三洋电机，并结合自身的锂电池业务，使得松下一跃成为全球最大的锂电池厂商。

时至今日，由索尼开发的商用锂离子电池仍是全球主流电池应用方案。2015年7月，索尼总部透露，索尼能源部件公司在过去25年中已累计出货50亿部锂电池。不仅电池产品数量惊人，同时日本也牢牢掌控着锂电池的生产原材料。世界最大的隔离层、电解液、正负极材料生产商，全都是日本企业。

2019年，诺贝尔化学奖被授予了来自日本旭化成工业公司（属第一劝银财团）的化学家吉野彰，以表彰他在锂离子电池的发展方面做出的贡献。相比于其他类型的蓄电池，锂离子电池具有安全性高、体积小、能量密度高等特性。

但是，当时日本索尼材料研究所所长西美绪对吉野彰获奖表达了不满，因为索尼才是首个商用锂离子电池的开发者。

丰田汽车永不独行

日本企业的团结程度，在全球市场都是少见的，特别是对于烧钱很凶的汽车"新四化"（电动化、智能化、互联化、共享化）领域，日本企业更没必要自己关起门来研发。抱团合作，每家都出一点力，成果共享，才是最划算的做法。当然，选择抱团合作的前提是各个企业都有自己擅长的专业领域。与丰田汽车拥有深厚渊源的三井财团，其"产商融"三位一体的财团模式，恰恰为这种合作提供了合适的生长土壤。

2016 年，三井财团旗下的三井化学公司（简称三井化学）宣布其位于名古屋工厂内的电解液解决方案生产设施竣工，能够满足日本国内对于锂离子电池用电解液日益增长的需求。三井化学表示已将汽车领域定位为其主要增长推动因素之一，将大力实施优质电解液解决方案生产和分销系统，并利用其积累多年的技术专长。其间，将专注于汽车领域，继续巩固并扩大其电解液解决方案业务。

2017 年，三井财团旗下的东丽公司（简称东丽）宣布在欧洲新建纯电动汽车等使用的锂离子电池零部件工厂。东丽计划到 2020 年前后向电池零部件领域投入约 1200 亿日元，其中一部分资金将投向欧洲的新工厂。东丽生产的电池零部件是被称为"隔离层（绝缘材料）"的特殊薄膜，其功能是将正极和负极隔开防止爆炸，这种薄膜是影响电池安全性的重要零部件。

2020 年 11 月，三井财团旗下的东芝公司（简称东芝）宣布开发出了不易燃、安全性更高的新型锂电池。锂电池过去存在电解液易燃的问题，此次东芝采用了不含可燃物的电解液，同时其在低温下也不会结冰，保证了即使在零下30 摄氏度也可以使用。2021 年 9 月，东芝开发出了可在卡车及巴士等大型纯电动汽车上使用的大容量锂离子电池试制品。

为了在日本国内完善电池和电池部件的生产体制，相关业界需要的前期筹备资金总额约为 4 万亿日元，这显然不是单一企业能够承担得起的。而即便是在资金充足的情况下，电池原料的稳定采购依旧是一大棘手问题。为此，俗称"小三井物产"的丰田通商取得了阿根廷锂矿资源约 25% 的采购权，他们还与澳大利亚的锂矿资源开发公司合作，为锂电池的制造提供稳定的锂矿资源。

2021 年 4 月，为了确保车用动力电池供给网络通畅，日本汽车及电池领域的相关企业决定联合成立日本电池供应链协会（BASC），包含丰田汽车和松下共同出资的电池公司泰星能源（PPES）在内，本田、日产、马自达等汽车制造商，三井物产、三井化学、东丽、旭化成等企业，共计 55 家会员企业。供应链协会会长由住友财团的住友金属矿山公司电池材料事业本部部长阿部功担任。

这不是日本企业第一次在锂电池产业"抱团取暖"。早在 2018 年，丰田汽车、日产等多家日本汽车厂商就共同启动了一个回收电动汽车退役锂离子电池的项目。随着电动汽车越发普及，废旧电池的回收再利用也成为一个严峻的社会问题，日本企业希望可以一起合作，为废旧电池建立有效的回收体系，降低动力电池回收成本，实现可持续发展。

为了在原材料的使用方面实现效率最大化，日本 BASC 计划针对电池再回收领域进行稀有金属的再利用。目前全球电池的回收率在 25%—50%，动力电池回收利用市场还有很大的潜力可挖。根据协会的初步规划，他们不仅希望重新梳理电池回收网络的连接问题，还计划深入探讨、制定国际电池标准，其最终目的是避免增加日本电池供应链的额外负担。

对此，三井物产（三井财团的综合商社）在一份官方声明中表示："随着全球各个国家和地区走向脱碳化社会、实现电动化，电池产业市场规模的扩大是可以预见的。此次 BASC 的成立，有助于应对锂电池的国际标准化，为电池环保系统的构建制定规则等，三井物产考虑资助其业务和强化产业竞争力。"显然，三井财团正在带领日本企业共享情报、分摊成本，一起对抗欧美资本巨头。

"市值第一"的特斯拉

2020 年 6 月 29 日，美国特斯拉的股价升至 1009.35 美元，总市值超过 1871

亿美元，成功超越日本丰田汽车的 1754.99 亿美元，成为全球市值第一的车企。不仅如此，老牌美国车企通用汽车和福特汽车的市值分别为 362.06 亿美元、239.02 亿美元，甚至还不及特斯拉的零头。

有人说特斯拉用不到 10 年的时间走完了传统车企在资本市场上百年都未曾走完的路，新能源车企赶超传统车企，坐上全球第一车企的宝座，是汽车行业的历史性时刻。然而，相较于日本丰田汽车和德国大众汽车在 2019 年分别售出 1046 万辆和 1100 万辆汽车，特斯拉当年仅交付了约 36 万辆汽车，即便是整个 2020 年特斯拉的销量也未曾超过 50 万辆。

市值变大的好处有很多，比如可以提高企业的知名度和市场价值，可以通过溢价力在未来得到更大的融资，也可以用以摆脱银行贷款等一系列束缚，当然也能够将企业资金风险转嫁给广大的股民，并且帮助控股股东持有的股份增值和增加资本流动性，等等。可是，由于市值波动导致投入与运营不稳定，也会严重影响企业的战略长远目标，频繁使用金融杠杆更会导致财务风险。

抛开疯狂的股票市场，仅从收入来源看，特斯拉迄今仍然是一家非常"传统"的汽车制造企业，主要收入来自汽车销售和售后服务，这些收入的边际成本极高，需要建厂、买设备、生产制造、销售等，从而赚取微薄的利润，完全没有科技公司级别的赢利能力。这实际上也是特斯拉一直以来最大的危机：当故事讲完之后，其企业的真实价值是否能和科技公司的估值体系相匹配？

2021 年 4 月，有媒体报道称，日本丰田汽车和美国特斯拉在洽谈合作，预计达成合作后，特斯拉将能利用丰田汽车的 TNGA（Toyota New Global Architecture，一个涉及汽车研发、设计、生产、采购等全产业链价值的创新体系）平台以低成本推出一款紧凑型纯电动 SUV，特斯拉则向丰田汽车提供部分安装在其车辆上的电子控制平台和软件技术。此前，特斯拉曾表示将在 2023 年发布一款价值 2.5 万美元的紧凑型经济型电动车，而节省成本一直以来都是丰田的拿手好戏。

就在丰田汽车和特斯拉传出再合作新闻的几个月前，丰田汽车社长丰田章男第一次公开谈论特斯拉。丰田章男用"经营餐厅"比喻，描述了丰田和特斯拉的区别："特斯拉的业务是一家仍在推广新颖菜谱的餐厅，而丰田则更像是一家已经拥有大量客户的餐厅。特斯拉认为他们的食谱将成为未来的标准，但丰田拥有的是真正的厨房和真正的厨师。"

无论再合作传闻真假究竟如何，其都暴露出特斯拉和丰田汽车之间最大的差距，那就是谁真正具有完善的汽车产

> **丰田章男**：丰田家族的第 4 代长孙。1984 年进入丰田汽车，2000 年当选董事，2002 年晋升为常务董事，1 年后再升为专务董事，2005 年成为丰田汽车副总裁（副社长）。2009 年 6 月 23 日，丰田章男升任丰田汽车第 10 任总裁（社长），也意味着丰田家族自 1995 年丰田章男的叔父丰田达郎卸任后重新执掌丰田。

业链。翻开特斯拉的供应链名单不难发现，在涉及动力总成系统、电驱系统、充电、底盘、车身以及内外饰等十个重要部分，其直接或间接的日本和欧洲供应商多达一百余家。除电池管理系统（BMS）等软件领域由特斯拉掌握，绝大部分高度依赖供应商。

长期以来，在特斯拉最核心的锂电池系统中，锂电池组的制造商是日本松下和韩国 LG 化学，正极材料和隔膜供应商为日本住友化学，负极材料的供应商为日本日立化学，电解液则由日本三菱化学生产。而特斯拉长期以来一直使用的交流异步感应电机则是由中国台湾富田电机设计生产的。此外，日本夏普、德国博世、中国台湾鸿海精密（富士康）都是特斯拉的重要供应商。

降价背后的质量失控

2021 年 1 月，特斯拉宣布，由中国上海超级工厂制造的 Model Y 车型以及全新 Model 3 车型正式发售。特斯拉中国官网显示，Model Y 长续航版起售价为 33.99 万元，此前为 48.8 万元，下调了 14.81 万元。特斯拉 Model Y Performance 高性能版起售价为 36.99 万元，此前为 53.5 万元，下调了 16.51 万元。事实上，这已经不是特斯拉的第一次大幅降价销售了。

在大幅降价和营销策略的加持下，特斯拉在中国的销售成绩越来越好。2021 年 1 月，特斯拉中国销量为 15484 辆，到 4 月这一数字就变成了 25845；1 月至 4 月，特斯拉中国市场累计销量已达 95125 辆。然而，随着销量的持续增

长，特斯拉相继被媒体曝出刹车失控、突然加速、自燃爆炸、充电接触不良等多种问题。

2021 年 6 月，中国国家市场监督管理总局发布一则召回消息，因车辆主动巡航控制系统问题，在极端情况下存在安全隐患，特斯拉中国主动召回 28.5 万辆 Model 3 和 Model Y。如此大规模的召回并没有影响特斯拉在中国的销量。2021 年 9 月，特斯拉中国本地的销量为 52153 辆，再创历史新高。毕竟"外来的和尚好念经"，谁又能抵挡得住"价格屠夫"的力量。按照特斯拉的风格，一旦产能跟得上，价格还会继续下降，未来中国特斯拉的起步版本可能会降到 10 多万元。

在低价策略的背后，其实是特斯拉的"互联网"赢利模式，即把硬件价格做得很低，基本上以成本价销售，更多的是通过后端软件市场来收费，实现盈利。软件服务收费的商业模式，边际成本与互联网或者移动互联网类似，都是趋近于零。因此，特斯拉要卖出更多的车，就需要不断地降价吸引更多的消费者，也只有当销量足够大的时候，边际成本才能更趋近于零。

许多媒体将特斯拉开拓软件服务收费的模式认为是对百年汽车行业商业模式的颠覆与挑战，只是这种模式真的适合现在的商业环境吗？售价 1 万美元的特斯拉完全自动驾驶功能（FSD）软件包在美国的开通率只有 20%，而中国的开通率更是不到 2%……显然，现阶段很多务实的中国车主只是为了买一辆代步工具，还没有在软件服务上付费的习惯和意愿。

2021 年 12 月，中国国家市场监督管理总局发布消息称，将召回共计 21599 辆上海工厂生产的特斯拉 Model Y 电动汽车。随即，特斯拉股价应声大跌，市值一夜蒸发 700 亿元。此次召回的原因正是特斯拉选择的一些供应商产品存在质量问题，从而导致汽车转向桥中的重要零件之一的转向节强度不符合要求，可能发生变形或断裂，存在安全隐患。

对如此庞杂的供应商体系进行质量把控，是一件非常棘手的事。而针对这一问题，丰田汽车早在 2012 年就推出了"TNGA"体系。这是丰田基于"三井商道"的经营哲学，开创的全新"造车理念"。

　　在新的"TNGA"生产模式下，丰田可以更加巧妙地共用零部件和总成，在与供应商通过更紧密的合作降低成本的同时保证产品的质量。2020年，丰田汽车专门推出了升级版的"e-TNGA"纯电平台，该平台不仅将生产丰田汽车未来的新纯电动产品，还将用于旗下雷克萨斯、斯巴鲁、铃木、大发等品牌，产品覆盖紧凑型车到中大型SUV以及MPV车型。

　　汽车产业的背后是一个极其复杂的供应链体系，零件厂商对于各大车企来说，起到了核心支柱作用。一直以来，丰田都是汽车界的标杆，其对零件厂商的管理模式也可以称得上是汽车行业的标杆。丰田汽车的零部件体系之所以最为完整，在品控上也能够做到一以贯之，和它对待零部件供应生产商采取共同成长的"三井商道"理念是密不可分的。

第五节
"造汽车"不是"敲代码"

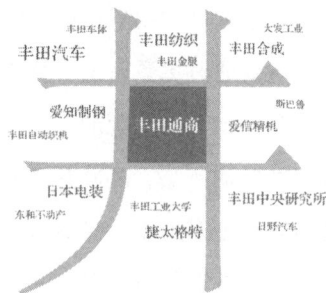

丰田车体　丰田纺织　　大安工业
丰田汽车　　丰田金融　丰田合成
爱知制钢　　　　　　　斯巴鲁
　　　　　丰田通商　爱信精机
丰田自动织机
日本电装　　　　　　　丰田中央研究所
东和不动产　丰田工业大学　日野汽车
　　　　　　捷太格特

汽车是科技产品，更是社会产品

　　特斯拉旗下的汽车产品一直都在降价，作为新能源汽车代表的特斯拉保值率很难让人满意。不过，特斯拉的车虽然一直在降价，但是特斯拉的完全自动驾驶功能软件包却一直在涨价。因此，有媒体认为特斯拉卖的并不是车，而是科技。可是，"造汽车"从来都不是"敲代码"，汽车作为工业产品的核心永远都应该是质量和安全性。

　　如果说特斯拉卖的是科技，那么丰田汽车卖的则是社会——一个"可持续发展的低碳社会"的构想，而要实现这样的构想，并不是简单用电动车代替燃油车的问题。无论是混合动力、纯电动还是燃料电池，都不是未来汽车发展的目标，它们只是实现环保"碳中和"的手段。"环保车只有普及才能真正为环境做贡献"，这就是丰田汽车推进新能源汽车战略的一切出发点。

　　未来新能源汽车的发展实质上是一个社会性问题，汽车的续航里程和能量补充方式决定了它需要与之相适应的社会配套设施。以纯电动汽车产业为例，汽车企业在社会中的角色，不应该只是生产和销售电动车，还应该做好"善后"的角色。

　　电动汽车的制造和销售只是其庞大社会链条里的起点，随之而来的问题还有电动车怎么补充电能的问题，以及电动车完成了它的生命周期，或者电池衰减到一定程度之后的回收、再利用、污染物处理的问题。与三井财团渊源深厚的丰田汽车对电动汽车的理解，显然不是"单独追求销售的胜利"。随着第一批电动汽车逐渐进入报废周期，那些被淘汰的电动车和电池怎么处理呢？

针对这一问题，2020 年 7 月，丰田汽车联合三井物产、中国格林美股份有限公司达成三方协议，共同开展废旧锂电池残余电量简易快速判断研究，探讨并验证梯次利用该电池建立储能系统，积极推进锂电池再利用和循环再生业务。此外，三井物产还与法国雷诺联手成立了电池再利用业务的公司，因为欧洲的纯电动汽车销量也在猛增，二手动力电池市场将不断扩大。

除了打造更先进、更高品质且更具社会责任感的电池业务外，丰田汽车在相关软件领域的布局也取得了成功。丰田汽车的意图非常明确："在 IT 公司变得更像我们之前，我们需要变得更像 IT 公司。"丰田汽车 2021 年 1 月成立的新技术研究部门 Woven Planet Holdings 开发了操

> **三井物产：**三井财团的综合商社，由"先收会社"和"国产方"于 1876 年 7 月合并而成。在日本经济中，三井物产扮演的是"产业组织者"的角色。创业以来一百多年，三井物产为适应时代要求，在粮食、机械、能源、纤维、物资、金融等广泛领域，培育了形形色色的产业资本。

作系统——Arene，预计未来 5 年内投放市场，可以与汽车版微软 Windows 和苹果 iOS 操作系统相媲美。

丰田在生产优秀可靠的整车和硬件方面有着悠久的历史，但开发软件对许多传统汽车制造商来说是一项新的能力。但是，丰田汽车已经决定开始转向精益和敏捷的软件开发模式。只不过不同于互联网公司，丰田汽车会以丰田自己的方式——耐心而有条理地去做，因为敏捷本身并不是一个目标。丰田称自己的模式是：精益软件开发。

2021 年 2 月，丰田举行了"Woven City（编织之城）"的奠基仪式。Woven City 是以人为本的未来城市建设实证项目，它不仅是城市的含义，更是社会的概念。丰田的生态系统实现与各种技术和行业的合作，可以探索出其他城市均可效仿的全新城市形态。互联技术、自动驾驶、共享出行等移动出行服务，将会扩展现代社会的全新生活。

在可以预见的未来，丰田汽车和特斯拉之间的"战争大片"还会不断上演。只是不知道，当美国特斯拉在智能化、自动驾驶、应用软件上的技术优势逐渐被日本丰田汽车通过成熟的财团供应链体系和高品控的大规模生产模式赶超之

后，马斯克是否还能依靠"能源供应商"和"火星移居计划"等噱头，再度在资本市场上讲好电动汽车的故事？

丰田绝不孤注一掷

2020 年 6 月，美国特斯拉 CEO 马斯克在推特上说："氢燃料电池 = 愚蠢的买卖。" 7 月，他又继续炮轰氢燃料电池，称"氢燃料电池这愚蠢的买卖毫无意义"。对此，丰田汽车社长丰田章男则给出了不一样的看法，"快速适应未来的变化比试图预测未来更重要，因为未来只有不确定性。我们希望为客户保留多种选择，直到找到正确的道路"。

很长一段时间里，由于丰田普锐斯的成功，大家都把丰田汽车当作混合动力技术的代表，甚至认为丰田汽车排斥纯电动车。事实上，丰田汽车不但不排斥电池技术，反而可能是最早关注这一领域的。早在 1925 年丰田汽车尚未成立之时，丰田财团的创始人丰田佐吉就曾悬赏 100 万日元以鼓励开发蓄电池，因为他认为"石油不会取之不尽，用之不竭，而能够起到调节作用的就是蓄电池"。

在丰田汽车的新能源战略里，混合动力汽车、插电混动汽车、氢燃料电池车、纯电动汽车都是值得研究的方向。至于究竟选择哪个方向，丰田汽车的顾客可以根据自己的需求，来决定最终市场的发展。丰田汽车要做的就是努力生产和制造顾客喜爱的环保车，只有这样才能让顾客满意，才能最终实现"碳中和"，真正遵循"适时""适地""适车"的原则。

除了氢燃料电池和传统锂离子电池，丰田汽车的选择其实还有很多。2021年 9 月，丰田汽车宣布在 2030 年前投资 1.5 万亿日元用于新能源汽车电池的研发和制造，而该项投资计划中就包含固态电池的开发。事实上，丰田汽车一直也是固态电池大规模生产的领跑者。相比于传统电池，固态电池具有能量密度更高、充电速度更快且不易着火等优点。

丰田汽车作为最早研发固态电池的企业之一，不仅拥有最多相关技术专利，也早早开始为商业化做准备。2020 年 6 月，丰田汽车制造了搭载全固态电池的电动车，8 月在测试路线上进行了行驶试验，并已到获取车辆行驶数据的阶段。

丰田汽车官方预计，到 2025 年将实现全固态电池的小规模量产。

其实，固态电池和传统锂电池的工作原理相同，只是固态电池的电解质是固态的，而传统锂电池的电解质是液态的。那么，为什么丰田汽车一直都没有大张旗鼓地宣传自己的固态电池技术呢？这是因为现在提出的固体电池所具备的优点，都是"实验室数据"，偏理想化，依旧缺乏市场的考验，而丰田汽车并不需要通过这些噱头来进行资本炒作，踏实研究、突破技术瓶颈才是其企业真谛。

《宋史·寇准传》有云："博者输钱欲尽，乃罄所有出之，谓之孤注。"如史书所言，孤注一掷往往是赌徒所为，而丰田汽车是商人，不是赌徒，绝不会孤注一掷。丰田汽车始终坚持"三井商道"，深谙综合商社"不把鸡蛋放在同一个篮子里"的道理。抛开技术路线之争，丰田汽车既不反对"纯电化"，也不坚持"氢能源"，而是在随着市场发展不断调整自己的战略走向。

作为全球最大汽车制造商，丰田做事有一个大原则，即一定要看准时机再撒网。不见兔子不撒鹰，以实实在在的商业利益为导向，是丰田一以贯之的行为准则。新产品新技术的发展是由科学家们决定的，但消费者的选择才是对市场最终的评判。因此，丰田汽车进军新能源领域并不存在"快"与"慢"的问题，而是时机的选择是否恰当。

2020 年 12 月，日本丰田汽车宣布，旗下氢燃料电池车（FCEV）Mirai 全新换代上市销售。丰田新一代的 Mirai 基于 TNGA 架构全新打造，整车动力系统布局也发生了重大变化，不仅生产成本更低，还大大提高了续航里程。相较于老款车型的 650 千米，新一代 Mirai 的最高续航里程可以达到 850 千米，同时还配备了丰田汽车最新的自动驾驶系统和动态雷达巡航系统。

三井财团的强力支持

作为丰田氢燃料电池动力汽车的先驱，第一代 Mirai 于 2014 年上市销售，截至新一代上市之前全球共售出了 11154 辆。而提高性能后的第二代 Mirai 在 2021 年前 11 个月的销量就达到了 5600 台，只用了不到 1 年的时间就超过了过去 6 年一半的销量，但是，这样的销量仍然无法与丰田汽车在氢燃料电池汽车领域的投入相比。

自 1992 年启动氢能源汽车项目至今，在近 30 年的探索过程中，丰田汽车的氢燃料电池车历经 3 代技术研发，其间还发布了多款概念车和氢燃料电池混合动力汽车。现在的丰田汽车手握超过 6000 件关于燃料电池汽车的核心专利，包括燃料电池车、氢气生产与供应技术、燃料系统软件控制技术、燃料电池堆技术与高压储氢罐技术等。

实际上，在 2014 年推出第一款量产氢燃料电池汽车时，丰田汽车绝大部分的相关专利技术布局就已经完成了，此后则是根据销售反馈情况通过解决实际应用中发现的问题而补充申请，主要集中在控制系统和电堆系统等领域。丰田汽车无疑是当今在氢能源领域投入最大、押注最多的汽车厂商。于是，有一种观点认为"丰田汽车是在豪赌氢燃料电池汽车的未来"。

多年来氢能源一直被指出存在成本过高、效率低下、应用困难等诸多问题。除各国系统性政策缺失外，技术瓶颈、成本瓶颈和供应链瓶颈都是困扰氢能产业发展的核心问题。在突破技术壁垒、获取廉价原材料以及构建供应链体系等方面，日本拥有得天独厚的优势——财团生态系统。三井财团正尝试打造全球化氢能源供应链，期望在氢能领域占得技术与市场的先机。

建设氢能社会，前提是氢气库存充足且可以低价采购。2018 年年初，日本三井物产（三井财团的综合商社）、三菱商事（三菱财团的综合商社）、千代田化工建设、日本邮船四家公司联合成立了新一代氢能源产业链技术研究会（AHEAD）。研究会计划将国际氢供应链商业化，包括在文莱生产甲基环己烷，经由远洋运输至日本，再在日本从甲基环己烷中分离氢气。

2020 年 6 月，三井物产又与新西兰氢能开发公司 Hiringa Energy 签署了战略合作协议，双方将在氢能领域展开合作。合作项目包括了绿色氢生产项目、澳大利亚国家氢能供应网络的建设，以及绿色氢生产和出口的可行性研究。对此，三井物产的负责人表示："和 Hiringa Energy 达成的战略合作协议符合三井物产的氢能发展规划，即在全球范围内关注下一代能源方案的开发。"

　　三井物产认为新西兰是开发和展示"绿色氢"作为下一代燃料的可行性的理想市场，新西兰拥有丰富的可再生能源来源，可用于生产绿色氢，现在大约85%的电力来自可再生能源。从煤中提取的氢气被称为"棕色氢"，虽然相对容易制备，但造成的环境污染比较严重；"绿色氢"则不来自任何类型的化石燃料，例如风能和太阳能发电制成的氢气。

　　如今，氢能源在氢燃料电池车和巴士的用途上已经实用化，面向船舶和铁路用途的产品也在推进开发。因此，三井财团旗下的东芝认为今后在自主发电用途上，工厂和办公室等处的定置式氢燃料电池的需求将增加。为此，2021年2月，东芝与中国鸿达兴业签署战略合作协议，共同探讨氢能等新能源领域，包括楼宇产品和电源产品在内的基础设施领域的合作模式。

　　东芝（中国）有限公司董事长兼总裁宫崎洋一表示："20世纪60年代初，东芝就已着手氢能产品的研究开发。实现脱碳社会的关键元器件功率半导体也是我们的强项，这将有助于东芝为中国实现'碳中和'目标提供更加完整、高效的解决方案。"此外，宫崎洋一还透露，在用氢环节，东芝正与中国国内的一线企业接洽，携手开拓广阔的中国氢能市场。

> **三井与东芝**：1893年，三井财阀通过解决"田中久重贷款整理事件"收购了田中制作所。1904年，田中制作所正式更名为芝浦制作所，这也就是现在日本东芝公司的前身。1939年，芝浦制作所和东京电气株式会社合并，成立了东京芝浦电气株式会社。1984年，开始使用"东芝（Toshiba）"这个新品牌名称。

　　2021年12月，中国首台东芝氢燃料电池 H_2Rex 系统登船出口，开启氢能加工贸易模式。由大连东芝机车电气设备有限公司生产的氢燃料电池 H_2Rex 系统是日本东芝研发的具有全球领先技术的氢能产品，这也是东芝首次授权中国工厂生产。H_2Rex 系统发电时只排放水，不会产生二氧化碳，还可根据不同应用场景进行模块化组合。

北京与东京的共同选择

　　2021年7月，在东京奥运会的开幕式上，日本网球运动员大坂直美手持火炬点燃圣火。无论是火炬还是圣火，燃料都不是传统的天然气，而是氢气，这显然是日本氢能战略的重要象征。丰田汽车也为东京奥运会提供了500辆燃料电池汽车，用来接送运动员和工作人员。不仅如此，东京奥运会选手村所在的东京都中央区晴海，也是日本首个全面引入氢能源的街区。

日本非常希望通过东京奥运会上的"氢能秀"展示自己"氢能革命"的成果，以加快氢能源全面利用。《日本经济新闻》就认为，氢能源被期待成为脱碳化时代的"理想燃料"，因为氢能源具备两大优势：首先是可以改进使用现有的煤、煤气和石油的发电厂和机器，避免数十亿美元的遗留资产报废；另外，使用氢燃料电池与蓄电池相比，可在相同的空间内填充更多的电力。

2021年11月，丰田汽车与北京冬奥组委共同举办北京2022年冬奥会和冬残奥会赛事服务车辆交付仪式。此次丰田汽车为北京2022年冬奥会和冬残奥会提供的赛事服务车辆共计2200余辆，其中包括丰田首次在中国大规模投入使用的氢燃料电池汽车"第二代Mirai"、专为大会开发的"柯斯达氢擎"，以及多款纯电动汽车、混合动力汽车车型。

从奥运火炬的燃料，到运输圣火的车辆，其用的都是氢燃料，包括运动员、工作人员使用的乘用车、大型巴士都有氢燃料电池汽车参与，充分显示了中国对于氢动能未来的重视。就在交付仪式之前不久，有140辆丰田氢能源电池车在大连口岸顺利通关（这也是中国首批进口的氢能源汽车），陆续运抵北京，用于2022年北京冬奥会筹备工作。

早在2019年4月，丰田汽车就宣布与北京汽车集团有限公司（简称北汽集团）、北京亿华通科技股份有限公司（简称北京亿华通）达成合作协议，向北汽集团旗下的北汽福田提供氢燃料电池技术和零部件，计划生产搭载丰田氢燃料电池系统的氢动力大巴。最终，北京冬奥会使用搭载了丰田氢燃料电池系统的北汽福田氢燃料电池巴士约500辆，都是丰田汽车与北汽集团、北京亿华通的合作成果。

丰田汽车在中国氢燃料汽车领域的规划远不止这些。2020年6月，丰田汽车联合一汽、东风、广汽、北汽、北京亿华通在北京签署合营合同，成立联合燃料电池系统研发（北京）有限公司。其中丰田汽车持股 65%，北京亿华通持股 15%，另外 4 家车企持股比例均为 5%。公司主要业务是商用车燃料电池系统研发工作，落户北京亦庄经济技术开发区。

这六家合资公司的股东里，一汽、广汽、北汽等中国车企都是丰田汽车氢燃料技术的潜在客户。丰田汽车一开始就与中国大型国有车企形成联盟关系，其目的在于使丰田在氢燃料电池方面包括电堆、储氢等领域的技术积累，尽可能地在更大范围内得到应用，未来在推广氢燃料电池汽车方面占得先机，更有利于其提前占领中国市场绑定客户。

对于中国新能源汽车市场，时任丰田汽车公司执行董事、中国本部 CEO 的上田达郎，在联合燃料电池系统研发（北京）有限公司的签约仪式上表示："公司将把业务重点首先放在京津冀、长三角和珠三角拥有燃料电池基础的地区，以后向更多的地方进行普及。只有实现普及，环保汽车才能为环保做出贡献，所以需要不断扩大朋友圈，以更加开放的姿态开展与中国的合作。"

参考文献及来源

1. 白益民：《三井帝国在布局——揭开日本财团的"一带一路"》，中国经济出版社 2020 年版。

2. 白益民、乔梓效：《三井帝国在暗战——揭开日本财团的美国博弈》，中国经济出版社 2022 年版。

3. ［美］阿什利·万斯：《硅谷钢铁侠：埃隆·马斯克的冒险人生》，周恒星译，中信出版社 2016 年版。

4. 田雨：《特斯拉拓展中国市场对中国新能源汽车企业的影响》，《中国管理信息化》2021 年第 23 期。

5. 李娜：《特斯拉搞特殊化?》，《经营者（汽车商业评论）》2017 年第 11 期。

6. 谭磊：《情人变敌人 丰田与特斯拉的合作与竞争》，《汽车知识》2015 年第 3 期。

7. 陈秀娟：《丰田松下再续姻缘》，《汽车观察》2020 年第 2 期。

8. 金慧:《特斯拉:一个传奇还是一个泡沫》,《中国品牌》2017年第7期。

9. 王柄根:《比亚迪:与丰田携手共进》,《股市动态分析》2019年第29期。

10. 路梦怡:《丰田的新能源"算盘"》,《中国品牌》2018年第4期。

11. 〔美〕凯文·布利斯:《特斯拉使用松下高能电池》,《科技创业》2010年第3期。

12. 张硕:《"慢丰田"开始"加速度"》,《中国经营报》2020年6月13日。

13. 赵云:《新能源新经济增长点 丰田将走向蓄电池时代》,《华夏时报》2009年11月8日。

14. 吴心韬:《借力特斯拉 丰田进军纯电动车市场》,《中国证券报》2010年7月13日。

15. 王康:《丰田开放专利:"阳谋"还是"阴谋"》,《中国知识产权报》2015年1月21日。

16. 李溯婉:《特斯拉的对手来了?》,《第一财经日报》2015年1月13日。

17. 吴华国、韦夏怡:《丰田新能源车全方位出击》,《经济参考报》2010年11月5日。

18. 张冬梅:《为了动力电池,日本55家企业正式集结》,《中国汽车报》2021年4月16日。

19. 刘菁:《新能源汽车专利发展趋势及对策研究》,硕士学位论文,天津大学,2015年。

20. 葛雯:《丰田:夯实"年轮经营"》,2016年4月25日,见http://www.eeo.com.cn/zt/2016/qcxny/article015.html。

21. Juice六毛:《深度:丰田纯电动车失去的25年》,2020年7月4日,见https://mp.weixin.qq.com/s/S_ KYC97npxnNfuK8MxuuOA。

22. 王一萍:《丰田成立一家只生产"纯电动"的合资公司 | 汽车预言家》,2020年4月7日,见http://k.sina.com.cn/article_ 5937504527_ 161e7210f00100u93i.html。

23. 张瑞宇:《吉利集团李书福:从传统汽车到互联网汽车无法简单跨越发

展》，2016 年 11 月 17 日，见 http：//news. youth. cn/gn/201611/t20161117 _ 8854711.htm。

24. 汪小楼：《悬崖边上的造车梦》，2019 年 1 月 2 日，见 https：//baijiahao. baidu. com/s?id = 1621562957089867378&wfr = spider&for = pc。

25.《三井物产株式会社与新西兰氢能开发公司达成战略合作协议》，2020 年 8 月 13 日，见 http：//www.360doc.com/content/22/0923/10/80338561_ 104902892 1.shtml。

26.《丰田章男眼里的特斯拉：是传统车企的开战宣言?》，2020 年 11 月 13 日，见 https：//zhuanlan.zhihu.com/p/291413793。

27. 高莘：《联合燃料电池系统研发（北京）有限公司成立了》，2020 年 6 月 7 日，见 https：//baijiahao.baidu.com/s?id = 1668845221409173808&wfr = spider& for = pc。

28.《东芝：正与中国一线企业洽谈，合作开拓中国氢能市场》，2021 年 11 月 10 日，见 https：//baijiahao. baidu. com/s? id = 1716036503600726626&wfr = spider&for = pc。

29.《成功超越丰田汽车! 全球第一车企诞生，市值突破 13000 亿》，2020 年 6 月 30 日，见 https：//baijiahao. baidu. com/s?id = 1670907613875358531&wfr = spider&for = pc。

30. 黄晚：《丰田已抛售所有特斯拉股份，传统车企与特斯拉大战在即?》，2017 年 6 月 6 日，见 https：//www.geekcar.com/archives/66129。

31. 特斯拉官方网站：www.tesla.cn。

第二章　三井全力扶植丰田创业

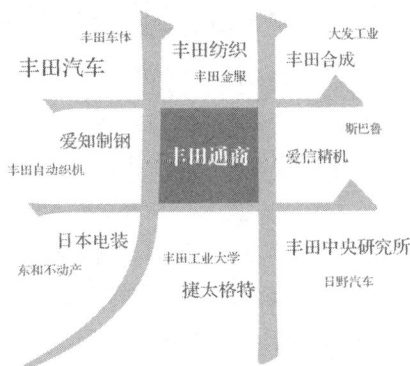

丰田车体　丰田纺织　大发工业
丰田汽车　丰田金服　丰田合成
爱知制钢　丰田通商　斯巴鲁
丰田自动织机　　　爱信精机
日本电装　　　　　丰田中央研究所
东和不动产　丰田工业大学　日野汽车
捷太格特

　　1896 年，由三井物产出资的井衍商会正式成立，丰田创始人丰田佐吉任常务技师长，这是丰田匠人精神与三井商人思维的第一次碰撞。1905 年 12 月，三井物产主导成立了丰田织布机株式会社，并广泛动员大阪、名古屋以及东京等地的资本家以股东和主要成员的身份加入。

　　1909 年，在三井物产两名职员的陪同下，丰田佐吉乘日本邮船"因幡号"，开始了美国之行。丰田佐吉参观了芝加哥五大湖周围的工业区，对美国纺织业有了进一步了解。然而，赴美之旅中他印象最深的是美国汽车业的发展，他敏锐地感到汽车业将在今后的工业文明中唱主角。

　　1921 年，在深谙"三井商道"的入赘女婿丰田利三的支持下，丰田佐吉在中国上海创办了上海丰田纺织厂，这也成为丰田集团初期的重要生产基地，以及丰田集团历史上第一家海外工厂。后来，在三井物产分立出的东洋棉花会社以及丰田家族资本的补充投资下，逐步扩大生产规模。

"三井"告诉了我们什么

日本式企业管理的文化特性，在明治维新以前受中国传统商业文明的单一影响很大。自古以来学习并传承中国文化的日本商人，巧妙地运用中国传统商业文化中的管理精髓，取其精华，去其糟粕，因势利导，创造性地进行管理实践；吸收儒家文化、佛家文化，并与自身文化根基道家文化相融合，最终形成了"三井商道"的管理思想。

"三井商道"的形成可溯源到中国的传统商业文明和儒释道三教合一的文化。古代日本同古代中国同属农耕社会，在社会结构、生产方式和文化习俗等方面具有很多相似之处。例如，社会结构中稳定的氏族血缘等级制度，自给自足的农业生产方式，浓厚的尊崇传统的保守意识，现实主义的人生观念，重直观感觉的思维方式和善于以形象化的方法表情达意的艺术传统等。

在日本，家训是维系整个家族基业长青的活动准则和价值观念，是随着日本家族企业的创建和发展而不断趋于完善的风向标。"丰田纲领"在形成过程中深受"三井家训"潜移默化的影响。从内容和含义上来看，"三井家训"体现思想文化（老子道家），"丰田纲领"注重伦理规则（孔子儒家）。如同孔子曾向老子请教，"儒家丰田"将"道家三井"的隐形思想做了显性化的具象呈现。

"人和"是日本吸收中国儒学而形成的人生哲学和伦理观念，也是日本企业的管理哲学。日本企业用"以人为本"替代"以工作为核心"，强调重视人、尊重人、相信人、关心人、发展人，强调人的主动性，有效地把企业以人为本与员工以企业为家结合起来，这实际上是日本文化吸收了中国儒学的人文主义，发扬天人合一、万物一体等思想的结果。

丰田企业的领导人一直都把儒家先贤名言奉为圭臬。丰田佐吉的座右铭是"天、地、人"，取自《孟子》的"天时不如地利，地利不如人和"，以此为指导，奠定了丰田的经营伦理。丰田佐吉的儿子丰田喜一郎则在"天、地、人"的基础上加进了"知、仁"二字，取自《中庸》的"好学近乎知，力行近乎仁"，并以此为指导，开创了丰田的汽车王国。

后来，丰田章一郎又在"天、地、人、知、仁"的基础上加进一个"勇"字，其同样取自儒家经典《中庸》的"知耻近乎勇"，以此为指导，努力开拓丰田事业的新局面。"天、地、人、知、仁、勇"，这一浸透着儒家思想精华的座右铭，逐渐成为丰田家族企业历代领导人道德修养和经营管理活动的内在依据，并构建起一套"儒家丰田"的管理哲学。

丰田车体　　丰田纺织　　大发工业
丰田汽车　　　丰田合成
丰田金融
爱知制钢　丰田通商　斯巴鲁
丰田自动织机　　　爱信精机
日本电装
东邦不动产　丰田工业大学　丰田中央研究所
捷太格特　日野汽车

本章导言

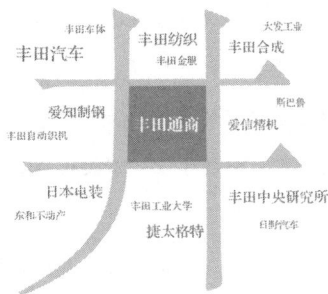

　　1995 年，长城汽车创始人魏建军在创业之初，准备开始研发生产皮卡车的时候，便直接买来一辆日本丰田的皮卡汽车，并把它停放在了车间中央，将其作为标杆时刻鞭策提醒自己。长城汽车将丰田汽车设为标杆，积极努力实现将长城打造成中国丰田的梦想。事实上，长城汽车的魏建军一直都将丰田汽车品牌奉为老师，以打造"中国丰田"为执着追求。

　　长城汽车与丰田汽车有许多相似之处，魏建军的父亲魏德义和叔叔魏德良都曾是河北著名的民营企业家，这与丰田家族从零开始制造汽车非常相似。此前曾有记者向魏建军提问说："保定离北京不过 2 小时车程，长城为何不把总部建在首都？"他的回答则是："丰田的总部也不在东京，但这并不妨碍它成为世界级的大公司。"

　　长城汽车在不断学习丰田的精益管理模式，主推丰田的生产方式的同时，更加重视学习丰田汽车传承的"三井商道"，这才是丰田企业文化的核心。在中国，丰田财团的综合商社"丰田通商"有超过 200 家控股或持股的企业。而除了丰田通商，丰田财团持有主要股份或控股的爱信精机、日本电装、丰田合成等企业也为其提供产业链上下游的各类服务。

　　2000 年前后，为了避免在汽车零部件供应链上受制于人，魏建军便仔细研究了欧美和日本传统汽车厂商的供应链发展，他发现几乎所有成功的世界级车企，都经历过或延续着供应链垂直整合之路。特别是日本的丰田汽车，丰田体系整合了超过 300 家供应商，几乎控制了汽车生产的方方面面，包括零部件供应链、仓储物流、消费金融等诸多重要环节。

　　魏建军认为这是长城汽车从地方车企向国际化大集团发展的必经之路，"有人认为垂直整合就是造了多少发动机、变速器或座椅，但它的准确定义是由主机厂主导的组织，主导就是绝对的掌控"。于是，魏建军通过一系列的并购与合资，为长城汽车建立了一条能够生产发动机、车身、前桥、后桥、内饰件和空调器等重要零部件的供应链。

如今的长城汽车已经成为中国国内少有的拥有自主、完整的全球供应链体系的车企，包括蜂巢易创（发动机系统）、蜂巢能源（汽车动力电池）、未势能源（燃料电池）、诺博汽车（座椅内饰）、精工汽车（汽车底盘）、曼德电子电器等在内多家零部件公司组成的完善供应链体系，不仅供应长城汽车，更面向市场、走向全球，为长城品牌提供市场议价与赢利能力。

其实，今天的长城汽车从某种意义上来讲已经不再是单纯的汽车制造商，而是变成了整个汽车生产领域的产业组织者。事实上，丰田通商扮演的就是丰田汽车的产业组织者角色。在全球，丰田通商有超过上千家控股或持股的企业，打通了丰田汽车的所有供应链、物流环节，创造出了一套完善的汽车零部件供给、汽车物流配送的产业体系。

除了传统汽车领域，对于新能源汽车的发展，按照规划，长城汽车将采用混动+纯电动+氢燃料三种技术路线，打造四个平台与四个品牌，并基于四个平台，分别衍生出多款产品，这和丰田汽车的新能源发展方向几乎完全吻合。同丰田汽车一样，长城汽车进入新能源汽车的时机也被认为是动作缓慢，但长城汽车更多考虑的是政策退坡后新能源汽车市场的健康发展。

数十年来，无论是技术，还是市值、营收、品牌价值等方面，日本丰田都是全球汽车行业的领头羊，无数中国企业都想成为"下一个丰田"。而纵观中国国内车企，最具备成为下一个丰田潜质的，恐怕非长城汽车莫属。这是因为长城汽车和丰田汽车一样，从来都没有将目光聚焦到单一的汽车产品上，而是在努力构建一套完善的产业链生态体系。

2020 年是长城汽车成立 30 周年的日子，在这个重要节点上，长城汽车没有欢庆，反而一反常态地进行反思。长城汽车董事长魏建军以公开信的形式，向外界公布了其站在30 周年节点上的思考和对未来的布局。魏建军表示，虽然一些人认为长城汽车或许已经有实力跟外资、合资品牌掰手腕，是最有希望成为下一个丰田的中国车企之一，但仍要正视与那些屹立百年的外资品牌之间的鸿沟。

魏建军认为，丰田汽车之所以雄踞世界汽车舞台中央百年而不倒，靠的正是其在全球经济风云变幻中表现出的"以不变应万变"的战略定力，及其在科技创新日新月异之下表现出来的"以万变应不变"的前瞻视野。随后，魏建军宣布将对企业集团进行一系列组织架构调整，这也被外界看作长城汽车向丰田汽车学习的具体表现。

丰田车体　丰田纺织　大宏工业
丰田汽车　丰田金融　丰田合成
爱知制钢　　　　　斯巴鲁
丰田自动织机　丰田通商　爱信精机
日本电装　丰田工业大学　丰田中央研究所
东和不动产　捷太格特　日野汽车

第一节
开启日本工业新时代

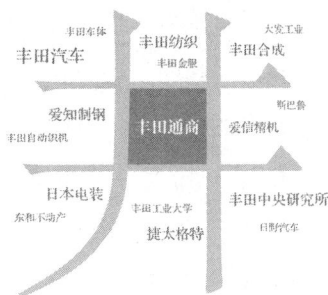

获取富冈制丝的经营权

19 世纪 60 年代，"明治维新"初期，日本主要出口的产品有生丝、蚕种、茶、米和水产品等。其中，生丝和蚕种占这个时期出口产品整体的 80% 以上，是日本获取外汇的最重要产业。但是，与出口的扩大相对，产量却无法跟上，不久就出现了生丝品质下降的情况。劣质商品横行，国际评价不断下降。因此，明治政府计划以恢复信赖和振兴贸易为目标，建设大规模的制丝厂。

1870 年，日本明治政府决定施行国策——建设政府管理之下的模范机械化制丝厂。于是，在法国人保罗·卜鲁纳的指导和帮助下，日本决定在东京都江东区的富冈建设日本第一家机械制丝工厂。1872 年 11 月，富冈制丝厂正式开始生产。

同样是在 1872 年，三井家族第八代家主三井高福的小儿子，后来的第十代家主三井高栋被井上馨和涩泽荣一推荐到美国旅行学习。三井高栋赴美旅行的主要目的就是在海外增长见闻，同时学习欧美先进的银行业务。

1876 年，三井高栋回到日本，并进入刚成立不久的三井银行（现三井住友银行）工作。7 月，由"先收会社"和"国产方"合并而成的三井物产也正式成立。一开始三井物产只是一家贸易公司，利润并非来自商品的销售，而是贸易的佣金，因此无须押上大笔资金和人力成本，只要一笔可透支的启动资金即可开业。

三井物产成立之初只有 16 名员工，社长（总经理）由 28 岁的益田孝担任，负责商社的经营管理。益田孝出生在海滨城市佐渡相川，17 岁时便前往法国留学。回到日本后，身为公务员之子的益田孝没有选择从政，而是选择以武士精神经商，通过商业繁荣日本。当时他虽然还很年轻，但非常有才干。三井物产在益田孝的领导下，发展十分迅速。

1877 年 10 月，三井物产成了富冈制丝厂的贸易代理。在此之前，富冈制丝厂的生丝产品一直都是由外国资本控制的贸易公司出口到法国的，三井物产开启了日本资本主导进出口贸易的先河。虽然由于三井物产的出现，生丝的出口贸易有了保障，但是生产效率差的情况

> 益田孝（1848—1938）：日本明治末期到大正初期的三井家族大掌柜。少时学习英语，曾在横滨当洋商伙计，17 岁时跟随池田长发的使团访问欧洲，回到日本后决定用商业来塑造新日本。1876 年，担任三井财阀的主要企业三井物产的社长。1901 年，升任三井家族大掌柜。

还是老样子。于是，日本明治政府提出了富冈制丝厂民营化的改革方案建议。

1891 年，富冈制丝厂进行第一次民营化招标。可是，由于富冈制丝厂的规模过于庞大，民间有意接手者很难一下子拿出足够的筹码。后来，即便政府下调了投标金额，民营化方案最终也没有成功。虽然没能马上获得富冈制丝厂的经营权，但三井物产敏锐地意识到了生丝纺织品的重要性。就在招标失败的同一年，中上川彦次郎走马上任，开始推进三井的工业化发展。

中上川彦次郎被赋予了全盘改革三井体系的大权，他身兼数职，既是三井银行、三井物产、三井矿山的理事，又是三井吴服店的调查委员、大元方的参事。中上川彦次郎致力于使三井拥有除金融（三井银行）和贸易（三井物产）外的产业——近代工业方面的企业群。不久，三井物产便先后收购了前桥纺织厂和大嶹制丝所，并将它们置于工业部的管理之下，开始经营制丝事业。

1893 年，富冈制丝厂再次进行招标，已经做好了充分准备的三井以最高价格成功中标。三井物产对生丝纺织事业非常积极，获得富冈制丝厂的经营权后，还在三重县东阪部新设了三重制丝厂，在名古屋近郊新设了名古屋制丝厂。很长一段时间里，丝织品都属于奢侈品。但是，在三井的努力下，丝绸很快便像棉布一样开始逐渐日用化，而当时日本生丝制品的最大消费国是美国。

发现和笼络丰田佐吉

1896 年，刚刚出任三井物产董事长不久的益田孝提出了"纺织立国论"，呼吁提高日本出口棉纺织品的质量，并建议给棉布评出等级。当时日本出口的主要贸易产品就是棉纺织品，而起领头作用的正是由益田孝管理的三井物产，同时也是为数不多能够获得外汇的公司。可是，虽然商人们想方设法打开销路，但往往由于商品质量差而无法成交。

就在"纺织立国论"提出后不久的某天，三井物产东京总部一位负责棉布类商品的职员在工作中发现，这段时间采购的一批供出口的棉布非常好，不但质量很稳定，而且一律是最高等级。经调查，这批棉布是从名古屋的乙川棉布合资会社购进的。

于是，这位负责人要求三井物产名古屋支店调查乙川棉布合资会社的相关情况。很快，名古屋支店的报告送来了：乙川棉布合资会社是一家刚刚成立不久的公司，董事长石川藤八是一位很有主见的生意人，而负责生产的丰田佐吉更是一个不可忽视的重要人物，公司所产的棉布品质优良主要得益于他的发明。

当时丰田佐吉还只是一个名不见经传的工匠，并没有多少人知道他刚刚完成了一项堪称伟大的发明——动力织布机。可以说，被当时日本商业资本龙头企业三井物产发现，对于丰田佐吉来说是莫大的幸运，因为只有在强大资本的支持下，发明家才能展现出真正的实力。意识到丰田佐吉具有巨大潜能的三井物产，立刻着手笼络。

负责笼络工作的是三井物产总部主管棉布产品的主任藤野龟之助和名古屋支店长寺岛升。尤其是藤野龟之助，他高度评价丰田佐吉的才能，在此后很长一段时间里，一直都是维系三井与丰田关系的重要人物。实际上，不仅仅是丰田佐吉，以三井物产为代表的日本综合商社，从成立之初就扮演着扶植、培养日本制造业企业的角色。

其实，早在发现丰田佐吉之前的 1893 年，三井物产就曾收购由发明家田中久重于 1875 年创办的田中制作所，帮助这家经营困难的公司重组并发展至今，成了东芝集团。同丰田佐吉一样，田中久重也是日本著名的发明家，幼年便展现出机械制造的天赋，后来到京都学习机械制造学和天文学，参与过蒸汽机械、船舶、枪炮的制造和研发。

收购田中制作所之后，三井物产结束了田中久重时期企业与海军的业务联系，并用三井物产团队的人员替代企业原有的管理层，做到了对企业经营权的完全掌控。此后，为了给制作所配置新的机器，增设电气、制罐、铸模等车间，三井还特地填埋了一万余坪（约 3.3 万平方米）的海面。经过经营权和基础设施的改革后，田中制作所的生产效率大大提高，为此后东芝公司的繁荣奠定了基础。

无论是笼络丰田佐吉，还是收购田中制作所，三井物产实际进行的就是一种创投行为。因为与一般的投资不同，创投不仅需要投入资金，同时还要用其长期积累的经验、知识和网络去帮助被投资人更好地经营企业。创投通常又被称为"风险投资"，欧美学者普遍认为创投最早源于美国，萌芽于 20 世纪 20 年代。其实，世界上最早的风险投资（创投）源于 1893 年的日本三井物产。

远江匠人发明自动织布机

被三井物产看中的丰田佐吉究竟是何许人也？他又有着怎样的过人之处呢？丰田佐吉是一位不世出的发明家，也是丰田财团的"社祖"。1867 年，丰田佐吉出生于远江国敷知郡山口村（现静冈县湖西市），靠近爱知县的三河地区。丰田佐吉小学毕业后，便成了做木匠的父亲的助手，替人修理漏雨的房屋。丰田佐吉一边当小木匠，一边翻看书本。他手不释卷的一本书是《西国立志编》。

《西国立志编》这本书是英国人赛缪尔·斯迈尔斯原著《自助论》的日译本，是丰田佐吉小学毕业时，老师推荐给他的一本西方成功人物故事汇编。同样受到这本书影响的人，是本田技研的创立人本田宗一郎，他也是远江人。后来，丰田与本田便被称为"滨松企业"的成员，"滨松企业"还包括山叶乐器、铃木机车、河合乐器和远州制作所等。

如果说三井、伊藤忠等"近江商人"是以跑单、贸易起家，那么丰田、本田等"远江匠人"便是以技术起家。远江国俗称远州，是日本纺织业最发达的地方。早在500年前的日本战国时代，远州的纺织业便很兴盛。日本纺织技术是距离日本战国时代的约1600年前，从中国的秦朝传来的。那时，徐福东渡瀛海后传授给日本原住民纺织技术，而他带到日本的3000个童男童女的后裔一直在传承和发展纺织技术。

明治维新时的日本政府把产业立国定为国策，其中最被重视的就是纺织业。当时，在纺织业兴盛的静冈县西部，丰田佐吉的家乡，流行这么一句话："最好的嫁妆，就是织布机。"丰田佐吉的母亲，像许多农妇一样，忙完一天后，晚上总是坐在简陋的织布机前，吱呀吱呀地织到深更半夜。母亲的辛苦激发了丰田佐吉的创造力，他开始认真地琢磨织布机。

1885年，日本政府发布了一条新条例，也就是《专卖特许条例》（又称《公卖专利权条例》），其中规定凡是新发明的技术都可以申请专利权。19岁的丰田佐吉觉得这是一次机会，于是他便找来同村的木匠伙伴佐原五郎作，结伴到首都东京去观摩学习，希望从见学中能够长智，将来好做个发明家。回到故乡后，丰田佐吉好像变成另外一个人似的，整天关在家里，埋头研究织布机的构造图。

1890年，年仅23岁，仅有小学文化程度的丰田佐吉，终于制成了日本第一台精巧的"木制人力纺织机"，使织女的劳动强度大大减低。4年以后，丰田佐吉又第一个开发出"自动回线织布机"。在此之前，日本使用的织布机都是手工操作，而丰田佐吉的这项发明则借用外来动力，使机械能够自动运转起来。

由于纺织是当时日本产业的主流之一，丰田佐吉的纺织机发明和时代潮流完全合拍，所以不乏支持者。不久，附近爱知县的纺织厂老板石川藤八找到了丰田佐吉，希望可以尝试利用丰田佐吉的发明进行生产。两人一拍即合，决定在爱知县知多郡乙川村，共同开办一家纺织工厂。

1894年，合资公司乙川棉布合资会社正式成立，由石川藤八出任董事长，提供生产资金和场地，丰田佐吉则担任技师长，提供纺织机并负责生产。没想到上任不足十天，丰田佐吉的才能就被三井物产发现了。三井物产的高层在约见丰田佐吉后，极为赏识他的才能，决定马上把丰田佐吉挖过来。

三井与丰田的第一次合作

为了能成功挖角丰田佐吉，三井物产运用种种手段，试图说服纺织厂老板石川藤八，提出应进一步发挥丰田佐吉的创造才能。具体方案就是以扩大乙川棉布和三井物产的合作交易为前提，由三井物产新设立的井衍商会接收丰田佐吉。三井物产认为，这样做比让丰田佐吉留在地方小资本的乙川棉布合资会社更有价值和意义。

的确，相比于地方资本家石川藤八的乙川棉布合资会社，三井物产及其背后的三井财阀能够给丰田佐吉提供更为广阔的发展平台。三井财阀是日本历史上最为著名的四大财阀之一。明治维新后，四大财阀在政府的扶植下，更为迅速地发展起来。到了 20 世纪初，三井财阀已拥有三井银行、三井物产、三井吴服店、富冈制丝厂、前桥纺织所、三池煤矿、三井矿山公司等直系企业和一系列旁支企业，成为当时日本最大的垄断财阀。

1896 年，双方经过多次交涉终于达成协议，井衍商会正式由三井物产出资成立。丰田佐吉在井衍商会中任常务技师长，主要负责将商会制造的纺织产品通过乙川棉布卖给三井物产。但好景不长，丰田佐吉在井衍商会只干了 3 年，就因其性格无法适应工作而选择了离开。按丰田佐吉的说法，赞助者三井物产的

> **财阀 vs 财团**：日本财团的前身是日本财阀，但财团与财阀之间有着本质区别。财阀是指在同一金融寡头控制下，结合同族、近亲而形成的垄断资本集团，是一个典型的"金字塔形"结构。而现代的日本财团内部各成员企业之间并不存在上下级的支配关系，更加类似"网状球体"的持股结构，因此财团也被称为"横向集团企业群"。

订货太急，立即要拿出产品来，这是导致合作关系破裂的主要原因。

实际上，这也是丰田佐吉匠人思维与三井物产商人思维的第一次碰撞。"匠人"在日文中写成"職人"。作为匠人最典型的气质，就是对自己的手艺，拥有一种近似于自负的自尊心。这份自尊，令日本匠人对于自己的手艺要求苛刻，

并为此不厌其烦、不惜代价，但求做到精益求精，完美，再完美。显然，丰田佐吉身上有着这种匠人精神的极致体现。

相比于丰田佐吉匠人思维的相对线性化，以三井物产为代表的商人思维则更多呈现为结构化。商人习惯通过全局视角看问题，整合、连接、交换资源，不断创造利润是其目标，而不是专注于对某一个技术或产品的不断打磨。匠人与商人应该是相辅相成、相互成就的关系，但是如何将两者完美地结合在一起，还需要时间和历史的打磨。

1902 年，丰田佐吉在名古屋的武平町创立了个人经营的丰田商会。虽然名为"商会"，但实际上它是丰田佐吉为研究发明自动织机而设立的一家个人工作室。不久之后，丰田佐吉在这里完成了划时代的织布机技术革新——自动换校装置。这一技术革新成果刚好遇上了 20 世纪初日本棉纺业大发展这一百年不遇的天赐良机。

此后日俄战争（1904—1905）的爆发，使得棉布的生产和需求量急剧增长。丰田佐吉恰恰在这一关键时刻设计出了性能可与英国织布机媲美而价格低得多的织布机，这使得日本各大纺织公司蜂拥而至，前来订货。丰田佐吉在扩大其纺织机工厂规模的同时，又连续发明了几种颇受欢迎的新型织布机。

三井财阀旗下的钟渊纺织公司是当时日本最大的纺织企业之一，被称作"日本纺织王国的柱石"，由来自三井银行的武藤山治（1867—1934）担任专务取缔役（董事）、社长，他前后经营纺织业 30 多年。武藤山治出身于日本岐阜县的士族家庭，幼习汉学，后留学美国。武藤山治经营的钟渊纺织，最早是依靠向中国市场倾销布匹而获得成功的，20 世纪 20 年代便在上海收购公茂纱厂，改名为公大纱厂。

这时的丰田佐吉也终于实现了他一直以来的梦想——"一个人要能够为国家做点什么"。事实上，丰田佐吉发明事业中"不屈服于苦难，贯彻初志""贡献国家社会"等信条，大都来源于"日莲宗"的教诲和"报德教"的思想。日莲宗脱胎于浙江天台山三井潭地区的天台宗。具有护国思想的天台宗正是三井家及三井财团的核心信仰，也是"三井商道"的宗教载体。

报德教主张以实践之德报天、地、人三才之德，这与三井家创业之地近江国（今滋贺县）的"三方好"（卖方好、买方好、世间好）的经营理念高度一致。报德教在日本的传承和传播十分广泛，其思想影响了后来的日本产业发展及众多优秀企业家，包括涩泽荣一、松下幸之助、土光敏夫、稻盛和夫等三井系企业家。

第二节
带动工业文明的将是汽车

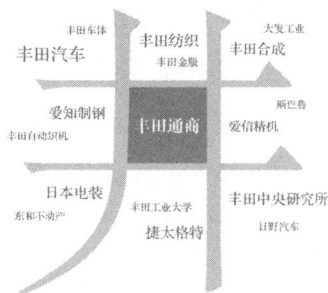

发明家与商人各司其职

1904 年 9 月，已出任三井物产大阪支店长的藤野龟之助再次筹划与丰田佐吉合作的事宜。为此，藤野龟之助多次前往名古屋，苦口婆心地劝说丰田佐吉："现在的好景是不会长久的，今后的时代更需要资本实力。独立自主当然可以，但是，丰田先生，你的本分看来仍然是发明，金钱的事情还是交给我们，咱们再一次携起手来吧。"

藤野龟之助的说法虽然正确，但丰田佐吉有着自己的倔强。曾经因为发明家的性格无法在大企业中工作，而现在依靠出售织布机过得一帆风顺，为什么还要和三井再次合作呢？然而，经过藤野龟之助的耐心说服，倔强的丰田佐吉终于被他的诚心打动。相比于此前的井衍商会，这一次三井物产给了丰田佐吉更多的自由和权力。

1905 年 12 月，以丰田佐吉名字命名的丰田织布机株式会社终于诞生了，新公司资本为 100 万日元。三井物产不仅自己参加，而且还广泛动员社会各方面的资金，成功吸引大阪、名古屋以及东京等地的资本家以股东和主要成员的身份加入该公司。由大阪的各口房藏出任公司董事长，不设副董事长和专务，丰田佐吉担任二把手即常务，以三井物产的藤野龟之助为首的几位投资者作为公司外的主要人物参加公司活动。

对丰田佐吉来说，丰田织布机株式会社是一个"想干就可以干"，能充分发挥自己才能的组织。新公司全部继承了自己经营的丰田商会的设备和技术，积极图谋更大的发展，而这正是丰田佐吉梦寐以求的。能够获得资金支持的发明家是幸福的，因为新的技术和产品往往需要大量的研究经费，而许多发明家终其一生都没有得到足够的资金支持。

作为一个伟大的发明家，而非一个成功的商人，丰田佐吉得以在新公司将更多精力放在如何研究、发明出更好的机械设备上，而筹措资金和维持贸易的工作完全交由三井物产去完成。发明家与商人各司其职，专业的事就交给专业的人去办。显然，在发明创造、精益求精方面丰田佐吉是专家，而在组织贸易、资金运营领域三井物产则是当之无愧的专家。

事实上，三井家族一开始就是依靠布料纺织品贸易起家的。1673 年，三井财团创始人三井高利（1622—1694）在东京创立了三井越后屋（吴服店）。所谓的"吴服"，根据日本早期史书《古事记》《日本书纪》等记载，是指由中国古代吴地的纺织手艺人用先进技术和精美面料制造的服装，因此在日本江户时代（1603—1868）之前，和服都被称作"吴服"。

> **三越百货**：始于 17 世纪中叶的江户时代，一间本着"不会抬高售价"的营商手法而驰名于世的日式和服商店"三井越后屋"。1904 年成为日本第一间百货店，之后便开始以百货店的形式继续经营。如今，三越百货已经成为三井财团的主要成员，更是日本最著名的大型百货公司之一。

根据当时日本的商业习惯，布料需要凑集几个伙伴共同购买一匹，但是人数却不易凑齐。用现在的话来说，当时布料只以匹为单位出售，是"不符合顾客需求的"。为此，三井高利便在自己的吴服店门口贴上了一张纸条，"不论多少都可以剪下来卖"，于是三井店里的布料很快就销售一空。由此，三井越后屋也被管理学家彼得·德鲁克认为是现代市场营销在世界上的首次实践。

繁荣的纺织品贸易也带动了三井的资本运作的发展。当时，三井在日本各地已有多处产业。而产业链上的重要一环，就是从位于关西地区的大阪等地采购纺织品，卖给德川幕府所在的关东地区，三井的总部也位于此地。然而当时关东地区流通的货币是黄金，关西地区流通的货币则是白银，因此需要三井商人携带大量黄金来到关西地区，在当地兑换成白银。

与此同时，位于关东地区的幕府每年要向关西地区收缴米粮税赋，输送的方式是将收上来的米粮在关西地区就地抛售，拿着大量白银回到关东地区，再换成黄金，才能进入府库。当时日本关西地区与关东地区之间的道路上盗匪频出，无论是三井的黄金还是幕府的白银，运输途中都非常不安全。于是，三井家族便向当时的幕府方面提出了一个改进方案。

该方案基本流程是，三井位于关西地区的商号直接接受幕府在当地售得的白银，然后以汇票的形式发到关东地区的三井商号，幕府则可以凭借汇票兑换黄金纳入府库。这个过程中，三井方面不收取任何费用，但条件是幕府支取黄金时要等2—5个月。显然这一模式对于幕府和三井都有很大的好处，双方都不需要再千里迢迢地运送黄金和白银。

磕磕绊绊的第二次合作

就在丰田织布机株式会社成立后不久，日俄战争结束所带来的日本国内经济的萧条，使战前的繁荣烟消云散。日本绵纺织业普遍被笼罩在不景气的阴影中，连一些大公司也只能勉强维持生存。在这种情况下，当初被三井物产公司的宣传所吸引、坚信一定能赚钱的各路投资者，被这种不期而至的经济危机吓坏了。一时间，丰田织布机株式会社内部矛盾四起。

一些投资人开始对丰田佐吉把自己关在研究所内，一心只搞研究而不关心公司生存，甚至连公司的干部联席会都不出席的固执做法提出了批评。而对丰田佐吉来说，赚钱或亏本等"烦恼"并不是这位发明家考虑的事情，他只有专心致志地"制造出更好的织布机奉献给国家"的想法。可是，见到利润回收越来越不理想，出资者们的失望情绪日益加深。

丰田佐吉本就不善言辞，碰上这样的事，也不知道如何安抚股东们，只会反复强调技术开发的必要性。他的口头禅就是："你们是生意人，生意人应当赚钱。赚了钱，要帮助我，资助我研究发明……"对投资股东们来说，此时丰田佐吉的行为无异于火上浇油。

于是，在丰田佐吉难得出席的一次公司干部联席会上，一位公司负责人严厉地指责丰田佐吉："研究，研究，难道还不够愚蠢吗？你合计合计看，那会是一种什么样的后果！"这些投资人认为丰田佐吉不懂经营，只会浪费公司和投资人的钱财。这些话深深地刺痛了丰田佐吉的心，他决定辞去冠以自己姓氏的丰田织布机株式会社的职务，重新回到名古屋简陋的家中，做自己愿意做并感兴趣的事。

满怀愤懑的丰田佐吉曾对自己的心腹弟子西川秋次说："我搞错了，事业还是得自己亲手干，虽然被金钱迷惑与资本家合作，但那帮混蛋始终只是想'不劳而获'。这些混蛋能理解发明的心情吗？我不会再上财阀或资本家那些混蛋的当了。如果你愿意跟我干的话，就要有精神准备，就要勒紧裤带，重新过回清贫痛苦的日子。"

后来，丰田佐吉又在他的《发明私记》中这样记述自己当时的心境："我全心全力投入工作，那些人根本不能够了解我的心情。他们反正只考虑眼前能不能赚钱，欠缺以长远眼光培育事业的见识。从那以后，我就下定了决心，绝不依赖别人，要完全靠我自己的力量来经营公司。"或许，这也就是后来丰田财团尝试无贷款经营的最早动力。

丰田佐吉受挫后，最感失了面子的，就是促成丰田织布机株式会社成立的三井物产。那时，丰田佐吉已是名闻天下的大发明家，三井财阀又一直以能培育新企业自豪，对丰田佐吉无论如何也不能见死不救。只是经历了两次失败的合作后，三井物产改变了自己的策略。不久，三井物产名古屋支店长儿玉一造的拜访和建议，又给丰田佐吉的生活带来了新的机遇和活力。

来自儿玉一造的诚恳建议

1909年年初，三井物产名古屋支店长儿玉一造拜访赋闲在家的丰田佐吉。对于儿玉一造的到访，丰田佐吉非常明确地表示出了对三井物产的不欢迎态度，他甚至非常不礼貌地说道："我不知道你是不是支店长，但我再也不想见到三井的人了。"显然，对于前两次合作的不欢而散，丰田佐吉将矛头都指向了代表"大资本家"的三井物产。

儿玉一造似乎并不在意丰田佐吉粗暴蛮横的态度，他诚恳地表示："与其说我是三井的人，不如说是以个人名义来见你的。来名古屋上任之前，我曾在伦敦任职。丰田先生，就是在棉布的主要产地英国那里，你也是赫赫有名的呢！我每次见到曼彻斯特纺织公司的技术人员，他们总是会提到你。"

对于儿玉一造的话语，丰田佐吉又惊又喜，他猛地爬起来，目不转睛地盯住这位不速之客。"是真的吗？你真的在英国待过？不用多说了，英国当然是棉制品的主要产地，如有可能，我多么想去访问一次啊！要不是毫无价值地跟随了这些投资家的话，恐怕老早就了却心愿了，可是……"直到这时，丰田佐吉才第一次正视这位来自三井物产的拜访者。

"事实确实如此，大阪的藤野龟之助（三井物产大阪支店长）也这么说。怎么样？所有遗留下来的问题，都由我们来处理。你则可以利用这一机会去视察一下欧美的产业情况，如何？我虽然能力有限，但是愿意为你效劳。"丰田佐吉听了这个建议，顿时大为感动。那个时代，明治政府正大力提倡"文明开化"，社会各阶层对先进的欧美科技都十分崇拜，技术人员能出去走一趟，是一件让人喜出望外的美事。

这次愉快的会见，使得丰田佐吉和儿玉一造一见如故。此后，他俩几乎天天见面，为即将到来的欧美之行做准备，同时也互诉衷肠。出生于1881年的儿玉一造要比丰田佐吉小十几岁，但是丰富的商业经验和广博的见识让丰田佐吉非常欣赏。至于这位儿玉一造，今天凡是对日本经济史有所了解的人，没有不知道他的。

儿玉一造出生在近江国（今滋贺县）的彦根，他的父亲儿玉贞次，是德川幕府时代彦根藩的武士。明治维新后，家境一落千丈，儿玉一造小学毕业后就去了一家点心店做工。后来，他又曾在彦根锦江银行做杂工。15岁的儿玉一造跑到滋贺县立商业学校，恳请校长同意他参加了学校考试。校长非常赏识他，亲

> **近江国**：现日本滋贺县东山道地区，因境内的日本第一大湖琵琶湖俗称为"近之淡海"，而得名"近海（江）之国"。自古就是连接东西的交通要地，也是文明开化之地。江户时代（1603—1868），近江国地区的商业氛围日益浓厚，诞生了"日本三大商人"之一的"近江商人"，其中最具代表性的就是三井家族，后来发展为三井财团。

自资助他，并把他编进二年级学习，给了他特殊的待遇。

19 岁的儿玉一造以全校第一名的成绩毕业于滋贺县立商业学校，并被推荐到静冈县立商业学校任教。但儿玉一造认为："我不适合做教师，而应是一位实业家。"此时，他参加了三井物产公司招收中国实业训练生的考试，以出色的成绩被录取，成为"天下三井"的职员。此后，儿玉一造还曾任三井物产台南支店长和伦敦支店长，因其手腕凌厉而被称为"刀片儿玉"。

不仅如此，儿玉一造还为丰田家族输送了不少人才。丰田汽车工业公司的第一任社长丰田利三郎原名儿玉利三郎，是儿玉一造的弟弟。儿玉利三郎毕业于神户高等商业学校，后成为丰田佐吉的婿养子，是丰田财团的第二代继承人。石田退三也是受其远房表兄儿玉一造的推荐进入丰田纺织，因为工作出色，得到丰田创始人丰田佐吉的赏识，后来更是成为丰田的"中兴之祖"。

远渡重洋，取经欧美

1909 年 5 月，在三井物产两名职员的陪同下，丰田佐吉乘日本邮船"因幡号"离开横滨港，踏上了"连做梦也没有想到的"美国之行，开启了海外考察的第一站。到达美国后，在三井物产的安排下，丰田佐吉首先到芝加哥参观了五大湖周围的工业区，又饶有兴趣地参观了波士顿、新贝德福德、普罗维登斯、伍斯特等工业城市，对美国纺织业有了进一步的了解。

丰田佐吉一行在美国考察的最后一站是纽约。一天晚上，在紧挨着纽约摩天大厦的一家饭店里，面对窗外高楼林立的曼哈顿岛以及五光十色的霓虹灯，丰田佐吉突然向弟子西川秋次发问："西川啊，这次旅行总算平平安安结束了。旅途中，我得到一个很大的收获，你知道是什么吗？"面对丰田佐吉这看似无厘头的提问，西川秋次显得迷惑不解。

丰田佐吉马上解释道："事实上，我从纺织厂那里没有得到什么东西。美国这里的织布机的转速慢、振动大，而且由于过于追求机器功能而使构造复杂化，与我研制的织布机相比故障太多。因此，有关本（纺织）行业，我反而更有自信。西川，你要把我现在说的话牢记在心上，如今已经不再是织布机的时代了。

从现在起，带动工业文明的将是汽车，一定是汽车！"

众所周知，汽车的发明起源于欧洲，而在汽车从欧洲传到美国后，这个当时年轻而又富有创造力的国家对它表现出极大的关注。1893 年，自行车制造商杜里埃兄弟制造出了美国第一辆汽车。1896 年 3 月，美国工程师亨利·福特制造出了自己的第一辆"福特"牌汽车。1902 年，亨立·利兰德成立了凯迪拉克公司，从而诞生了一代名车凯迪拉克。

丰田佐吉将目光投向窗外，看着路上那些如蚂蚁般爬行的汽车，神情比平时更为认真、严肃了。丰田佐吉不知道美国是不是能与英国并驾齐驱，是不是棉制品的主要产地，但是他知道世界工业文明的未来一定是在这里。而几乎就在丰田佐吉访问美国的同时，美国福特公司的 T 型车诞生了，以其低廉的价格使汽车真正走入普通百姓的家里，美国也因此成了第一个"车轮上的国家"。

结束纽约考察的第二天，西川秋次便离开美国先回日本了，而丰田佐吉突然改变了主意，对陪同他的三井物业的干部提出："既然特地到这里来了，我想看一下棉制品的主要产地英国再回去。"三井物产公司的干部立即同意了他的这一要求。随后，丰田一行由纽约来到英国，又参观了法国、比利时、荷兰、德国，然后到俄国坐火车横穿整个西伯利亚，经中国东北、朝鲜，于 1910 年 1 月回到日本。

这次漫长的欧美旅行，大大超过了预计的时间，但也恢复了此前被逆境挫伤了的丰田佐吉，对其身心大有裨益。在这次欧美之行中，除了对美国纺织行业进行了实地考察，丰田佐吉最大的收获就是见识了美国的汽车业发展，并敏锐地感到汽车业将在今后的工业文明中唱主角。如今看来，这一直觉后来也成为奠定丰田世界作为最大汽车制造厂商地位的一块重要基石。

实际上，这一时期除了技术人员纷纷到欧美学习观摩以外，许多企业家也将目光转向了欧美。同样是在 1910 年，三井家主三井高栋与时任三井矿山会长的团琢磨开启了为期 7 个月的欧美访问之旅。在这次长途旅行中，三井高栋充分了解了团琢磨的人品和能力，两人建立了密切的关系，这也为后来团琢磨成为三井财团的最高领导人奠定了良好基础。

第三节
商业人才主导企业发展壮大

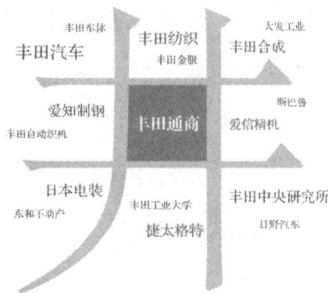

依托三井的资金和商业支持

　　1910 年新年伊始，丰田佐吉结束三井物产安排的欧美之行回国，精神抖擞，面貌一新，决心马上创建织布厂，大干一番事业。但是，对于大发明家丰田佐吉而言，办织布厂最缺的依然是资金。经历过此前两次并不算成功的"融资"之后，丰田佐吉意识到绝不能再轻易地把公司经营权交到投资人的手中，而是要依靠自己的力量来经营公司。

　　1912 年 5 月，急需创业资金的丰田佐吉从"服部商店"的社长服部兼三郎那里借到了 25 万日元。原来，三井银行名古屋支行行长矢田绩认为服部兼三郎是位很有开拓进取精神的企业家，于是介绍儿玉一造与他认识。没想到儿玉一造和服部兼三郎一见如故，短时间内竟成了肝胆相照的朋友。通过儿玉一造的介绍，服部兼三郎对丰田佐吉也产生了信任和崇敬之情。

　　当然，服部兼三郎对丰田佐吉的帮助不仅仅是出于朋友间的信任与崇敬，还有很大一部分原因是三井财阀的存在。矢田绩就曾表示：我们三井银行，曾大力帮助过服部兼三郎。因此，当得知丰田佐吉借钱是用于购买纺织设备扩大再生产时，服部兼三郎丝毫没有犹豫，马上让会计开出了支票。

　　当时的名古屋是日本陶瓷业和纺织业的中心。在景气时，纺织业的发展尤为迅猛，服部商店就是其中屈指可数的新兴公司。服部兼三郎和丰田佐吉是名副其实的好朋友和商业伙伴，服部商店会推销丰田纺织生产出来的几乎所有产品。服部兼三郎、儿玉一造、丰田佐吉经常一起喝酒。在席上，丰田佐吉说的话翻来覆去就是那几句："喂，你们既是商人，就要赚钱，让我更好地搞研究。"

1914 年 7 月，第一次世界大战爆发，日俄战争后日本产业的不景气，一时被冲散到九霄云外。丰田佐吉的事业一帆风顺，业绩蒸蒸日上。更幸运的是，丰田佐吉再一次得到了三井物产的藤野龟之助最大限度的照顾，此时他已升任三井物产的取缔役（社长）。刚一上任，藤野龟之助即命三井物产的名古屋支店长儿玉一造协助丰田佐吉，并提供 6 万日元资金放手让他去干。

在第一次世界大战（1914—1918）期间，取得飞速发展的并不仅仅只有丰田佐吉的纺织机工厂。因亚洲各国军需增加和不再向欧洲各国进口货物，外国商社在日本实力减弱，以三井物产为代表的日本商人承担了国内大部分的纺织生产贸易。三井物产的交易额从 1914 年的 4 亿零 52 万两白银增长到 1918 年的 16 亿零 300 万两白银，批发价格也增长了 1.5 倍。

三井物产在全球设置分店也导致其在这一时期与国外的交易量激增，其比重从 1914 年占总交易量的 14% 提升到了 1918 年的 30%。从 1915 年到 1918 年，三井物产每年的纯利润率都在 50% 以上，三井物产的资本金在 1918 年达到了 1 亿日元。1919 年日本陷入经济危机，1920—1921 年的业绩虽然利润下滑，但没有出现负增长，展示了三井物产作为日本商界"龙头大哥"的实力。

经历了日俄战争及第一次世界大战的发展，三井物产控制着 10 多家公司，在国内外开设支店 40 余处，营业额超过 10 亿日元，掌握了当时日本全国进出口总量的 36% 以上。从 1876 年成立到 1919 年一战结束，短短 40 余年，以三井物产为代表的综合商社不仅帮助日本摆脱了成为西方列强殖民地的命运，同时也带动了一大批日本本土制造业企业的快速发展。

入赘丰田家的儿玉利三郎

1915 年，31 岁的儿玉利三郎被请去当了丰田家的上门女婿，和丰田佐吉的女儿爱子结婚，成为丰田家的婿养子，并改名为丰田利三郎。由于丰田利三郎年轻、精明能干，深得岳父丰田佐吉的器重，结婚后不久，丰田佐吉在丢下"买卖的事就交给你了，要和西川秋次商量，做到万事如意"的话后，就把工厂的业务撒手交给了他，而自己则一头扎进了工厂的研究室。

丰田利三郎（儿玉利三郎）出生于 1884 年，比他的哥哥儿玉一造小 3 岁，毕业于神户高等商业学校，之后马上进入伊藤忠商事公司，25 岁就被提拔为伊藤忠马尼拉支店长。丰田佐吉选择这样一位标准的商社人作为家族企业的继承人，实在是大有眼光。无论如何，就守住家业来讲，再没有谁比善于经营、谨慎稳重的丰田利三郎更合适了。

丰田佐吉为什么会把家族生意交给婿养子而不是自己的儿子呢？这里有两层关系。第一，丰田佐吉希望丰田家族和三井家族可以紧密地捆绑在一起，实现技术和资本的完美结合，因此可以看作丰田家和儿玉家（儿玉家背后代表的是三井物产）深度合作的表现。第二，丰田佐吉希望自己的儿子丰田喜一郎不要被家族生意所牵绊，要他在更广阔的技术领域散发光芒。

> **婿养子：** 日本的一种将养子和女婿合二为一的收养方式。通常意义上，如果某个企业的创始人没有儿子，他会在家族以外物色一个能力强的年轻人，把女儿嫁给他。结婚满一年后，举行仪式，把女婿正式收养为自己的儿子。男性作为女方家长的"养子"入籍，因为是"养子"关系，所以具有法理上的继承关系。

1917 年，也就是在丰田利三郎入赘丰田家的两年后，丰田佐吉选择将长子丰田喜一郎送到东京帝国大学工学系机械专业读书。1918 年，深受丰田佐吉重视的丰田利三郎使私人经营的织布厂法人化，把它重新定名为丰田纺织株式会社，董事长是丰田佐吉，自己任常务董事，掌握经营实权。此时丰田佐吉已完全相信丰田利三郎的才能，有关经营方面的业务，全都由这位有才干的女婿拍板做主。

事实上，像丰田利三郎这样的婿养子在传统日本企业中还是十分常见的。日本家族企业掌门人往往会物色一位有能力的小伙子，把女儿嫁给他，招婿的主要目的是让其继承家业，之后再通过仪式将之正式收养为自己的儿子，成为养子。这种方式被称为婿养子，即女婿和养子合二为一。婿养子在履行法律收养手续时将自己原来的姓氏改为新家庭的姓氏，并发誓效忠于新祖先。

在日本，为防止嫡系子孙无能导致家业衰败，很多家族企业都选择德才兼备的养子来继承家业。以三井财阀为例，从 17 世纪创业，到 1945 年战败解散财阀为止，家族中 29 位继承人中就有 6 人是养子，占比 21%。三井家族的一位掌门人甚至说"我宁愿要女儿，也不要儿子，因为有了女儿，我可以选择我的儿子"。研究者调查发现，在日本，婿养子掌控的家族企业的平均业绩要高于亲生儿子接管的企业。

同样，拥有 300 多年历史的住友家能够在幕末维新的动乱中站稳脚跟，并在后来确立财阀体制，与三井、三菱地位并列，很大程度上应当归功于被称为"住友中兴之元勋"的广濑宰平。广濑宰平是一个乡村医生的次子，后来成为住友江户支店掌柜广濑义右卫门的养子，因其具有"事主不二"的精神和经营才能，担任住友总裁长达 29 年，具有"恢兴事业，扶植家道"之功。

把商社的优越性发挥出来

在丰田利三郎的领导下，丰田集团的事业得以迅速发展。1918 年，丰田利三郎力主将丰田纺织公司法人化，成立丰田纺织株式会社，其周转资金依靠藤野龟之助、儿玉一造和服部兼三郎等诸位友人的调集，而不向任何金融机关借款，以维持独立自主的经营形态。会社的营运全靠丰田利三郎一个人主理，他把商社模式的优越性统统发挥出来，才使这家新公司顺利地发展起来。

1918 年，继丰田纺织公司法人化之后，丰田利三郎又创立了菊井纺织公司，由丰田创始人丰田佐吉的两个弟弟丰田平吉和丰田佐助负责运营。1921 年，丰田利三郎又创立了丰田上海纺织厂，辅助者则是丰田佐吉的徒弟西川秋次。1925 年，全球性经济危机已经相当严重，针对不景气的时局，丰田利三郎积极应对，于 1926 年新创丰田自动织布机制造厂，自己亲自担任董事长。

出任新公司丰田自动织布机制造厂的董事长，是丰田利三郎第一次担任丰田核心企业的董事长，其余三家公司（丰田纺织株式会社、菊井纺织公司、丰田上海纺织厂）的董事长仍然是丰田佐吉。此后，丰田佐吉希望自己可以退任实际管理者并担任顾问，而在丰田纺织株式会社任公司董事的儿玉一造也和丰田佐吉的想法一样，希望退居二线成为顾问。这样一来，丰田企业群的经营就已经由丰田利三郎实际操控了。

与大发明家丰田佐吉不同，丰田利三郎是名副其实的商人。当时日本的纺织行业竞争沉浮激烈，以棉纱为主的原材料几乎都是国际性市场的商品，要猜度巨变的行情，在风浪中避免翻覆，寻求企业快速稳定发展就是一个难题。深谙"三井商道"的丰田利三郎对此很有信心，一方面他具备这种商业直觉；另一方面，他有以哥哥儿玉一造为首的三井智囊团作为支撑。

这一时期，由于丰田在上海设立了纺织工厂，丰田佐吉便将全部精力都放在了中国。年轻的丰田喜一郎（丰田佐吉之子）1920 年从东京帝国大学工学系机械专业毕业后，随即进入丰田纺织株式会社从事纺织机的研究开发，但很快也开启了赴欧美考察之旅。因此，丰田在日本的所有发展都由婿养子丰田利三郎全权负责，商社环境出身的他则深感丰田有向现代化迈进的必要性。

1927 年，在丰田自动织布机制造厂成立一周年的纪念仪式上，丰田利三郎陈述如下：公司主丰田佐吉创业以来，不畏千难万险，才发展起丰田集团各公司，这首先是因为从未轻视技术。也就是说，自佐吉创业以来，常常是把提高技术水平作为目标的。其次是因为广大职工团结一致，面对好境况时绝不骄傲，处境艰难时万众一心，渡过难关，牢记本公司特有的"三河精神"。

丰田利三郎还表示："公司不应有能够制造出优质产品的技术就万事大吉了的想法，还应该具有温暖职工的心。再次希望上下团结一致，维护本公司立足于同甘共苦的家族主义之上的良好风气，使公司再获发展。"显然，丰田利三郎一边谋求经营体制的现代化、合理化，一边努力充分发挥三河人（丰田公司位于旧称三河的爱知县）的长处，形成企业的文化精神特质。

伯乐起到关键作用

在接管丰田的经营大权以后，丰田利三郎接连起用了包括西川秋次、冈部岩太郎、大岛利三郎、冈本藤次郎和石田退三等人在内的新鲜力量，让他们参与经营。丰田即便处于困境中也要同心协力去处理事务这一"家族主义"，从这时起就奠定了基础。其中，三井物产的儿玉一造作为伯乐，发挥了关键作用，他先后将三井旗下的石田退三和冈本藤次郎等人才介绍到丰田工作。

石田退三 1888 年出生于日本爱知县，曾在京都河濑家具商店、东京市桥商店做过学徒。1915 年，在远房表兄儿玉一造的推荐下到名古屋的三井服部商店（为丰田佐吉提供资金帮助的服部商店）做勤务。由此，丰田佐吉认识了这家商店的职员石田退三，不过那时的石田退三还是个担任"社长助理"的小人物。

20 世纪初，三井服部商店在中国上海设有分理处，专门经手将中国大陆生产的货物销往东南亚。年轻干练的石田退三受社长服部兼三郎赏识，被提拔为商店驻上海的负责人。恰逢丰田佐吉的丰田上海纺织厂新办，他待在上海的时间比在日本还多。所以，石田退三在上海的重要任务之一，就是好好跟丰田佐吉拉关系，处理好与这位发明王之间的交易。

每当石田退三上门拜访时，丰田佐吉都会讲一通大意相似的话："石田老弟啊，你是生意人，生意人要设法赚钱。我只懂发明研究，我的产品有多少价值我自己都不清楚。靠你的本领一定可以帮我卖个好价钱。你如果因此赚到了钱，拨一点给我，供作发明资金。"因为石田退三的工作十分出色，丰田佐吉对这个年轻人也非常欣赏。

1927 年，从上海回到日本的石田退三听从儿玉一造的建议，进入丰田纺织工作。石田退三一生有 3 位人生导师，第 1 位是儿玉一造，是他将石田退三介绍到名古屋的三井服部商店做店员。第 2 位就是服部兼三郎，正是在老板服部兼三郎的调教下，经过日积月累，石田退三悟到了"三井商道"。第 3 位则是丰田佐吉，石田退三非常敬重丰田佐吉，认为他有一般人所没有的魄力。

就在石田退三进入丰田的前一年，儿玉一造还将自己东洋棉花（原三井物产的棉花部门）的重要员工冈本藤次郎推荐到了丰田。儿玉一造非常赏识冈本藤次郎的人品和才华，希望他能够辅助已经掌管丰田经营大权的丰田利三郎。

> **《丰田智慧》**：由被誉为"丰田中兴之祖"的丰田汽车第 3 任社长石田退三撰写的图书。在书中，石田退三讲述了自己多年来成功领导和经营丰田公司的经历，深刻诠释了丰田公司著名的企业纲领，提炼出了"丰田经营成功的 7 条原则"。

冈本藤次郎起初是丰田纺织株式会社的负责人之一，后来于 1953 年出任丰田集团旗下东和不动产的首任社长。

在掌握丰田集团的大权后，丰田利三郎愈发意识到资金管控的重要性，便拜托哥哥儿玉一造帮忙物色一个"将来可以为丰田守金库的掌门人才"。儿玉一造因此推荐了冈本藤次郎，说他稳重能干，而且见识不凡。在一段时间的相处之后，丰田利三郎发现冈本藤次郎确实作风沉稳，又干练寡言，确实是个难得的"守金库"人选，便委以重任。

冈本藤次郎是丰田集团的"监察人"，还手握"金钥匙"。或是因为性格正好相反，或是因为互相认定是竞争对手，冈本藤次郎和石田退三虽然同样由儿玉一造介绍来到丰田，但两人年轻时性情颇不相投。直到双方年纪都大了，方惺惺相惜。丰田家族后来的掌门人丰田英二曾充满感情地回忆冈本藤次郎："就因为把守丰田金库的冈本，才有今天的丰田。他是丰田的大恩人，在背后支持着丰田的存在。"

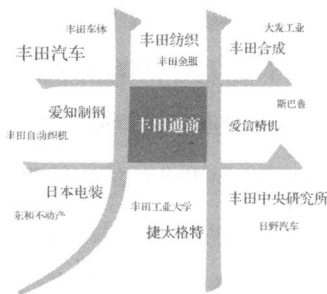

第四节
三井-丰田情系上海滩

丰田车体　丰田纺织　大发工业
丰田汽车　丰田金融　丰田合成
爱知制钢　丰田通商　斯巴鲁
丰田自动织机　　爱信精机
日本电装　丰田工业大学　丰田中央研究所
　 　 和不动产　捷太格特　日野汽车

三井开启对华投资先河

　　1890 年，日本国内爆发经济危机，这使得刚发展起来不久的日本纺织业遭到了沉重的打击。为了摆脱困境，大日本纺织联合会提出了"操业短缩"（即缩短作业时间）和对中国输出棉纱等五项决议，考虑到日本国内相对狭小的市场，向中国这个大市场出口棉纱在一定程度上可以缓解日本纺织企业的经营压力。随后一段时间里，日本纺织企业便开始大力向中国倾销棉纱。

　　1895 年 4 月，《马关条约》签订，清政府被迫允许日本在中国的通商口岸投资办厂。于是日本纺织企业纷纷派人到中国进行考察，了解开设工厂、劳力招聘等相关情况。9 月，三井物产也提出了在上海投资建纱厂的计划，并派出了三井系统的钟渊纺织的要员前往上海做前期调研。1895 年年底，以三井物产为主、钟渊纺织参股的上海纺织株式会社正式成立。

　　上海纺织株式会社刚一成立，便在上海英租界内购入工厂用地，还向英国订购了成套的纺织机械设备着手建厂。然而没过多久，上海纺织株式会社最初对中国纺织业投资的尝试失败了。1896 年 3 月，成套的机器设备被运回日本，并用其改建成了钟渊纺织的第二工厂。事实上，此处投资尝试的失败是三井物产审时度势后的自我放弃。

　　原来，当时清政府对在华外国人工厂征收 10% 左右的制品税，虽然这对于欧美纺织企业而言只是一个小数目，但对基础相对薄弱的日本纺织企业来说却是一笔很大的成本支出。因此，三井物产认为，从成本及利润的角度考虑，日本国内建厂对中国输出棉纱比在中国直接建厂更为有利，在不具备海外资本扩张能力的时期盲目扩张，反而不利于国内的产业培育。

加之当时日本政府先后撤销了棉纱出口税（1894 年）和棉花进口税（1896 年），使日本纺织产品在中国棉纱市场上具有足够的竞争力，所以众多日本纺织企业对在中国投资建厂的热情一直不高。但三井物产始终没有忘记开拓中国市场的战略，作为商人，它敏锐地意识到，随着中国国内其他欧美纺织厂的发展，以及中国民族纺织业的迅速成长，日本过去单纯向中国倾销棉纱等纺织品的模式将不再具有竞争力。

1902 年，三井物产终于等来了在中国投资工厂的机会。这一年的夏天，一家位于上海杨树浦路上的纱厂由于资金问题而陷入破产的危机。刚刚出任三井物产上海支店店长的山本条太郎决定接手这家纱厂，在吸收了中国人、英国人、印度人资金的基础上，三井物产以 30 万两白银的价格买下了这家名为"兴泰纱厂"的企业，并改组成上海纺织会社。

1906 年，三井物产上海支店向横滨正金银行借贷 20 万两白银，加上自己筹措的 20 万两白银，以共计 40 万两白银的价格收购了上海大纯纱厂，并将其改组为三泰纺织会社。1908 年，为了能够更好地管理上海纱厂，三井物产上海支店将上海纺织会社和三泰纺织会社正式合并，仍取名上海纺织会社，新公司注册资本金为 100 万两白银。

三井物产投资的上海纺织会社开创了日本对中国纺织工业投资的先例，以此为开端，日本纺织企业开始大量进入上海。不难发现，不同于欧美国家在中国投资的主力是本国的纺织资本，日本在中国的投资先锋往往是进行纺织品贸易的综合商社。实际上，由于长期与中国有棉花、纱布等贸易往来，以三井物产为代表的综合商社对中国的国情颇为了解，因此投资也相对得心应手。

到 1914 年第一次世界大战爆发之前，日本在华纱厂规模已经仅次于英国位列第二。第一次世界大战期间，是日本国内大力增加纱锭的时期，对中国的纺织业投资虽有发展，但主要属于现有资本的扩大投资。一战结束后的 1919 年到 1925 年，则是日本纺织资本再次大量涌入中国的新时期，而这一时期的代表企业就是由丰田佐吉创办的上海丰田纱厂。

丰田纺织来到中国

1921 年 11 月，经过两年多的筹备，丰田佐吉在上海极司菲尔路 200 号（现长宁区万航渡路）正式创办了丰田上海纺织厂（俗称丰田纱厂），这也是丰田集团成立初期的重要生产基地及丰田集团历史上第一家海外工厂。丰田纱厂初创时只有纱锭 2.5 万枚，后来由三井物产纺织部分离出来的东洋棉花会社以及丰田家族资本的补充投资，才逐步扩大了生产规模。

1925 年，上海丰田纱厂已拥有纱锭超 6 万枚、纺织机 400 台。事实上，上海的丰田纱厂才是丰田起家的真正原点。正因为有了上海丰田纱厂的第一桶金，才成就了后来丰田汽车的产业与荣光。考虑到上海丰田纱厂的重要性，这一时期丰田创始人丰田佐吉几乎将全部精力放到了中国，丰田在日本的所有业务则交给自己的婿养子丰田利三郎全权负责。

1926 年，随着上海丰田纱厂的生产规模不断扩大，为了更好地安置工厂里的日本籍员工，丰田在上海愚园路和安西路寻找到了两块建筑用地，分别用于建造干部住宅和普通员工住宅。其中，愚园路 1249 弄 2 号的主人就是丰田佐吉夫妇；也正是在这里，丰田佐吉结识了

> **上海愚园路：** 在上海市区的西部，跨静安、长宁两区。东起常德路，西至长宁路。清宣统三年（1911 年）工部局越界填浜筑路，以当时著名园林"愚园"命名。此后随着法国梧桐、西式洋房、咖啡吧的陆续出现，愚园路成为当时租界内西洋绅士等名流会聚之地。

三井服部商店驻上海的负责人石田退三，并与其成了忘年交。

愚园路 1249 弄沿街有两栋独立住宅，弄内则为三条联排住宅。如今，联排住宅已经被拆除重建，但丰田佐吉在上海的故居依然保留着过去的风貌。这栋建筑虽然使用了二层砖木结构的日式建筑风格，但外观更接近欧式别墅，属于近代日本建筑受西式别墅影响的折中产物。事实上，由于要照看丰田纱厂，丰田佐吉待在上海愚园路家里的时间，比在日本还要多。

相对于愚园路 1249 弄供厂里车间负责人以上的高级职员居住，安西路 23 号是给纱厂领班一级的中级职员居住的。1936 年，丰田纱厂在此建造职员住宅共 9

排 60 幢, 是按照小家庭住宅模式设计建造的, 都是二层建筑, 每套分为一上一下。后来随着抗战胜利和上海解放, 这里成了上海市第五棉纺厂和纺织局的职工宿舍。

以上海丰田纱厂为基础, 丰田佐吉此后又陆续创办上海第二厂和青岛分厂, 此外, 位于上海沪东杨树浦路平凉路转角的纬通纱厂也是丰田的产业。随着业务的逐渐发展, 到 1937 年, 日本丰田纱厂在华发展处于鼎盛期, 纱锭增至 10.2 万枚, 织机 2150 台, 员工人数达到 4500 名, 成为当时在中国规模较大的纺织厂。

20 世纪 30 年代前后, 上海虽然依旧是日企在华纺织业投资中心, 但因中外纺织厂大多集中于此, 上海整体纺织业发展已呈饱和状态。于是, 日本对华纺织业的发展重心, 开始由上海转向华北。第一次世界大战结束后, 日本侵占青岛, 以低价出售、借贷土地、机器输入免税等条件吸引日本企业主到青岛投资建厂。

在此期间, 丰田成立了丰田纱厂青岛分厂 (全称为丰田纺织株式会社青岛工场), 为此, 1934 年 5 月, 丰田在青岛大水清沟的西北侧动工, 占地 35 万平方米, 次年 4 月竣工投产, 纱厂有精纺纱锭 3.79 万枚, 织布机 540 台, 设备全部采用丰田公司的自主产品, 竞争力明显高于其他日商纺织企业。

1938 年, 继丰田纱厂青岛分厂之后, 丰田又在青岛购买华昌铁厂的资产, 用以辅助在 1937 年末被炸毁的青岛丰田纱厂的重建工作; 1941 年, 建立丰田式铁工场 (青岛纺织机械厂前身), 从维修纺织设备, 到生产零配件, 为青岛丰田纱厂和其他日商企业提供服务。

上海: 旧时代的纺织中心

上海是旧中国最大的纺织业基地, 有大大小小纺织厂数以百计, 棉纱棉布的产量占了全国的半壁江山。但是, 当时中国并没有自己的纺织机器和设备的制造厂, 机器全部依赖进口。于是, 丰田佐吉在 1921 年建设丰田纱厂的同时也成立了铁工部, 占地 12 亩, 主要生产纺织机器的易损件和其他配件。1942 年,铁工部改名为丰田机械制作所，后独立成为丰田机械制造厂。

丰田家族在上海的投资与更早之前的三井物产、日本棉花商社有所不同。三井物产等作为商社，以合资、合办、收买现成工厂的形式进行初期尝试，更接近于贸易主体，还不是严格意义上的日本纺织资本的对华输出。而丰田作为在日本已经拥有了纺织工厂和纺织机械生产能力的企业，它的到来也开启了日本企业在上海纺织产业的垄断之路。

1919年到1925年，日本在中国建成26家纱厂（其中还不包括以借款形式对中国民族纺织企业进行渗透而若干年后兼并的纱厂）。从投资地域上看，26家纱厂中，上海占据17家，另外青岛6家、东北3家。特别是在上海，除了原来三井物产旗下的上海纺织株式会社的资本扩张，又新设了丰田、东华、大康、公大、同兴和裕丰6家纺织株式会社。

通过在上海建立八大纺织会社，日本的经济实力大增，影响进一步扩大。一般认为，上海日资棉纺织企业主要分为八个资本系统、九大工厂：东洋棉花（上海）、钟渊纺织（公大）、丰田纺织（丰田）、日本棉花（东华）、伊藤忠商事（日华）、东洋纺织（同兴、裕丰）、内外棉纺织株式会社（内外棉）、大日本纺织株式会社（大康）。

在上海的这八大系统、九大工厂最终指向日本三井财阀、江州财阀、内外棉纺织株式会社和大日本纺织株式会社四大资本。其中，东洋棉花、钟渊纺织、丰田纺织属于三井财阀。日本棉花、伊藤忠商事、东洋纺织则属于江州财阀。所谓的江州财阀不同于三井财阀，并不是按照垄断资本集团来命名，而是按照地域命名的，最早将出身于近江国（今滋贺县）的大阪银行业者称为"江州财阀"。

三井财阀旗下的钟渊纺织组织庞大，经常改变名称，有时称"钟渊实业"，有时叫"钟渊产业"，有时称"钟渊工业株式会社"，在中国的棉纺织企业称"公大××厂"，在中国多地都设有企业，经营的种类很多，复杂异常，而棉纺织是其在中国的重要投资领域。钟渊总部设在日本东京，创立于1888年，资本1.8亿日元，资本来源于三井财阀。

内外棉纺织株式会社成立于 1887 年，总部在日本大阪。内外棉在日本国内与三井物产、日本棉花一起被誉为"三大棉花商社"。甲午战争前，内外棉公司的主要业务局限于棉花、棉纱的买卖方面。甲午战争后，内外棉转向棉纺织企业的经营。内外棉原本就有着在日本国内各个纺织工厂的成功经验，又有在中国长期买卖棉花、棉纱的经验与网络。

上海的日本棉纺织企业，自 1902 年三井物产收购兴泰纱厂开始，到 1936 年，经历了从无到有、从弱小变强大的历史过程。同时，上海的日资棉纺织企业整体经营良好，获利丰厚，在与华商棉纺织企业的竞争中往往处于优势。到 1936 年，上海共有纱锭 2667156 枚，织机 30058 台，分别比 1922 年增加了 52% 和 132%，其中日资纱锭 1331412 枚，织机 17283 台，分别占全市总数的 49.9% 和 57.5%。

日本纺织业的这种急速而大规模的对华资本输出和扩张，在世界棉纺工业史上可谓空前绝后。这一时期，日商在上海纺织企业利用其财阀资本的优势，迅速集中资本力量，攫取了高额利润。不仅如此，凭借着在纺织领域的成功，日本企业还不断拓展其商贸服务领域，至抗战爆发前，日资新设企业 465 家中，商贸企业 320 家，占 68.8%。

当时在上海的 320 家日本商贸企业中，规模和影响较大的有三井物产、三菱商事、伊藤忠等，这些企业属于第一流的日本进出口贸易商号，在上海公共租界（又名英美租界）显要场所立足；中等的杂货贸易商号大都集中在上海法租界洋泾街、棋盘街；较小的商号主要集中在当时上海虹口的文监师路（今塘沽路）、吴淞路一带。

丰田与上海再续前缘

1945 年，日本战败后，上海丰田纱厂作为敌产由国民党组建的中国纺织建设公司接办。中国纺织建设公司取消原来的纱厂，将铁工部扩建为中国纺织建设总公司上海第三机械厂，1946 年年底改名为中国纺织建设总公司上海第一机械厂。中华人民共和国成立后，工厂由上海市军管会接管，1950 年改建为国营上海第一纺织机械厂（简称一纺机），隶属华东纺织管理局。

由上海丰田纱厂改建的一纺机，占地面积8.4万平方米，建筑面积约8万平方米，鼎盛时期拥有工人3000余名，是中国资格最老的纺织机械制造厂，也是中国最大的纺织机械制造厂之一。20世纪80年代的改革开放浪潮中，上海第一纺织机械厂转产，此后又重组为上海第一纺织机械有限公司，成为隶属于太平洋机电（集团）有限公司的国有纺织企业。

进入21世纪之后，丰田纺织再次回到上海滩，于2001年成立了上海丰田纺织汽车部件有限公司。2005年，丰田纺织与亚乐克、高日合并，并将亚乐克（上海）有限公司更名为丰田纺织（上海）有限公司。2008年，丰田纺织（上海）有限公司更名为丰田纺织（中国）有限公司，增资至3200万美元，变更为投资性公司，作为地区总部管理中国地区各个公司。

一直以来，丰田公司都视上海极司菲尔路的丰田纱厂为公司的发祥地。2007年3月，丰田纺织（上海）有限公司通过协商，向上海第一纺织机械有限公司租下了当年的办公楼和干部食堂，实施"复旧工程"。2008年8月，这里被改造成了上海丰田纺织厂纪念馆，作为丰田集团内部的纪念设施，并设立丰田纱厂陈列室，对外有条件开放。

2012年，上海市第三次全国文物普查结果公布，上海丰田纺织厂纪念馆（登记名称为上海丰田纱厂铁工部旧址）被归类为"工业遗产类文物"。纪念馆一层展示的是丰田佐吉1924年发明的G型自动织机，二层展示的则是丰田佐吉1890年发明的木制人力纺织机，看似简单的织机，饱含着发明者丰田佐吉的智慧、信念和丰田精神。

> **工业遗产：**包括具有历史、技术、社会、建筑或科学价值的工业文化遗迹，具体指为工业活动所造建筑与结构，此类建筑与结构中所含工艺和工具以及这类建筑与结构所处城镇与景观，及其所有其他物质和非物质表现。工业遗产具有重要历史价值，它们见证了工业活动对历史所产生的深刻影响。

上海丰田纺织厂纪念馆的参观指南是这样介绍的："丰田佐吉很早就理解到中国的重要性，经常在日常生活中说明日中友好的重要性，并亲自远赴中国，创建了丰田纺织厂。可以说，丰田纺织厂迄今仍然是丰田集团的原点。"如今，这里依然保留着部分当年的锯齿形老厂房，仿佛在向人们娓娓诉说她在过去近百年时间内经历的风霜和依稀可辨的沧桑历史。

2013 年，为了进一步强化中国地区的技术研发力量，丰田纺织中国地区总部及研发中心开始迁移、扩充至中国上海外高桥综合保税区，并于 2014 年 7 月投入使用。研发用面积是原有的 3 倍，并扩充了用于测试舒适性、安全性、耐久性及材料等的评价设备，在中国本土建立起从产品设计到实验评价的一贯制自主研发体制。

与第一次进入上海滩时主打棉纺产品不同，如今丰田纺织已经不再从事纺织相关产业，而是开始转向从事汽车零部件产业。在短短的几十年间，丰田纺织迅速发展成为全球最大的座椅及内饰生产企业之一。如今，丰田汽车作为最大股东持有丰田纺织 31% 的股份，丰田纺织也逐渐成为丰田汽车零部件供应体系中的核心企业。

在丰田财团的发展过程中，丰田汽车需要一个庞大的供应商体系，丰田纺织在其中承担了重要角色。从两家公司的产品关系看：一方面，2013 年丰田汽车全球产量约 1000 万辆，其中 70% 的车辆采用的是丰田纺织的座椅和内饰产品；另一方面，作为丰田汽车的重要供应商，丰田纺织约 90% 的销售额都是来自对丰田汽车的供应。

第五节
日本近代工业的开端

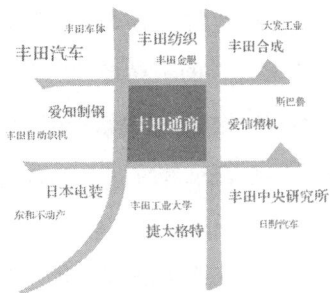

从秦汉缫丝到现代纺织

以 1859 年横滨开港为契机，生丝制品为日本赚取外汇、提高国力、走向近代化发挥了重要作用。到 19 世纪的江户时代末期，缫丝已经成为日本农村地区的重要副业，但生产方式均为单人手摇缫丝器。1868 年到 1937 年的 70 年间，日本养蚕缫丝业迅猛发展，连同蒸汽动力、机械化规模生产，一起带动了日本纺织业的发展。

这种支撑起日本近代化发展的基础缫丝生产技术，最早来源于中国秦汉时期的移民。后来，到汉末魏晋南北朝时期，"秦人""汉人"更加先进的养蚕缫丝技术传入，日本列岛的养蚕缫丝事业才有了显著的发展。这一时期，中国人以一个大集团形式大量进入日本，其中代表有秦公祖弓月氏部族、阿知使主、百济博士王仁等。

秦人徐福被认为是把中国生产技术带入日本的先行者。据《史记》记载，徐福求长生药不得，害怕秦始皇怪罪，便逃到了今天的日本。如今在徐福传说登陆地的佐贺县设有"徐福陆地纪念碑"，还有徐福的石冢和祠堂。佐贺县金立山神社供奉的主神就是徐福。他被当地人尊为司农耕、桑蚕和医药的大神，并于每年八月举行祭祀徐福的活动。

三井家的家谱《家传记》记载，三井家族得姓始祖为三井信正，约于公元 1100 年由"藤原"改姓而来，其直系先祖为日本飞鸟时代的名臣藤原镰足（614—669）。藤原镰足则由"中臣"改姓而来，而中臣家族祖上为日本史书《日本书纪》《古事记》中的传说人物天儿屋命，其原型正是徐福。

徐福作为"养蚕之神"被三井家族世代供奉，其"显名灵社"位于日本京都"太秦"的木岛神社内。"太秦"即为"秦人聚居地"之意，是秦汉时期东渡日本的中国移民传统的聚居地。距离三井家的显名灵社东 25 千米处，便是著名的日本近江三井寺，寺内同样供奉着包括藤原镰足、藤原道长等在内的三井家先祖。

三国两晋南北朝时期，日本应神天皇（270—310）、雄略天皇（456—479）也曾分别派人到中国的吴地聘请机织和缝纫的技工，他们在日本被称为"汉织""吴织""兄媛""弟媛"等，这些工匠对促进日本蚕织业的发展起了不可磨灭的历史作用。因此可以说，中日两国在蚕桑缫丝机织发展史上有着不可分割的联系。

17 世纪，三井家创业初期，奠定其 400 年商业根基的正是吴服生意。1673 年，三井越后屋吴服店正式开张，其中"越后"指日本越后国（今新潟县），借用了中国越地之称；"吴服"在日语里指来自中国吴地的丝绸类高档面料，是"和服"的旧称。可以说，三井家的越后屋吴服店正是对中国吴越之地纺织业的传承。

到 19 世纪中期，日本生丝主要出口欧洲，占全国出口总额的 66%。但落后的人工缫丝设备导致的低劣品质，让日本生丝产品的信用迅速降低。于是，日本开始引进欧美先进缫丝技术，用以摒弃以座缫制丝为主的传统家庭手工业和工厂手工业。到 19 世纪 70 年代后期，日本缫丝厂已经普遍使用先进的蒸汽动力机械缫丝机。

日本明治时期教育家福泽谕吉撰写的《实业论》一书记载："'蚕丝及蚕棉类'商品总额 1883 年约 1900 万日元、1892 年约 4000 万日元。" 10 年间翻了一番。实际上，无论是日本的缫丝业还是纺织业，它们的崛起靠的都是对西洋先进技术的引进、消化与再创新。在这一过程中，日本产业界并不完全依赖政府主导，反而是民营企业在其中起到了关键的作用。

由官办到民营的转变

1870 年，日本明治政府雇用法国人保罗·卜鲁纳为指导者，决定建立国营制丝厂，并选址在富冈。当时法国的丝织品生产非常兴盛，制造生丝的技术也很发达，因此国营制丝厂选择了法国人来担任总指挥。由于蚕的疾病在当时的欧洲蔓延，当地蚕丝行业受到了毁灭性打击，法国非常需要日本产的高质量生丝，因此可以说当时日本和法国属于互相依赖的关系。

1871 年，富冈制丝厂破土动工，次年主要建筑完成并开始生产。1873 年，明治天皇的皇后与皇太后访问了富冈制丝厂，足见其在明治政府心中的地位。富冈制丝厂是日本第一家官营的制丝示范厂，当时建造该工厂的目的是让日本与世界上的发达国家并驾齐驱，成为一个富裕的国家。为了实现这一目标，富冈制丝厂引进了当时法国先进的整套工业设备。

不过，在富冈制丝厂创立时，因为日本老百姓初次接触现代工业，普通人家是不愿意让女儿入厂做工的。富冈制丝厂从法国引进技术，聘用法国人，因为风俗不同，当地老百姓误以为法国人喝的红酒是血，产生了恐怖的流言。为了推动富国强兵和殖产兴业这两条明治政府的维新国策，日本的精英阶层率先示范。富冈制丝厂最初招收的女工实际

> **殖产兴业**：日本在明治维新时期提出的三大政策之一。具体内容就是运用国家政权的力量，以各种政策为杠杆，用国库资金来加速资本原始积累过程。实施殖产兴业政策之后，日本在短短 15 年（1870—1885）内，大大改变了工业落后的面貌，初步实现了资本主义工业化。从封建的农业国初步变成一个资本主义工业国，为达到完全的民族独立和进入产业革命的新阶段创造了条件。

上主要出身于富农、商人、士族和地方官吏家庭。

明治维新元勋、九元老之一，明治、大正两朝元老重臣井上馨就曾命令他的两个侄女去当女工。作为日本著名政治家、实业家，三井财阀的最高顾问，人称"三井的大掌柜"，井上馨活跃于幕末以及明治时代，创办了日本国际贸易商行先收会社。1876 年，三井财阀接手该社，成立了三井物产株式会社，经营国内外贸易产业。

三井物产于 1877 年接替外国资本公司成为富冈制丝厂的代理，开始逐渐掌控日本的国际生丝贸易。而在解决了贸易自主权的问题后，日本开始考虑如何提升纺织品的生产效率，民营企业显然是激发生产创新的重要力量。日本政府

认为鼓励、扶植民众经营实业，才是经济现代化成功转型的关键，政府的作用应由过去的主导、掌控转变为引导、服务。

同缫丝制丝产业类似，明治时期的日本机械纺织工业也基本开始于政府经营的纺织厂。只是这些建造在河边、依靠木制厂房中的水力转动、2000 枚纱锭规模的官营工厂最后全都因经营不善，以失败收场。1886 年之后，日本迎来了第一次企业兴盛期，在此期间多家民营纺织公司相继成立。这些公司又通过兼并的方式成为大公司，纺织业才逐渐发展并最终成为日本产业资本的象征。

1887 年，执日本纺织界牛耳的三大纺织商社分别是东京棉业商社（属三井系）、大阪纺织株式会社和三重纺织会社。其中，大阪纺织株式会社是由日本著名实业家涩泽荣一通过民间融资创办的股份制公司，正是它与日本铁路公司的成立，成了日本工业革命的催化剂。1914 年，大阪纺织株式会社和三重纺织会社合并成立了东洋纺织。

东京棉业商社则是以三井吴服店为中心，结合了许多棉丝原料的商家资本而建立的大型纺织企业，拥有超百万日元的资本和机械化生产的大工厂，但由于经营不善，陷入了资金困境。1889 年，三井家族利用股东身份，以三井银行的救济贷款介入东京棉业商社的经营。到了 1892 年，三井已全面掌握东京棉业商社的经营权，后将其改名为钟渊纺织公司。

丰田纺织株式会社

1931 年 9 月，丰田纺织株式会社对菊井纺织株式会社进行了合并。1932 年 2 月，内海纺织株式会社、中央纺织株式会社、协和纺绩株式会社、丰田押切纺织株式会社合并成立中央纺绩株式会社。此后，伴随着汽车业务的崛起，在世界范围内，纺织工业开始日益衰落。对丰田家族而言，这一产业更替的大趋势更是表现得淋漓尽致。

1943 年 11 月，丰田纺织株式会社并入丰田汽车工业株式会社。1950 年 5 月，纺织部门再次从丰田汽车工业株式会社分出，组建民成纺绩株式会社。1965 年起，民成纺绩株式会社将积累下来的纺织技术应用到汽车座椅面套、安全带、汽车地毯等产品的生产制造中，由此开始了作为汽车零部件制造企业的历史新篇章。

　　1967 年，考虑到历史传承的因素，公司名称又变更为丰田纺织株式会社。几乎就在更名的同时，丰田纺织的业务重心发生了改变。为了迎接即将到来的"汽车时代"，在生产纺织品的同时，丰田纺织不断致力于提高产品及技术竞争力，以拓展新的客户及业务领域，开始研发非纺织类产品，如进气歧管、油气分离器，向滤清器以及新材料产品方向发展。

　　在此之后，丰田纺织又经历了 2000 年与丰田化工株式会社、2004 年和 ARACO 株式会社及高日株式会社两次大的合并，才最终形成了真正意义上今天的丰田纺织。伴随世界范围内产业的更替兴衰，原来主要以纺织品与纺织机械为主营业务的丰田纺织，开始转而生产汽车座椅及外饰件、汽车纤维产品等汽车零部件产品，并最终成为一家纯粹的汽车零部件企业。

　　今非昔比的丰田纺织，在汽车内饰行业外的知名度虽然和爱信精机、电装等同属丰田财团的日系零部件巨头有着一定的差距，但也是世界排名前 20 位的零部件厂商，而且产品也很有特色。丰田纺织一直聚焦汽车座椅，由于其在座椅制造领域积累了深厚的技术，如今还在高铁、航空飞机等其他移动工具中有所应用。

　　通常认为汽车最重要的三大零部件是底盘、发动机和变速箱，但实际上汽车里面最大的零部件还包括汽车座椅。汽车座椅总成包括头枕、靠背、坐垫、调节装置及连接件等。此外，座椅技术要求高，制造难度大，占整车成本较高。对于很多手动挡轿车，其座椅的成本占整车成本比例可达 5%，是发动机、变速箱之外成本最高的汽车零部件之一。

　　同时，汽车座椅设计的优劣还将直接影响到乘坐的安全性和舒适性，以及内饰的观感，因此汽车座椅在汽车整体安全技术中占有重要地位。所以世界各大汽车厂对座椅的技术要求很高，核心部件需要达到很高的制造精度和较高的强度，制造难度较大。而在未来，座椅座舱的开发对于汽车发展的重要性会越来越多地受到关注，智能化、多功能化、娱乐化，将是座椅座舱更加注重的地方。

国际乘用车座椅市场基本由外商主导，竞争十分激烈。汽车座椅产业中，美国江森自控有限公司旗下的安道拓和美国李尔公司是第一阵营，两者在国际乘用车市场占有率合计约为 48%。日本丰田纺织和法国标致雪铁龙旗下的佛吉亚属于第二阵营，其中丰田纺织是日本座椅企业中规模最大、技术最具优势的行业龙头，近年来除主要供应丰田汽车外还在积极拓展其他品牌汽车客户。

一直以来，丰田纺织都在通过极富竞争力的内饰产品（技术领先而且具备价格优势）支持丰田汽车同其他汽车巨头竞争，但丰田纺织是丰田汽车产业链中的一员而非附庸，作为一家独立企业，丰田纺织也必须持续发展并不断壮大自身。如果说寻找"非丰田业务"是其未来战略的第一步，那么积极拓展"座椅内饰及滤清器之外"的其他产品领域就是其战略的第二步。

丰田纺织不止于纺织

2013 年 1 月，丰田纺织在其官网宣布，已经开始生产用于混合动力系统的电机铁芯零部件，这标志着其首次生产与混动车相关的零部件产品。随着新能源汽车迅速发展，氢燃料电池汽车也得到越来越多的关注。混合动力、氢燃料电池汽车一直都是丰田汽车的发展方向，而丰田纺织在这些方面也是有着一定技术储备的，计划以此寻找新的增长点合情合理。

在氢燃料电池汽车发展方面最关键的部件是电堆，电堆是发生电化学反应的场所，是燃料电池动力系统的核心部分。电堆工作时，氢气和氧气分别由进口引入，经电堆气体主通道分配至各单电池的双极板，经双极板导流均匀分配至电极，通过电极支撑体与催化剂接触进行电化学反应。

在 2019 年上海车展上，丰田纺织展示了其应用于丰田汽车全球首款量产氢

> **氢燃料电池：**将氢气和氧气的化学能直接转换成电能的发电装置。其基本原理是电解水的逆反应，把氢和氧分别供给阳极和阴极，氢通过阳极向外扩散和电解质发生反应后，放出电子通过外部的负载到达阴极。氢燃料电池对环境无污染，它是通过电化学反应，而不是采用燃烧（汽、柴油）或储能（蓄电池）方式。

燃料电池汽车"Mirai"的燃料电池电堆内的分离器、歧管以及离子交换器等产品。同时，在这款寓意为"未来"的氢燃料电池汽车上，丰田纺织也提供了座椅、门板、顶棚、地毯等内饰产品。对此，丰田纺织（中国）常务副总经理庄志强表示："我们期望在新能源汽车时代，在主舞台上占有一席之地。"

当然，丰田纺织在新能源汽车领域的努力不是只有氢能源电池。早在 2018 年 8 月，丰田纺织就宣布正式进入车载电池领域，开发锂离子电池，未来将成为雷克萨斯 LC500h 的标配。实际上，丰田纺织选择入局锂电领域的时间有些耐人寻味，因为就在 4 个月之前，德国汽车零部件巨头博世公司刚刚宣布不再自行生产电池，转而成为汽车电池配件二级供应商，其理由是投资风险过大。

当前全球锂电市场由亚洲五大公司长期盘踞，包括宁德时代、日本松下、韩国三星、韩国 LG、深圳比亚迪，且市场"二八效应"愈发凸显。强大者如德国博世，也在斥巨资投入动力电池领域多年后选择毅然退出，从而向动力系统集成供应商转型。此外，日产、NEC 等巨头也在纷纷抛售自己的电池业务。在不少巨头急流勇退的背景下，丰田纺织却选择积极布局，必然是有所倚仗。

其实，丰田纺织现有的开发技术和经验与动力电池有很多共同之处，很容易在电池技术上实现突破。例如在过滤器的制造进程中，用于处理微细纤维的技术其实也可适用在锂电池的隔膜上。基于此技术，丰田纺织开发了一种无纺布型分离器，与常见的隔膜相比，具有三维结构的无纺布型分离器使锂离子可以经由许多孔通过隔板，并且易于保持较低的离子电阻，极大提升了锂电池的功率密度。

当然，丰田纺织研发的锂电池并不执着于提高能量密度和改善续航里程，而是更加注重提升功率密度，其产品定位是适用于能在一段时间内协助驱动发动机的混合动力车型，毕竟丰田一直坚信氢能源才是未来的正确发展方向。据悉，丰田纺织开发的电池单元是层压型，容量约为 15Wh，其输出密度是普通混合动力汽车电池输出密度的 1.5 倍到 2 倍。

在美国拉斯维加斯举行的 2019 年国际消费类电子产品展览会（CES）上，丰田纺织发布了两款自动驾驶概念座舱，分别是 ACES 和 Moox，其中 ACES 座舱可主动调节驾驶坐姿、温度，让驾驶者和乘坐者获得最舒适的驾乘空间。Moox座舱则用于完全自动驾驶的车辆，但丰田纺织对该项技术并没有公布太多细节。

2020年1月，继2019年首次亮相CES之后，丰田纺织第二次出展，并推出全新的汽车座舱技术方案——MX191。这一全新的自动驾驶模型是前一年Moox的升级版，由丰田纺织与爱信精机株式会社、电装株式会社、丰田合成株式会社以及东海理化株式会社等共同研发，是一个全面搭载了丰田财团旗下各公司先进技术和科技的近未来空间产品模型。

对于自动驾驶概念座舱，丰田纺织的一位负责人表示："自动驾驶是未来的发展趋势，它将改变人们对驾乘的习惯，当L5级（无人驾驶的最高阶段）无人驾驶到来时，如何进行空间布局是我们需要思考的问题，丰田纺织将基于原有的技术发展新产品。"科学技术在不断发展，丰田纺织始终在追逐时代步伐，并努力从传统的制造商转变成移动出行服务商。

参考文献及来源

1. 白益民：《三井帝国启示录——探寻微观经济的王者》，中国档案出版社2006年版。

2. ［日］若山富士雄、杉本忠明：《丰田的秘密》，北京出版社1978年版。

3. ［日］九山弘昭：《丰田的现金流战略》，韩雪英、金雪梅译，北京大学出版社2005年版。

4. 胡延新编著：《汽车王国的骄子——丰田》，兰州大学出版社1997年版。

5. ［日］山本直：《丰田四十年的历程》，傅春寰译，天津人民出版社1981年版。

6. ［美］杰弗瑞·莱克：《丰田文化：复制丰田DNA的核心关键》，王世权、韦福雷、胡彩梅译，机械工业出版社2009年版。

7. ［日］池田政次郎：《丰田创业史》，梁俐译，广西人民出版社1988年版。

8. ［日］野地秩嘉：《丰田传》，朱悦玮译，北京时代华文书局2020年版。

9. ［日］佐藤正明：《丰田领导者》，王苗、顾洁译，清华大学出版社2010

年版。

10. 傅春寰：《日本综合商社》，天津大学出版社 1996 年版。

11. ［日］森时彦：《中国近代棉纺织业史研究》，袁广泉译，社会科学文献出版社 2010 年版。

12. 庄红娟：《近代日本的对华资本输出原理——以在华日本纺织业为例》，《上海经济研究》2005 年第 12 期。

13. 王波：《丰田产业技术纪念馆 一部活着的近代化产业遗产史》，《董事会》2019 年第 10 期。

14. 李光斗：《什么造就了日本 5 万家百年企业？》，《中国经济周刊》2014 年第 13 期。

15. 张忠民：《第一次世界大战前日本棉纺织企业进入中国的路径与特点——以上海纺织株式会社为例》，《上海经济研究》2009 年第 1 期。

16. 钱程：《日本工业遗产保护及利用实践——以丰田产业技术纪念馆为例》，《城市管理与科技》2017 年第 5 期。

17. 苏海河：《丰田产业：培养年轻人的制造兴趣》，《经济》2017 年第 2 期。

18. 朱婷：《论近代日本对华纺织资本输出》，《档案与史学》1997 年第 5 期。

19. 刘敏：《近代日本纺织企业的对华掠夺》，《新视野》1996 年第 6 期。

20. 朱冬：《后藤俊夫 日本企业的六大长寿基因》，《中外管理》2019 年第 7 期。

21. 马涛：《企业文化研究——以丰田为例》，硕士学位论文，对外经济贸易大学，2019 年。

22. 刘栋梁：《二战前上海日本棉纺织企业述评》，硕士学位论文，东北师范大学，2010 年。

23. 胡光书：《丰田的故事——丰田企业文化就是丰田佐吉自小形成的价值观》，2020 年 3 月 26 日，见 https://www.jianshu.com/p/d13b515d2e8b?utm_ campaign＝maleskine&utm_ content＝note&utm_ medium＝seo_ notes&utm_ source＝recommendation。

24. 王钊、杜敏、潘如盅:《日本家训文化》，2016 年 7 月 8 日，见 http://www.cfbr.com.cn/news/673.html。

25. 搞史人:《日本史话：从缲丝业和纺织业，细说 19 世纪日本机械工业的发展史》，2020 年 5 月 21 日，见 https://baijiahao.baidu.com/s?id=1667301952849920011&wfr=spider&for=pc。

26. 薛理勇:《愚园路的丰田佐吉家住宅》，2017 年 11 月 5 日，见 https://www.sohu.com/a/202400098_182423。

27.《工业遗产之上海丰田纺织厂纪念馆》，2020 年 6 月 8 日，见 https://www.sohu.com/a/400388909_765125。

28. 王秀:《日本家族企业青睐"女婿养子"》，2012 年 12 月 25 日，见 https://www.chinanews.com/gj/2012/12-25/4435898.shtml。

29. 丰田官方网站：www.toyota.com。

30. 伊藤忠商事官方网站：www.itochu.com。

第三章　融于骨血的"三井商道"

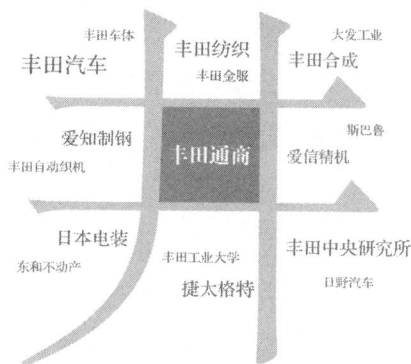

丰田车体
丰田汽车　丰田纺织　丰田合成　大发工业
丰田金服
爱知制钢　丰田通商　斯巴鲁
丰田自动织机　爱信精机
日本电装　丰田中央研究所
东和不动产　丰田工业大学　日野汽车
捷太格特

　　1937 年，丰田汽车工业株式会社设立，在爱知县举母町建立工厂，第 1 任社长由丰田利三郎担任，具体工作由丰田喜一郎负责，副手赤井久义是三井物产的干将，擅长经营，并富有管理经验。此前，丰田纺织曾向三井物产持股 90% 的东洋棉花株式会社承接 3 万股，用来投入汽车研发。

　　1950 年，在以帝国银行（今三井银行）为首的金融财团强烈要求下，出身自三井的石田退三接替丰田喜一郎（第 2 任社长），出任丰田汽车第 3 任社长。在就职大会上，还有帝国银行大阪办事处的中川不器男。在石田退三功成身退后，中川不器男一度成为丰田汽车的第 4 任社长。

　　1961 年，三井物产在美国纽约设置了技术室海外分室。正是在三井物产自身情报体系的帮助下，丰田汽车很快便重新制定了美国市场的发展目标，定位于生产适合美国人需要的小型车，以国民牌汽车为目标，吸收其长处，克服其缺点，打造出性能比超越德国大众的"美国式"轿车。

"三井"告诉了我们什么

"造车必先育人，丰田不只制造汽车，丰田还塑造人"。当年，丰田喜一郎在辞职谢罪时，对继任社长石田退三的唯一要求就是："请努力培训那些年轻员工吧，请确保向他们传授一些管理的基本知识。"对此，出身三井的石田退三欣然应允，因为他知道，无论是什么样的公司企业，如果想要进一步发展壮大，首先要做的就是人才培养。

事实上，在丰田的成长初期，三井财团对其扶持不仅限于资金和市场等方面的帮助。从冈本藤次郎到赤井久义，再到石田退三，大量三井财团内部的优秀管理人才被源源不断地输送到了丰田，并最终为丰田的崛起立下了汗马功劳。延续"三井商道"数百年的三井与丰田的企业发展史，集中体现了造就日本经济腾飞与基业长青的管理思想核心——人本主义。

事实上，丰田对人才的重视深受三井财团的影响。三井物产及三井财团重视人才在业内久负盛名，在日本有着"人的三井，组织的三菱，团结的住友"之说。在以"人的三井"为核心的培养理念下，三井高利在17世纪便打造出了一支既忠诚又团结、能力还强的家族事业管理团队。不仅如此，三井高利还将"人的三井"理念写进了《三井家训》中。

"人本主义"这个词语是由日本一桥大学著名管理学家伊丹敬之提出的，是与"资本主义"相对应的经营学用语。"人本主义"管理体制下的企业主张员工是企业的主权者，决定企业的命运。当然，不是说所有的员工都是企业的主权者，而是指长期在企业里工作的核心成员。"人本主义"的核心体现就是日式管理中的三大神器：终身雇佣制、年功序列制和企业工会制。

现实中，"人本主义"在丰田的管理过程中也有具体体现。在企业内部广泛实施提案制度，开展集思广益的活动。公司在各个部门放置了提案箱，专门收集员工关于公司发展的建议，并对提出优秀提案的员工给予客观的奖励。丰田企业的工资制度是由公司和工会共同商议制定的，其中的显著特征是奖金制度。丰田企业的奖金覆盖全体员工，从而调动了所有员工的积极性。

丰田汽车内部有条不成文的规定：任何人的工作过失，即使后果影响很大，也不会将引发问题的最终原因归结到"人"的身上，通过惩罚或者负激励来达到警示的目的。事故和过错的发生不可避免，面对过错的态度和心境会使结果迥然不同。精益虽然也关注结果但更注重过程，特别珍视在过程中员工们学到了什么，哪怕是教训。这种理念不仅体现了对人性的尊重，更是一种智慧。

本章导言

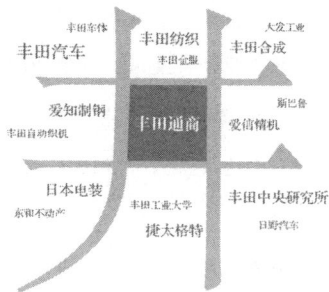

中国汽车企业学习丰田最早要追溯到 20 世纪 70 年代末。改革开放伊始，位于吉林长春的中国第一汽车厂（简称一汽）决定要实行改革，只是当时一没资金二没技术，这种情况下到底要怎么改？去日本学习和取经就成了最佳的选择。1978 年，一汽厂长刘守华带队去日本丰田学习 TPS（Toyota Production System，即丰田生产方式），回厂后便组织干部学习。

20 世纪 80 年代初，为了更好地学习，中国一汽还邀请丰田 TPS 的创始人大野耐一到汽车工厂讲课，在生产线上搞试点，建 TPS 样板线，同时也希望能够和日本汽车企业谈合作，引进先进的生产技术。此后，在大野耐一的现场指导下，日本丰田为中国一汽建设了两条示范生产线——这也是丰田"精益生产"方式第一次被引入中国。

此后很长一段时间里，一汽都把学习丰田的精益生产方式作为一件大事来抓。到了2002 年，一汽甚至专门成立了竺延风总经理亲自挂帅的丰田生产方式领导小组。9 月，一汽副总经理刘树华带领 20 多个车间领导和生产骨干，花 1 个多月的时间去日本继续学习TPS。同年，丰田公司专门派生产调查部的专家朝仓正司到一汽，指导生产管理。

日本丰田专家朝仓正司在一汽的生产车间现场巡视一圈后来到会议室，并在黑板上写了一句话"打倒日本鬼子"。他脸上没有一丝笑容，接着说："我希望你们打倒我，但是你必须先强过我；你强不过我，对不起，你就必须老老实实跟我学习。"当然，学习并不是简单地喊口号，而是要有足够的勇气和胸怀，认识差距并不断向先进取经。

2002 年 8 月，中国一汽集团与日本丰田汽车在北京人民大会堂签署了战略合作协议。2003 年 9 月，一汽丰田正式成立，这也标志着中国一汽和日本丰田从过去单方面的学习关系转向合作共赢的新关系。经过 2004 年、2005 年两年的销量低谷后，一汽丰田陆续将其全球车型锐志、兰德酷路泽、皇冠、普拉多、RAV4 等引入中国市场，随后几年在华销量增长迅猛。

当然，一汽丰田在中国市场发展并非一帆风顺，也曾陷入过停滞期。于是，中日双方开始对企业进行改革，经过 2015 年的"恢复体力"、2016 年的"巩固基盘"和 2017 年的"进攻型销售"，一汽丰田重新复苏。2020 年 7 月，一汽丰田实现在华累计销量突破 800 万辆。在这成功的背后则是一汽丰田对丰田品牌 DNA 的坚守，以及对丰田成功哲学精髓的传承。

一直以来，一汽丰田都是丰田汽车"QDR 标准"的恪守者。丰田 QDR 标准代表着丰田的高品质（Quality）、高可靠性（Durability）、高耐用度（Reliability）。得益于坚持 QDR 的严格标准，一汽丰田产品从开发之初到生产、制造以及品控方面都做到精益求精。如今，在严苛的标准和 TNGA 架构的共同加持之下，一汽丰田更是具备了传承丰田经典车型精髓的制造能力和品控能力。

丰田汽车不慌不忙，按照自己的节奏发展，在行业内是出了名的。作为丰田汽车在华发展排头兵的一汽丰田，更以做事有板有眼著称。以新车型投放为例，一汽丰田在确保旗下产品矩阵的竞争优势基础上，既有现有主力车型的升级换新，也有面向未来电气化时代的新能源车型。依托丰田全球优质资源和技术，一汽丰田有足够的勇气迎接机遇与挑战并存的未来汽车市场。

2021 年 12 月，配置丰田高端装备的一汽红旗轿车，在日本大阪的首家体验店正式开业，标志着一汽红旗正式进军日本市场。对于中国汽车制造企业，特别是一汽集团来说这是一件大事，说明了"中国制造"已经被日本市场接受。从当年出口日本一块绣花丝巾和一包茶叶，到如今能够出口豪华轿车，其更像是一场"学生"向"老师"的汇报演出。

中国一汽向丰田汽车学习的不仅仅只有经营管理模式，同时还应该看到丰田汽车作为百年企业发展的核心原动力——"通过发明为国家奉献"。在"丰田纲领"中，第一条便是"上下一致，至诚工作，产业报国"。实际上，这才是一个制造业企业生存发展的基本命题和价值观。通过与丰田汽车的不断合作学习，中国一汽集团也更加坚定了产业报国、工业强国的信心。

第一节
产业报国不是一句空话

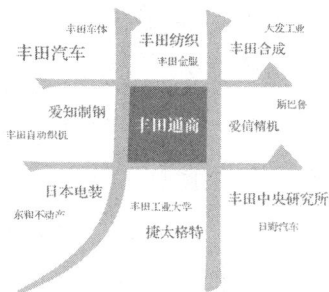

丰田车体　丰田纺织　大发工业
丰田汽车　丰田金融　丰田合成
爱知制钢　丰田通商　斯巴鲁
丰田自动织机　　　爱信精机
日本电装　丰田工业大学　丰田中央研究所
东和不动产　捷太格特　日野汽车

丰田喜一郎挂出汽车部的牌子

1929 年年底，为了将纺织机专利卖给当时非常有实力的英国普拉特公司，丰田佐吉派自己的儿子丰田喜一郎前往英国全权代表自己签订契约。经过多年磨炼的丰田喜一郎，已经从东京帝国大学工学系机械专业的学生成长为一名合格的工程师，并担任丰田公司主管技术的常务经理。在国外，丰田喜一郎除了完成父亲嘱托的任务，还花费了 4 个多月的时间体验了英国的汽车交通。

1930 年 10 月，丰田佐吉去世，在临终前，他将丰田喜一郎叫到眼前，给他留下了作为父亲的最后两句话："我搞织布机，你搞汽车，你要和我一样，通过发明创造为国效力。我想让你搞汽车，因为以织布机了却一生的确太可惜了！"丰田佐吉还亲手将此前转让纺织机专利所获得的 100 万日元都交给儿子，作为汽车研究启动经费。

当时，美国平均每 4 个人拥有一辆汽车。丰田喜一郎有这样一个构想：如果日本国内每 10 个人拥有一辆汽车的话，1 亿日本人就需要 1000 万辆；按汽车的平均使用寿命 10 年计算，每年需要 100 万辆新车。显然，这是一个十分令人神往的巨大市场。当然，丰田喜一郎没有想到的是，如今的日本已达到每 3 个人拥有一辆汽车的水平，而且还有大量汽车出口到世界各国。

日本汽车制造业始于吉田真太郎，1904 年他成立了日本第一家汽车厂——东京汽车制造厂（现五十铃汽车公司），3 年后制造出第一台日本国产汽油轿车"太古里 1 号"。日本历史上第一款量产车型是三菱重工于 1914 年推出的 Modal A 汽车，车的外观借鉴了意大利的菲亚特 A3-3。那一时期，日本汽车工业对欧美亦步亦趋，车型大多为仿制，国产汽车未来前景巨大。

1933 年 9 月，丰田自动织布机制作所里，突然多了块"汽车部"的牌子。在丰田喜一郎的一再要求下，丰田利三郎才勉强同意设立汽车部，并将一间仓库的一角划作汽车研制的地点。丰田喜一郎尽管是丰田佐吉长子，但他的头衔仅仅是"丰田自动织布机制作所常务董事兼技师长"。丰田佐吉去世以后，社长的职位由丰田家婿养子丰田利三郎担任。

丰田利三郎出身于具有"三井商道"特质的伊藤忠商社，凡事讲求经济效益，尤其做了丰田家族的新家长后，更觉得有责任守住丰田佐吉创下的事业。他从心底不愿意把家族财产投在风险大、周期长的汽车业上。但是，因为丰田佐吉临终前有交代，所以他才没有过于表示

> **伊藤忠：**日本第一劝银财团的综合商社，历史可以追溯到 1858 年。1918 年，伊藤忠商事株式会社正式成立。其常年位居《财富》世界 500 强，如今其经营范围已经扩展到钢铁、汽车、石油开采、精炼等方面，同时伊藤忠还是第一个被中国认定为友好商社的综合贸易公司。

反对。可是，丰田纺织公司的高级主管们却没有这番顾虑，纷纷开始抗议丰田喜一郎的疯狂行为。

实际上，丰田自动织布机制作所当时的资本也不过 400 万日元，可丰田喜一郎那块"汽车部"的牌子挂起来没多久，就花了 500 万日元。因为正在试验关头，他马上又向丰田利三郎伸手："再拿 500 万日元来。"在丰田内部，反对发展汽车呼声最响的就是石田退三。他当时在丰田纺织担任审计员，也就是丰田集团的"监察人"。

对于身为三井门徒的石田退三这位"监察人"，丰田喜一郎表示出极大的尊重，亲自邀请他到自己的"汽车部"参观，并说道："石田兄，你好像很反对我的汽车。不过，马上你就会明白的，丰田一定能造出汽车。"在对丰田喜一郎的工作有了深入了解后，极其精明且富有冒险精神的石田退三改变了自己的看法，他"反对搞汽车"的论调渐渐消失了。

1933 年，丰田自动织布机制作所准备在长野县扩建工厂，甚至已经与当地居民签约了。但是，丰田利三郎取消了织布机厂的扩建计划，他表示："这次主

要是因为公司已经决定由喜一郎负责开拓汽车业务。爸爸（丰田佐吉）虽然为此进行了专门的投资，但是倘若真的发展汽车业的话，投资数额将是不可估量的，而纺织业只好退居二线。"

有了丰田利三郎、石田退三等人的支持，丰田喜一郎的"汽车部"才算走上正轨。1933 年 12 月，在丰田企业董事会上，正式通过了一项重要决议：投资汽车业。1934 年，丰田喜一郎托人从国外购回一辆德国产的 DKW 牌前轮驱动汽车。经过持续研究，1935 年夏天，丰田喜一郎制造了 A1 型小汽车，8 月又造出了第一辆丰田 G1 型卡车。

做日本人自己的国民汽车

尽管丰田喜一郎已经成功研制出了自己的汽车，但一开始的丰田汽车，从化油器到火花塞，无一不是从美国进口，根本谈不上什么汽车自制率。对此，丰田喜一郎希望有一部分汽车零件可以由日本国内的厂商供应，可实际情况却令他非常失望，因为连东芝、日立、富士电机等公司做出来的电气部分零件，质量都达不到要求，有些质量稍好的国产零件价格甚至超过了进口零件。

与此同时，从 20 世纪 20 年代初期开始，福特、克莱斯勒、通用三大美国汽车巨头都先后在日本开设工厂，此后 10 年间，3 家公司生产了近 21 万台车，产量是日本本土车企的近 2 倍，占据日本汽车市场大半江山。当时，福特在横滨市、通用在大阪市分别还设有汽车装配工厂，所生产的汽车几乎覆盖整个日本。此外，福特还宣布计划在川崎市再建一个汽车制造工厂。

面对这种情况，日本政府陷入了深深的不安，他们认为像汽车这样的重要交通工具，绝对不能依赖外国工厂生产。针对福特、通用等美国汽车公司组装生产而引起的零部件进口剧增，日本政府于 1929—1931 年颁布《汽车国产化政策》。以此为基础，日本政府先后出台了大量保护与扶植政策，以加快国产汽车零部件的质量提高和技术发展。

1936 年，日本政府制定了《汽车制造事业法》，开始限制外国汽车的车体和零部件进口，保护民族汽车产业。根据这条法律，凡在日本一年间生产汽车

3000 辆以上者，必须先得到政府许可，并且此类汽车公司半数以上股资持有人必须为日本国民。显然，这条法律意在要求外资在日本汽车生产应该全部限产、限制经营。

但早在这条法律颁布之前，通用和福特汽车公司在日本的年产量就已经超过了 3000 辆。贸然驱逐美国公司必然会引起美国政府的强烈反对，于是双方决定各退一步。日本政府表示对这两大美国汽车公司的实绩予以认可，但基于新的法案，未来汽车产量再增加就不被允许了，因此美国福特在川崎市建造新厂的计划就必须终止了。

在《汽车制造事业法》即将正式通过之际，有位陆军大佐，悄然前往丰田喜一郎和鲇川义介（日产株式会社社长）家中拜访。他们之间谈了些什么如今已无从知晓，但新法案出台后，曾声称"不需要政府帮助"的丰田和日产，均向政府提出了援助申请。不久之后，丰田自动织布机制作所、日产汽车公司，就双双被日本政府指定为"正式认可的汽车制造厂商"。

说来也巧，这位日产汽车和富士财阀的创始人鲇川义介是丰田喜一郎妻子的表弟，他的母亲则是明治维新元勋井上馨的亲姐姐的长女。正是在井上家的帮助下，鲇川义介成立了自己的第一家企业。

1936 年 9 月，丰田公司在东京举办了国产丰田大众车完成纪念展览会，并借展览会之良机，将丰田商标由原来的"Toyoda"改为了"Toyota"。"da"为浊音，"ta"为清音，去浊留清，音韵上悦耳动听，读起来朗朗上口，且字形更加美观。同时，丰田喜一郎也起草了一份《成本计算与预定计划》，提议丰田集团马上成立汽车制造公司。

倾尽全力的事业冒险

1937 年 3 月，丰田企业集团在董事会上决定：设立丰田汽车工业株式会社，并在爱知县举母町建设工厂。8 月，丰田汽车工业公司在丰田家族倾力支持下正式成立，资本额为 2000 万日元，这比丰田集团两大龙头企业丰田纺织公司、丰田自动织布机制作所的所有资本额加起来还高。显然，这是一项巨大的事业冒险，如果失败，就会将整个丰田家族拖入破产的境地。

日本有个惯例，公司社长必须由年长者担任。丰田利三郎是丰田家的第 2 代继承人，因此丰田汽车的第 1 任社长由丰田利三郎担任，但具体工作由丰田喜一郎负责。对于这份工作，丰田喜一郎既兴奋又忐忑，他在日记中写道："万一以失败告终，那就勇敢地承认自己的能力不够，干脆剖腹谢罪。但是不管怎样，在失败到来之前，还是尽最大的努力干吧！"

这一年，为了帮助丰田和日产的汽车产业发展，日本政府又相继制定了《进出口物品临时处理法》和《临时进出口许可规则》，严格限制物品进口，外国汽车制造厂进一步受到打压。虽然在国家强力政策的支持下，日本汽车和零部件产业都取得了迅速成长，但汽车工业体系庞大，需要大量的资本作为支撑，所以摆在丰田面前的难题依旧很大：造汽车的资金从哪里来？

此前，丰田纺织曾向儿玉一造的东洋棉花株式会社承接 3 万股，这笔资金后来被投入汽车研发。东洋棉花株式会社，原是三井物产的一个棉花部门，由当时担任三井物产董事的儿玉一造一手创办，1920 年 4 月脱离三井物产独立，在原基础上成立了东洋棉花株式会社，公司资金有 2000 万日元，而 90% 的股票归三井物产所有。

对于发展汽车，曾在三井物产西雅图任职的冈本藤次郎表示出了极大支持。当时冈本藤次郎在丰田集团的位置也是"监察人"，另外还手握"金钥匙"，把守着丰田企业金库。冈本藤次郎多次表示，"丰田汽车一定会大有前途"。正是在冈本藤次郎的支持和帮助下，丰田喜一郎和他的丰田汽车工业公司才能继续追寻日本国产汽车梦。

1937 年 7 月，伴随着卢沟桥的一声枪响，日本对中国发动了全面侵略战争。在战争爆发后，日本对汽车这种战时军用物资的需求越来越迫切，日本陆军多次下令将丰田汽车的生产线扩大，以便为日军提供更多的交通工具。

由此，本来濒临倒闭的丰田汽车竟然在一年时间里扩产将近 4 倍。一开始，对于接到的大量陆军订单，丰田喜一郎表现得十分热情，甚至亲自到各地的汽车零件工厂去催货。但是很快，丰田喜一郎就从增产的喜悦中冷静下来，他意识到这种所谓战时"经济新体制"，对日本工业发展的打击是毁灭性的。

日本开始实施战时统制经济体制之后，首先禁止了小轿车的生产，随后开始对大众型卡车（载重2吨）实行统制配给，也就是说取消了纯民用卡车的生产。这种只有"卖方市场"的统制经济体制，让所有在生产技术和设计等方面的进步都无从谈起。这令发明家出身的

> **战时统制经济**：一种高度专断集权的资本主义战时经济模式。所谓统制经济，就是在资本主义生产关系的前提下，国家财政为战争需要，依靠行政的法律手段，直接干预或管制生产、流通、分配、消费等社会再生产的各个环节和国民经济各个部门，直至统一控制整个国民经济。

丰田喜一郎非常难过和失望，因此虽然当时他已经从丰田利三郎手中接过了丰田公司社长一职，但却选择在家闭门不出。

丰田喜一郎后来曾回忆说："战争期间，从经营方面来说，由于国家要求扩大军需生产，因而不论企业实力大小都被迫过分地扩大了生产规模，但是实际的经营却因种种的统制而受到束缚。"当绝大多数日本人还懵懵懂懂沉浸在虚幻的"帝国梦"之时，丰田喜一郎就已经意识到了最后结局，冲突战争虽然能带来短暂的虚假繁荣，但最终受到损伤的还是工业体系和国民经济以及人类本身。

丰田生产方式的制度创新

提到丰田生产方式，大多数人都认为是由日本丰田汽车公司副总裁大野耐一在20世纪70年代提出的。但这套生产体系的奠基人是丰田喜一郎，因此他也被誉为日本汽车"大批量生产之父"。"丰田生产方式"是对美国福特公司汽车流水线大批量生产的反证，后经大野耐一完善，成为当今世界效率最高的生产体系之一。

20世纪20年代，丰田喜一郎被父亲丰田佐吉送往美国，参观学习汽车的制造过程。站在美国底特律的土地上，他面对壮观的福特式汽车生产流水线，备感震惊，同时又觉得那种做法未免过于浪费。经过长期思索，他终于设计出一套弹性生产方式：每天只做必要的数量，即丰田生产方式的雏形。

1937年，丰田喜一郎掌管丰田汽车之后，迅速做出了三大重要决定：一是

集中人力、物力、财力的优势，扩大高、精、尖产品的制造能力，使丰田在关键部件上有独到之处，同时也是为了降低成本。非关键部件择优到外厂订货，优质优价，质量差的少订货或不订货，甚至中止合同，这就促进了供货单位产品质量的提高和生产技术的不断创新。二是把总公司下属各部改为独立的分公司。在他看来，要发展汽车工业就要有属于自己的材料工业和机器制造业，并让这些公司拥有更加灵活的经营管理自主权，如将炼钢部改为丰田钢铁公司（即爱知制钢），工作母机部改为丰田机械公司。三是在汽车工厂中推行"丰田生产方式"，为此还专门派出自己的堂弟丰田英二在工作现场直接指挥推行。

当时，全世界的汽车企业的大批量生产模式，都是仿照美国人亨利·福特发明的做法：分别对各工序下达生产计划指令，然后各工序根据指令进行生产，完成后再将半成品逐渐向后一道工序传送，最终传到总装工序。这样一来，假如某道工序做得慢，或出了问题，后续其他工序便只好暂停。不仅如此，其他做得较快的工序就只得把半成品储备在仓库中，造成仓储的极大浪费。

美国福特汽车公司为了避免生产流水线出现停工现象，指令各道工序都必须提前多生产各种零部件，这种做法大大提高了生产成本。丰田喜一郎则认为："像汽车生产这种综合工业，最好把每个必要的零部件非常准时地集中到装配线上。"他的设计是把流程倒过来——不再对各工序下计划，只对"最后一道工序"总装部下达指令：要制造什么种类的汽车多少辆。

丰田的总装部向前面的工序分别订货，注明要什么东西、多少数量、何时要。如此这般依样进行，各道工序分别向前一道工序订货。生产的时候，前一道工序便只按订货标准来做，不多生产，也绝不拖欠，同时确保不向后一道工序输送次品，一旦发现，马上停机。各个工序只需要在规定时间内对自己的产品负责即可，从而使各工序实现同步运行。

显然，改"计划生产"为"订货生产"是丰田喜一郎的一项伟大创造，"彻底杜绝浪费"正是蕴含"三井商道"的丰田生产方式的精髓。但是，战争的到来改变了一切，掌权的日本军部外行们闻讯前来兴师问罪："不必多做是什么意思？前方在打仗，你们理应多多生产，加班加点干，怎么可以叫工人早做完早回家？"

　　而且，丰田生产方式最关键的地方，就是哪一个环节都不能出错，处处得同步进行。这样对员工的素质要求很高。但是，由于许多耗费了一番心血训练出来的熟练员工都被征召到前线去了，丰田生产方式难以为继。直到二战结束后，丰田才重新启用这种生产方式。后来，长期跟随丰田喜一郎工作学习的大野耐一，总结并完善了丰田生产方式，由此被称为"生产管理教父"。

第二节
三河商法：丰田精神的本源

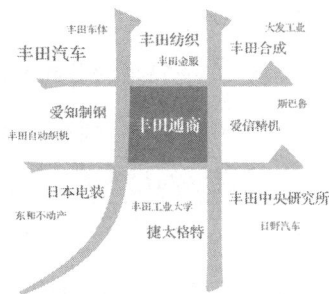

"丰田纲领"与"社员手帐"

1935 年 10 月，在丰田佐吉去世 5 周年的时候，其子丰田喜一郎和婿养子丰田利三郎牵头，联合丰田集团各个公司的高级经营人员，将丰田佐吉生前遗训归纳总结成五大项，即"丰田纲领"，用来引领和规定丰田集团的发展方向。"丰田纲领"继承了丰田佐吉"通过发明为国家奉献"的理念和精神，时至今日依旧是丰田集团各个企业的社是、社训。

丰田纲领

第一条　上下一致，至诚工作，产业报国。

第二条　致力于研究和创造，永远领先于时代潮流。

第三条　戒华美，追求质实刚健。

第四条　温情友爱，营造家庭般的和美氛围。

第五条　尊崇神佛，心怀报恩感激之情生活。

"丰田纲领"言简意赅，仅有短短五句话，没有浮华的辞藻，没有工整的对仗，没有故意表现的热情，没有追逐社会热点，却显示出强大的结构性力量，将一个组织生存发展的基本命题和价值观全部收入其中，既具备整体性又能抓住要害，其阐释的精神博大而不失灵活，要求具体而富于延展性，既不会因时代变迁而显得过时，也不因领导人的更迭而被废弃，丰田文化的生命力由此而来。

后来，这部纲领成为丰田集团全体员工的工作方针和行动准则，被称为丰田"中兴之祖"的石田退三对"丰田纲领"的领会最为透彻。1955 年，《丰田佐吉传》再版时，他还曾亲自写下寄语，并一字一句地解析了整个纲领。石田退三感慨地说："每当静静地朗诵此五则纲领，不觉忘却时代之变迁，超越文字之章句，每每有崭新的感动如波涛汹涌而来。"

几十年时间过去了，"丰田纲领"依然对现在的企业发展有着积极的影响。例如，"丰田纲领"中的第三条"戒华美，追求质实刚健"实际上就是告诉企业要选择不做什么。如今有太多的企业不注意文化价值观有关"不做什么"的约束，随着利益驱动任意采取短期行动，任意选择路径，任意多元化，最终走向能力分散、表面庞大实则臃肿的大而不强之路。

2019 年，在"丰田纲领"推出的 84 年后，丰田第一次向全体员工发放了"社员手帐"，所谓的社员手帐并不是用于记事的普通本子，而是对此前一直作为丰田企业理念和员工行动准则的"丰田纲领"进行了现代语解说，并将丰田生产方式的核心内容放了进去，总共 65 页。丰田"社员手帐"的一开头就写道："我们必须共同拥有强烈的危机感，再次创造丰田的优势。"

"社员手帐"是对丰田的文化优势加以总结的一次尝试，是对员工进行企业文化教育的"圣经"。丰田集团现任社长丰田章男还花了很长时间，将"丰田纲领"的五项内容逐一用自己的话进行了解释。以第一条为例，丰田章男表示："在丰田汽车工作的每一个人的一言一行中，如果能够让人感受到为了国家、为了社会的大义名分，就能够让人想着我们一定要支持丰田，支持丰田人。"

丰田章男还表示："如果不始终领先于时代的变化，改变自己的工作方法，丰田就将不再是丰田。我们全体人员难道都忘记了丰田纲领的精神吗？忘记创业时原点的公司，在大变革的时代是无法生存的！"丰田章男对"丰田纲领"的再次引用和阐释，充分体现了"丰田纲领"历经 80 余载春秋，依然是丰田精神的核心和根基。

无论是最初的"丰田纲领"还是如今的"社员手帐"，都是其独有的企业精神和企业文化的具体体现。丰田创业的百年间，不断显示出了独特的组织业务模式、工作方式和决策方式，它的作业活动紧密连接在一起，仿佛一条生生不息的河流。这显然离不开丰田精神、丰田文化价值观等力量的支持。那么，是什么奠定了"丰田纲领"的文化基础呢？

"三河商法"与"忠诚集团"

丰田汽车公司的大部分工厂都集中在日本爱知县的三河地区，该公司领导层中的高级经理人员和许多员工，都是三河地方人，他们自称是"三河忠诚集团"，所以也将其经营战略称为"三河商法"。"三河商法"主要包括三点内容：第一，批量生产的效果；第二，吝啬精神；第三，无贷款经营。

对照现实，"三河商法"是由三个相互联系、相互制约的重要管理方式组成的，即丰田先进的生产方式、精打细算的经营风格以及无贷款的经营特性。这三者相互结合成为一个有机的整体，从而形成了世界上最完美的企业经营体系之一。一直以来，人们都习惯从各个角

> **吝啬精神：**源于丰田喜一郎创业之初提出的"生产廉价车"的使命。根据这一使命，丰田强调：钱要用在刀刃上；机器一定要买一流的，用一流的精神、一流的机器，生产一流的产品；彻底杜绝各种浪费。实际上，吝啬精神就是节俭精神，即"已经干了的毛巾，还须进一步拧绞"。

度研究丰田的成功之道，然而其中很多人都忽略了一个根本的因素，那就是地域历史文化对一个企业潜移默化的影响。

三河地区古称三河国，日本古代令制国之一，属东海道，邻接尾张、美浓、信浓、远江四国，在历史上尤其是日本战国时代（1467—1615）乃是兵家必争之地。三河国的领域大约为爱知县的东部，1871年日本废藩置县后成为额田县，次年并入爱知县。如果说近江国盛产商人，远江国盛产工匠，那么三河国就是以三河武士异常强大的战斗力而名扬天下。

三河地区最为出名的武士就是出生于三河冈崎城（现爱知县冈崎市）的德川家康（1543—1616）。德川家康原名松平元康，父亲是冈崎城主松平广忠，松平氏源自藤原氏（三井家族最早也源于藤原氏）。德川家康是日本历史上杰出的政治家和军事家。在日本战国中后期，德川家康从众多武士中脱颖而出，结束了战国烽烟，并建立江户幕府，开启了日本近三百年的太平盛世。

德川家康早期臣属于骏河今川氏，经桶狭间一役，今川家的家主今川义元

被织田信长奇袭并杀害。原本公认最有可能夺得天下的今川家从此一蹶不振，德川家康和他的三河武士趁机独立出来，正式登上了战国的舞台，并最终成就了一番霸业。在日本著名历史小说家司马辽太郎描写德川家康的《德川家康：霸王之家》一书中，讲到了三河武士的特征："强烈的忠诚感和令人难以忘怀的真诚。"

在战争年代，三河武士与德川家康同生死，共进退。在战场上，无论面对有"甲斐之虎"之称的武田信玄，还是被誉为"日本第一兵"的真田幸村，抑或是三方原的大败，三河武士都绝不后退，力战至死。后世把德川家康的家臣们这种永不退缩、誓死保卫主公的精神誉为"三河魂"，即代表着三河武士的灵魂和精神，这也是三河地区宝贵的精神财富。

"丰田纲领"中的"追求质实刚健""温情友爱"都深受三河地区文化的影响。三河地区很早就开始开展农耕，农作物收获量很大，因此这里的人们平淡朴实，忠诚可靠，单纯勤奋，诚实待人。所谓"追求质实刚健"，说的正是做企业要脚踏实地，要摒弃浮躁，纯粹、勤奋、执着、认真、不怕苦、不怕累，坚守"乡巴佬儿"精神。

几十年来，丰田公司一直在"丰田纲领"的指导下从事企业活动。"丰田纲领"体现了丰田公司的目标、信念、追求、哲学和价值观的总和，更体现了丰田精神。正是在这种企业精神的激励下，丰田人忠于职守、拼命工作，不断提高劳动生产率，创造出了惊人的成绩。"丰田纲领"是丰田佐吉智慧的体现，从某种程度上来讲，它也相当于丰田的家训。

《三井氏家规》与"三井家训"

在日本，家训是维系整个家族基业长青的活动准则和价值观念，是随着日本家族企业的创建和发展而不断趋于完善的风向标。由于近代日本企业有相当一部分是江户时代商家的延续发展，即使是明治维新后建立的新企业，也无不是在"家"的基础上形成和发展起来的。因此，家训、家宪、家规在日本的社会条件下就有了非常广阔的发展空间，并且具有很强的传承性和延展性。

作为丰田家族中实际意义上的家训，"丰田纲领"在形成过程中显然不仅受到"三河文化"的影响，"三井商道"的潜移默化才是最为重要的构成因素。从内容和含义上来看，丰田的"三河商法"更注重具体的经营层面，而三井的"三井家训"则重在文化思想领域，正是这两者的有机结合最终实现了"三井商道"在丰田成长过程中的具体应用。

如今三井家族及财团奉行的《三井家宪》最早可追溯到17世纪初，三井财阀的创始人三井高俊在继承三井家当主后，决定放弃没落的武士地位而成为"町人"（工商业者），居住于今三重县伊势松阪，并开始经营酿酒业、味噌酿造业及当铺业。三井高俊的儿子三井高利（1622—1694），通过创新销售、拓展市场、结交幕府，最终建立了三井全国性的商业和金融帝国，成为三井家的新一代家主。

后来，三井高利整理了父亲三井高俊生前的文章、回忆录和一本未写完的厚册子，形成前半卷《三井氏家规》，之后在晚年结合自己一生的处世经营，编完了后半卷。这本家规在三井家代代相传，激励着每一代三井人艰苦创业。现在，这本家规被保存在东京大学，成了一本研究德川幕府时期日本工商管理的重要历史资料。

除此之外，三井高利还根据《三井氏家规》制订了十条"三井家训"：

一、一根树枝易折，许多树枝捆在一处则难断，汝等必须和睦相处，巩固家运。

二、各公司营业所得的总收入，必须扣减一定金额的公积金以后，才能分配给各公司。

三、由各公司推选一位年长的老人，成为大家的首领，各司的负责人都必须服从他的指挥。

四、同族绝不可互相斗争。

五、严禁奢侈，厉行节约。

六、名将之下无弱兵，必须重视起用贤能的人，应该避免部属有牢骚和怨言。

七、家族统领者必须仔细地了解整个家族的大小事情。

八、同族的少主，某一时期应和店员一样待遇，让他在掌柜和大伙儿手下做苦工，而完全不以主人对待。

九、要有买卖不一定能成功的觉悟。

十、应该到岛崎（注：广岛与长崎）或外国去做交易。

1722 年，三井高利的儿子三井高平（1653—1737）决定进一步规范"三井家训"，编著了《宗竺遗训》。三井高平将父亲三井高利的思想系统化，并融入自己的心得，其内容可分为三类：家族管理方面，强调"一族的齐心协力事关家业繁荣"，规定三井同族由九家构成；本家为核心，同其余各家为主从关系，对其他家族成员有相当的制约；各家名义上有继承权，但三井财产始终保持共有。族人教育方面，提倡道德培养，强调"子孙的家业见习"，规范族人惩戒措施，重视与统治者的关系。经营管理方面，确立店主与店员的主从关系，规定大元方（统辖三井事业的机构）的管理措施。

《宗竺遗训》通篇强调教育训诫，如家族管理中强调团结、俭约，经营管理上要求主人通晓业务等。可以说，三井财团此后的长期繁荣，很大程度上得益于《宗竺遗训》的指导。

1900 年，为了适应时代潮流，三井家聘请当时著名的法学家穗积陈重等人制定了《三井家宪》。完整的《三井家宪》共分 10 章，109 条，举凡同族范围、家族资格、同族义务、同族会组织乃至婚姻、养子、分家、继承、制裁等内容，无所不包，堪称近代日本最系统、最完整的家规家训；是三井家族的经营理念，是"三井商道"的具体表现。

日本商人家训与"阳明学"

就在 1900 年《三井家宪》发布当日，东京有乐町的三井会所里聚齐了三井家族十一家的 26 名当家，以及井上馨、涩泽荣一、穗积陈重（"日本家族法之父"，涩泽荣一的女婿）、都筑馨六、益田孝（大正初期三井大掌柜）、中上川彦次郎（福泽谕吉的外甥、三井财阀总经理）6 位高级顾问。一个家训的制定，牵动了日本政商法三界的大佬，可见日本社会对三井家族的重视。

主导和推动《三井家宪》制定的，是被誉为"三井家最高顾问"的井上馨，他是明治维新元勋、"明治九元老"之一、"长州五杰"之一。井上馨既是明治、大正两朝元老重臣，也是日本著名的实业家，是日本纺织、金融、铁道等事业的奠基人之一；任外务大臣、财政大臣期间，积极扶持"政商三井"，因此被称作"三井的大掌柜"。

《三井家宪》的制定者井上馨的思想，主要源自日本江户时代末期的政治家、思想家、教育家吉田松阴（1830—1859）。他是明治维新的精神领袖及理论奠基者，将中国阳明实学"泰州学派"代表李贽的著作作为讲义，宣扬"尊王攘夷"的主张，培养了伊藤博文（日本第一任首相）、井上馨、高杉晋作、山县有朋（日本近代陆军奠基人）等一众倒幕维新的领导者。

井上馨所学习的日本阳明学诞生于三井家族的故乡近江地区（今滋贺县），由"近江圣人"中江藤树所创。井上馨的恩师吉田松阴信奉的阳明实学"泰州学派"由阳明学创始人王阳明的"盐商"徒弟王艮所创。王阳明的诞生地和王艮的求学地，均在以浙江天台山三井潭为中心的浙东地区，阳明实学及"泰州学派"也均为浙东实学的代表。

制定《三井家宪》的另一位重要参与者当数被誉为"日本实业之父"的涩泽荣一。他直接或间接参与了包括三井银行、三井物产、王子制纸、札幌啤酒、太平洋水泥、石川岛播磨重工、三井制糖、三井纪念医院、日本电化等二三十家三井系企业的创建，并以发起人、董事或股东等身份在这些三井家初创的公司中任职。涩泽荣一也因此成为三井财阀最重要的顾问之一。

涩泽荣一思想与井上馨同源，也深受诞生于中国浙江天台山三井潭地区的阳明学熏陶。同时，涩泽荣一还曾投身水户藩的一桥庆喜门下，而水户藩正是日本倒幕运动中"尊王攘夷"思想的重要诞生地之一。在中国浙江天台山三井潭地区出生的宁波余姚人朱舜水，明末时东渡日本，成为日本"水户学""尊王攘夷"思想的奠基人，并传播了"经世致用"的浙东学派实学思想。

无论是"阳明实学"（明朝）、还是"浙东学派"（清朝），都脱胎自诞生于浙江天台山三井潭地区的浙东实学（南宋），其开创者为浙江永康的实学思想家陈亮，其集大成者则为浙江永嘉（今温州）的实学思想家叶适。两人所代表的"永康学派"和"永嘉学派"共同组成了浙东实学的"事功学派"，主张"经世致用""农商并重""义利并举"等实学思想。

> **阳明实学**：王阳明的实学思想，体现在其"心是实理"的本体论、"知行合一"的方法论、"实地用功"的实践论、"崇实黜虚"的经世论等多个方面。实学者，实用之学也，其渊源可溯及孔子开创儒学始之"内圣外王"的"外王"之道。因此，以实学"经世致用"之义绳之，阳明学属于广义上的实学。

作为《三井家宪》核心制定者的井上馨和涩泽荣一，既是倒幕的武士，又是从政的儒士，更是善于经营的商人。可以说，两人这种"武士儒商"和"实业救国"的理念，正是在日本"阳明学"和"水户学"这两个均源自中国浙江天台山三井潭的实学思想影响下形成的。两人也将这种蕴含"三井商道"的浙东实学思想融入了《三井家宪》。

可以说，家训、家宪是日本人家族意识的真实反映。在企业经营的实践中，日本人更是深深地体会到"家宪的有无直接关系到一家的盛衰兴亡"。从最初简单的家训到后来系统复杂的家宪，再到现代企业的社是、社训，在日本现代社会，企业（会社）就是家，社训的本质就是家训。简而言之，家训、家宪是为了一族的延续而定，社是、社训则是为了企业的繁荣而定。

丰田车体　　丰田纺织　　大发工业
丰田汽车　　丰田合成
丰田金服
爱知制钢　　　斯巴鲁
丰田自动织机　丰田通商　爱信精机
日本电装　　丰田工业大学　丰田中央研究所
东和不动产　捷太格特　日野汽车

第三节
赤井久义的艰难时代

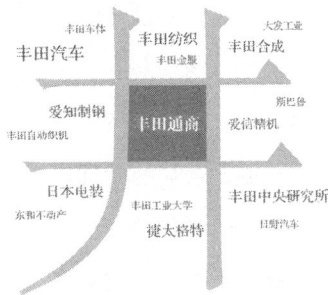

三井物产的干将临危受命

1940 年，由于"战时经济体制"的实施，丰田喜一郎在企业内部推行准时制（JIT）受阻，他的满腹才华施展不开，远大抱负眼看成空，心情十分郁闷。无奈之下，丰田喜一郎找到冈本藤次郎喝酒浇愁，席间冈本藤次郎对丰田喜一郎说："这种没有办法的事，还是别去多想吧。战争也不会永远打下去。我看，你不如趁这段时间多搞些研究。"为此，冈本藤次郎还把一个叫赤井久义的人推荐给丰田喜一郎当副手。赤井久义是三井物产的干将，擅长经营并富有管理经验。从感情上来讲，来自三井的赤井久义也容易被丰田利三郎接受，他做丰田喜一郎的副手，相当合适。

没过多久，赤井久义便从三井物产转入丰田，成为丰田汽车工业公司的副社长。当时的丰田喜一郎早就看出日本将要败在美国手下，所以对工作非常消极，只是专心读书，而将公司主要的工作全部交给赤井久义打理。在统制经济体制下，一切只需遵令而行，堪称无事可做。只有碰到不能不过问的主要干部的人事问题，他才会与赤井久义商量。

赤井久义接手的完全是一个烂摊子。随着战争的不断深入，日本国内的统制经济愈演愈烈，政府和军方强迫民间资本迅速集中，以达成某种程度的经济规模。几乎所有和平产业都成了这一"国策"的牺牲品，丰田也不例外。丰田的刈谷组装厂专门制造卡车前部驾驶室和后部车厢。因战时钢铁严重匮乏，车厢变为木制，刈谷工厂一半成了木工厂，另一半则开始自制电装品，以备不测。

1944 年 12 月，日本发生东南海大地震，丰田本厂离震源所在地熊野滩有相当一段距离，所以影响不大，但是下游的零件公司受损严重。尤其是受地震影响，东海道线铁路有两星期完全不通，铁路是当时唯一的运输通道，为此造成全面停工。丰田虽然有自己的运输体系，但仅限从东京地区将零件运回本厂装配，顾不上末端的零件厂商，所以还是无法生产。

在如此不利的情况下，赤井久义艰难地承担起了丰田的战时经营重任，既要时刻忍受来自政府和军部的压力，又要为丰田日后的重启留下希望。不仅如此，即便是在前途未知的战争年代，赤井久义也开始为丰田寻找并培养新的接班人。战争结束前夕的1945年5月，赤井久义推荐年纪轻轻、仅在制造部负责卡车配销的丰田英二成为公司的执行董事。

对于赤井久义的推荐，丰田喜一郎认为丰田英二"不过才三十来岁，年纪太轻"，因此持反对意见。但是，赤井久义坚持"这不是年龄的问题"。20年后的事实证明了赤井久义的选择：丰田英二于1967—1982年任丰田汽车工业社长，1982—1992年任丰田汽车董事长，在任期间确立了提高生产效率的精益生产方式。

鼓舞士气，重整旗鼓

1945年8月，日本天皇全国广播宣布日本无条件投降后，丰田工厂的工人对未来感到茫然若失，纷纷急于归乡。不过几天，工人数目便从1万名锐减至3000名。面对这一情况，副社长赤井久义将所有干部集中在公司餐厅发表演说："日本虽然战败，但是5年或10年之内一定会完全恢复。丰田制造的卡车也许在战争时是必要的，但在战后复兴期更是重要的工具，所以制造卡车是丰田今后的责任。铭记这一点，我们从今以后再向未来出发吧！"

随后，赤井久义作为企业代表，亲自前往东京与驻日盟军总部交涉，希望仍然可以进行汽车生产。9月，驻日盟军总部发布备忘录：禁止生产乘用车，但允许生产卡车，也允许生产某些电气设备，例如船舶引擎、小型马达、收音机以及各种家用电器。因此，丰田在从事卡车、巴士的生产外，相应地扩大了其业务范围，以涵盖上述几类产品。

在获得许可后，丰田再度决定生产卡车，公司内部为此专门成立了复兴局。由于太平洋战争时期美国对日本实施大面积轰炸，丰田汽车工厂多处被炸毁，特别是丰田公司的举母主厂区在日本投降的前一天遭到空袭，超过四分之一的厂房被毁。丰田足足花了一年多的时间才使工厂恢复正常生产。过了一年半以后，丰田卡车才再度正式推出。

日本战败被占领后，以美国为首的盟军完全接管了日本经济，为打击日本传统财阀，盟军开始对日本大型垄断公司进行拆分，这就是财阀解散。丰田汽车公司为了避免被拆分，首先降低了在公司担任职务的军人数量。但是，日本三井财阀在丰田汽车公司占股比例很高，丰田汽车公司因此被列入严格管控名单，丰田喜一郎更是处于严格监视中。因此，

> **财阀解散：**第二次世界大战后，根据盟军总司令部指示，日本实施的瓦解以财阀为中心的垄断性经济统治体制的政策。通过解散财阀本社（即控股公司）和排除财阀家庭对企业的控制，从人事和资本两方面瓦解了财阀的内部结构，摧毁了财阀的金字塔形支配体制；但是，由于解散财阀不彻底，财阀大企业实力比较完整地保存下来。

副社长赤井久义继续负责打理丰田汽车的业务。

1946 年，《战时赔偿特别措施法》发布，日本的一些公司资产被用于支付战争赔款，由于生产过军用卡车，丰田汽车公司也被划为赔付公司之一。为了维持公司经营，丰田喜一郎向驻日盟军申请制造生活用品，得到了批准。他指令自己刚满 21 岁的长子丰田章一郎前往北海道，着手准备鱼饼加工生产；又派出堂弟丰田英二去最有名的产地陶瓷器皿濑户，寻找合作者。

丰田喜一郎自己则与赤井久义一道，准备进行水泥生产，进军建筑业。丰田喜一郎敏锐地意识到，"用木头和纸做的可燃的房子是不行的……无论是谁，都应该拥有一定水准以上的居住权"。后来在丰田集团中，还设立了一个丰田预筑水泥公司，也就是如今丰田住宅公司（Toyota Home）的前身。如今丰田住宅公司已经是国际上最知名的钢结构装配式住宅制造商之一。

当时丰田喜一郎之所以选择产业"多元化"，也是无奈之举。虽然丰田、日产等日本汽车公司已经与日本通产省达成了共识：以小轿车产业为今后工业发

展龙头的计划,但作为战败国的日本不可能对美国关闭本国的民用轿车市场。虽然暂时无法涉足轿车领域,丰田却开始四处搜寻技术人员,为以后做准备,其中就包括了许多战时从事军工产业的技术人员。

大学教授将丰田推向倒闭边缘

1945 年 12 月一个寒冷的冬日里,丰田汽车副社长赤井久义因交通事故而意外去世。"5 年或 10 年之内日本一定恢复"的话语犹在耳边,赤井久义却没能看到这一天,甚至连他心心念念的丰田卡车下线都没有等到。赤井久义的去世对丰田汽车的影响很大,因为在他离去之后,无论是丰田喜一郎,还是年轻的丰田英二,在当时都更偏向将工程师而非商人作为合作伙伴。

赤井久义去世后不久,丰田喜一郎就从东京大学请来了限部一雄教授,填补他的位置,出任丰田汽车副社长一职。丰田喜一郎和限部一雄是老同学,早在 1933 年,丰田喜一郎在"丰田自动织布机制作所"内部设立汽车部时,就拜托限部一雄从德国帮忙买回了一辆德国 DKW 牌前轮驱动汽车,供他拆装研究。

之所以选择限部一雄出任副社长,丰田喜一郎显然有着自己的打算。作为日本稀缺的汽车工程师,限部一雄在二战之前曾到德国学习机动车技术与造型设计,而当时在这方面领先的是来自德国汽车联盟(奥迪)、保时捷和大众汽车的工程师。因此,在限部一雄加入后,丰田公司开始以德国小轿车为原型,努力研制排气量为 1000 毫升的 SA 型小轿车。

1947 年 1 月,丰田公司终于试制成功第一辆 SA 型小轿车,并给其配置了许多当时十分先进的技术,如独立悬挂车轮机构等,而汽车的空气动力学设计主要由副社长限部一雄完成。但这款小轿车是由一批完全没有商品意识的纯技术人员搞出来的,因此可想而知,它只注重技术的先进性,完全没有考虑到生产的便利性和成本价格问题。

1947 年 6 月,在日本官员的努力说服下,驻日盟军总部终于同意日本每年生产 300 辆小轿车。于是,丰田公司在 10 月将 SA 型小轿车投入批量生产,但是由于采用了过多的新技术,车辆的生产成本非常高。同时,也是因为成本的问题，导致材料质量极差，车辆的耐久性和可靠性不好，行驶几千公里车轮的悬挂弹簧就会出现断裂，驾驶时换挡的动作稍微粗鲁一些变速器的齿轮就会损坏。

当时驾驶过丰田 SA 型小轿车的人评价说：这种车就像玻璃做的一样，一碰就坏。因为反响非常差，丰田的这款小轿车在市场上根本就卖不动。1948 年，丰田公司不得不停止 SA 型小轿车的生产。SA 型小轿车总共才生产了 215 辆，可亏损高达 1 亿多日元。另外由于大量的库存积压，丰田公司的负债高达 2.5 亿日元，公司已处于倒闭的边缘。

到了 1949 年，丰田公司又亏损了 7600 万日元，虽然依靠着日本银行（日本的中央银行）2 亿日元的贷款没有倒闭，但丰田公司的经营已经非常困难，甚至不得不通过裁员和减薪维持，这引起了厂区工人们的极大愤慨，工人们纷纷抗议说：本来丰田靠生产卡车还可以赚一些钱，公司的巨大亏损就是因为研制小轿车引起的，强烈要求公司停止研制小轿车。

对于丰田的困境，接替赤井久义出任副社长的隈部一雄有着不可推卸的责任。工程师出身的他处事书卷气极重，又听不进年轻的丰田英二所提的建议。特别是在处理工人与工会的事宜时，由于没有企业经营管理方面的经验，隈部一雄无法像赤井久义那样，从商业的角度予以协调，最终导致丰田劳资关系的进一步恶化。

隈部一雄身上有着明显的工程师思维，或者说是匠人思维，无论做什么事，一定要达到自己认为满意的程度，不惜后果去追求完美，为了一分的完美可以花掉十分的功夫。这些特质会让他成为一个成功的汽车工程师、教授、学者，但是却不能帮助他经营管理好企业。真正成功的企业家通常都具备商人思维，他们往往以满足别人为做事的底线，习惯控制成本，追求利润最大化。

商社重组与战后复苏

二战结束以后，陷入困境的不仅仅是丰田汽车公司，日本企业普遍处于严重的混乱与疲乏状态。全日本共有 119 个城市在战争中化为废墟，900 万人流离失所，45% 以上的国民财富被耗尽，五分之四的船舶、三分之一的机械、四分之一的运输工具都被毁灭。除此之外，日本还要对战胜国给予战争赔偿，以至于连废铜烂铁都要算在赔偿物资之内。

糟糕的情况还远不止这些，除了工业基础的瘫痪之外，农业也出现严重歉收，大米产量不到常年的六成，这使得日本出现了全国范围的严重粮食危机。因为原材料及粮食进口渠道被关闭，饿死人的现象时有发生。由于物资极度缺乏，日本政府不得不增加货币发行量。这种饮鸩止渴的做法最终导致通货膨胀，随之而来的是日本城市居民的暴乱。

为了使日本经济能够尽快复苏，并回归正常的国际轨道，出任战后首相的吉田茂接受了以中山伊智郎为代表的专家的建议，坚持"贸易立国论"：从日本经济自身固有的特点来看，日本只能走贸易立国之路，即通过扩大出口增加所需的进口物资，实现经济的恢复与发展。而主导日本贸易核心的正是以三井物产为代表的综合商社，于是商社重启就成了日本经济振兴的关键。

1946 年 3 月，日本出台了一份重要的报告——《重建日本经济的基本问题》，其中指出：日本要把战时的统制经济体制转变成和平的自由经济体制，实现经济的民主化和技术的高度化，发展具有国际竞争力的新型出口产业，振兴国际贸易，走加工贸易的道路。1949 年，日本政府公布的《经济复兴五年计划》中再次指出：将来经济规模乃至生活水平的高低，最终取决于日本的出口规模。

1949 年末，日本政府先后颁布实施了《外汇及外贸管理法》《出口管理法》《进口管理法》，废除了具有国营色彩的、统制式的、贸易等方面的临时法令，允许民间企业开展对外贸易活动。1949 年 12 月，日本恢复民间对外出口贸易，1950 年 1 月又恢复了民间对外进口贸易。1950 年 8 月，驻日盟军当局开始允许商社在海外设立分店，并可以开展对外贸易活动。战后初期被美国管制的日本贸易开始向自由化方向复苏，综合商社也随之再度崛起。

从 20 世纪 50 年代开始，在日本"贸易立国"战略背景下，各大商社重新走上了合并的道路。1952 年 4 月，原三菱商事系统的 100 多家公司分别并入不二商事、东西交易和东京贸易三家贸易公司。12 月，不二商事、东西交易、东京贸易和三菱商事（光合实业）实现合并，并于 1954 年 7 月年宣布成立了战后新的三菱商事。

三井物产体系的合并较三菱商事而言稍迟一步。1955 年 7 月，第一物产买下了第一通商的营业权。9 月，第一物产又合并了日本机械贸易。随后，发挥主导作用的第一物产与日东仓库（其持有"三井物产"的商号）于 1955 年开始进入合并的协商日程。在经过一番周密细致的准备后，第一物产和日东仓库等原三井物产内部的头面人物首先建立起了私人性的联系组织——恳谈会。

1955 年 5 月，三井系的公司总经理会（三井系恳谈会）——月曜会由三井银行发起成立，这为三井物产的重新联合提供了良好的基础。此后，月曜会开展了一系列活动以推动新三井物产的诞生。到 1960 年，三井系的统筹领导机构二木会成立。也就是说，"三井物产"的旧商号虽然拖至 1959 年才正式得以恢复，

> **二木会**：三井财团的总经理会议，因每月第二个星期四聚会，日语的星期四为"木曜日"，故称为"二木会"。目前核心成员有 26 家大型公司，是三井财团的最高领导机构。其中三井银行、三井物产、三井不动产是财团的三大支柱企业，此外，还包括丰田、东芝、石川岛播磨重工、商船三井等。

但其主力公司的统一合并事实上在 1955 年就已经初步完成了。

经过重组合并后，日本确定了战后十大商社的基本格局：三井物产、三菱商事、安宅产业（1977 年破产）、伊藤忠、丸红、住友商事、日商岩井（1968 年由日商公司和岩井商行合并而成）、东洋棉花、日棉实业、兼松江商（1967 年由兼松和江商合并而成）等大商社。这些商社基本上摆脱了战前单一的专门化模式，开始向经营综合化商社发展，这为日后日本的腾飞奠定了坚实的基础。

第四节
石田退三成为丰田 "中兴之祖"

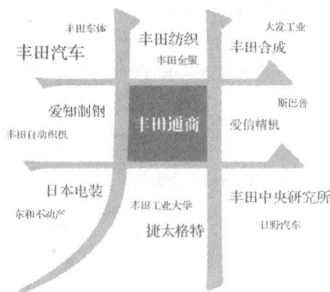

丰田喜一郎黯然下岗

　　1950 年 6 月，丰田汽车工业公司的代表董事，即社长丰田喜一郎、副社长隈部一雄、常务西村小八郎三人发表了退职声明。当时丰田汽车背着 10 亿日元的债务，陷入严重的经营危机，可谓风雨飘摇。在以帝国银行（现三井住友银行）为首的金融财团的强烈要求下，石田退三接替丰田喜一郎出任丰田汽车工业公司第 3 任社长，并兼任丰田自动织布机制作所社长。

　　石田退三 1888 年出生在日本爱知县一户姓泽德的贫穷农民的家里，母亲的一位远亲，便是后来对他一生有重大影响的儿玉一造。正是儿玉一造力主 "让退三上学读书"，石田才有机会进入滋贺一中，并且 5 年里一直受到儿玉家族的照顾。1915 年，儿玉一造介绍石田退三到名古屋三井服部商店做店员。石田退三在老板服部兼三郎的调教下，日积月累，领悟了 "三井商道"。

　　进入三井服部商店 5 个月后，石田退三被派往上海出差推销棉布，并且一住就是两年，紧接着又调到香港一年。经过这番磨炼，石田退三对自己有了新的认识："我成了够格的商人。" 1927 年，39 岁的石田退三再次听从儿玉一造的劝告，进入丰田纺织公司工作，多年之后又被调往丰田自动织布机制作所。进入丰田是石田退三人生的一次重大转折，让他有足够的空间施展自己的商业才华。

　　上任丰田汽车第 3 任社长的石田退三有着清醒的认识，在就职大会上表示："丰田董事长引退了，我来代替这个职务。我觉得有时机不利、经营不振的感觉，在此衷心地向各位股东以及债权者表示歉意。石田退三不才，愿粉身碎骨，努力使公司的经营好转，取得成效。在能够按照在座的各位所期待的那样发展时，我们再迎接丰田喜一郎先生回来就任董事长……"

在就职大会上，与石田退三一起出现的还有帝国银行大阪办事处的中川不器男。以帝国银行为首组成的金融财团向濒临破产的丰田汽车注资时，为了监督资金的使用情况，特意派遣中川不器男出任专务。来自三井体系的中川不器男深受石田退三的赏识，被提拔担任丰田汽车副社长。在石田退三功成身退后，中川不器男还一度成了丰田汽车公司的第4任社长。

石田退三在接任丰田汽车社长后，经常思考怎样振奋领导干部的创业精神，从而带动全局，形成生机勃勃、欣欣向荣的局面。因此，石田退三经常走出办公室，到各车间的各个角落观察。终于，他发现了丰田汽车厂的病根——浪费，这其实就是战时统制经济模式的后遗症。石田退三立即召开中层干部会议，在罗列种种浪费现象之后，提出了"杜绝一切浪费"的治厂纲领：凡是杜绝浪费的个人或车间都可以受到表彰、奖励、提拔、重用。否则，必将受到批评、惩罚。

为了保证这一纲领的实施，石田制订了许多规章制度，并把浪费和节约情况通过卡片登记办法记录在案，毫不含糊。石田退三和大野耐一共同提出在全厂开展"三及时运动"，即上一道工序要及时给下一道工序提供定量、定质、定时的加工件。

无论是石田退三提出的"杜绝浪费"，还是大野耐一坚持执行的"三及时运动"，都是对丰田喜一郎战前提出的"丰田生产方式"的延续。随着政策的不断深化执行，全厂上下出现了一丝不苟、兢兢业业、以浪费为耻的新景象，这也为丰田打败美国汽车业奠定了有力的基础。

深谙"三井商道"的石田退三在一次职工大会上讲道："汽车的生命在于物美价廉，丰田汽车公司的最终目标是：产品要更好，价钱要更便宜，要用好主意生产好产品。如何降低产品成本，是企业家永恒的课题。"人们都说石田退三具有商人的天赋和经营者的才能。然而，天赋只有在实践中才会显露，才能更是只有在实践中修炼才会获得，石田退三显然也不例外。

由销售部门打造的丰田赛车

1950 年 11 月，丰田喜一郎提出研发和制作一款赛车的想法，当时他刚刚辞去丰田汽车社长的职务，丰田汽车也正面临前所未有的经营危机，一般来说在这种情况下考虑制作赛车是无法想象的。但是丰田喜一郎却有着自己的考量，一方面生产小汽车一直以来都是他和父亲丰田佐吉的愿望，另一方面研发赛车也有其实际的意义。

原来，日本在二战时期以及二战后出于各方面的原因都没有能够生产乘用车，因此和欧美间的技术差距不断扩大。为了缩小这一领域的技术差距，同时为了开辟日本汽车产业的未来和取得更好的发展，丰田喜一郎认为必须研发小型、高输出功率且低油耗的发动机，将高质量的小型车送到大众手中。为此，丰田必须通过参加赛车比赛来提高自身技术。

于是，在丰田喜一郎的亲自推进和领导下，一个名为"TOYOPET RACER"的赛车项目被提上日程。然而由于丰田喜一郎在 1950 年 6 月已经辞去了丰田汽车公司社长一职，因此再由丰田汽车负责赛车项目就有些不合时宜。因此，丰田喜一郎选择了当年 4 月刚刚成立的丰田汽车销售公司来负责研发和制造赛车，销售公司的第一任经理神谷正太郎恰好曾在三井财团工作。

对此，丰田喜一郎在给著名赛车手小早川元治的信中写道："我认为这件事（研发赛车）比起只和制造公司合作，不如也和销售公司合作。"相比于战争期间的第一次隐退读书，这一次隐退后的赛车研发工作显然激发了丰田喜一郎作为发明家的活力和激情。为了更好地推动赛车项目，丰田喜一郎还出任了丰田汽车销售公司汽车技术会会长。

1950 年 12 月，丰田汽车销售公司的宣传部决定，"为了参加 1951 年 5 月在船桥举办的赛车比赛，我们要制造两辆真正的赛车"。经过和丰田汽工技术部与试验研发科的讨论，最终决定由丰田汽车经销店旗下的大阪丰田和爱知丰田各自的服务部负责研发、制造"TOYOPET RACER"——这是一款满载着丰田汽车创始人丰田喜一郎热情和期望的赛车。

赛车"TOYOPET RACER"是基于 1949 年诞生的"TOYOPET SD 型乘用车"的基础框架设计、制造的，该乘用车当时主要被用作出租车。丰田汽车经销店服务部在这款乘用车车架和"S 型"发动机上安装了员工们手工制成的车身，使其看起来很有当时欧洲赛车的风格。1951 年 5 月，1 号赛车在大阪丰田汽车经销店完成，2 号赛车在爱知丰田汽车经销店完成。

1951 年 3 月，也就是两辆"TOYOPET RACER"赛车完成制造的 2 个月前，丰田喜一郎在给宣传杂志《爱知丰田》投稿的文章中曾详细讲述了自己研发制造赛车的意义。在文章中，丰田喜一郎表示："经济方面不允许我们像国外那样立刻设计全新的赛车，但是我们可以对现有的车进行改造，制造出高稳定性的底盘。如果经济状况有所好转，我们就可以制造出不输给外国的赛车。"

同时，丰田喜一郎还认为："汽车比赛和日本国产汽车工业的发展正如车的两个轮子一般，要想前进，二者缺一不可。"此外，文章中还体现了丰田喜一郎对日本汽车产业未来发展蓝图的描绘：通过比赛提高技术、研发出不输给外国的高性能小型车，并在海外市场畅销、在赛车比赛中能和国外制造商站在同一个高度进行竞争。

虽然最终让"TOYOPET RACER"赛车站上汽车比赛的舞台这一项目本身并未获得很大的成功，但是，这款唯一与丰田喜一郎有关的赛车中包含了这位创始人的思想，即通过比赛"制造更好的汽车"。当然，最为重要的是，这款由销售部门打造的赛车体现了财团体系的重要性，正是由于有来自三井系的人才维持着丰田的正常运转，发明家丰田喜一郎才有足够的精力专研赛车项目。

独立自主的"石田宣言"

1952 年，随着丰田公司的经营状况开始逐渐好转，生产小轿车一事被再一次提上丰田公司的议事日程。3 月上旬，石田退三去东京拜访住在赤坂一木的丰田喜一郎，商讨要把公司社长一职归还给他。此时，丰田喜一郎又一次提到发展小轿车生产一事，他说："丰田公司的经营情况虽说有了好转，但那也只是就卡车的生产来说的，而我很久以来的愿望就是要实现轿车的生产。"

　　同年，由于《对日和平条约》开始生效，美军占领时期关于经济统制的各
种法律宣告失效，日本经济逐渐步入和平经济轨道。这一时期，日本国内围绕
是应该发展本国轿车工业，还是应进口轿车的问题开展了激烈的争论。人们普
遍担心日本制造的乘用车能否打开国内市场。其中代表进口车的意见更具批判
性："很遗憾，国产车的寿命既短，乘起来也不舒适，目前由于关税急剧增加，
或限制进口，勉强维持着一线生机，但是为国产汽车生产制造厂家着想……以
放弃为上策。"

　　1952 年 7 月，日本参议院运输委员会就通产省主张的发展本国轿车工业，
和运输省为进口商和用户辩护、主张进口轿车这一问题进行了辩论。此时，政
府的重要官员站在进口商一边，说日本国产汽车价格高，而且性能很差，国内
现有汽车工业还不具备发展本土轿车制造业的力量，等等。在所有的应邀者当
中，主张发展本国轿车的只有丰田汽车公司社长石田退三一个人。

　　原本主张发展本国汽车的不应该只有石田退三一个人，可惜的是，就在石
田退三前往东京拜访后不久，时年 58 岁的丰田喜一郎就因突发脑出血去世了。
去世之前，丰田喜一郎还在继续自己的汽车研究，并想着给他父亲丰田佐吉写
传记。6 月 3 日，丰田利三郎也去世了。于是，石田退三便担起了丰田公司和日
本汽车产业独立自主的重任。

　　在讨论会上，对于日本汽车工业发展道路的选择，许多人并不看好日本的
潜力，以日本银行总裁为例："即使促进出口，也要顺应国际分工的原则，例如，
倾注心力在日本发展汽车工业，是毫无意义的。"对此，石田退三坚定地表示：
"等着瞧吧，过不了多久，就会让你们看到，日本的汽车将出色地跃过国际水平
线，立于最先进的行列之中。"

　　针对国产汽车价格高、性能差等指责，深谙"三井商道"的石田退三主张：
"因为只有多赚钱，我们才可能有更多的资金投入，才有可能提高我们的设备和
产品的质量，并且在此基础上努力降低成本和销售价格，丰田会尽全力为制造
出价格低廉的汽车而不懈地努力。"在讨论会上，石田退三以其雄辩之才，为发
展国产汽车事业而孤军争辩达 6 个小时之久。

在这场争论之后不久的 1952 年 10 月，通产省公布了关于《同外国企业在轿车方面合作和装配的方针》，允许在轿车生产方面同外国汽车公司实行合作、进口零部件在国内进行组装。为了弥补技术方面的落后，各汽车制造公司相继与欧美企业建立起合作关系。日产汽车与英国的奥斯汀汽车、五十铃与美国的鲁茨汽车、日野汽车与法国的雷诺汽车分别建立起技术合作关系，开始生产轿车。

1953 年 1 月，丰田汽车工业公司与美国福特汽车公司的技术合作宣告失败，石田退三遂打消了同外国企业合作的念头，并发表了著名的"石田宣言"，明确表示要依靠本国的技术发展轿车工业。与此同时，丰田汽车工业公司积极进行小轿车的研制工作，于 1954 年建成了面积达 5000 平方米的丰田技术中心，正式开启了日本汽车工业独立自主的时代。

重用大野耐一做执行

1950 年，时任丰田汽车社长石田退三提出了"杜绝一切浪费"的口号，希望可以通过设立严格的制度以减少生产过程中的资源浪费。然而，当时大多数人仍然主张有备件才能保证生产顺利进行，避免因停产造成不必要的损失，质疑道：难道不是做得越多生产能力才能提升得越快吗？

于是，石田退三决定让大野耐一来负责新制度的执行。在这一片质疑声中，大野耐一开始了他的工作。大野耐一 1912 年出生于中国大连。1932 年从名古屋高等工业学校毕业之后，进入丰田纺织公司工作。1943 年，大野耐一进入丰田汽车工业公司，为丰田创始人丰田佐吉之子丰田喜一郎效力，开启了自己的汽车生涯。

面对当时日本汽车制造业的劳动生产率与美国相差近 10 倍这一严峻的现实，大野耐一从自选超市得到了启发。他认为，人们一般思考问题是从上一道工序向下一道工序推，这样就把积压看成正常的事。由后一道工序向前一道工序领取所需的零部件，前一道工序及时、适量地生产后一道工序所需的合格零件，并及时送到生产线旁，这样不就可以消除积压吗？

大野耐一在所有机器上都安装了遇到异常情况就自动停止的装置，并把机器按加工方式排列改成了按照制造流程排列，形成流水作业线。随后，大野耐一参考自选超市设计出一种可以在流水线各道工序之间轮流传递的"传票卡"来控制生产量。采用"传票卡"，是以生产工序中的最后一条组装线为起点，只将计划交给组装线，零件由后一道工序向前一道工序领取。

"传票卡"又被称为"看板"，是一种类似通知单的卡片，主要传递零部件名称、生产量、生产时间、生产方法、运送量、运送时间、运送目的地、存放地点、运送工具和容器等方面的信息、指令。在工业企业的工序管理中，以卡片为凭证，定时定点交货的管理制度被称作"看板方式"或"看板管理"，也是实现准时制生产方式的工具之一。

各工序根据"传票卡"领取零件或生产零件，从最终组装线开始，逐环上溯，直到原材料供应部门，使库存量降到零，故称"零库存"模式。这样一来，各个环节再没有组装过剩的零件了，以保证各工序的同步衔接。当然，光有生产方式的改革是不够的，还必须将人的因素与机器的因素结合起来，做到一个人能管理好几台甚至十几台机器，这样才能大幅度提高劳动生产率。

大野耐一发明的这种"看板管理"，使得战前丰田喜一郎提出的"丰田式生产方式"进一步标准化、同期化，形成了更为完整的体系。"看板管理"将所有用品的数量用标签记载清楚，一目了然，每个车间都有一个区域用来展示员工在生产中保质增效、降低成本的建议图。这种方式不仅能使企业不断提高生产效率增加效益，而且还能满足快速交货的要求。

现在，学者们习惯把丰田生产方式中的"看板管理"说成是后工序的领取方式。而事实上，通过这种灵感来自自选超市的管理方式，大野耐一将生产工序简化成一次次的购物活动，只是在车间里并不用钱去购买，而使用看板去领取。其实，在1952年这一方式刚刚被提出来的时候，就叫作"自选超市方式"。

丰田东体　丰田纺织　大发工业
丰田汽车　丰田金融　丰田合成
爱知制钢　　　　斯巴鲁
丰田自动织机　丰田通商　爱信精机
日本电装　丰田工业大学　丰田中央研究所
东和不动产　捷太格特　日野汽车

第五节
为制造优质廉价的汽车而努力

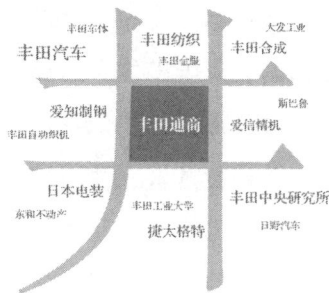

赌上未来的元町工厂

1956 年 5 月，日本爱知县举母市副市长拜访石田退三，并给他带来了一个好消息：举母市政府于 1954 年 7 月专门制定了招商引资的奖励条例，主要是希望招引丰田公司及其协作厂，并建议石田退三把原东海飞机厂旧址的 13 万平方米国有土地利用起来。举母市位于名古屋市东约 30 千米，后因为丰田汽车的关系，于 1959 年更名为丰田市。

7 月，石田退三在丰田公司董事会上谈到这件事，并问道："这片旧址有用处吗？"听到这一消息，当时已经升任主管技术副社长的丰田英二非常兴奋，因为他早就开始筹划建设一座新厂了。同时，年轻的丰田章一郎也展现出了极大的兴趣。石田退三见此情形，便决定利用这片土地建造小轿车专用工厂。

1957 年 9 月至 12 月，为了把新厂建成世界上第一流高质量高水平的轿车生产厂，丰田章一郎亲赴欧美一些汽车工厂做了一次详细的参观考察。回国后，他参照意大利菲亚特和德国大众等工厂的装配设置情况，并结合小轿车品种多、小批量生产等特点，在与丰田英二商量后，提出了一份详细的建厂计划。1958 年 7 月，丰田集团内部设立了"新工厂建设委员会"。

在任命负责人时，石田退三和丰田英二起了分歧。以石田退三的意思，新工厂建设委员会会长当然是由丰田英二挂帅，但丰田英二提名由 33 岁的丰田章一郎负责，自己负责辅佐章一郎。丰田英二认为丰田章一郎作为丰田家族第三代嫡系中的佼佼者，有责任也有能力承担这样的工作，石田退三最终也接受了这个建议。

丰田章一郎是丰田喜一郎的长子，丰田创始人丰田佐吉的孙子。他的妻子三井博子属于三井家族分支的伊皿子家，是三井银行董事三井高长的三女儿。三井博子的母亲是三井兴子，外公是三井家族本家的第十代家主三井高栋。出生于1857年的三井高栋曾先后担任三井合名会社社长、三井家同族会议议长等职。

> **丰田家族嫡系：** 丰田家族成员中曾有多人先后担任过丰田汽车社长。第1任社长丰田利三郎是丰田佐吉的婿养子，第2任社长丰田喜一郎是丰田佐吉的长子，第5任社长丰田英二是丰田佐吉的侄子，第6任社长丰田章一郎和第7任社长丰田达郎都是丰田喜一郎的儿子，第11任（现任）社长丰田章男是丰田章一郎的长子。

显然，丰田章一郎负责如此重要的项目，背后与三井家族的支持不无关系。

1958年9月，丰田公司的高级职员会批准了这个新工厂的建设计划，主要内容有：新厂定名为"元町工厂"，生产线分为车身、喷漆、装配三个部分；预算为25亿日元；月产量为5000辆。事实上，对于丰田英二提出的月产量5000辆，石田退三并不满意，他认为仅凭年产6万辆小轿车，丰田根本不可能称霸日本国内市场，并且未来日本国内市场对小轿车的需求量还会大幅提升。

于是，石田退三在与同样具有远见的丰田英二和丰田章一郎沟通后，在"元町工厂"的建设上埋下了伏笔：设备以月产5000辆购置，但在厂房设计上做好了月产万辆的准备。这样未来一旦需要，丰田就能在短时间内扩大生产规模。经过一年时间的艰苦奋斗，元町工厂终于在1959年8月建成。9月举行了元町工厂落成酒会，日本通产省官员、日产汽车的川又克二社长、五十铃汽车的楠木直道社长等一大批人出席。

当时虽然有人称"汽车时代"已经到来，但20世纪50年代下半期，丰田汽车的年生产量仍为28万台，而且其中大部分仍为面包车和卡车，轿车的年生产量还不足5万台。因此在这个时期，丰田耗费巨资建立起专门生产轿车的元町工厂，被许多人认为是草率的投资行为。对石田退三和丰田而言，元町工厂完全是孤注一掷，万一失败，丰田将面临第二次经营危机。

很多人对丰田的这种"闯业政策"感到迷惑不解，但是，当后来日本汽车化时代到来时，元町工厂发挥了它的威力。也正是元町工厂，才使竞争对手日产公司和丰田公司之间有了决定性的差距。元町工厂的建成，是揭开日本社会汽车化序幕的划时代的大事，是丰田汽车公司日后变成世界上第一流大企业的起点。

丰田英二后来回忆说："建立元町厂这一决断使原本与日本国内其他汽车公司并驾齐驱的丰田，变得一马当先。日产的追浜工厂和五十铃的藤泽工厂，大都落后丰田的元町厂数年，直到 1962 年才分别建设完成。那时候，丰田的元町厂已完成第二期工程了。"抢得先机决定了公司的成败，丰田趁着汽车普及化的浪潮，后来在上乡、高冈、堤等地一个接一个地建设新工厂。

拉开"无贷款经营"的序幕

为建设元町工厂，丰田进行了增资募股，并且向银行贷了一大笔款。石田退三虽然能够从银行借到钱，但条件是苛刻的，他也不得不每天都重复着向银行低头献媚的日子。因此，石田退三在丰田喜一郎、丰田英二等丰田家族的支持下，发愤要实现"无贷款经营"。石田退三认为："必须建立不依赖银行的经营体制。不论是个人还是公司，自己的城池总要由自己来坚守。"

身为"三井商道"的优秀门徒，决议实施无贷款经营的石田退三，曾对某银行董事长说："我对银行家没有任何好感。真正需要钱的时候，你们做出一副陌路人的样子，等我们的情况稍稍好转就摇着尾巴靠过来。这种态度能成就什么事业？你们也应该尝尝傲慢的滋味。不管是哪位银行董事长驾到，我都断然不会再给银行添任何麻烦。"

"如果随时都要低三下四、有求于人，何不在当初就凭借自己的力量经营公司呢？忘记自己分内的事情，一味地跟随潮流前进，是断不能守住自己的城池的。"但是，要实现无贷款经营是非常艰难的，特殊的时期必须依靠贷款也是不争的事实，但贷款越少越好。石田退三和公司全体人员约法三章：第一，增加储备金，使资金额逐年上升；第二，实行全部的固定资产偿还制度；第三，设备投资一律不得使用贷款。这三条构成了"无贷款经营"的初步基础。

如果没有贷款，企业就不用还款，就能够将利润保留在内部，剩余资本可以不断地增长，然后可以将其投入新的投资项目中，包括店铺的拆旧换新，生产设备、机器、车辆等的换新投资，新型设备的投资等。如果不依靠银行的贷款，而是靠自己利润的积累，也就是说，在基本业务生成的营业现金周转范围内周转资金，才是最理想的方式。

丰田公司"无贷款经营"的实现，与其产品销售工作的有效开展密切相关。在这一方面，该公司的做法也引人瞩目，他们把生产和销售分成各自独立的两大系统。生产系统以丰田汽车工业株式会社为核心与龙头，组成原材料、部件、零件、总装这样一条龙的生产体系。在流通和销售系统方面，则以丰田汽车销售公司为龙头。

丰田工业和丰田销售两大龙头之间，有一整套银行化的资金结算制度，简单来说就是，生产公司与销售公司之间通过类似银行的短期票据进行结算，这降低了生产公司收回货款的难度，大大减轻了利息的负担，资金周转也相对自如。由此保证生产出来的汽车每一辆都卖得出去，卖出的钱又能及时回收到丰田汽车总部。丰田公司由于有了充裕的资金，石田退三的"生产优质廉价车"的使命——用一流的精神、一流的机器，生产一流的产品——得以很好地完成。这使得丰田车不仅称霸日本市场，还势头强劲地称雄于国际市场。

在石田退三的努力下，丰田公司的"无贷款经营"很快收到显著效果。到1975 年，公司因为资金充裕，得到了"丰田银行"的称号。1977 年，"丰田银行"拥有金融资产 8700 亿日元，当年金融活动收益为 390 亿日元，相当于 60 万辆汽车的销售总额。1977 年，销售一辆汽车支付给银行的贷款利息，日产汽车为 2 万日元，东洋汽车为 5 万日元，唯有丰田公司为"零"。

做足功课，打开美国市场

1956 年，刚刚出任丰田汽车公司董事的大野耐一第一次有机会到美国考察，他先后参观了通用公司、福特公司的汽车工厂，美国的超级汽车市场启发了他的想象力。经过战后十余年的发展，丰田羽翼渐丰，为了拓展市场，已经先后派出多名集团高层出国考察，他们都发现当时年销售 700 万辆的美国市场潜力巨大，正是梦寐以求的机会。

在巨大的利益驱使下，丰田在没有对美国市场进行详细调研的情况下就草草拍板，开始了进军美国"Toyota In USA"的道路。1957年8月，丰田第一次向美国出口了两辆皇冠，10月又在美国成立了美国丰田汽车销售公司。与此同时，丰田的"美国梦"也在同时孵化：1957年起，每年在美国销售至少1万辆丰田汽车。

然而事与愿违，丰田第一次雄心勃勃挑战美国市场的计划最终以失败告终。原来，尽管丰田出口美国的皇冠车在细节方面想得很周到，如车门没有关好时警告灯会亮，油箱加油口安装了特殊销盖，前挡风玻璃装有双速雨刷……这些优点可以让丰田汽车在日本狭窄多弯的马路上表现出色，但在美国的高速公路上，丰田皇冠的弊端暴露无遗。

皇冠汽车时速一超过80公里就开始"气喘吁吁"，在持续高温下，发动机会猛烈振动，同时功率急剧下降。由于产品的奇怪设计、瘦小体积和低劣品质，加之油耗大、马力不足、修理费过高等问题，这款汽车就如同它的英文名字"Toyopets（丰田宠物）"一样，成为美国人嘲笑的对象。截至1959年年底，丰田只在美国卖出了287辆小轿车。

1960年，石田退三不得不决定暂停向美国出口轿车。首次进军美国市场受挫后，丰田公司并没有气馁，而是卧薪尝胆，暗暗积蓄力量，重新制定市场策略。丰田吸取了第一次失败的教训，开始投入大量人力和资金，有组织地搜集市场情报信息，然后通过市场细分和对消费者行为的深入研究，捕捉再次打入美国市场的机会，等待时机重返美国。

说到搜集市场信息和商业情报，就不得不提以三井物产为代表的综合商社了，综合商社集贸易、金融、信息收集功能于一体，它的情报搜集、加工处理和传递能力堪称世界第一，远超日本政府。就在丰田宣布暂停进军美国市场的同一年，三井物产根据日本经济高速发展的实际需要，以及引进国外先进科学技术武装本国工业部门的客观要求，首先在企业内部增设了技术室，专门捕捉世界新技术动向。

1961 年，三井物产又在美国纽约设置了技术室海外分室。正是在三井物产和自身情报体系的帮助下，丰田汽车很快便重新制定了在美国市场的发展目标：定位于生产适合美国人需要的小型车，以国民品牌汽车为目标，吸收其长处，

> 《情报日本》：该书翔实地阐述了明治维新以来，日本在政治、军事、经济、科技、文化等领域的重大情报活动，同时也对其正史、野史里所涉及的人物进行了重新解读。该书被《亚洲周刊》评为 2008 年全球华人十大好书第 3 名。

克服其缺点，打造出性能比超越德国大众的"美国式"轿车。市场调查和市场细分帮助丰田汽车很好地解决了"生产什么和为谁生产"的问题。

1965 年，在蛰伏了 5 年之后，丰田终于开发出适合美国人的轿车——科罗娜（Corona，光冠）。为了成功打开美国市场，这一次丰田做足了功课，提前将新车出口到澳大利亚进行销售，受到了当地消费者的好评。最终，丰田的工夫没有白费，该车仅推出首年在美国市场就销售了 3000 多辆。

1966 年，丰田一鼓作气，又将"花冠"轿车推向了美国市场。丰田在进入市场的早期采用低价策略，"光冠"定价在 2000 美元以下，"花冠"为 1800 美元以下，比美国车和德国车的定价都低得多。此后 10 年间，丰田汽车不断蚕食美国的汽车市场份额，到 1975 年时丰田已成为美国汽车市场的主流，并在美国消费者心中树立起"质优价廉"的良好形象。

蕴含"三井商道"的石田式经营

来自三井服部商店的石田退三担任丰田公司社长的 11 年（1950 年 7 月至 1961 年 8 月），正值日本经济从恢复到高速增长的过渡时期。在这股重建的热潮当中，石田退三领导的丰田汽车公司为国家做出了不可磨灭的巨大贡献，确立生产"纯国产车"的方针、创建日本首家轿车生产厂——元町工厂、在全公司范围内实施全面质量管理制度……

丰田所有这些成就可以说都是全面实施"石田式经营"的结果，而其内核是"三井商道"。石田式经营可以简单归纳为石田退三所倡导的"四个主义"——合理的赚钱主义、设备第一主义、无借款主义和彻底杜绝浪费主义。

用石田退三自己的话说就是"理所当然地认真做好每一件理所当然的事情"。然而这一看似朴实的基本原则，有着非常丰富的哲学内涵。

首先，石田退三认为："企业应该在经营上做到公私分明，杜绝浪费。企业对社会承担着确保赢利的责任，因此企业应把每名职工的聪明才智都集中起来，为增加企业的经济效益而努力。"为此，石田退三重用大野耐一推行"看板管理"。其次，鉴于汽车行业的发展速度很大程度上依赖于机器设备的效率，因此以提高效率、降低成本为目的尤为重要，投资元町工厂体现的正是"设备第一主义"。

此外，为了发展技术和扩大生产规模，企业必须拥有雄厚的可以自由支配的自有资金，因为"谁有钱谁就能赢得最后的胜利"，这就是石田退三的"无借款主义"。当然，就丰田而言，核心就是要生产卖得出去的汽车，也即"物美价廉的车"，这也就是所谓"合理的赚钱主义"。石田退三认为，经营者的使命首先是要通过满足社会需求来赚钱。

只有初中文化水平的石田退三根本不懂汽车原理，却继丰田喜一郎之后成为丰田汽车公司的社长，带领丰田走出二战后的困境，成为日本第一。石田退三有句名言："不必谈什么经营学之类的大道理。我的信念只有一个要点，最后赚到钱的是赢家，如此而已。"他在生意场上久经摔打，经验丰富，很多时候都是凭借"三井商道"的直觉在管理与经营。

日本"经营之神"松下幸之助，曾这样评价石田退三："他具有锐利、可怕的感觉，能看透事物的本质。他常说自己不懂技术方面的问题，而他在每一个关键之处，说的话却极富哲理。日本社会常说的'国宝'，通常只限于指称艺术领域的人士。经营，是一种最高境界的综合艺术。像石田先生这样的人，应当被指定为日本经济界的第一位国宝。"

1979年9月18日，被称为丰田"中兴之祖"的石田退三去世，享年90岁。日本政界和财经界名人都参加了他的丧礼，而为他念悼词的不是别人，正是松下幸之助。到1982年，丰田汽车已名列世界第二位，仅次于美国通用。当时，通用汽车每人每年平均生产汽车6辆，创利润1400美元。而丰田汽车每人每年平均生产汽车 55 辆，创利润 14000 美元，效益是通用汽车公司的 10 倍。

作为日本经济的"领头羊"，与三井财团渊源深厚的丰田公司对日本经济腾飞起到了重大的推动作用。20 世纪 80 年代以来，丰田汽车在日本国内始终保持50% 以上的市场占有率。石田退三是丰田汽车真正的"大总管"，他的成绩在丰田公司今日的繁荣中得到充分的体现，丰田人至今仍然尊敬他。日本政府为其颁发的一级功勋瑞宝勋章，代表了国家对他一生贡献的最高评价。

参考文献及来源

1. ［日］石田退三：《丰田智慧》，张鸥、王晓萃、吕文辉译，电子工业出版社 2005 年版。

2. ［日］大野耐一：《丰田生产方式》，谢克俭、李颖秋译，中国铁道出版社2006 年版。

3. 子月：《汽车教父：丰田英杰传奇》，广州出版社 1996 年版。

4. ［日］丰田英二：《决断：丰田成功之路》，李宁、王钊、杜树忱译，天津科学技术出版社 1989 年版。

5. ［日］岩松义人：《为什么是丰田：成为第一的方法和 7 个习惯》，史春花、陈言译，京华出版社 2008 年版。

6. ［日］井上久男：《丰田人才之道》，李梅译，机械工业出版社 2009 年版。

7. 杨沛霆编著：《世界现代著名企业家经营谋略图画》，江西美术出版社1992 年版。

8. ［日］丸山弘昭：《丰田的现金流战略》，韩雪英、金雪梅译，北京大学出版社 2005 年版。

9. ［日］日野三十四：《丰田 DNA》，先锋企业管理发展中心译，东方出版社2008 年版。

10. ［日］读卖新闻特别取材班：《丰田传》，李颖秋译，中信出版社 2007年版。

11. ［日］针木康雄：《实在而执着的经营者——丰田英二》，应允译，新华出版社 1996 年版。

12. 尹宝虎编著:《一代天骄:世界著名企业家成功典范》,人民中国出版社1998 年版。

13. 谷重庆编著:《丰田:精益求精》,中国人民大学出版社 2005 年版。

14. 白益民:《三井帝国在行动——揭开日本财团的中国布局》,中国经济出版社 2008 年版。

15. 侯明喜:《"中体西用"与"和魂洋才"之比较》,《文史杂志》2000 年第 2 期。

16. 杜立辉、王崇彩:《丰田模式十四项原则与戴明十四条之异同分析》,《技术经济与管理研究》2006 年第 6 期。

17. 姜汝祥:《丰田的"人财"管理哲学》,《IT 时代周刊》2010 年第 2 期。

18. 梁玉芬:《"造物先造人":丰田精益制造的文化基因探析》,《中国商界》2009 年第 9 期。

19. 胡泳、郝亚洲:《学者和企业之间的界限》,《IT 经理世界》2015 年第10 期。

20. 彭学彦:《丰田功臣——石田退三》,《汽车运用》2003 年第 11 期。

21. [日] 忠野忠良:《向世界第一进军的三河商法——丰田汽车工业公司》,《中外企业家》1995 年第 2 期。

22. 邱恒明:《丰田精益生产与日本第二次奇迹》,《中国对外贸易》2015 年第 2 期。

23. 纪哲:《"丰田"的理财之道》,《广东大经贸》1999 年第 5 期。

24. [日] 后藤俊夫:《丰田"中兴之祖"守"丰田城"的大总管石田退三》,《家族企业》2021 年第 9 期。

25. 梁自强、陈锋:《综合商社与战后日本经济发展》,《世界经济》1982 年第 6 期。

26. 胡光书:《丰田的故事——追根溯源:从企业文化开始聊》,2020 年 3 月25 日,见 https://www.jianshu.com/p/7f186fd11cd6。

27. 《为何没有这个美国人，就没有日本制造》，2018 年 7 月 11 日，见 ht-tps://www.sohu.com/a/240464111_100154767。

28. 李砍柴：《不能失落的戴明，战后日本经济奇迹的幕后推手》，2015 年 8 月 17 日，见 https://m.sohu.com/a/27763861_118018?ivk_sa=1024320u。

29. 胡中扬、黄培：《从元町工厂初探丰田生产模式!》，2017 年 7 月 10 日，见 https://www.sohu.com/a/156057457_728387。

30. 刘伟浩：《广证恒生证券研究所：日本汽车零部件启示：三大因素——研发、合作和全球化推动电装和爱信成功发展至今》，2019 年 6 月 16 日，见 ht-tps://www.waitang.com/report/117888.html。

第四章　师出三井物产的销售之神

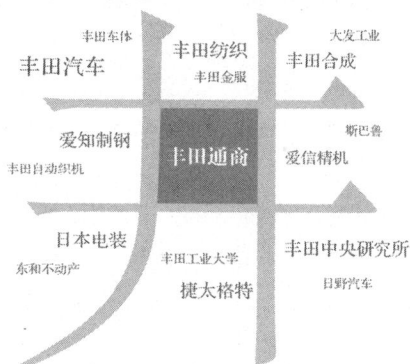

丰田车体　丰田纺织　大发工业
丰田汽车　丰田金服　丰田合成
爱知制钢　丰田通商　斯巴鲁
丰田自动织机　　爱信精机
日本电装　丰田工业大学　丰田中央研究所
东和不动产　捷太格特　日野汽车

1935 年，在冈本藤次郎的引荐下，神谷正太郎加入丰田汽车，全面主持销售工作，日后在日本被誉为"销售之神"。早年，神谷正太郎，从名古屋商业学校毕业，直接进入三井物产，7 年时间里被派往英国伦敦、美国西雅图分公司工作。由此，神谷正太郎结识了冈本藤次郎，两人还是校友。

1949 年，丰田陷入了极大的困难之中。帝国银行（现三井住友银行）推动丰田销售部门从制造部门中分离出来，单独设立销售公司。要实行这个制度就需要巨额的周转资金，为此以帝国银行、日本银行为首的金融财团迅速提供了 2 亿日元的贷款，帮助丰田渡过难关。

1967 年，石田退三（第 3 任社长），推荐当时的副社长丰田英二成为丰田史上第 5 任社长。丰田英二身受同是三井出身的石田退三和神谷正太郎两位前辈的培养和教导，逐渐成为具备"三井商道"经营理念的合格领导人。

"三井"告诉了我们什么

以三井物产为代表的综合商社完全可以被称作日本商业情报的中心,更是日本特有的经济组织和搜集日本社会经济生活中各项情报的重要机构。这些综合商社兼具信息、金融和贸易功能,其情报能力甚至已经远超日本政府。受财团及综合商社的影响,丰田、本田、日产等日本汽车企业也十分注重开展战略情报工作,其中丰田的战略情报工作由同属于三井财团的三井物产协助开展。

出身于三井物产的神谷正太郎深谙"情报是公司的命脉"的道理。早在1956年12月,他就在丰田汽车销售公司内部设立"调查室",这是一个从整个公司的角度出发去搜集、分析情报的科室。很快,"调查室"便升级为"计划调查部"。与此同时,神谷正太郎还确立了"不惜金钱,调配优秀人才,放手工作"的情报方针。

如今丰田获取情报早就不再依赖单独的丰田计划调查部,其对情报工作的重视已经融入了日常的企业经营之中,并体现在公司的管理制度之上。员工的信息和情报获取、分析能力是日式管理的重要特征之一。显然,日本汽车集团能够在全球汽车产业的激烈竞争中脱颖而出,除了巨大的研发投资和强大的技术实力,在很大程度上要依赖一支强大的企业情报队伍和企业战略情报体系。

由谷口早吉和庆应大学高山正也教授编著的《情报分析·生产论》(1985年出版)是一本完整的竞争情报教材,书中明确地指出了"信息"(Information)与"情报"(Intelligence)的区别。图书作者之一的谷口早吉毕业于日本陆军军官学校,1969年至1983年曾在三井财团旗下的东芝技术情报中心工作过很长一段时间。

20世纪90年代前后,当日本的竞争情报概念首次被引入中国时,还没有互联网,也没有完整的数据库。这使得中国早期的很多研究都集中在日本综合商社和智库上,并形成了"日本的政府机构、综合商社和企业情报部门构成日本竞争情报网络的三大支柱"的概念。但是,中国技术情报研究部门往往将重点放在了专利、文献、简报、定期快讯等内容上,而忽略了企业竞争情报的本质。

"企业竞争情报"由企业人来做才有意义,一旦理论研究与企业实践脱节,再多的情报研究人员也很难说清楚企业竞争情报的需求和痛点。真正的情报其实来自商品的交换,在商流、物流过程中产生了信息流,有价值的信息最终被提炼出来产生了情报。因此,在日本企业中一线业务员、业务骨干、部门管理者都是企业的情报官,真正做到了"知行合一"。

丰田车体　丰田纺织　大发工业
丰田汽车　　丰田合成
丰田金服
爱知制钢　　丰田通商　　斯巴鲁
丰田自动织机　　　爱信精机
日本电装　丰田工业大学　丰田中央研究所
荣和不动产　　捷太格特　　日野汽车

本章导言

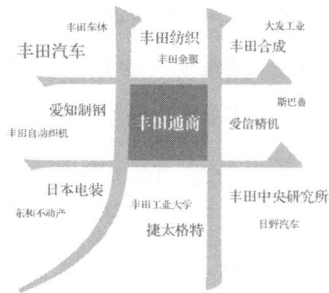

　　2004 年 8 月，日本丰田汽车和中国广汽集团的整车合资项目得到了中国国家发改委的批准，各出资 50% 成立广州丰田有限公司，其后在 2008 年更名为广汽丰田有限公司。广汽丰田与其他合资汽车企业最大的不同点在于，其拥有自建的销售体系，这使得产品的生产和销售二合一，这也是丰田汽车首次在华建立整车生产和销售基地。

　　从 2004 年广汽丰田成立以来，同其他汽车企业一样，即便正好赶上了中国汽车市场迅猛发展的"黄金十年"，其成长之路也并非一帆风顺，甚至曾因召回等事件遭遇信任危机。但难能可贵的是，广汽丰田可以在发展中逐步夯实基础，用耐心和合理的策略应对不断变化的市场。能过差日子，也能过好日子，这才是广汽丰田的定力。

　　丰田汽车从来都不在意一城一地的得失，而是将目光放得非常长远。这一点也充分体现在丰田汽车的中国策略上。许多人认为相比于大众等欧美品牌，丰田汽车对中国汽车市场的反应较为迟钝，但这恰恰是丰田规划重大市场的战略方针：起初采用"蜗牛"战术，谨慎起步稳扎稳打，等积蓄实力后才全面展开，初期小心翼翼的"蜗牛缓进"都是为了日后的"猛虎下山"。

　　对此，广汽丰田原执行副总经理李晖就曾表示："广汽丰田不仅要做有爆发力的短跑飞人，更要做能跑马拉松的选手。"所谓"马拉松哲学"，就是能够学会主动把节奏慢下来，果断进行创新与变革，提升持续稳健发展的含金量。马拉松比赛，耐力往往比爆发力更重要，在企业经营上更是如此，企业要避免大起大落，持续稳健发展最重要。

　　经过了 21 世纪头十年的黄金发展时期，中国汽车市场的"微增长"成为新常态，以往依靠规模驱动发展的模式，无可避免地遭遇了"瓶颈"。面对日趋复杂的行业环境，广汽丰田在 2015 年启动了"全体系构造改革"，通过在生产、销售、研发等全体系领域实施战略改革，从根本上解决企业生存发展的深层次问题，确保广汽丰田能够稳健快速地发展。

广汽丰田格外强调"丰田生产方式"的落地化，就是要结合中国市场的现实情况，逐渐形成中国特色的运营模式。"丰田生产方式"本质是"三井商道"的具体应用，并不单单是一摞厚达几百页、固定不变的生产操作手册，它更是一套不断完善、不断更新、不断根据具体工作实际加入创新提议的工作计划。"死的"教条，变成了"活的"思想；凝固的原则，变成了"可进化"的解决方案。

2016年3月，在丰田全球出货品质监查中，广汽丰田首次获得全工厂"零不良率"的最高评价。在丰田品控概念中，"零不良率"就是最好的目标。用欧美的质量术语来说，就是"零缺陷率"。这种衍生自丰田生产方式的"精益生产"早已成为一种管理哲学，被诸多企业借鉴学习。广汽丰田则在丰田精益生产的基础上，更加强调"匠心质造"，因为这是广汽丰田发展的基石与核心竞争力。

尽管在互联网和"工业4.0"的大潮中，汽车企业不可避免地被卷入进去，新车和新技术密集投放成了资本关注点，但广汽丰田仍坚持"自己的城池自己守卫"，并找到了立于不败之地的秘诀——拥有一流员工才是企业的未来，从而拥有持续发展的动力。用广汽丰田负责制造的副总经理王宣礼的话说，"零不良率"成绩的取得应归功于"造车育人"的成功。

当然，无论汽车市场如何变幻，广汽丰田战略布局的核心思路一直都是稳量强质。以构建体系能力、夯实基础为横轴，以提高效率为纵轴。始终按照"顾客第一、经销商第二、制造厂第三"这样的经营哲学运作。广汽丰田和经销商之间不仅是伙伴关系，更是利益共同体，敬畏市场和客户，夯实基础，在市场整体环境欠佳、增幅放缓时，这些优势就体现出来了。

尊重经销商，也就是对消费者即用户的尊重，同时抓住时机建立制造商与经销商的命运共同体。这也正是出身三井物产的神谷正太郎（丰田销售之神）遵从的"共存共荣"经商理念。该理念深受日本近江商人"三方好"思想的影响，而三井物产作为日本综合商社的始祖，正是源自近江商人。"三方好"是日式经营永续的源泉所在，也是"三井商道"的核心思想之一。

第一节
师出三井的销售之神

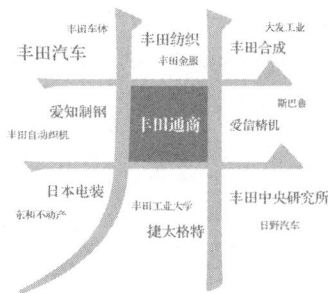

世界最早的市场营销

1917 年，28 岁的神谷正太郎从名古屋商业学校毕业，由于品学兼优而被校长直接推荐进入了当时日本数一数二的大商社三井物产工作。神谷正太郎就读的名古屋商业学校非常重视"贸易立国""以通商雄霸世界"；以"世界乃吾之市场"的校训闻名一时，这也对神谷正太郎日后的经营观念产生了重要的影响。

神谷正太郎进入三井物产几个月后，便由于成绩突出而被派往英国伦敦分公司工作，5 年以后，又被派往美国主持三井物产西雅图分公司为期 1 年的商务工作。1925 年，在三井物产工作了 7 年时间的神谷正太郎决心离开，只身前往伦敦自立门户，开设了神谷商事公司，做钢铁批发生意，希望可以将自己在三井物产学到的商业知识用于实践。

如果说名古屋商业学校是灌输商业思想的基础大学，那么三井物产就是培养商人思维的高端商学院。在三井物产工作的几年时间里，年轻的神谷正太郎耳濡目染，不断接受"三井商道"的理念和学习商人的做事方式，逐渐成了一名合格的商人。与此同时，多年的海外商社经验也让神谷正太郎拥有了当时日本经济产业界中少有的国际化视野，为后来在丰田的成功奠定了坚实的基础。

三井物产可能是世界上实战性最强的"商学院"之一，采用中国古代传统的师徒制，以传帮带的方式造就了一代代的国际化商业人才。不同于欧美传统意义上的商学院，三井物产并不教授书本上的理论知识，而是让员工在实践中学会关心市场，了解商业的本质。因此，从某种意义上来讲，三井物产是一所真正实现了"知行合一"的企业商学院，而它的教材就是日本三井财团近 400 年波澜壮阔的历史画卷。

被誉为"现代管理学之父"的美国学者彼得·德鲁克认为，市场营销的首次实践并不是出自西方，而是来自 17 世纪中叶日本的三井高利建立的世界上第一家百货商店——三井越后屋。这是日本著名大型百货公司三越百货的前身，而三越百货又是三井财团的最初主体。

> **市场营销：**指在变化的市场环境中，为满足消费需要、实现企业目标的商务活动过程，包括市场调研、选择目标市场、产品开发、产品促销等一系列与市场有关的企业业务经营活动。在变化中进行决策，要求其决策者有很强的能力，有像企业家一样的洞察力、识别力和决断力。

三井越后屋一开始主要经营吴服。吴服在日本文化中意义非凡，在成人礼、毕业典礼、婚礼这样的重要时刻，富贵人家都会购买、穿戴华丽郑重的吴服，平民们则会选择租赁。

针对吴服制作布料，三井高利创造性的"不论多少都可以剪下来卖"的营销策略，完美契合当时的顾客需求，因此店内销售业绩猛增。不仅如此，他还发现日本家庭在女儿出嫁时需要购置许多东西，不仅仅是布匹衣服，还要备齐放置衣服的衣橱、箱包以及绸缎、梳子、簪子、餐具等种种东西。但是，新娘和她的母亲往往需要东一家西一家地去选购。如果这些东西可以在一个地方一次性买齐，将极大地方便顾客。因此，之后三井越后屋的经营范围就不再限于衣服和布匹了。

三井高利这种"想顾客所想、按需销售"和"明码实价现银销售"的经营方式在当时是极大的革新和突破，由此聚集了莫大的支持和人气。到了 1905 年，三越吴服店株式会社实行"百货公司宣言"，成了当时日本第一间真正意义上的百货公司。三越百货的商号正是从"三井越后屋"中取"三越"二字而成的。300 多年来，"三越"一直是日本影响力最大的百货商场品牌。

外国汽车全盛时代即将告终

20 世纪 20 年代，欧美国家的汽车生产能力远超日本。为了抢占日本汽车市场，欧美企业纷纷开始在日本开设工厂，其中美国的通用汽车和福特汽车就是进入日本的急先锋。1925 年，美国福特汽车公司率先在日本横滨建立了工厂。1926 年 8 月，美国通用汽车公司在日本神户成立分公司，1927 年又在大阪附近开办了一家新的汽车装配厂。

1927 年，由于受日本国内经济衰退及英国煤矿工人罢工的不利影响，离开三井物产独自创业的神谷正太郎，感到自家商社的钢铁生意越做越难，于是当机立断，停掉伦敦的神谷商事公司，踏上了回国的旅途。回到日本以后，神谷正太郎冷静地观察分析国内市场情况，看中当时正在扩张势力的外资企业——美国通用汽车公司和福特汽车公司。

当时神谷正太郎被这两家美国公司同时录用。在一番考虑之后，神谷正太最终决定进入通用汽车的日本分公司工作，由于能力出众，一年后升任销售部副部长。此后，神谷正太郎又历任通用汽车东京经销店经理、销售广告部部长和通用汽车大阪公司副总经理等职务，成为当时令人羡慕的外企高管。

时任通用汽车总裁阿尔弗雷德·斯隆坚持"以各种车型满足各阶层、各种用途的需要"，提出多品牌策略，即从最低价的雪佛兰到别克，再到定价最高的凯迪拉克，消费者们可以根据不同的消费能力选择通用旗下的汽车品牌。斯隆是通用汽车公司第 8 任总裁，任期长达 25 年，在管理与商业模式上是创新的代表人物。

这段工作经历让神谷正太郎更加全面地了解了市场，他看到阿尔弗雷德·斯隆从商业角度将整个汽车历史一分为三：1908 年以前是第一阶段，这个时期汽车价格昂贵，汽车市场完全属于上层社会。之后到 20 年代中期，"低价位的基本交通功能"理念占据了主导地位。在此之后是第三个时期，出现了各种各样功能和质量更好的汽车，也是多样性大众市场到来的标志。

就在美国汽车席卷日本市场之时，神谷正太郎认为"外国汽车全盛时代即将告终"，是时候离开美国通用汽车转投日本国产汽车厂家了。而为神谷正太郎牵线搭桥的正是同样来自三井物产的冈本藤次郎，他原来是三井物产驻西雅图的办事员，与同在美国的神谷正太郎有过业务往来，两人还同为名古屋商业学校的毕业生。

此时，丰田汽车社长丰田利三郎除了主管丰田全盘事业，作为"中京财界"的名士，由于社会活动越来越频繁，就把公司的经营实务交给冈本藤次郎和他手下的"番头"（店长、经理）。冈本藤次郎这时是丰田纺织公司的经理，掌握着很大的权力，同时负责协助年轻的丰田喜一郎开展汽车业务。

1935 年 8 月，冈本藤次郎向丰田喜一郎推举了神谷正太郎，并解释说："现在日本并没有'国产'的汽车销售专家，就算要找个有这方面经验的人，都只有去通用或者福特汽车公司里挖，而神谷正太郎正是这样的专家人才。"对于冈本藤次郎的这一提议，丰田喜一郎十分兴奋，催促冈本藤次郎尽快安排与神谷正太郎的会面。

在名古屋的一家饭店与神谷正太郎见面后，丰田喜一郎激动地表示："神谷君，我的理想，是用日本人自己的手造出一流的汽车来。丰田能够制造出一流的织布机，也一定能够制造出一流的汽车。请求您，到我们丰田来吧。"神谷正太郎则自信地说："岂止国内市场，如果真的能够制造出一流的汽车，我一定可以把它们销往整个世界。"

让众多经销店转换门庭

1935 年 9 月，来自三井物产的神谷正太郎正式加入丰田汽车，开始全面主持销售工作。11 月，美国通用公司在日本的首席销售经理山口佐助，也受神谷正太郎的影响而加盟了丰田公司。此后，神谷正太郎首先将三井起家经营商店的看家本事了起来，把美国通用汽车公司在名古屋、大阪、东京等地的经销店都换成了丰田经销店，并在日本各地新建销售店。

招揽人才相对简单，但是想要让众多通用汽车经销店转换门庭加入丰田似乎是一个大问题，然而神谷正太郎的工作十分顺利。原来在美国通用汽车工作期间，他就发现了美国通用等汽车公司在日本进行销售工作的致命弱点：过分以短期利益为驱动，使得日本经销商苦不堪言，一年一签合同，不行就淘汰，没有长期合作的基础。

显然，通用汽车的短期行为并不符合汽车这种大件消费品的特点，也不符合日本的文化，更不符合日本商人重感情、重长期合作的习惯。而神谷正太郎提出的"只有经销店的生意兴隆起来，厂家才会繁荣"的思想更容易让日本经销商接受。当时通用公司的别克汽车经销店——"日之初摩托"商店（爱知丰田汽车公司前身）就被神谷的思想打动，成了丰田汽车第一号特约经销店。

以第一号经销店的诞生为开端，东京丰田、大阪丰田、静冈丰田、广岛丰田等经销店不断增加。到 1938 年的时候，神谷正太郎已在日本建立起一县一店的丰田销售网。可以说，神谷正太郎是丰田销售体系的真正奠基者，他挖掘社会上对汽车的潜在需求而创办的事业有很多，其中很多在短期上看没有价值，常人无法理解，但对于丰田来讲却是领先一步进行布局。

鉴于在美国通用汽车公司的工作经验，神谷正太郎对美国各种有关汽车批量销售的制度可谓了如指掌。他一直认为："对于汽车这种昂贵的商品来说，必须采取分期付款的形式才可能实现大量的销售。"于是，从加入丰田汽车公司开始，他就向丰田喜一郎提出采用按月分期付款的方式销售汽车的建议，并从 1936 年起投入实施，丰田通商株式会社的前身丰田金融株式会社由此诞生。

与此同时，神谷正太郎推出的另外一项重要制度就是"定价销售"。所谓定价销售就是将汽车在销售店的零售价格全部公开，通过这种形式让顾客心中有数。他认为"汽车的销售只有在取得大众信任的基础上才能有所作为，而要想取得顾客的信任就必须执行定价销售制度"。为此，神谷正太郎将"消费者第一，经销者第二，制造厂第三"列为公司的基本经营原则，即后人所称的"神谷原则"。

神谷正太郎认为："汽车本身的质量和价格固然重要，但让人们在经济上能够消费得起汽车也是不容忽视的。"根据这一见解，他从构筑丰田公司销售网的最初阶段开始，就致力于充实销售店的服务体系和零部件供应体系。而且在战后刚刚步入汽车批量销售时期的最初阶段，他就预见到二手车市场必将给汽车的销售带来深刻影响，从而早早就针对二手车市场制定出了妥当的对策。

此外，神谷正太郎一直把人才的培养作为公司发展的基石，他认为高水平的推销员是公司最宝贵的财富，是公司发展原动力。神谷正太郎专门建立了"丰田进修中心"，不但培养推销员，还培训课长、经理，严格推行岗位培训制度。丰田公司规定推销员都必须先经过 5 周的预备教育，学习《丰田企业概论》《神谷经销思想》《推销员的思考与认识》《推销员的基础知识》等内容。

近江商人的销售哲学

深谙"三井商道"的神谷正太郎在加入丰田不久后，曾这样评价西方销售管理理念："通用汽车公司销售的政策和管理情况是很有理论（指导意义）的，我想好好地学习一下。然而，它也有不适合于日本实际情况的一面。"

对于销售情况不好而陷于经营困难的销售店，美国通用会冷酷无情地抛弃它们。面对这种做法，神谷正太郎表示："我作为日本人，对于这种生硬的做法是感到有一定界限的。通过学习通用汽车公司的经验，我深感，所谓制造商和销售店，在当前发展国产品的共同目标的基础上，应该谋求'共存共荣'。应该把销售店理解为命运的共同体，要通过工作，建立起血肉相连的关系。"

尊重销售店的想法，也就是对买主即用户的尊重，从经商之道来说，这也是正确的认识。抓住时机，建立制造商与销售店的命运共同体，这也是丰田的销售策略与通用、福特等其他欧美汽车厂商的不同之处。当然，在汽车工业的初创时期，当时的环境和人们的想法，

> **命运共同体**：日本商人极力倡导老板与员工结成相依相辅、荣辱与共的"命运共同体"。这种"命运共同体"具有巨大的凝聚力和竞争力。它对内可以化解各种矛盾，增进团结，对外则有利于培育竞争意识，增强企业的竞争能力；对日本发展成为现在的经济大国有着不可低估的作用。

都是考虑生产第一，所以这种"共存共荣"的做法是很不容易被接受的。

来自三井物产的神谷正太郎的"共存共荣"经商理念，深受日本近江商人"三方好"经营理念的影响。在日本，神谷正太郎被尊称为"销售之神"，这不仅是因为他把西方近代销售体系引进到日本，开拓了大量生产、大量销售的模式，更重要的是他能够将东方商业思想与西方销售模式完美结合，为传统日式

经营模式赋予了新的生命力。

近江商人，是指日本中部地区最大的湖泊琵琶湖周边的商人，也是对近江八幡、日野町、五个庄町三个地方外出经商的人的统称。近江地区与日本古都京都相邻，地处交通要道，在12世纪就有了商业活动。在日本人的心目中，近江商人总是头戴斗笠，身披蓑衣，肩上扛着颤悠悠的扁担，不辞辛苦和道路坎坷，披星戴月走南闯北的形象。

近江商人最大的特点是离开家乡到很远的地方从事商业活动，后来许多近江商人逐渐成了江户（东京旧称）、大阪和京都等地的大商人。如今，三井物产、伊藤忠商事、丸红商事这些日本代表性的综合商社的始祖便都是"近江商人"，松下幸之助、堤义明等现代著名企业家也均为近江商人的后代。由近江商人所提倡的"三方好"经营理念，源自"三井商道"的核心思想。

近江商人的"三方好"，具体讲就是"卖方好，买方好，世间好"，原典故出自江户时代中期的近江商人中村治兵卫写给后代的书信。原文是："就算去别的国家做生意，也要对这些商品用心，要考虑这个国家所有的人，不能只想自己的事，比起自己的事要更多地考虑大家都好。要更多考虑顾客的事，珍惜客户，这是做生意的根基。"

第一，最初的"卖方好"是指作为卖方的近江商人要好好赚钱，"以合理的价格卖好的商品"。行商并不是一锤子买卖，而是要一代又一代地长期交易。所谓的"卖方好"就是企业经营最基本的条件，也是指企业要对自己负责。例如，卖方（企业）的收支是否可以实现平衡，企业是否没有依赖于负债或其他公司的帮助，是否实现了独立自主经营。

第二，要做到"买方好"，不言而喻就是让顾客满意。让顾客用合适的价格买到好的东西，从靠谱的"卖方"购买有保障的商品，保持"卖方"和"买方"之间的长期交易关系十分重要，顾客对公司的信赖关系，是否能够长久地延续下去，也是构建"信用"的基础。这其实也就是神谷正太郎一直坚持谋求的"共存共荣"的商业状态。

第三，"世间好"，指的是对"卖方"和"买方"所生活的地域和社会有所贡献。近江商人从来不做一锤子买卖，十分重视所在区域经济的振兴，这也是他们建立长期信用关系的一种智慧。

"三方好"反映了"商业的目的是为社会、为人服务，利益是理所当然的报酬"的理念，这也是近江商人重视传统"仁"和"忠"价值观的体现。

第二节
"产销分离" 大显神威

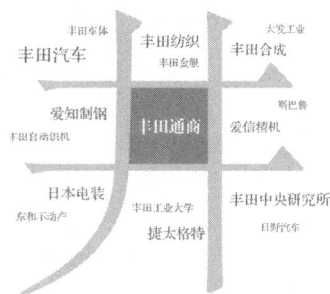

金融与产业之间的商人角色

1949 年，由于日本战后经济大萧条，以及企业经营不善，丰田公司的亏损达到了 7600 万日元，陷入了极大的困难之中，甚至不得不裁员和减薪。为了打开局面，重启公司，1950 年年初，三井财团提出丰田的《重建法案》，第一个建议就是把销售部门从制造部门中分离出来，单独设立一个丰田汽车销售公司。

将销售与制造两者分开的用意是增强金融力量。为此，丰田公司向日本公正交易委员会提交相关说明：汽车的销售本来是生产的继续，是汽车工业的有机组成部分。但是，客户有时却因为资金困难而不能买进新车或者暂时不能支付巨额的车辆货款，而扭转这种局面的办法就是实行按月付款的销售制度。只有建立起这种制度，汽车工业才能进一步发展。

但是，要实行这个制度就需要巨额的周转资金，由汽车的制造单位筹集这项资金毕竟是有困难的。所以，丰田在三井的主张下，准备把生产资金和销售金融分开，想让销售公司单独去筹集这些巨额周转资金。然而，作为金融总管的时任日本银行总裁万田尚登及其下属们一开始并不支持，他们一贯坚持的论点就是：设立对消费性的公司企业的金融放贷业务"为时尚早"。

一直以来，日本三井财团被认为是"产商融结合"的成功典范，但在金融与产业之间还需要商业作为衔接，丰田成立的销售公司就在一定程度上扮演了连接金融与产业的商人角色。回顾历史，日本汽车产业的发展完全是由商人带动起来的，只有熟悉市场、懂得贸易的商人，才能将汽车等制造业企业与庞大的金融机构有机联系起来，这样不仅能解决资金问题，更能解决长期发展问题。

早在 1683 年，三井家创立"两替店"（类似钱庄）开始涉足金融业务：江户（东京的旧称）和大阪两地的汇兑和货币兑换。当时在京都、大阪所在的关西地区，主要流通的货币是白银，江户所在的关东地区主要流通的货币则是黄金。当时，德川幕府的中央机关在关东江户，因此每年要将关西地区收缴的米粮税负输送到关东。输送的方式是将米粮在关西就地抛售，拿着白银回到关东，先换成黄金，再进入府库。

这样的输送方式并不安全，因为那时关西到关东的路上盗匪频出，导致现金输送成本高、风险大。同时，金银之间的货币兑换面临汇率波动风险，而且要支付中间费用。敏锐的三井商人便发现了一条新的财路，原来三井在江户和大阪都有多处产业，主要从关西地区采购纺织品（比如著名的"西阵织"绸缎），输向关东，而这也往往需要关东方面携带大量黄金来到关西。

三井向幕府方面提出了一个改进方案：幕府在关西抛售米粮换得白银之后，将白银支付给京都的三井商号，然后直接从江户地区的三井商号提走黄金。这个过程中，三井方面不收取任何费用，但条件是幕府支取金币要等 2 至 5 个月。然后，三井在京都拿着幕府支付的白银，直接采购纺织品运往江户。如果有差额，也可以在三井两地的分号间内部记账。幕府接受提案后，三井商人很快便由此掌控了大量的金融业务。

1950 年，在丰田濒临倒闭之际，神谷正太郎建议三井财团，采取重建措施，实现产销分离。由此，三井财团制定了《重建法案》，对丰田公司提供帮助。具言之，由三井银行牵头，聚集 20 家名古屋地区的银行组成银团，给丰田公司放贷 2 亿日元。以此为条件，由三井财团主导，对丰田公司进行重建与重组。此后 20 多年，实际上是石田退三与神谷正太郎主导着丰田公司。

所谓"重建"就是"产销分离"，要求丰田公司把销售职能从生产活动领域中独立出来，单独成立丰田汽车销售公司，而原先的公司更名为丰田汽车工业公司。所谓"重组"就是安排石田退三负责丰田汽车工业公司，神谷正太郎负责丰田汽车销售公司。两人都是从三井财团成长起来的职业经理人，擅长商务活动，并在各自的成长经历中，都与三井财团有着密切的联系。

"以商务为主导"的格局与态势

1950 年之前，丰田喜一郎领导下的丰田汽车公司，被人当作"乡巴佬"，有别于日产汽车公司这样的"城市人"。然而 1950—1980 年，迅速崛起的却不是"城市人"，而是"乡巴佬"。了解丰田创业的历史，可以使我们真正懂得管理学大师德鲁克说过的一句话：任何想要持续发展的企业，都必须建立自己的事业理论，并懂得依靠组织起来的内在力量，去超越自我、战胜对手。

丰田喜一郎领导的丰田汽车公司，存在着致命的缺陷：产品缺乏强有力的商务活动领域的支持。丰田喜一郎受父亲的影响极大，是其父亲丰田佐吉的追随者乃至模仿者。用他的儿子丰田章一郎的话说，父亲是一位"百分之百的、名副其实的工程师"。子承父业，丰田喜一郎从他父亲丰田佐吉那里学到的，也只是如何成为一名工业品的发明家兼实业家。

有着"中国管理学之父"美誉的包政教授，在他的《营销的本质》一书中阐明："丰田汽车公司的崛起，不仅得益于生产活动方式，更得益于商务活动方式。丰田比通用汽车更注重把商务活动的触角向后延伸，从经销商、零售商，直至最终的消费者，走进需求链，走进消费者的生活方式之中，在那里构建'企业—消费者'的供求一体化关系。"

> **《营销的本质》**：中国人民大学商学院的包政教授十年磨一剑之作，颠覆了科特勒营销思想，首次提出"社区商务方式"概念。该书的目的是帮助读者深入理解营销的本质含义，分析了营销方式的演进及发展模式。同时书中也穿插了一些企业案例，帮助读者理解相关理论。

很多人以为，丰田的成功在于生产活动方式，而不是商务活动方式。这种观点很快"人云我云，以讹传讹"，其中尤为凸出的是 1990 年《改变世界的机器》一书所述的丰田的成功观对人们的影响。这本书的作者是麻省理工学院的一帮学者，他们花了 500 万美元，前往丰田实地考察研究，最后得出一个结论：丰田的成功与成就，在于独特的生产方式，并正式将其命名为"精益生产方式"（Lean Production）。

作为研究德鲁克管理思想的中国第一人，包政教授在《营销的本质》中指出："丰田公司的崛起得益于三井财团的介入。可以说，如果没有大资本做后盾，没有擅长商务活动以及具有资源整合能力的三井财团的协助，丰田公司早在1950年就倒闭了。"三井财团及其三井物产的介入，强化了丰田公司的商务活动领域，促进了丰田商务活动方式的形成及其转变。

当时担任日本银行名古屋分行行长的高梨壮夫，在与丰田销售经理神谷正太郎、丰田集团社长石田退三以及帝国银行（现三井住友银行）的高层沟通之后，认识到汽车工业联系面很广，如果丰田汽车公司破产，仅东海地方就会有将近200家中小企业随之覆灭。于是，高梨壮夫前往日本银行总行，极力强调扶植汽车工业的重要性。

不久之后，三井与丰田的主张就被日本银行总行的首脑们接受，这也为丰田汽车销售公司的成立扫清了最后的障碍。同时，以帝国银行、日本银行名古屋分行为核心的金融财团也迅速为丰田公司提供了2亿日元的贷款，以帮助其渡过难关。后来，这种银行财团的贷款方式也逐渐扩展到其他制造厂，有力地促进了日本战后汽车工业的恢复。

三井财团非常清楚，如果丰田公司不能构建商务活动领域以及强化产品销售职能，就不可能改变丰田公司"以生产为主导"的格局与态势，市场需求也不会发生在丰田的产品上，2亿日元的贷款迟早会"打水漂"。产销分离之后，深谙"三井商道"的神谷正太郎开始强势运作。

神谷正太郎的强势是很出名的，广告宣传从来不提丰田汽车工业公司，只说"销售的丰田，服务的丰田"，与日产公司的广告语"技术的日产，出口的日产"形成鲜明的对照。神谷正太郎的意图是，确立丰田汽车销售公司的龙头地位，明确产销之间的"价值排序关系"。简而言之，就是销售听市场的，生产听销售的。借用神谷正太郎的话说，就是"有需要者，才有销售者；有销售者，才有生产者"。

销售和生产一样要先投资

1950年4月，丰田汽车销售公司正式设立，神谷正太郎担任首任经理并这样阐释他的抱负："我对于销售公司的分离和独立，原来就是抱积极态度的。三井财团对于新设立的汽车销售公司主要是期望它在金融方面发挥作用，我的设想则是希望让新设立的丰田汽车销售公司对于如今所说的'市场销售活动'发挥全面的推动作用。"

随着丰田汽车销售公司的成立，丰田也实现了从传统的"生产多少辆就卖多少辆"向"能卖多少辆就生产多少辆"的思想转变，即汽车工业公司按照汽车销售公司的订货量安排生产，汽车销售公司则负责这些产品的销售。汽车销售公司需要恰当地预测市场的需求，通过市场销售活动，把产品圆满地推销出去。这种将销售业务作为一种专业，同时设置独立销售机制的企业单位，在汽车领域是没有先例的。

丰田汽车工业公司与丰田汽车销售公司之间的协定书规定：丰田汽车工业公司同汽车销售公司在协商的基础上确定年度、季度和月份三种生产计划。年度计划在上一年的 10 月中旬以前确定。季度计划在每季开始前的 15 天确定。月份计划的具体交接日程也通过协商来确定。产品的货款采取现金支付和汇票（期限为 60 天）两种形式进行结算，出口价格则另行商定。

由于丰田汽车销售公司的成立，日本汽车产业也由卖方市场逐渐转变为买方市场。1957 年的日本仅有小轿车 21.8 万辆，其中私人轿车为 14.5 万辆，但是神谷正太郎坚定地认为："汽车的潜在需求是无限大的，只是因为国民收入低，所以一般群众买不起。"为此，他在掌管丰田营销大权后投入大量精力挖掘社会对汽车的潜在需求。

1959 年年初，神谷正太郎在名古屋近郊创办了中部日本汽车学校，教授汽车驾驶技术，招生对象则是平民百姓。中部日本汽车学校建造了 2.9 万平方米的跑道和大量教室、宿舍，总投资额为 4.2 亿日元，而当时丰田汽车销售公司的总资金只有 10 亿日元。考虑到当时汽车使用还远没有普及，神谷正太郎此举令许多人感到无法理解。

对此，神谷正太郎从商业角度解释道："你想向没有电的地方推销电气产品，这大概是没有道理的吧。同样，让没有驾驶证的人买车，也是没有道理的。不

如建立一个学校，让男人、女人都轻松、愉快地来学习驾驶技术，使持有驾驶
证的人多起来。这些人就是汽车的潜在需求者，掌握驾驶技术的人越多，潜在
的需求者就会越多。"

面对来自社会和公司内部的非难与批评，深谙"三井商道"的神谷正太郎
表现得非常平静，他表示："和生产必须先投资一样，销售也要先投资。如果只
是全力挖掘当前社会上的潜在需求，企业就会很快走上绝路。如果考虑到 5 年
或 10 年以后的长远情况，就应该从现在起努力扩大社会上的潜在需求。因此，
即使牺牲眼前利益，也是不得已的。"

过了大约三四年，日本其他几大汽车公司才开始意识到神谷正太郎的长期
策略是何等高明，纷纷步其后尘，在全国各地办起汽车学校，准备迎接爆炸性
汽车普及化时代的到来。尽管神谷正太郎曾说自己从未卖出过一辆汽车，但是，
他在汽车销售方面所表现出来的远见卓识，向人们证实了他无愧于"销售之神"
这一称号。

丰田汽车公司的创始人丰田喜一郎有一句名言：销售汽车要比制造汽车更
困难。丰田汽车之所以能在世界市场上不断扩大销量，很大程度上是仰仗了销
售部门从公司创业以来艰苦卓绝的努力。丰田销售部门的核心人物就是神谷正
太郎，他的远见卓识不仅成就了丰田汽车公司，也为日本的经济繁荣做出了杰
出的贡献。

总是走在同行的前面

三井财团主导的《重建法案》将丰田的生产工厂和销售公司分开，其最大
优点在于"采取分工体制，制造部门专心从事生产，而销售部门专心从事销售
工作"。丰田汽车工业公司把所有生产出来的汽车卖给丰田汽车销售公司的经销
店，货款由销售部门支付给制造部门。两者之间的汇票结算时限按照约定好的
60 天，这一期限比一般的汇票要短得多，几乎就等于现金交易。

这样一来，制造部门收回货款的难度就减小了，同时大大减轻了利息方面
的负担，资金周转也变得非常自如。因此，制造部门就能够把从前销售经费占

用的资金投入到设备的升级换代中去，当然这些也为丰田汽车能够开展无贷款经营奠定了一定的基础。相反，在日产公司内部，因为生产和销售并没有分离，往往发生不得不把计划投入到设备升级的资金，用作销售经费的情况。

1965年1月，日本经济危机爆发，日产汽车等公司不得不节制设备投资，而造成这一情况的原因就是其未能实现产销分离，导致大量资金被用作支持销售店的需要，不能像丰田那样快速将资金投入到设备升级中去。这次经济危机也是日本消费品市场更新换代的大变动时期，由于有着充足的资金支持，丰田汽车迅速实现了设备升级，占得先机。

在神谷正太郎的带领下，丰田公司总是走在行业前列。尤其是在有关销售方面，神谷正太郎就是日本汽车行业的先驱者。以日产公司为首的其他汽车厂家，几乎都是在亦步亦趋地追随神谷正太郎。1980年，神谷正太郎去世，为了表彰他生前的功绩，日本政府追授他一级瑞宝勋章。神谷正太郎推行的生产和销售分离制度，在一定程度上实现了生产体制和销售体制的同时进行，这种模式不仅对汽车产业有所帮助，同时也极大促进了日本经济的发展。

日本是商品经济发达的国家，从生产资料到生活资料都是供大于求的买方市场，消费决定着生产，产品销售竞争十分激烈。为了进一步适应国内和国外的买方市场的要求，日本产销分离的情况日益明显。生产部门集中精力开发产品，千方百计更新品种，提高质量，降低成本，来满足和刺激消费。同时，市场信息反馈，产品销售和生产原材料的供应，则主要由不同层次、不同形式、不同功能的商业流通企业来承担。

进入20世纪80年代以后，产销分离的模式便不再是丰田汽车的专利了，日产汽车也开始走上了这条道路。日产汽车公司当时年产各类轿车、旅行车、轻载货车247万辆，除占1%的救护、消防等特制车辆由工厂直接销给用户外，其余99%的普通汽车都经过商社对外出口，

> **产销分离**：以专门进行商品交换的独立化的商人为纽带，联结生产与消费的商品运动形式。简言之，生产与销售分开，生产企业只负责把产品生产出来而不再成立单独的销售部门去销售产品，它通过成本核算直接把产品卖给销售公司；而销售公司作为只负责销售产品的独立法人而不再归属于生产厂。

或经过批发商、零售商在日本国内销售。日本各地经销日产汽车的批发商有 258 家，零售店则多达 3700 个。

日本生产日用电器最大的厂家——松下电器公司（属住友财团），其对外出口也由住友商事等综合商社经营，国内销售则设有专门的营业本部，在日本全国有 18 个营业所、90 个批发中心、300 多家专卖店。销售营业本部虽然隶属松下公司，但生产与销售部门各司其事，自负盈亏，实际上就是另一种形式的产销分离。

事实上，日本实行产销分离模式有着诸多好处，其中最为重要的就是加快了商品流转，节约了人力、物力，减少了资金占用。经销商对工厂常年订货，对用户分批供应，商流先行，物流合理，工厂只需储备生产周期内的用料和装配件。一般工厂很少设置仓库，流通部门的仓库也是中转性质的，不搞长期储备。总的说来，产销分离，不是增加了流通层次，而是各司其职，相互依存。

丰田车体　丰田纺织　大发工业
丰田汽车　丰田金服　丰田合成
爱知制钢　丰田通商　麻巴鲁
丰田自动织机　　爱信精机
日本电装
东和不动产　丰田工业大学　丰田中央研究所
捷太格特　　日野汽车

第三节
秘而不宣的商战情报网

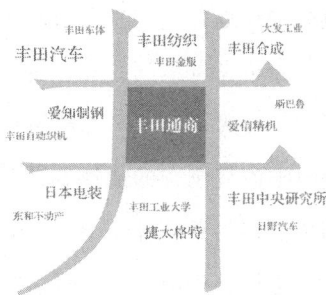

丰田的计划调查部

　　1956 年 12 月，出身三井的神谷正太郎决定在丰田汽车销售公司内部设立"调查室"，负责人是曾在名古屋通产局工作过的今津岩夫。神谷正太郎对今津岩夫说道："本公司没有一个从整个公司的角度出发去收集、分析情报的科室，希望你组织一个了解全局情况的部门。"同时，神谷正太郎还确立了"不惜金钱，调配优秀人才，放手工作"的情报方针。

　　很快，"调查室"便升级为"计划调查部"。虽然当时大多数大企业都设有专门的市场调查部门，但是丰田汽车销售公司的"计划调查部"，在其活动范围和重要性方面，与其他企业有着很大的差别。其主要任务是从事市场调查，预测长期需求，借以促进销售工作。这种调查，对整个丰田集团在决定汽车工业公司的商品计划和汽车销售战略等方面起着重要作用。

　　丰田计划调查部的第一项工作就是搞出一份"丰田市场指数表"，这是按照日本都、道、府、县对所需要车型的动向分别进行调查的统计表。这份市场调查统计表的项目多达 60 项以上，其中包括车辆类别、颜色、车型、购买日期、车辆检查日期、人口、户数、收入、工厂数、学校数、企业单位数、事业单位数、电影院数、道路状况、研制计划等，而且对调查结果都做了相应分析。

　　以这些数据为基础，计划调查部计算出各地区的需求动向，制定经销店的销售目标，以及丰田汽车工业公司的生产计划和丰田汽车销售公司的推销策略。由此，丰田汽车销售公司可以为各地经销店提供有关"本月市场可能卖出多少辆，经销目标应定为多少辆"的情报。当然，丰田汽车工业公司也可以根据车辆分配计划，生产当月所需要的车数。

除了来自本国和欧美的经销店、推销员的经常性市场情报信息，计划调查部每年要进行两次全面的市场需求动向调查，每年约开支 6 亿—7 亿日元。为了及时把市场调查的情报和信息结果反馈给工业公司，工业公司的产品计划室和销售公司的商品计划室、销售扩大部经常召开联席会议研究对策，丰田公司领导人也很善于通过这些科学的经济情报做出正确的经营决策。

早在 1959 年，丰田汽车工业公司首次建设日本真正的国产轿车专用工厂——元町工厂时，丰田计划调查部在制定基本数据和确定大众品牌车价等方面就做出了巨大贡献。此外，丰田计划调查部在此时就已经从市场动向调查报告中预测到一个结果：1970 年以后，日本国内的汽车需求增长率将要下降至一位数，所谓两位数增长的时代宣告结束。

在预测日本汽车需求产量下降的同时，丰田计划调查部把目光转向了美国汽车市场，迅速对美国汽车的性能特点、市场购销状况、消费趋势等进行了大量的调查分析并很快得出结论：低耗油量将成为美国汽车消费者考虑的重要因素。于是，丰田便设计出了油耗量少、价格低廉的汽车投放美国市场，成功打开了美国汽车市场并取得了骄人的成绩。

如今丰田获取情报早就不再依赖单独的计划调查部，对情报工作的重视已经融入日常的企业经营之中，并体现在公司的管理制度之上。丰田公司管理的一条重要原则就是公司非常重视全体员工的集思广益，不惜代价搜集情报和征求合理化建议，公司内部自办《丰田新闻》《社内通讯》等报刊，不断研究国内外情报，总结新经验。

对此，第 8 任丰田汽车社长奥田硕曾表示："所谓丰田的信息网虽然不是很正式，但是相当厉害。例如，哪家公司的谁在美国与谁接触，像这方面的信息搜集，丰田人是做得非常好的，只是没有说出来罢了。正因为信息迅速准确，所以能够实时判断出下一步要怎么走才不会遭到冲击。"正如奥田硕所说，丰田的信息网"不是很正式"，只是全公司都在做着日常性的信息搜集工作。

对情报的强大掌控能力

20 世纪 50 年代后期，丰田公司初次进军美国市场便碰上了坚固的壁垒。截至 1959 年年底，丰田只在美国卖出了 287 辆小轿车，一度成为美国人嘲笑的对象。当时，生产大型豪华车的"福特"和"通用"汽车品牌牢牢霸占着美国汽车市场，而日本车则是低价低质产品的代名词。于是，在第一次进军美国失利以后，丰田开始潜心研究美国消费者的需求。

在市场信息情报调研方面，丰田展现出日本人特有的精细。为了解美国人的生活习惯，丰田派调查人员深入美国家庭充当"卧底"。卧底以学习英语为由寄宿在美国家庭，在和美国人朝夕相处的过程中把他们生活起居的各个细节，包括吃什么食物、看什么电视节目——记录下来。

通过一系列的周密调查，丰田发现看似密不透风的美国汽车市场其实蕴含着巨大的需求。汽车在许多美国消费者的眼中已经不再是身份的象征，而是纯粹的交通工具。越来越多富裕的美国家庭纷纷迁居城郊，并为出行方便考虑购买第二辆汽车。愈发拥挤的交通也让美国车的大马力不能在交通阻塞的道路上充分发挥性能，而宽大的车体也给停车带来了困难。

在有了充足的信息情报支撑后，丰田进行了一次大胆的预测：未来美国市场对低价、节能、小巧车型的需求将会大增，而美国汽车公司并没有意识到这一问题，还继续生产以往的高能耗、宽车体的豪华大型车，这无疑是丰田汽车最好的机会。此后不久，丰田公司便重整旗鼓，推出了针对美国家庭需求而设计的旅行车，结果大受欢迎。

当然，丰田不仅搜集市场的信息，也时刻关注竞争对手的情报。在进入美国市场的同时，丰田掌握了小型车市场竞争对手——德国大众的详细资料。调查表明，德国大众高效、优质的服务网打消了美国人对外国车维修困难的疑虑，而暖气设备不好、后座空间小、内部装饰差是众多美国消费者对大众车的抱怨。针对这些情报，丰田积极学习大众汽车的优势，同时尽可能地规避问题。

可以发现，丰田汽车在每一个细节的设计上都充分考虑了美国消费者的实际需要。例如，美国男士，特别是年轻人都喜爱喝玻璃瓶装饮料而非纸盒装的饮料，车内就专门设计了放置玻璃瓶的冷藏柜。咖啡是美国人生活中必不可少的一部分，为此丰田公司就专门发明了杯托。此外，相对宽大的驾驶室也使身材高大的美国人拥有更好的驾驶体验。

凭借强大的情报搜集处理能力，以及对市场需求的准确把握，日本丰田汽车在美国汽车市场一举成名。丰田为美国人专门开发的轿车——科罗娜（Corona，光冠）在推出的当年（1965 年）就销售了 3000 多辆。在此后的十多年时间里，丰田汽车不断蚕食美国的汽车市场份额，到 1975 年时日本丰田已成为美国汽车市场的主流品牌。

在与美国通用、德国大众等欧美汽车巨头的商战中，日本丰田后来居上，其成功的秘诀就在于对情报的强大掌控能力。20 世纪 70 年代，丰田有国内经销店 250 多家，国外代理店 148 家，并使用最新通信设备，随时把最新数据、情报汇总到调查部。每次专项调查的对象都在 6 万人以上，调查费达 6 亿—7 亿日元。调查范围之广，开支之大，在日本业界首屈一指。

当今世界，企业情报机构把促进国家的经济繁荣和提高国民的物质生活水准作为其首要目标，恐怕除了日本之外，别无他国。在日本搜集的情报中，大约 85% 甚至 90% 都有助于改进日本的工业产品和提高其竞争力。日本的情报体制属于"官民协调体制"，即宏观的社会经济情报以政府搜集为主，日本企业界则主要负责获取各国的先进技术、科技情报、市场信息等中微观的情报。

营销的核心就是情报

市场信息情报调研是所有营销成功的基础，商业的一切竞争到最后都是信息的竞争。任何产品情报、消费者认知情报、竞争对手活动情报，以及行业模式的玩法、技术服务，甚至是资本玩法，最后的竞争核心都取决于信息差。谁能够先获得最准确的情报、最本质的信息，谁就能领先一步，并迅速做出准确的决策。显然，三井的门徒丰田深谙此道。

丰田汽车公司有着严格和有效的管理制度，它对经济、社会和汽车专业方面的数据和情报的搜集与运用是其管理制度的组成部分。首先，调查部门根据从公司内外搜集的销售、市场情报和经济情报对整个市场进行预测。其次，销售部门根据调查部门的预测值、公司内的销售情报与商品计划，进行销售预测，制订销售计划。最后，生产部门根据销售计划制订生产计划。

丰田汽车公司全体职工根据上述产销计划执行公司经营计划，开展企业活动。制订全公司的有机性计划，重要的是要对长短期、营业、生产等计划中与需求相悖的地方进行调整。与此同时，营业部门也必须经常搜集、整理销售店的销售、接受订货、库存情报，通过数据具体掌握各阶段的情况。对计划与实际业绩的差异进行分析，探究原因，推动适合市场环境的推销政策。

以丰田坦途（Tundra）皮卡的"产品发布作战室"为例。2000 年，为了冲击北美全尺寸皮卡市场，丰田斥资 1 亿美元，推出了全新的"丰田 Tundra"系列皮卡，这是一款外形设计具有明显美式风格的大皮卡，同时又具备多功能性，集合了 SUV 的越野性能、卡车的载货能力、轿车的舒适性。

为了完成预定 30 万辆的销售目标，丰田公司成立了专门的卡车发布团队——"产品发布作战室"。在正常情况下，各个部门之间应各司其职，如市场部、产品规划部、信息发布及公关部，它们虽然相互沟通，但都保持着相对的独立性。新的团队打破了原有部门的界限划分，包括经理和员工共计 14 人，每一个部门都指定成员参加。

> **竞争情报：** 传统情报的必然延伸和发展，也是一种过程，在此过程中人们用合乎职业伦理的方式搜集、分析、传播有关经营环境、竞争者和组织本身的准确、相关、具体、及时、具有前瞻性以及可操作性的情报。其核心工作就是建立一个情报系统，帮助管理者评估竞争对手和供应商，以提高竞争的效率和效益。

"产品发布作战室"致力于"丰田 Tundra"皮卡的市场发布和推广，以及分管市场激励、销售、推进职能的各个部门之间的有机结合。每周 3 个工作日，他们都集中在"作战室"内工作，剩下的两天才被允许回到原来的部门办公。这并不是一个传统概念的部门办公室，而是在丰田汽车公司美国加利福尼亚销售总部建立的临时基地。

销售团队的成员们在"产品发布作战室"里进行头脑风暴并总体规划、制订发布方案和计划。每个人同心协力，分工明确的工作流程保证了卡车发布时所有必备的工作进程各就各位。在这个"作战室"中，原本属于市场部、产品部和公关部的各类信息情报被迅速展现、汇总，工作效率有了极大的提升。

为了强调皮卡的牵引动力，"丰田Tundra"的媒体见面会，一反常态地邀请了《前行中的农民》《载船拖车》《发掘承包者》等杂志的记者，而不是以往汽车、生活时尚类的媒体。广告部订购了用以展示的分拆式汽车，有助于媒体更加详尽地了解各个部件，以此来宣传其部件的可靠性。由于情报交流得当，消费群体选择合适，"丰田Tundra"皮卡发布会大获成功，并向着预定的销售目标大步迈进。

丰田坦途皮卡的北美市场"产品发布作战室"是将情报运用于营销的一次成功实践。通过"作战室"模式，丰田可以使销售专家、情报经理、分析师、信息搜集者以及其他支持、了解该项目情报的团队成员快速聚集到一起，实现情报的实时互动。可以说，营销的核心就是情报，谁能更快地获得情报，谁就能掌握市场的主动权。

三井物产全球通信网

三井物产（综合商社）长久以来信奉着一句箴言："情报是公司的命脉。"如果说丰田的信息情报机构"不是很正式"，那么以它的老师三井物产为代表的综合商社则完全可以被称作日本商业情报的中心，更是日本特有的经济组织和搜集日本社会经济生活中各项情报的重要机构。他们的工作效率相当高，传递情报的速度十分惊人，其情报网络之强大甚至被日本社会认为在"美国中央情报局之上"。

1967年10月，三井物产聘请大批金融技术、社会科学、技术情报等各个方面的专家组成了三井情报开发株式会社（MKI）。三井情报开发株式会社英文名称中有一个在当时很超前的概念——"知识产业（Knowledge Industry）"，在当时被译为"情报产业"。不同于丰田计划调查部以汽车产业为调查主体的模式，三井物产情报机构的工作内容几乎涵盖了政治、经济和社会生活的各个领域。

1971 年，三井开始构建"三井物产全球通信网"，在没有电脑、网络的时代，三井物产就利用电传机和中央数据处理系统联系全球。20 世纪 80 年代，经过十几年的发展，三井物产的情报系统已经初具规模，通过东京、纽约、伦敦、悉尼和巴林的五个电脑控制中心连接海外的 149 个事务所，拥有了一整套设备完善的情报管理体系。

进入 20 世纪 90 年代，随着信息技术和网络技术的广泛应用，原来集中于企业数据库中的数据和信息可以通过网络为更多的人所获取和应用，因而越来越多的企业加强了对知识生产、加工、传播和利用过程的管理。来自不同层次的信息源源不断，如何快速且高效率地提取有效信息，增强企业竞争力就成为一个亟待解决的全新问题，这也对三井物产原有的竞争情报系统提出很大挑战。

1991 年 10 月，三井物产将原来的情报调研部分离出来，升级为三井物产贸易经济研究所（现更名为三井物产战略研究所），作为三井物产控股的独立法人研究单位，主要从事经济方面相关的调查研究。该研究所下设国际情报部、新事业开发部和业务统括部三大部门，为各委托单位提供经济方面的专业调查研究服务，如今已经成为该领域最为权威的机构之一。

依托于三井物产遍布全球的商业、情报机构，凭借其在物流领域、信息资源、统和能力等方面的独特经验，三井物产战略研究所可以迅速对全球汇集来的大量情报进行分析研究，并在财团内企业群间共享，为财团谋划发展及战略布局提供有效信息。同时，综合商社还会利用其在全球众多的分支机构、雄厚的奖金、先进的设备与专业人员给政府外务省国际情报局的情报活动提供有力的支持。

三井物产战略研究所作为民间研究机构，无论是从研究的深度、广度和企业的接受程度来看，都比日本政府的研究机构更有效率。特别是在宏观经济研究领域，三井物产战略研究所的成果更是被日本企业界认为是经济变化的风向标，就连日本政府也经常利用它的信息。可以说，日本产业、经济方面的决策很多都来自这些财团旗下的研究机构，而不是靠政府部门和各所大学。

正是依靠强大的信息情报能力，三井物产注视着世界每一个角落的风云变幻，掌握着世界各地的经济动向和任何一个哪怕极其微小但贸易所需的情报，从而不断提高在世界经济中的竞争能力。当然，一个企业的长足发展必须与本国发展战略相结合，三井物产也在不断利用企业竞争情报系统搜集、提取各项政治经济信息，通过高度发达的计算机网络达到信息共享，紧密结合国家战略。

三井物产等综合商社在不同时期，会根据国家的需求确立不同的重点情报调查领域。20 世纪 60 年代，日本将引进国外技术和设备作为工业发展的关键，三井物产便利用其在国际贸易中的便利条件，积极为日本搜集欧美国家的先进技术情报。而进入 80 年代，当日本逐渐从产业吸收向产业输出国转型后，对中国等新兴国家的市场调研则逐渐成为三井物产的情报工作重点。

第四节
造车必先育人

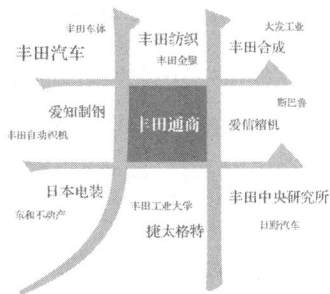

适合当社长才被选任

1950 年，在以帝国银行（现三井住友银行）为首的金融财团的要求下，石田退三临危受命，出任丰田汽车第 3 任社长。出身三井的石田退三刚一上任就提拔丰田英二担当副总经理，主要负责汽车生产；又派丰田英二访问美国福特汽车公司，学习美国人如何造车。正是这次访问，改变了丰田汽车公司生产的汽车，也改变了全球汽车业。

接手丰田汽车时石田退三已经 62 岁，不再是一个年富力强的管理者。因此，他多次表示：一旦丰田公司走向正轨，就会把企业交还给丰田喜一郎。然而，1952 年丰田喜一郎因突发脑出血去世，接班人计划不得不提前启动。于是，石田退三选定丰田英二为接班人，早早将许多经营的重任托付给丰田英二。

丰田英二 1913 年出生于日本名古屋，是丰田集团创始人丰田佐吉的侄子。受家族的熏陶，丰田英二从小就爱摆弄一些小东西，不论是自制收音机，还是去父亲丰田平吉的厂房里偷偷摸摸研究蒸汽引擎机的内部构造，均彰显了他对机械制造的喜爱，这也决定了他之后的发展方向。1936 年，从东京帝国大学工学部机械制造专业毕业后，丰田英二顺理成章地进入了丰田自动织机制作所。

丰田英二的第一件工作和自动织机并没有关系，而是协助堂兄丰田喜一郎"建立汽车研究所，调整造汽车所需的机床"。此后，丰田英二做过与汽车有关的各种工作，全都与技术有关，譬如：分解购进的德国汽车、把有关零部件画成图、对东京周围的汽车制造厂家进行调查等。1945 年，在丰田喜一郎的副手赤井久义的推荐下，32 岁的丰田英二成了公司最年轻的董事。

1955 年，丰田公司向市场推出了经典产品"皇冠（Crown）"轿车。主管技术的副社长丰田英二直接参与了开发研制，并亲自把第一辆"皇冠"车开下了生产线，接着又造出了豪华"皇冠"车。在石田退三的精心培养下，丰田英二已经可以独当一面了，皇太子明仁（后来的明仁天皇）夫妇到公司视察期间，正是在丰田英二的陪同下驾驶"皇冠"轿车在汽车厂区兜了一圈。

1957 年，丰田组建了柴油车系列经销店。丰田组建柴油车经销店的行为在当时的日本社会引起了不小的争议，原因是五十铃公司早已开始生产柴油车。五十铃起步早于丰田，也是二战时期生产军事汽车的中心厂家之一，与日产、丰田合称为"汽车御三家"。因此，不少人认为丰田、日产不应该再加入进去了，以免互相残杀。

为此，丰田英二还被日本通产省召去谈话，重工局的课长柿坪精吾劝他："通产省希望能促进日本产业尽快国际化，各企业间要相互提携。丰田停止销售柴油车的计划吧。"丰田英二把谈话内容告诉社长石田退三后，获得了他的由衷支持："为了争一口气，也要加设柴油车店！"于是没过多久，在石田退三的支持下，丰田英二完成了柴油车经销店的建设。

1961 年，石田退三功成身退，并将社长重任交付给了来自三井银行的中川不器男。1967 年 10 月，中川不器男因突发性心脏病去世。于是，在丰田资深顾问石田退三的推荐下，时任副社长的丰田英二接任中川不器男的职务，成为丰田史上第 5 任社长。虽然社长突然去世，由副社长升任社长是顺理成章的事，但许多媒体都在宣传"大政奉还""大权归还丰田世家"。

> **大政奉还**：1867 年，即日本庆应三年，第 15 代将军德川庆喜把政权还给了天皇，标志着持续 260 多年的德川幕府统治结束，此后明治天皇带领日本走上了强国之路。1967 年，丰田英二出任丰田汽车社长，日本媒体也用上了"大政奉还"的字样，表现出当时日本经济界对丰田家族重新接管丰田的期望。

在丰田英二就职后的首次记者招待会上，就有记者问："你是不是因为是丰田家的人才当上社长的？"对此，丰田英二斩钉截铁地回答说："我想，因为我适合做社长，所以才被选上。"后来这句话被人一再引用，成为名言。事实最终也证明了，丰田英二并没有辜负石田退三的期望，他的确有能力成为丰田优秀的接班人。

1968 年，丰田英二成为社长的第二年，丰田"花冠"汽车成功逆袭美国市场，并最终成为世界上销量最多的汽车。至此，日本制造的汽车开始正式登上世界舞台。而后，在丰田英二的战略部署下，丰田开始在美国等发达国家开设工厂，并打造了与德国豪车争锋的雷克萨斯品牌。在他的手中，丰田不仅造出了与美国人同样好的汽车，甚至已经在某种程度上超越了自己的老师与对手。

名古屋丰田教育集团

20 世纪 60 年代初，随着丰田汽车生产规模的扩大和国内销售网络的构建，对汽车维修人员的需求与汽车生产制造同步增长。为了给经销店配备既精通自产汽车的构造和技术，同时也具有丰田品牌文化修养的维修保养人员，丰田计划建设自己的汽车技术学校。1961 年，丰田直营汽车维修学校获得设立许可，校址就选在丰田的大本营爱知县名古屋。

1963 年，在汽车职业教育领域，丰田在爱知县丰田市设立了一所国立高等专门学校——丰田工业高等专门学校。学校的目标为：培养有动手能力和基础学习能力、解决问题能力、沟通能力的，能够为社会做贡献，具有全球意识的技术人员。丰田工业高等专门学校设有 5 个学科，分别为机械工学科、电子电气系统工学科、情报工学科、环境都市工学科、建筑学科。

丰田工业高等专门学校的学生在掌握应用领域更广泛的基础学力的同时，还可以通过实践性的技术实验、毕业设计和见习经历，扎实掌握实践技能，甚至可以辅助丰田汽车公司。1996 年，该校又设置了专攻科，包括机电工程、建设工程和情报科学。专攻科以 5 年一贯制教育为基础，再进行 2 年的高度实践性、创造性教育，以培养能够应对尖端技术的实践性技术人员。

1976 年，日本《学校教育法》修改以后，丰田直营汽车维修学校更名为中部日本汽车整备专门学校，2007 年再次改名为丰田名古屋汽车大学（Toyota Technical College Nagoya，TTCN）。作为丰田集团的直属学校，得天独厚的资源优势使该校的设施充盈，实习场所的规模居日本同行之首，半个多世纪培养出的约 2.7 万名汽车技工遍布全国。

学校最大的特征是在丰田学习和在丰田工作的一体化。在浓厚的丰田文化氛围里，学生耳濡目染，从做人的品格到做事的态度等方面，逐渐树立丰田人的品牌意识，为将来成为丰田汽车的一员而准备着。此外，丰田的最新技术，诸如混合动力汽车和燃料电池汽车等方面的技术，总是能够被及时融入教学和实践之中，该校的人才培养计划始终与时俱进。

丰田名古屋汽车大学的毕业生几乎都会进入汽车行业，其中 90% 就职于各地的丰田及同系列的汽车售后服务店和维修店，作为服务型技师为客户提供汽车的维护保养和修理服务。当然，为了培养优秀的丰田品牌技术人才，学校的教育目标不仅仅是让学生拥有一流的汽车修理技术，教学课程中还贯穿着丰田的企业理念，从技术磨炼和人格形成两个方面，塑造具有丰田文化修养的未来汽车人才。

半个多世纪以来，丰田名古屋汽车大学紧跟丰田的步伐，以丰田的育人理念培养了一批又一批能够与时代同步、对工作充满自信、对职业拥有自豪感的汽车维修工程师。此外，丰田名古屋汽车大学还有超过 20 年的留学生培养史，留学生们可以和日本学生一起上课，共同实习，同样参加考试获得日本国家认定的汽车维修技师的职称。

1981 年，丰田公司在名古屋设立了丰田工业大学（Toyota Technological Institute，TTI），为专门学校的毕业生提供继续深造的机会，这也成为丰田贡献社会活动的一环。丰田工业大学虽然小，但却是一所有特点的理科大学。学校设有工学部（先端工学基础学科），研究生院设有工学研究科（硕士课程：先端工学专攻；博士课程：信息援用工学专攻、极限材料专攻）。

丰田工业大学建校以来，一直实行 1 位老师带 8—9 名学生的小班教育，为培养出优秀的国际产业人才做出最大努力。此外，该校还和国际上 15 所大学缔结了合作关系，利用这一关系网可以辅助丰田汽车公司，在全球范围内鼓励学生到海外见习。由于丰田工业大学是丰田汽车为了贡献社会而成立的，所以学费和入学金在私立大学中是最便宜的。

在日本，除了丰田工业大学和几所专门的技术学校外，还有一所院校被誉为"丰田的后花园"，那就是本部位于日本爱知县名古屋市的名古屋大学。名古屋大学是一所日本顶尖、世界一流的著名研究型综合国立大学，也是日本中部地方最高学府。到 2019 年，该校已诞生 6 位诺贝尔奖得主、36 位日本学士院奖得主和 2 位日本国际奖得主。

名古屋大学内部建有一座"丰田讲堂"，是该校的重要标志性建筑之一。丰田公司的总部所在地丰田市，离名古屋市也不过 30 千米的路程。丰田公司每年都会从名古屋大学录取很多相关专业的学生，甚至有传言说名古屋大学一半以上的毕业生都会被丰田公司内定。由此，源源不断的高质量毕业生给丰田的成长注入了更多的新鲜血液。

"人财育成"的现场教育体系

丰田强调人才培养是企业的使命，教导他人是每一个经理人的核心任务，也是每一任丰田社长的核心价值观。丰田"中兴之祖"石田退三曾说过："我不懂如何制造汽车，但是让我来进行管理，公司可以放宽心。从丰田英二开始，我会让那些低级员工成长为优秀的管理人才。人才培养是丰田精神的基础，事业的成败在于人。人才要陆续地培养教育，一代一代地接续下去。"

对于丰田英二这样的接班人，石田退三可以手把手传授他内核是"三井商道"的"石田式经营"。而石田退三在丰田历史上最大的突破之一，就是开创了"现场教育（OJT）"体系。可以说，以 OJT 体系为核心，丰田获得了截至目前最核心的竞争力：员工改善力。后来大野耐一更进一步把这种员工改善力上升到现场主义的层面，成为丰田抗衡欧美公司的强大"秘密武器"。

所谓现场教育（OJT），就是英文"On the Job Training"的简称。在丰田，OJT 并不是一个单纯的现场学习，或者是让员工边工作边学习那么简单。在丰田有着特殊而重要意义的 OJT，是一种基于"人生价值"的现场文化体系，有学者用最简单的话把它总结为"基于现场的战略人生"。

丰田的现场教育，不仅仅是一个向员工传授解决问题的办法的知识体系，更多是回答"人生的价值从问题而来，解决问题乃是人自我提升价值最好的办法"。丰田的OJT，就是"构筑有核心竞争力的现场文化"。丰田的任何一个工作现场，都是在磨炼员工心态。丰田的任何一个工作现场，都是在打造团队文化。以OJT体系为核心，丰田开始了轰轰烈烈的"造人运动"。

石田退三一直强调三个目标，那就是"造物、造钱、造人"。所谓"造钱"就是要让丰田有钱可赚，所谓"造物"就是要生产出物美价廉的汽车，所谓"造人"则是指培养大批具有"丰田精神"的企业员工。三者之中，石田退三认为"造人"是"造钱"和"造物"的基础。在丰田，每个管理人员都会格外在意一个特别有价值的词——"人财育成"。

事实上，企业造产品只是表象，造产品真正蕴含的价值在于"造人"（making people），或者叫育人。不能够产生效益的学习不是真正的学习。如果把制造产品的过程，作为把员工智慧转化为创造价值的过程，那么员工就成了"人财"。"造车必先育人，丰田不只制造汽车，丰田还塑造人"，这些都是丰田公司核心的人才理念。

在丰田软实力中，对人的重视被提升到前所未有的高度。丰田经营的基本理念"人是最大的经营资源""制造产品就是培养人才"，体现了丰田的人才培养的基本："人才是成长的，人才是培养出来的"。显然，这种带有东方文化色彩的管理方式，是很多习惯于"欧美式管理体系"的人难以想象和理解的，但它的确成为丰田制胜于商界的重要法宝。

当被问到"在美国讲解丰田方式时遇到的最大挑战是什么"，丰田汽车北美制造公司的总裁酒井敦就曾表示："美国管理者总是想当经理，而不是教师"，"在丰田公司，每一位经理人都必须承担教师的职责，因为培育杰出人才是丰田公司的第一要务"。无论何时，良好的人才培养机制都是企业真正的核心竞争力。

丰田公司通常喜欢用一个故事来解释自己的人才培养理念：聪明的农夫只挑选最好的种子，然而无论再怎么精心挑选，也不能保证那些种子都会继续成长或结出甜美的果实。努力的耕耘是必要的，因为这样才能为丰硕的收获创造可能性。若不辛勤照料，即便是最好的种子，也不可能茁壮成长。显然，比起技术力量的提升，优秀人才的培养才是改善企业经营管理能力的关键。

丰田传承"人的三井"

1950 年，丰田喜一郎选择辞任社长以承担造成公司危机之责。辞职谢罪时，丰田喜一郎对继任社长石田退三的唯一要求是："请努力培训那些年轻的员工吧，请确保向他们传授一些管理的基本知识吧。"对此，石田退三欣然应允，因为他知道，无论是什么样的项目，如果要将其进一步发展壮大，首先要做的就是培养人才，这也是自丰田佐吉创立公司以来丰田最为重视的传统精神。

事实上，丰田对人才的重视深受三井财团的影响。三井物产及三井财团重视人才在业内久负盛名，在日本有着"人的三井、组织的三菱、团结的住友"之说法。所谓"人的三井"，是指三井物产是一家非常重视培养人才的公司，一家善于培养造福社会的优秀人才的公司。这里蕴含了三井家族的漫长历史传统，可谓三井财团的出发点。

1673 年，被誉为"三井家业之祖"的三井高利在江户创办了从事布料生意的三井越后屋，成为三井家事业能够延续近 400 年的根基。三井越后屋的成功，离不开由三井高利 10 个儿子及 5 个女儿组成的创业团队。在以"人的三井"为核心的培养理念下，三井高利在 17 世纪便打造出了一支既忠诚又团结，能力还强的家族事业管理团队。

早在三井越后屋创办前，三井高利便将长子三井高平、次子三井高富、三子三井高治、四子三井高伴等陆续送往江户的吴服店做学徒。等到三井越后屋开业时，这些在江户历练多年的儿子，早已成长为能独当一面的吴服业人才。这些人有的善于管理，有的善于销售，有的善于采购，有的善于金融，如此多的人才储备，让三井家的吴服事业赢在了起跑线上。

此外，三井高利的女儿们也被培养得知书达理、勤俭持家，有的嫁给豪绅富商，实现商业联姻；有的则嫁给年轻有为的伙计，令其先成为三井家的女婿，三井高利再让其入赘成为养子，改姓"三井"。如三井高利的长女嫁给了樱井孝贤，樱井孝贤入赘三井家改名三井孝贤，成为三井家重要分支松阪家的初代家主。三井家将这些人才凝聚在一起，便成为"人的三井"。

三井高利还将"人的三井"理念写进了《三井家训》中，要求"同族的少主，某一时期应和店员一样待遇，让他在掌柜和大伙手下做苦工，而完全不以主人对待"。这在丰田家族中也有充分的体现，无论是最早的丰田喜一郎，还是后来的丰田英二、丰田章一郎，年轻时

> **三井家训：** 在日本，家训是维系整个家族基业长青的活动准则和价值观念，是随着日本家族企业的创建和发展而不断趋于完善的风向标。随着社会时代的发展，像三井这样的老字号企业保持了旧有家训的延续性，在修改时也进一步注入了近现代的思想内容，以作为对家族成员和企业之间的约束。

都在丰田的工厂中担任过普通机师，经过十余年的现场磨炼，才最终有机会走向管理岗位。

随着三井家族产业的不断扩张，以血缘、婚姻为纽带的家族管理模式已经难以满足事业发展的需要。"人的三井"也在此时从"三井家族的成员培养"演变为"三井事业的成员培养"。1710年，三井家确立了了"奉公人制度"，"奉公人"即"店铺伙计"，该制度详细规定了三井家员工的招聘条件、业务职责、薪酬福利、晋升途径等规则。

自此之后，非三井家族的成员也可以晋升为三井家事业店铺的掌柜，甚至进入三井家族事业的最高管理机构"大元方"，成为外部董事，参与整个三井事业的决策和管理。如三井高治当家时，中西宗助、松野治兵卫等非三井家族的成员，便在"大元方"中担任要职，两人都是在三井家"奉公人制度"下，由店铺伙计一步步成长为店铺掌柜。

近代，由三井家"奉公人制度"发展而来的"现代职业经理人制度"更是对三井财阀的形成有着不可替代的贡献。被誉为"拯救幕末三井之人""三井中兴之祖"的三野村利左卫门，作为三井物产创始人、有"三井家大掌柜"之称的益田孝，作为三井财阀总经理、推动"三井组织机构改革"的中上川彦次郎等，均为三井家内部培养起来的"职业经理人"。

同时，三井财团的核心企业，如三井物产、三井银行等，一直是整个财团的人才摇篮，很多三井财团成员企业的社长都来自三井物产、三井银行的各营业部门。以三井财团成员企业丰田汽车为例，丰田汽车"首任社长"丰田利三郎、"中兴之祖"石田退三、"销售之神"神谷正太郎、"经营奇才"赤井久义等均为三井物产培养和引进丰田的职业经理人。

丰田车体　　丰田纺织　　　大发工业
丰田汽车　　　丰田合成
　丰田金融
爱知制钢　　丰田通商　　斯巴鲁
丰田自动织机　　　　爱信精机
日本电装　　　　　丰田中央研究所
东和不动产　丰田工业大学　日野汽车
　　　　捷太格特

第五节
向美国发起全面挑战

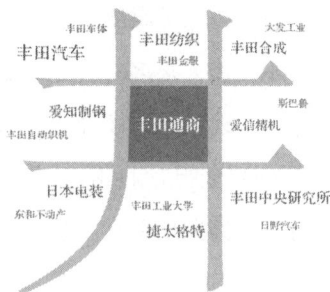

经营大权归还丰田世家

1967 年 10 月，丰田第 4 任社长中川不器男因突发性心脏病去世。当这位来自三井银行的社长不幸去世后，丰田汽车急需一个新领袖带领大家继续前进。于是，担任丰田资深顾问、同样是三井出身的石田退三（第 3 任社长），推荐时任副社长的丰田英二作为第 5 任社长，接掌丰田。

对于丰田英二出任社长，当时许多日本媒体都在宣传"大权归还丰田世家"。石田退三也在丰田英二的就任典礼上高度评价这位接班人："毫无疑问，丰田英二是丰田公司造就的，担任丰田汽车工业社长最合适的人选。丰田英二一直是我形影不离的伙伴，和我互相提携的朋友，能够让丰田英二接任社长，我很放心。"

丰田英二虽然来自丰田家族，却不仅仅是一位技术人员。在早期的成长过程中，他就参与了简单的商务活动。后来，在同是三井出身的石田退三和神谷正太郎的培养和教导下，丰田英二逐渐成为具备"三井商道"经营理念的合格领导人。可以说，丰田英二是丰田承上启下的关键社长，一方面继承了石田退三的"三井商道"，另一方面带领丰田不断变革，以适应全球化的进程。

1945 年，32 岁的丰田英二就成了公司最年轻的董事，如果不出什么意外，丰田英二将会成为像他伯父丰田佐吉和堂兄丰田喜一郎那样优秀的工程师。然而，在经历了战争年代的破坏以及战后初期的混乱后，丰田汽车濒临破产。1950 年，在按三井财团的要求对公司进行重组期间，丰田喜一郎被迫离开了公司，丰田英二在同年被石田退三提升为副总经理，从技术岗位走上了管理岗位。

不久之后，公司派丰田英二访问美国的福特汽车公司，一是考察汽车企业今后的前途，二是和美国厂商洽谈技术合作事宜。当时老福特（亨利·福特）已经去世，小福特刚刚上任，不可一世，对待这个来参观的丰田董事也十分傲慢。当然，他的确有骄傲的理由，因为当时福特工厂每天能生产 7000 辆轿车，比日本丰田公司一年的产量还要多。

然而，丰田英二并不迷信福特的模式，他在考察报告中写道："那里（福特工厂）的生产体制还有改进的可能。"丰田英二面对的是日本的国情而非美国，不同的情况就应该分别对待。战后的日本经济萧条，缺少资金和外汇，不可能照搬美国的大量生产方式，而是需要按照日本的国情另谋出路。在回国前，丰田英二又走访了美国的许多设备工厂，这也让他更加坚定了走自己道路的决心。

回到日本后，在石田退三等人的支持下，丰田英二和他的工作伙伴大野耐一从 20 世纪 50 年代初期开始进行了一系列的探索和实验，从日本的国情出发，经过 30 多年的努力，终于形成了完整的"丰田生产方式（TPS）"。正是凭借着完善的"丰田生产方式"和强大的"三井商道"，丰田英二带领丰田历经战后萧条、全球石油危机以及欧美关税壁垒等重重挫折，最终实现"丰田神话"。

"丰田入侵"引发美国危机感

时间来到 20 世纪 70 年代后半期，日美贸易战明显加剧，并于 1977—1978 年达到高潮。两次"石油危机"的发生使西方国家经济陷入战后最严重的萧条，贸易保护主义明显抬头。虽然这一时期日美贸易战在钢铁产业动静很大，但是真正的主角是汽车。日本的汽车凭借其体积小、节能、设计与性能好等优势大举进入美国市场。1980 年，日本汽车在美国市场上的占有率达到了 22%。

也正是从这一年起，美国媒体开始大肆攻击日本，业界领袖丰田自然首当其冲。当年春天，美国哥伦比亚广播公司（CBS）制作了一个名为"丰田入侵"的新闻特别节目，报道底特律的停滞和丰田市的兴旺。节目以大量篇幅描绘了美国工厂的悲惨景象，慨叹："底特律的辉煌时代已经成为过去。"随后，CBS 又连续推出美日对比的节目，在美国民众中引发了强烈的危机感。

1981 年 3 月，两个美国汽车工会的工人砸烂日本丰田小轿车的照片出现在了美国报纸上。美国工会鉴于失业情形严重，也介入抵制日本汽车的行动，呼吁美国国际贸易委员会严格限制日本的汽车公司。与此同时，克莱斯勒、福特两家美国汽车公司联合向美国国际贸易委员会正式提起诉讼，指控"丰田向美

> **世界汽车工业之都：** 1896 年，亨利·福特在底特律麦克大道的厂房里制造出了他的第一辆汽车。1908 年，近代工业史上著名的福特 T 型车在底特律的皮科特工厂正式下线。此后，在福特与其他汽车先驱者，如杜兰特（通用汽车创始人）、克莱斯勒、道奇兄弟等人的共同努力下，底特律慢慢成了世界汽车工业之都。

国市场倾销汽车"。此后，美国国内要求限制日本汽车进口的呼声越来越高。

很快，美国参议院便以 90 票对 4 票通过决议，要求卡特政府重新评估进口政策。美国国会也准备提出新法案：将日本汽车的进口额限制在 150 万辆的水平。对于美国的做法，丰田英二非常生气，他认为："我们成了美国企业不景气的替罪羊！"但是面对强大的美国，丰田不让步是不可能的，只好答应自动抑制出口。

既然出口汽车被限制，那么是否可以选择在美国直接投资设厂生产汽车呢？在得知丰田计划在美国设立工厂的消息后，美国通用汽车公司便委托一家日本咨询公司，向丰田转达试图合作的意愿。面对这意外的喜讯，丰田对通用迅速做出了反应，特别派遣了当时丰田销售部门负责人丰田达郎上门拜会，并邀请通用派考察团到丰田市参观访问。

1982 年，在纽约的一个私人俱乐部中，美国通用汽车 CEO 罗杰·史密斯与丰田会长丰田英二、丰田社长丰田章一郎进行了秘密会面，并当即决定进行深度合作。1983 年 3 月，丰田与通用签署协议：由丰田出资 1 亿美元，通用提供相应资产，在美国加州成立新联合汽车制造公司（NUMMI）。新公司拥有自己的董事会，董事会成员双方各半，总裁及主要管理人员则由丰田任命。

丰田对于这次与通用的合作非常重视，任命了熟悉美国习俗的丰田达郎出任合资公司 NUMMI 的第一任总裁。丰田达郎是丰田喜一郎的次子，作为丰田家族的第三代成员，是一名复合型人才，在美国纽约大学成功攻读 MBA，讲一口

流利的英语，而且长期在丰田的销售部门工作，擅长与人打交道。然而，丰田达郎上任后面临的第一个问题就非常棘手。

原来，通用在这项合作中提供的场地是此前因经营不善已经关闭的弗里蒙特工厂，而美国联合汽车工会却要求丰田录用这里原来的 5000 名员工，这些工人纪律性极差，缺席率高达 20%。对此，丰田达郎非常不乐意，但丰田英二认为，雇用这些工人不仅可以省掉一大笔训练费用，如果处理得当，还会为丰田赢得声誉。因担心丰田达郎不能完全领会自己的意图，丰田英二还数次亲临加州面授机宜。

在丰田英二等人的努力下，短短一年时间后，原来的那批工人在新工厂的旷工率骤减到了 2%。到 1986 年年底，新联合汽车制造公司的生产率名列通用汽车公司所有工厂的首位。此后，这家工厂一共生产出 800 万辆高质量汽车。用每百辆汽车仅有几辆瑕疵品的数据来衡量，丰田管理下的新联合汽车制造公司的成绩在全美是最优秀的。

产销合并，激发内部活力

1982 年，就在日本丰田与美国通用进行合资工厂谈判的同时，丰田英二在日本本土主导了一次重大的公司结构调整：丰田汽车工业公司和丰田汽车销售公司在经过 32 年的分离之后，决定合并。7 月，在爱知县丰田市丰田街 1 号的总公司大门前的草坪上，53 名新任董事全体列席，举行新公司社名石碑的揭幕仪式。

丰田英二和丰田章一郎携手为新公司丰田汽车株式会社（Toyota Motor Corporation）揭幕，这家大型企业的资本总额达 1200 亿日元。丰田英二正式当选为会长，山本重信（前丰田工业公司社长）当选为副会长，社长则为丰田章一郎（丰田喜一郎的长子）。在典礼上，丰田英二高声宣读公司的成立宣言："从今天起，丰田将要踏出新的一步。"

促使丰田英二做出产销合并决定的一个重要原因就是丰田汽车海外市场的成功。由于丰田进军美国汽车市场大获成功后，丰田在国外的代理店日渐增多，代理契约自然是由丰田销售公司去签订，可外国人总是要问为什么丰田汽车公司卖车，却由另一家公司来签约？丰田英二由此深感若要走国际化企业的道路，最好顺应国际惯例改变自身体制，将制造与销售合二为一。

丰田英二的想法得到了丰田长老、曾全力帮助丰田喜一郎开发汽车的冈本藤次郎的支持。这位来自三井物产的"丰田金库掌门人"一直很关心合并的进程，并积极为丰田英二出主意。丰田英二感动地说："冈本先生是丰田的大恩人。他最先替丰田汽车开拓了财源，如今又记挂着合并是否安全走上正轨的事。"

虽然得到了前辈们的支持，但产销公司合并的过程不容易。虽说丰田汽车工业公司与丰田汽车销售公司是同根生，但32年的时间说短也不短，丰田集团中当年的老员工已经不多了，在销售问题上，双方还经常陷入争辩，因而留给外人"丰田工业和丰田销售老是对立"的不良印象。因此，如何让两家企业的员工互相接受就成了最为核心的问题。

丰田英二特别重视人事控制，为使双方人员水乳交融，丰田安排制造与销售公司的人员逐步交流。先是低层员工，接着是中级职员，最后为高级职员，花了3年多时间才交流完毕。到了1984年9月，甚至连两家公司的董事和责任董事之间都彼此互调了。实际上，产销合并之后，内部人员的交流变得频繁且高效，给丰田集团带来了新的生机和活力。

对于丰田英二主导的产销合并，舆论界褒贬不一，有的说："合并是丰田新的合理化手段。"有的讲："合并其实就是为了裁撤掉丰田工业公司的冗员。"还有的认为："产销合并是对神谷正太郎模式的背叛。"实际上，丰田汽车工业公司和丰田汽车销售公司32年后的合并，并不是对此前产销分离模式的背叛，因为无论是产销分离，还是产销合并，其核心都是产业与商业之间的互动关系，而不是所谓的外在表现形式。

在汽车普及化的那段时间里，丰田产销公司选择分离，各司其职，双方配合得天衣无缝，因此获利甚多。当进入一个新的阶段，需要合力竞争海外市场时，产销分离的体制又会暴露出模式的弱点和不足，如不利于集团内部人员和信息的充分交流，丰田工业公司和丰田销售公司在许多问题上常常会站在自身立场上，考虑本位、局部利益居多，而较少考虑集团整体和长远的利益。

因此，丰田汽车产销的分与合都是在为整个集体服务时的外在表现形式，只要有利于丰田集团的整体长远发展，就不存在所谓的"背叛传统"。当然，丰田敢于将销售公司与制造公司合并的另一个重要倚仗就是丰田通商的成长。1980 年，丰田通商开始以汽车相关事业为主体加强拓展海外事业，逐渐承接丰田的贸易业务，并成为丰田在商业领域的核心企业。

日本丰田财团是一个由商人领导的大集团组织，由一个隐藏在深处的被称为丰田通商的综合商社组织，造就了如今丰田汽车的辉煌。而丰田汽车只不过是其庞大财团组织的一个组成部分，其仍有很多产业不为中国人所知。这个叫作"丰田通商"的综合商社正是那个"以人为本"的三井物产的翻版，因此也被称为"小三井物产"。

切下高端品牌的蛋糕

1983 年 8 月，丰田汽车公司召开了一次董事会。当媒体和公众以为这又是丰田例行总结公事、发表鼓舞人心言论的会议时，会议室的门突然封闭了，因为他们要开始这次董事会真正的也是绝密的话题。这个话题的代号是"F1"，其中 F 指的是英文单词 Flagship（旗舰）。

时任丰田汽车董事会主席（会长）丰田英二向公司的高层主管、设计师、工程师和企业战略研究专家们抛出了一个问题：我们可以创造出一辆豪华汽车去挑战顶级市场吗？除了丰田英二，当时几乎没有人认同向豪华车市场进军。甚至社长丰田章一郎都在犹豫不决，他认为丰田应该将他们做得最好的事情变得更好——为每个人生产可以负担得起的汽车。

但是，丰田英二进军高级轿车市场的决心非常坚定，因为他十分清楚当时丰田的状况。首先，由于贸易保护主义呼声高涨，丰田以往积极追求市场占有率、利润次之的策略必须有所改变，进军豪华汽车领域也是针对欧美限制进口日本车数量而采取的应变措施之一。其次，丰田在累积了半世纪的汽车研发和制造经验之后，其实力足以创造出傲视车坛的顶级轿车。

丰田一旦涉足豪华车市场，就必须和这一领域的顶级对手为敌，要面对梅赛德斯-奔驰 S 级、宝马 7 系的竞争。要生产顶级的豪华车，丰田必须投入巨资去开发新的发动机和底盘，然而豪华车市场的消费者需求取向对于丰田来说又太过陌生。就算丰田将发动机罩下的一切都做到完美，丰田还需要考虑乘坐的舒适性、内饰和外部的美感——这些都不是丰田的强项。

当然，丰田还面临着一个最大，也是最现实的问题，那就是如何让美国消费者愿意拿出接近梅赛德斯-奔驰 S 级轿车的钱去买一辆丰田汽车。毕竟从 20 世纪 60 年代进入美国市场以后，丰田汽车的形象一直都是物美价廉、小巧节能。此时，丰田强大的情报能力再次发挥出了重要作用，通过市场调研发现，美国汽车消费市场正在悄然发生着变化。

20 世纪 40 年代后期到 60 年代初期出生的美国人被称为 "Baby boomer"（婴儿潮一代），根据美国人口调查局的人口学概念，主要是指当时（80 年代）美国 20—40 岁的人群。这些人与饱经战争风霜的父辈相比，具有明显不同的价值观，他们很快将要进入壮年，其消费能力相对于父辈大幅度提高。年轻时，他们就是丰田汽车忠实的消费者，但是现在他们想要购买更高档的汽车。

丰田英二正是嗅到了豪华车市场的机遇，才决定投资 10 亿美元、投入上万小时的研究和设计来投产一款全新的高档汽车。作为丰田汽车的实际掌门人，丰田英二的野心是巨大的，他不愿放过每一个成长中的市场。可以说，丰田英二是真正具有胆识、谋略和胸怀的企业家，在丰田财团全球布局中起到了重要作用，是日本商界不可多得的中坚力量。

1989 年，研发投入高达 5 亿美元的丰田雷克萨斯（Lexus）诞生了。没有人会忘记丰田的雷克萨斯 LS400 在全球高级车坛所引起的震撼，汽车上市当年就销售了 16302 辆。两年后，雷克萨斯成了在美国销量最好的进口豪华品牌，并推出了新型号 SC 古贝。2000 年，雷克萨斯抢占了凯迪拉克北美最畅销豪华车的宝

品牌战略： 公司将品牌作为核心竞争力，以获取差别利润与价值的企业经营战略。其关键点是研究好消费者，在深入研究消费者的内心世界、购买此类产品时的主要驱动力、行业特征、竞争品牌的品牌联想的基础上，定位好以核心价值为中心的品牌识别系统，然后以品牌识别系统统率企业的一切价值活动。

座。从那一年起，丰田雷克萨斯就再也没有离开这个位置。

在尝到了品牌汽车的甜头后，丰田汽车从 2000 年夏天开始又连续推出好几个新车型，如坦途（Tundra）皮卡、阿瓦隆（Avalon）轿车、赛利卡（Celica）两门车和回声（Echo）紧凑型车。2001 年再次以平均 40 天生产一种车型的速度推出了几种新车型。加上 2000 年的 4 款车型，到 2001 年底的 18 个月中，丰田先后共有 13 款新车投放到美国市场。

2013 年 9 月 17 日，丰田汽车公司第 5 任社长丰田英二在爱知县丰田市的医院去世，享年 100 岁。就在丰田英二去世的前一年，日本丰田超越美国通用一举成为全球销量最大的汽车制造商。正是在丰田英二掌舵丰田的这些年里，不仅丰田汽车取得了极大的发展，同时也在很大程度上带动了日本经济的高速发展，助力日本跃升为世界经济强国。

参考文献及来源

1. 白益民：《三井帝国在布局——揭开日本财团的"一带一路"》，中国经济出版社 2020 年版。

2. 郭威：《社区商务方式：丰田全景案例》，机械工业出版社 2015 年版。

3. 包政：《营销的本质》，机械工业出版社 2015 年版。

4. [日] 针木康雄：《实在而执着的经营者——丰田英二》，应允译，新华出版社 1996 年版。

5. [日] 石坂芳男：《丰田销售方式》，崔柳译，机械工业出版社 2009 年版。

6. 夏年喜：《丰田经营秘诀》，改革出版社 1997 年版。

7. [美] 迈克·鲁斯：《丰田套路》，张杰译，机械工业出版社 2011 年版。

8. [日] 若山富士雄、杉本忠明：《丰田：一兆日元利润的经营哲学》，毕世鸿译，云南人民出版社 2004 年版。

9. [日] 片山修：《丰田方式》，陈锐译，华夏出版社 1999 年版。

10. 彭剑锋 编著：《丰田传奇》，机械工业出版社 2010 年版。

11. [美] 杰弗瑞·莱克：《丰田模式》，李芳龄译，机械工业出版社 2011

年版。

12. 汪中求：《谁能超越丰田》，新华出版社 2010 年版。

13.《蜚声世界的销售大师——神谷正太郎》，《江苏科技信息》1995 年第 5 期。

14. 赵儒煜：《"销售之神"神谷正太郎的经营之道》，《现代日本经济》1988 年第 1 期。

15. ［日］恩岛关雄：《没有销售过一辆汽车的销售大师神谷正太郎》，《大众汽车》2001 年第 2 期。

16. 赵援：《销售力最强的汽车公司——丰田》，《汽车与配件》1987 年第 7 期。

17. 苏庆华：《渡边捷昭："丰田门"背后的"凶手"》，《当代经理人》2010 年第 4 期。

18. 车行：《独具特色的丰田销售管理》，《经济世界》2002 年第 1 期。

19. 边泽：《"丰田"的销售秘诀》，《山东农机化》1997 年第 12 期。

20. 钟文渊：《丰田英二的百年丰田梦》，《中国新时代》2013 年第 11 期。

21. 莫若：《丰田：步步为营，30 年筹谋中国》，《中国高新区》2008 年第 4 期。

22. 宋开全、刘蕊：《丰田中国市场战略演变》，《技术与市场》2005 年第 5 期。

23. 王军：《神谷正太郎——丰田汽车公司的销售机器》，《经营与管理》1990 年第 4 期。

24. ［日］小仓荣一郎：《日本近江商人的经营》，《社会科学家》1991 年第 4 期。

25. ［日］细沼蔼芳：《近江商人"三方皆利"》，《企业管理》2018 年第 9 期。

26. ［日］后藤俊夫：《丰田"中兴之祖"（上）走上丰田之道的"侧流"丰田英二》，《家族企业》2021 年第 8 期。

27. 孔凡静：《日本丰田的经营管理》，《世界经济》1978 年第 3 期。

28.《丰田大老板怎样等待时机》,《中国乡镇企业》1995 年第 1 期。

29. 李中东:《奥田硕:驾驶丰田远征》,《企业管理》1999 年第 10 期。

30.《LEXUS——丰田在美国创造的奇迹》,《中国品牌》2007 年第 12 期。

31. 广汽丰田:《日本汽车为什么能够崛起?》,2022 年 7 月 16 日,见 ht-
tps://www.zhihu.com/question/339568178/answer/2576024890。

第五章　丰田通商构筑产业互联网

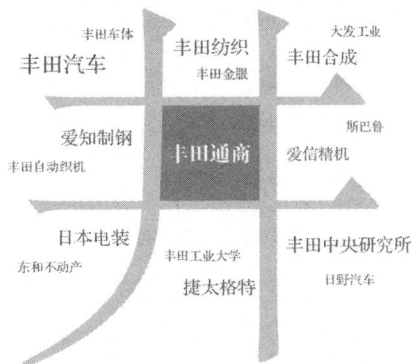

1996 年 7 月 19 日，丰田通商（小三井物产）与天津泰达投资控股有限公司共同投资组建了现代化综合性物流企业——天津丰田物流有限公司，主要负责汽车相关零配件的物流业务。正是在丰田通商涉足天津汽车物流后，丰田汽车正式来到天津，并于 2000 年 6 月成立了天津一汽丰田汽车有限公司。

2012 年 12 月，丰田通商从法国奢侈品零售集团巴黎春天（PPR）手中获得法国最大商社 CFAO 公司 97.91% 的股权。通过控股 CFAO 公司，丰田通商拥有了牢固的汽车产业基础，业务网络覆盖整个中非和西非 33 个国家地区，这与业务基础集中在非洲东南部的丰田通商形成了理想的互补格局。

2022 年 2 月，丰田通商在美国洛杉矶港启动 "氢燃料电池驱动卡车和大型机械的实证项目"，通过使用清洁的氢能源来推动去碳化。参加这一项目的企业还包括三井财团旗下的三井 E&S 控股机械有限公司（原三井造船）。此外，丰田财团的日野汽车提供项目用的集装箱运输卡车。

"三井"告诉了我们什么

　　除了丰田，世界上的其他汽车巨头并没有专门设立类似丰田通商这样的综合商社。在丰田汽车的发展历程中，丰田通商如影随形，为丰田汽车提供生产、金融、零部件、物流、销售及其他相关环节的服务，为其在日本乃至全球汽车市场上的竞争提供强大的支持。那么，丰田为什么选择综合商社作为自己全球竞争的经营形态？

　　要回答这个问题，就必须和综合商社鼻祖三井物产联系起来。正是由于受到"三井商道"的影响，丰田才形成了"以夺取商权为根本目标"的独特经营之道。以三井物产为首的综合商社将这种商权思想发挥到了极致，通过广泛的贸易网络、深厚的产业底蕴以及与之配套的金融力量，凭着"产商融"三位一体的商业体系搭建起一套牢固的产业互联网。

　　作为最早的综合商社，三井物产起源于150多年前的日本明治时代初期（1867年）。当时，日本正处于向近代国家转变的阶段，综合商社发挥了从欧美发达国家引进资源、技术以及向国外出口产品的桥梁纽带作用。随着时代的变迁，以它们为原型组成的综合商社，又逐渐向开发国外资源、开拓出口工业品市场和跨国经营等领域延伸，为战后日本经济迅速崛起立下不可磨灭的功劳。

　　三井物产通常是以厂家的代理商身份出现，除具有贸易功能外，还作为参加企业组成的产业链的组织者，活跃在世界经济贸易舞台上，成为日本对外贸易和跨国经营的急先锋。三井物产的业务主要是贸易（商权）和投资（股权），两者相辅相成，在金融、物流、调研、咨询、市场营销等功能的支持下，通过遍布世界各个角落的网络有条不紊地进行。因此，三井物产被冠以"产业组织者"之号。

　　对于"商权"的掌握中居于核心地位的综合商社到底是什么？似乎还没有一个确凿的文字定义。本质上，也很难将日本的综合商社看作一家简单的国际贸易公司。以三井物产、丰田通商为代表的综合商社就像影子一样，隐没在全球上百个国家或地区的某个角落。用日本学者小岛清的话来讲，"综合商社是在一定的时间和场所中起中介作用的类市场合作体系"。

　　在具体实践中，日本企业更依赖于集团化作战和财团模式，很少会单兵作战，所以抗风险的能力非常强大。从产业布局来看，日本企业则喜欢充分发挥聚集效应。以"商权"为中心，就是看中所持股企业的商业价值和其在产业链中所起到的作用，而确定这个价值的机构就是三井物产、丰田通商等综合商社。其结果就是产业资本、金融资本和商业资本的完美结合，从而实现利益的最大化。

丰田车体　　丰田纺织　　大发工业

丰田汽车　　丰田金融　　丰田合成

爱知制钢　　**丰田通商**　　斯巴鲁

丰田自动织机　　　　　　爱信精机

日本电装　　　　　　丰田中央研究所

东和不动产　丰田工业大学　日野汽车

捷太格特

本章导言

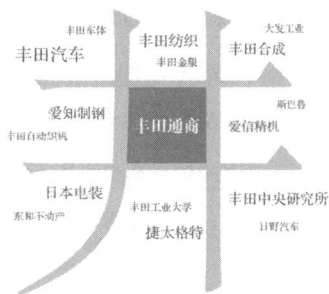

2004 年，奇瑞汽车就曾提出：丰田管理理论+奇瑞实践=奇瑞管理模式，足见当年学习丰田的力度和决心。董事长尹同跃认为，丰田是一个非常伟大的公司，不仅给日本、给中国和美国，也给世界上的其他许多国家带来了就业、税收和技术进步，更给各行各业带来了先进的管理思想。除了中国一汽，奇瑞汽车是第二个高调宣布自己学习 TPS（丰田生产方式）管理的中国车企。

2007 年春节前，尹同跃给奇瑞汽车最高决策层"经管会"的 12 位成员每人发了两本书，《丰田的研发体系》和《怎么让你的客户满意》，他希望能够从日韩汽车企业的管理模式和发展经验中得到更多的启发。尹同跃丝毫不掩饰对于综合商社模式的向往，他曾表示："希望有一天，奇瑞也能成为（三井物产、丰田通商）这样的综合商社和世界级品牌。"

奇瑞汽车董事长尹同跃曾多次到日本、韩国考察，在被它们的经济奇迹震撼的同时，他也发现：第二次世界大战以后，日韩之所以能在资源匮乏的弹丸之地快速崛起，并在海外形成强大的资本繁殖能力和品牌渗透力，得益于一大批像"三井""三菱""三星""现代"这样的综合商社，并孕育出丰田、松下、索尼、现代汽车等世界级品牌。

怀着对这个梦想的美好期冀，奇瑞汽车尝试用多元化方式来实现它：一是由单一的轿车行业扩大到更为广阔的交通运输设备制造领域，包括乘用车、商用车、汽车零部件、船舶等，将奇瑞多年积累的技术、人才、原材料、供应链等优势呈几何级数式放大；二是发展以汽车制造为平台的"互联网+"和生产性服务业，如汽车金融、物流、汽车租赁、露营地、循环经济、大宗商品贸易等，与汽车等制造业务相辅相成，实现集团各类生产要素的互补和共享。

2010 年 10 月，为实现奇瑞多元化、集团化的发展目标，奇瑞控股集团有限公司正式成立，对旗下汽车板块进行整合，逐步形成了以汽车产业为基础，汽车零部件生产与研发、金融投资、服务贸易、仓储物流、船舶、旅游和地产等业务共同发展的集团公司。目前，奇瑞集团拥有员工4.8万余人，业务范围遍布海外80余个国家和地区，总资产达到1200多亿元。

在奇瑞汽车董事长尹同跃看来，不同于手机等行业的技术更新迭代，在汽车行业，传统汽车和新型技术汽车会并存且不断加宽赛道。打牢传统汽车的基础是前提，丰田这类传统龙头企业之所以成功，其本质就是把东西做好，把管理做细，把细节做强。因此，在汽车制造领域，丰田这等老牌车企，依旧遥遥领先并且将继续能够当自主品牌的"师傅"。

除了传统汽车制造，在绿色低碳汽车产业发展上，奇瑞汽车也正在用实际行动全面对标丰田。尹同跃介绍称，奇瑞汽车在碳排放方面制定了两个方向的路线：一是提高传统汽车的热效率，继续开发更高效率的发动机，目前奇瑞正在研发一升油跑100千米的技术产品；二是不断加大新能源的开发，积极储备下一代技术——氢燃料电池技术。

2018年9月，中国企业联合会、中国企业家协会公开发布"2018中国企业500强"排行，首次以集团名义申报入围的奇瑞控股集团有限公司成功跻身500强榜单。低调潜行多年的"奇瑞控股"，与人们更为熟知的"奇瑞汽车"紧密关联却又有所不同：奇瑞控股不仅有"汽车制造企业"这个身份标签，更是一个以汽车价值链为主导、关联多元化产业的大型综合性集团（综合商社）。

在逐渐形成多元化发展的同时，奇瑞集团的奇瑞控股践行"三井商道"的经营理念，起到了综合商社的"产业组织者"角色。作为安徽省特别是芜湖市的骨干企业之一，奇瑞还积极带动当地汽车及相关产业的发展。截至2020年，围绕汽车产业链，奇瑞在芜湖集聚汽车及零部件企业870多家，因为与奇瑞有紧密合作来到芜湖投资的世界500强企业近40家，整体提供就业岗位约15万人。

同时，依托奇瑞控股还衍生出工业机器人、现代农业装备、新能源、通用航空等新兴产业。安徽省12个战略性新兴产业中，有4个新兴产业源于奇瑞。根据奇瑞控股集团的发展规划，未来集团将继续以汽车产业链为核心，加快向汽车后市场、移动出行、军用汽车装备、无人机发动机等高附加值业务延伸，打造"产业生态圈"，努力成为像三井物产、丰田通商这样的综合商社。

2021年6月，在"2021中国汽车重庆论坛"上，奇瑞汽车股份有限公司董事长尹同跃提出了他对现下中国车企的反思。尹同跃表示："传统汽车仍是所有新技术汽车的基础，这个基础要打牢。为此，我们再学100年丰田也不为过。中国是世界汽车大国，还不是汽车强国。未来，中国车企在基础领域还是要补课，体系、流程还要进一步完善。"

第一节
神谷正太郎接手丰田销售

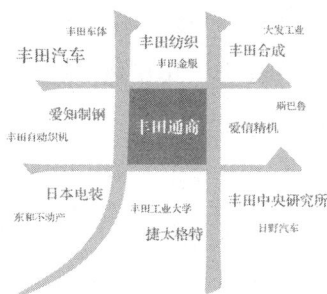

丰田车体　丰田纺织　大发工业
丰田汽车　丰田金服　丰田合成
爱知制钢　丰田通商　斯巴鲁
丰田自动织机　爱信精机
日本电装　丰田中央研究所
东和不动产　丰田工业大学　日野汽车
捷太格特

丰田通商诞生记

1935 年夏天，在丰田利三郎和石田退三等人的支持下，丰田喜一郎成功研发出了第一辆小轿车，称为 A1 型汽车；同年 8 月，又领导研发团队生产出了丰田的第一辆卡车，称为 G1 型汽车。1936 年，为了配合国产汽车的销售，丰田金融株式会社创立，这就是丰田通商（丰田财团的综合商社）的前身。1937 年，丰田汽车工业株式会社创立。

1942 年，丰田金融株式会社改名为丰田产业株式会社；1945 年，为谋求机构改革以及业务完善开始涉足贸易，正式迈向商业领域；1947 年，作为第二批被指定为财阀的企业之一，被美国占领当局的持股公司整顿委员会解散；1948 年 7 月，丰田集团完成企业债权完善计划，并由新成立的日新通商株式会社继承原丰田产业株式会社的商业部门。

1956 年，日新通商株式会社商号正式更名为丰田通商株式会社，丰田由此建立起规模庞大的产业集群。此前，三井财团于 1950 年针对丰田的《重建法案》出台。三井物产的介入强化了丰田的商务活动领域，促进了丰田商务活动方式的形成及转变。三井物产主要通过丰田通商，加大对丰田的支持力度，包括为丰田汽车的销售和贸易提供金融业务方面的支持。

首先，通过专业分工，丰田通商处理市场开发、情报搜集、产业协调等相关事宜，而丰田汽车专心造车，充分发挥二者各自的优势；其次，因为其与社会经济各部门的联系更加紧密，行动更加灵活自如，由丰田通商出面可以完成很多丰田汽车无法完成的任务。最后，丰田通商的存在就是为丰田汽车提供变相的保险，当后者陷入困境时，可以为其东山再起提供必要的保证。

1960 年，丰田通商在美国纽约创立了海外首家子公司——丰田纽约公司。1961 年，丰田通商在日本名古屋证券交易所市场第二部上市。1964 年，以向多米尼加共和国出口为开端，丰田通商开始代理出口丰田汽车。1973 年，丰田通商开始在大阪建造公寓，从此拉开经营多元化的序幕。1975 年，丰田通商获准进入名古屋证券交易所市场第一部，1977 年在东京证券交易所市场第一部上市。

同时，丰田通商注重在海外市场开展营销活动，主要通过遍布世界各地的分支机构网络，尤其是在东道国的当地独立法人和对外直接投资活动，以进口、出口、转口贸易形式进行。丰田通商具有流通支配力背后的竞争力因素，分为与流通服务有关的价格竞争力、非价格竞争力和垄断竞争力，通过多元化投资活动，辅助或完善其作为本业的销售活动，谋求稳定地确保商权。

20 世纪六七十年代，有"小三井物产"之称的丰田通商不断开设海外机构，通过贸易将各国的产品和情报传到日本。1964—1975 年，丰田通商在巴西、比利时、菲律宾、马来西亚、澳大利亚、新加坡、中国香港、中国台湾等国家和地区成立当地法人，加上之前设立在泰国、美国的当地法人，基本完成了丰田通商的海外网络基础。

作为企业间交易的组织者，丰田通商围绕着"扩大商权"，以汽车产业供应链为中心，通过与丰田财团所属成员企业建立关系，以持有关系公司股票、向中小客户企业提供商社金融、设立销售子公司、建立纵向一体化控制体制等形式，构筑起了庞大的交易关系网络、信息网络和物流网络，奠定了其在全球汽车产业领域中的优势地位。

> **供应链：** 指围绕核心企业，从配套零件开始，制成中间产品以及最终产品，最后由销售网络把产品送到消费者手中的，将供应商、制造商、分销商直到最终用户连成一个整体的功能网链结构。产业供应链是工业经济的命脉，其稳定畅通对工业经济平稳运行至关重要。

20 世纪 80 年代，以丰田为代表的日本车风行全球，美国和欧洲的贸易保护主义大盛，开始大规模限制日本车的进口。这迫使日本汽车制造商调整战略，到海外汽车市场所在国建厂投资，并积极表示要在当地当一个"好公民"。对于在海外建厂，丰田通商此前建立起来的网络优势就很好地体现了出来，不仅削减了运输费用，并且因为靠近消费地，更加了解消费习惯，能够迅速响应当地需求及供货。

海外投资建厂的先遣队

1987 年，丰田通商在中国汽车行业之外开始了试探性的投资，并花了两年时间近距离地观察和研究中国市场。1989 年 2 月，丰田通商同日本小糸制作所合资成立了上海小糸车灯有限公司，专门生产汽车灯具，这家公司日后发展成为中国本土最大的汽车灯具制造商。此时，丰田汽车开始在中国寻求整车项目的长期合作伙伴，而为其充当排头兵的正是丰田通商。

1993 年，日本城市大学经济部教授大岛卓受邀到成都考察，随后在其调查报告中写道：成都是投资的好地方，四川旅行车制造厂会成为很好的合作伙伴。由于大岛卓教授与日本汽车工业协会关系紧密，所以他的报告颇有分量。同年 6 月，日本丰田公司到访四川旅行车制造厂，双方交换了意向性意见，同时也为合资谈判做好了前期的准备工作。

1994 年 1 月，丰田与四川旅行车制造厂签订了意向性合作书，而合作意向书的旧车型与国家汽车产业政策不符，4 月谈判中断。1995 年 4 月，丰田汽车经多次考虑，决定以 90 年代新产品柯斯达进行合资，但双方仍未达成合作协议。直到 1998 年东南亚经济危机爆发之际，丰田汽车终于迈出了进入中国汽车制造行业的第一步，在成都建立第一家合资企业——四川丰田汽车有限公司，合资方当然少不了丰田通商。

1998 年 11 月，国家工商局按特急件程序批复四川丰田汽车有限公司在成都市工商局注册登记，结束了四川旅行车制造厂与日本丰田汽车公司历时 5 年多的合资谈判，由丰田通商、丰田汽车和四川旅行车制造厂以 5%、45%、50%的投资比例，总投资 9909 万美元建立四川丰田汽车有限公司，并开始正式生产"柯斯达"客车。

1993—1998 年，丰田通商共投资建成 24 家为汽车生产服务的企业和 4 家主营进口贸易及销售的公司。这段时间，丰田并没有在中国进行汽车生产，因此这么多服务企业的生产能力是被部分闲置的，其产品的唯一出路只是汽车维修和为其他汽车生产商提供配套服务。如果单纯考虑投资回报率，这样的投资是不值得的，丰田通商的行为尤其耐人寻味。

1999年12月，堪称"成都第一车"的"成都造柯斯达"问世。由于丰田通商有前期细致而充分的市场情报和调研准备，四川丰田投产不到一年，就产销柯斯达客车2000多辆。在其后相当长的一段时间里，"柯斯达"一直占据着中国各级领导的公务活动用车市场。

2001年2月，四川丰田公布了第一批全国范围内集销售、服务、零部件供应于一体的销售店23家，分布在华北、华南、西北、西南地区的直辖市、省会。截至2003年，销售店已达到64家。到2005年，四川丰田汽车有限公司成为全球最大的柯斯达生产基地之一，"成都造柯斯达"的年产量达到1万台，全面完成该项目设计的最大生产能力，年销售收入达30亿元以上。

2002年8月28日，在北京人民大会堂，一汽集团宣布了与丰田汽车、四川旅行车制造厂的合作战略："原由四川旅行车制造厂和日本丰田各出资50%成立的四川丰田，转变为成都一汽有限公司和日本丰田汽车公司各占50%的合资公司。按照一汽集团的总体规划，成都将成为一汽集团的三大汽车基地之一（三大基地分别为长春、天津、成都）。"

第二天，一汽集团与丰田汽车公司签署了"8·29"战略合作协议，将天津一汽丰田汽车公司纳入整体合作框架之中。此前在6月14日，一汽集团和天津汽车集团正式完成重组，双方共同制订了到2010年在中国的合作项目要达到中国市场占有率10%的宏伟目标。2003年9月，公司更名为一汽丰田汽车有限公司，去掉了"天津"二字。

掌控汽车物流每一环

1996年7月，在丰田汽车向中国提出合资生产整车的前一年，丰田通商联合丰田输送株式会社、上组株式会社，同天津泰达投资控股有限公司共同投资组建了天津丰田物流有限公司。如今，天津丰田主要从事以一汽丰田及相关零配件生产厂商为主要服务对象的工业物流业务，并在上海、广州、成都、大连设有分公司，公司规模约为1500人。

2001年12月，丰田汽车开始启动整车和零部件的物流服务，应对售后市场的服务需要，丰田汽车仓储贸易（上海）有限公司成立，这是丰田汽车（中国）投资有限公司在上海外高桥保税区设立的从事汽车零部件仓储贸易的全资子公司，其主要服务领域为以汽车及汽车零部件为主的区内仓储、分拨、展示、技术咨询、技术培训及售后服务业务。

2002年8月，一汽丰田的合资项目在天津落户后，丰田通商（天津）有限公司开始为丰田汽车和其供应商提供零部件的物流配送服务。2003年9月，丰田通商与天津港保税区举行购买土地合同签字仪式，出资购买1.8万平方米土地，用于建设丰田通商物流中心。2004年4月，物流中心建成投入运营，成为丰田汽车及其供应商在中国北方的进口零部件分拨基地。

2003年12月，丰田通商、丰藤海运与中国深圳长航实业发展有限公司正式成立了深圳长航丰海汽车物流有限公司，为丰田汽车提供相应的水运物流服务。因为在此之前，天津丰田项目启动的时候丰田通商在天津也设立了类似的物流企业。在业界，丰田通商的这一行动被看成丰田汽车与广汽集团合作广汽丰田整车项目启动的前奏之一。

2006年1月，丰田通商与广汽集团商贸有限公司共同投资设立了广汽丰通物流有限公司，其中广汽商贸占股55%，丰田通商占股45%。其主要业务包括：广汽丰田汽车与广汽丰田发动机生产零部件及补给件的运输、丰田汽车厂内牵引作业及同步发动机/座椅/轮胎总成运输。广汽丰通物流有限公司如今已发展成为中国国内汽车物流技术的领先者之一，同时也是丰田物流模式的开拓者及

> **汽车物流：**指汽车供应链上原材料、零部件、整车以及售后配件在各个环节之间的实体流动过程，广义上还包括废旧汽车的回收环节。汽车物流在汽车产业链中起到桥梁和纽带的作用，是实现汽车产业价值流顺畅流动的根本保障。作为综合性物流活动，也是国际物流业公认的最复杂、最具专业性的领域。

模范标杆。

2005 年 1 月，丰田通商（上海）有限公司、丰田通商株式会社、丰通物流株式会社在上海成立了上海丰田通商热线物流有限公司，承办海运、空运进出口货物、国际展品、私人物品及过境货物的国际运输代理业务。作为一家主要从事汽车零部件物流供应的公司，上海丰田通商热线物流有限公司还积极在上海涉足服装物流领域。

2006 年 8 月，丰田通商、丰田输送联手与一汽集团所属的长春陆捷物流有限公司在上海成立了丰田陆捷物流（上海）有限公司，为一汽做大物流产业、做精物流管理提供了一个开放的学习平台。合资公司坐落在上海市浦东新区，具有存储整备、集散调配、网络节点等综合性物流功能，年仓储、分拨车辆达7.4 万辆，承担运作丰田系列车辆在华东地区的集散分拨任务。

2007 年 9 月，丰田通商、上组株式会社、上海上组物流有限公司合资成立了专门从事物流运输事业的专业物流公司——丰通上组物流（常熟）有限公司。这家注册资本为 620 万美元、占地面积 5 万平方米的公司是丰田在华最大的物流中心，职能是协助丰田汽车将零部件运往天津、广州和长春等地的生产工厂，还有遍及华东地区的 1000 多家丰田 4S 店。

在江苏常熟市东南经济开发区，主干道东南大道最东边，有唯一一条以入驻企业名称命名的道路"丰田路"。位于丰田路 2 号的丰田汽车仓储贸易（上海）有限公司常熟分公司，就是一家由丰田汽车 100% 独资成立、运营的汽车零部件仓储和贸易公司。而在距离丰田路不远的银海路上，是另一家由丰田通商投资的丰通上组物流（常熟）有限公司。

给中国企业传经送宝

2012 年，上海丰田通商热线物流有限公司与北京众诚一家供应链管理有限公司建立合作，为其引入了"丰田精益管理体系"。北京众诚一家供应链管理有限公司是一家提供第三方物流仓储管理服务及相关服务、市内短途运输及国内长途运输服务、服装第三方质检和整理相关服务、特卖机会消纳库存的管理公司。

上海丰田通商热线物流有限公司是丰通物流株式会社、丰田通商、丰田通商（上海）在上海成立的公司。其中丰通物流株式会社最早是 1963 年民成纺织（现丰田纺织）全额出资成立的中央仓库株式会社，以仓库业和运输业为主业。1973 年 2 月，丰田通商将该公司的股票全部接受，6 月更名为丰通仓库株式会社。1990 年 10 月，公司更名为现在的丰通物流株式会社。

早在 1999 年 10 月，在丰田通商物流部内开设物流业务部，对应的企业就是丰通物流株式会社。2006 年 10 月，丰通物流与时代物流合并。2007 年 9 月，丰通物流总部从小牧搬到名古屋，10 月与三幸运输合并。2011 年 4 月，丰通物流与热线国际运输株式会社合并。丰通物流对外投资只有两家公司，一个是上海丰田通商热线物流，一个是热线国际运输（香港）。

丰通物流在日本共有 18 个基地，于 2005 年 1 月开设了三好中心（三好仓库）。三好仓库距名古屋港 50 分钟车程，周边有 3 家丰田汽车的工厂，负责进出口业务以及国内汽车零部件中转分拨。为提高生产效率，丰通物流的三好仓库以丰田的准时制生产方式为原则，即只在需要的时候，按需要的量，生产所需的产品，也就是追求一种无库存或库存量最小的生产系统的理想模式。

2015 年 4 月，上海丰田通商热线物流有限公司与安徽环新投资有限公司签订了《安徽环丰物流有限公司股权转让协议》等协议，收购安徽环新投资有限公司持有的安徽环丰物流有限公司 49% 的股权。安徽环新投资有限公司主要从事汽车零部件制造及销售、进出口业务、国内贸易、企业法人资产（本）的投资管理、服务业务。

此后，安徽环丰物流有限公司利用丰田通商遍布全球的物流网络和 IT 网络，努力向客户提供全方位、全天候的物流服务，并严格按照客户的要求有效地利用物流设施和网络资源，在专业团队的管理下实行标准化运作。同时，公司以缩短交货期，降低运输成本、减少库存为目的，从客户的需求出发，提供差异化、高效率和高性价比的物流服务。

2018 年 7 月，广汽丰通物流有限公司与深圳敏思达技术有限公司达成战略合作，结合广汽丰通实际业务运行情况，整合汽车零部件物流运行相关业务系统及数据，打造智能化、专业化、软硬件一体化的汽车零部件物流跟踪信息系统。深圳敏思达是国内领先的分布式物流软件提供商，分别承担着咨询顾问、项目实施及技术研发工作，在上海设有分公司。

2020 年 12 月，广汽丰通物流与敏思达启动了二期战略合作。随着广汽丰通业务的持续发展，厂外物流管理精细化提升，以及厂内运输业务和售后件运输业务的扩展，对系统功能和支撑能力提出了二期合作的需求。面对挑战与机遇，二期合作促使敏思达汽车物流的网络建设更加成熟，也推动汽车零部件供应链的全面发展，为企业物流业务带来更多新的机会。

同在 2020 年 12 月，丰田通商与深圳壹账通创配科技有限公司签署合作协议，结成战略同盟，启动"橙优配+丰田通商"双品牌合作计划，共同深耕配件市场。深圳壹账通创配科技有限公司是中国平安集团旗下的汽车后市场配件服务企业，为汽车后市场超过 12 万家修理厂、1.5 万家配件商，提供线上化、数字化的配件交易服务，业务范围覆盖 32 个省、407 个市。

丰田车体　丰田纺织　大发工业
丰田汽车　丰田合成
丰田金融
爱知制钢　斯巴鲁
丰田自动织机　丰田通商　爱信精机
日本电装　丰田中央研究所
东和不动产　丰田工业大学　日野汽车
捷太格特

第二节
"整车为王"时代渐行渐远

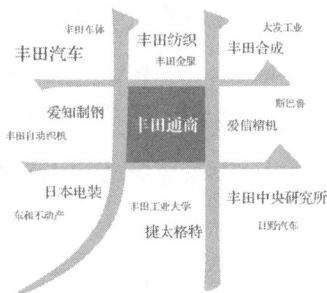

中国轿车产业从天津开始

1984 年 9 月，中国第一辆由中日合作生产的微型汽车，在天津市郊杨柳青镇的天津市汽车制造厂顺利开出生产线。这辆车是引进日本大发汽车株式会社的技术，并采用"CKD 形式"生产的。CKD 是"完全零散部件（Complete Knocked Down）"的缩写，是利用引进技术和设备进行装配的一种生产方式，简而言之，即引进产品成套配件组装。

这款以 CKD 形式生产的天津大发汽车原型是日本厢式货车，油耗低，经济适用，价格低。大多数人对天津大发汽车的记忆就是从被称为"面的"的出租车开始的。从 1984 年到 1999 年，天津汽车制造厂共生产了 30 万辆大发车，而其中有 90% 供应给了全国各地的出租车行业使用。这期间，天津汽车制造厂于 1986 年还以 CKD 形式引入大发 Charade 车型，并命名为夏利。

大发的历史可追溯到 1907 年 3 月，公司创始人以生产和销售内燃机为目的在日本大阪创建了发动机制造株式会社，是现存日本最古老的汽车制造商。该公司 1951 年更名为大发汽车工业株式会社，1967 年开始与丰田汽车合作。1998年，大发汽车公司被丰田收购，成为丰田汽车集团的一员，负责生产小型车，丰田持股比例为 51.2%。从 2011 年开始，大发生产丰田品牌微型车。

上文提到，1996 年 7 月，丰田通商、丰田输送株式会社与日本上组株式会社，联合中国天津泰达投资控股有限公司，共同投资组建了现代化综合性物流企业——天津丰田物流有限公司。而正是在涉足天津汽车物流后，丰田汽车正式来到天津，并于 2000 年 6 月成立了天津一汽丰田汽车有限公司。

　　丰田通商选定天津也是在情理之中。一方面，当时天津新港是中国北方最大的货运港，年吞吐量超亿吨，占据中国每年 60% 的汽车进口总量，也是进口车分销系统的中枢。另一方面，1995 年丰田汽车将其在日本大发汽车株式会社的参股比例由原来的 16.8% 提高到 33.4%。此时，日本大发汽车已参与天津汽车制造厂的大发、夏利项目多年，硕果累累。

　　整个 20 世纪 90 年代中后期，丰田汽车苦心经营天津基地，并不急于四处"跑项目"。以天津为中心，丰田财团的企业群投入 500 亿日元巨资兴建零部件厂，共成立了 57 家合资和独资零部件企业，几乎囊括轿车生产的方方面面。虽然这些零部件企业的效益普遍不是很理想，但这似乎并不影响丰田建厂的热情，因为丰田建厂的目的是为整车厂做准备。

　　2002 年 10 月，由合资公司天津一汽丰田生产的"威驰"上市销售。"威驰"汽车是一方面被称为丰田在中国的第一款"国产车"，另一方面又被宣称有着绝对纯正的"日本血统"的矛盾组合体。这是因为威驰在中国组装生产，而且超过 62% 的零部件也是在中国生产，但其余零部件又是日本原装进口的。

　　2004 年年初的短短 2 个月，丰田通商马不停蹄地在天津开发区注册了天津丰通再生资源利用有限公司、天津丰通汽车零部件装配有限公司、天津丰田通商钢业有限公司等 4 家配套公司，总投资额约为 3200 万美元。由此，围绕着丰田整车汽车项目聚积了一大批核心配套企业，在天津市周边形成相关的企业群落。

　　丰田汽车就像天津的一块磁石，许多零部件企业都会伴随丰田一起来到天津，并自然而然在此落地生根，比如天津矢崎汽车配件有限公司、天津富士通天电子有限公司等知名零部件厂商。2004 年，泰达开发区投资促进中心汽车项目负责人乔伟介绍说，整个天津汽车产业链的投资基本上这样分配：丰田占 40%，零配件占 40%—50%，其他项目和物流配套设施占 10%。

潜心开拓华南汽配市场

　　1997 年 11 月，丰田通商（广州）有限公司正式成立，从事市场调查服务、供应链管理服务、一般管理咨询服务，替境外包括日本、新加坡、香港、南非、欧洲等地的客户提供中国国内市场调查服务；为境外客户提供进货和存货的分发、运输、储存、维护等方面的管理服务；提供相关的金融、保险、通关、检验检疫等方面的咨询和代理服务。

早在 1971 年 6 月，丰田通商就在中国香港成立了专营贸易、对内地销售和投资的丰田通商香港有限公司，由此对中国内地汽车市场进行了大量的调研和准备工作，仔细分析了什么样的车型能成为主流车并在中国发展下去。此后，随着改革开放，以珠三角为代表的华南地区因经济发达逐渐成了中国汽车消费市场的集中地。

丰田汽车在中国的零部件产业领域都由丰田通商主导展开。丰田通商以丰田财团内"产业组织者"的身份存在，致力于渗透汽车产业链，以协助丰田汽车进行整车生产与销售。在中国，丰田通商或与丰田汽车的"嫡系"零部件企业合资，或与日本其他企业合资，或与本地企业合资，为丰田生产、运输、销售各类零配件。

兵马未动，粮草先行。丰田通商很早便开始规划在华的零件项目，上文提到的广汽丰通物流有限公司就是明证。2006 年成立后，它在广州市南沙区内成立了物流中心，主要提供生产用零部件的物流服务，并根据汽车厂商的需要配置运输车，以满足汽车零部件厂商的物

> **汽车后市场**：指汽车销售以后，围绕汽车使用过程中的各种服务，它涵盖了消费者买车后所需要的一切服务。即汽车从售出到报废的过程中，围绕汽车售后使用环节中各种后续需要和服务而产生的一系列交易活动的总称。此外，汽车保有量决定了汽车后市场的现实需求量。

流需求。作为丰田物流模式在中国的开拓者及模范标杆，广汽丰通物流有限公司经过多年的发展，已逐渐发展成中国国内汽车物流技术的领先者之一。

2013 年 9 月，丰田通商（中国）有限公司在广州太古汇文华酒店 M 层贵宾会议厅，隆重召开了旗下快修快保零件品牌丰通零件 CWORKS 的新形象、新产品发布会，并公布了丰通零件 CWORKS 在国内售后市场发展的战略目标。在发布会上，时任丰田通商（中国）有限公司副总经理古河雅行认为，当前中国汽

车保有量超过 1.2 亿台、平均"上牌年龄"只有 3.5 年，一个"年轻的汽车中国"正在给高品质、全车系的丰通零件 CWORKS 带来前所未有的市场机遇。

一直以来，中国国内汽车零件行业都存在着"两难"：一是市场仍然混乱，假冒伪劣现象仍然严重；二是车型增长速度快导致零件种类很多。这些问题一直困扰着广大的修理企业。丰通零件 CWORKS 汇聚丰田通商的全球资源和集团零部件技术基础优势，致力于解决这两个难题，并依托丰田通商数十年的精益化管理体系，形成了 CWORKS 独特的"高品质""大平台""好服务""全车系"四大核心优势。

在华南地区，作为丰通零件 CWORKS 品牌保险事故件产品的中国国内授权总经销商，广州一同汽配贸易有限公司在售后配件市场历经 20 余年的经营，与 2000 多个优质汽配工厂建立紧密合作，产品销售网络辐射全国乃至全球 20 多个国家及地区，很好地发挥了丰通零件 CWORKS 的相关优势。

"丰通零件"以上海为中心

1995 年 1 月，丰田通商（上海）有限公司成立。10 月，东棉（上海）有限公司成立（东棉是 1920 年三井物产棉花部分立出来的东洋棉花株式会社，2000 年与丰田通商进行资本、业务整合，2006 年正式并入丰田通商）。2006 年 4 月，东棉（上海）有限公司与丰田通商（上海）有限公司正式合并，成立了新的丰田通商（上海）有限公司。

除了丰田通商，上海还是丰田财团许多重要企业的发力点。2002 年，由爱知制钢株式会社、丰田通商株式会社、住友商事株式会社联合上海汽车锻造有限公司共同投资组建的上海爱知锻造有限公司宣布成立。2006 年 1 月，上海成为丰田合成株式会社在中国市场的区域总部。2014 年 7 月，丰田旗下的电装（中国）上海技术中心新址建成……

2015 年 11 月，丰通环新贸易（上海）有限公司在上海开业，由丰田通商（中国）有限公司（50%）和安徽环新投资有限公司（50%）共同出资，主要负责丰通零件 CWORKS 在中国大陆地区的业务开拓。作为丰田通商家族的一员，丰通环新的成立标志着丰田通商强势进入中国汽车后市场，为中国庞大的汽车后市场带来新的服务模式、注入新的活力。

安徽环新投资有限公司隶属于安徽环新集团。目前，该集团拥有 20 家中外合资公司、12 家一级全资及控股子公司、多家汽车零配件销售公司，分别从事汽车零部件制造、出口贸易、汽车销售、汽车配件销售等，主打产品活塞环、气门座圈、导管、活塞、缸套的市场占有率达到 40% 以上，覆盖国内所有的知名汽车品牌，并出口欧美、日本和东南亚地区。

在开业典礼上，丰田通商日本汽车本部常务董事丹羽裕之、丰田通商中国总代表近藤隆弘均、安徽环新集团董事长潘一新对合资公司寄予厚望，希望丰通环新全体员工充分理解合资双方的战略意图，在丰田通商和环新集团强有力的支持努力下，在目前巨大而复杂的中国汽车后市场能够摸索出一条适合自己发展的经营模式。

丰田通商将旗下的丰通零件 CWORKS 全权委托给了合资公司丰通环新贸易（上海）有限公司进行整体运营，包括其产品、渠道开发，市场、品牌运作。对于合资公司的企业定位，丰通环新的总经理盐健一认为：它实际上是一家贸易型企业，会根据客户需求不断完善产品结构，注重售前、售后服务，不断规范完善价格体系以保障经销代理商的实际效益。

2017 年 3 月，"合力精耕，聚势发展" ——丰通零件 CWORKS 2017 年经销商大会在安徽合肥举办，来自全国各地的经销商共聚一堂，力求通过更加紧密的合作，合力推动丰通零件 CWORKS 以及丰通形象店项目在中国汽车后市场的发展。

在大会上，丰通环新贸易（上海）有限公司副总经理姚超表示："未来，我们将在产品、丰通形象店、培训、品牌推广等方面加大投入，同时在产品包装、材质、配方等方面做升级；丰通形象店项目将朝着'形象统一性、服务标准化、管理规范化'的目标去推进，同时也做好配套的培训工作；品牌推广则要采取线上结合线下的模式。"

经过几年的发展，依托中日双方股东提供的强有力支持，凭借合资公司丰通环新贸易的努力，丰通零件 CWORKS 业务在中国各省、各重点城市以及华南、华东、东北、华中、西北各大区展开全方位规划。截至 2018 年年底，丰通零件 CWORKS 在中国大陆地区多处成立运营中心，并开发服务商，建立省市级配送中心，其配送中心覆盖超过 80% 的省份，并达成了建设 200 家加盟店的目标。

4S 店升级版：丰通快修养护中心

2010 年以前，中国汽车产销量增幅平均达到 24%，但 2010—2016 年平均增幅下降到 7% 左右。显然，中国经济步入"新常态"，汽车市场也从增量市场转向存量市场。许多传统的汽车 4S 店都开始出现了营销同质化、营销效果低下等问题，"躺着赚钱"的模式不复存在。如何提升售后客户的留存率，培养店面的忠诚客户，就成为 4S 店增加利润的关键因素。

日本本土的丰田新车销售，90% 是老客户的换购，6% 是老客户的增购，只有 3% 是新增客户。如此数据依托的是日本丰田优秀的售后服务，它使客户对丰田品牌产生了信赖感。通过售后服务促进新车销售，而新车销量的增加又不断为售后带来利润点，形成了一个良性循环。显然，丰田的这种模式十分值得中国的汽车 4S 店模仿学习。

在日本本土的丰田 4S 销售店里，除了可以购买汽车，还可以购买到丰田品牌的各类汽车模型以及大小不一的纪念品。甚至有的店面还有专职的讲解员，为在休息室等候的客户讲解汽车保养知识和丰田的汽车文化，最大限度上形成对公司产品以及服务的认识，加强顾客在情感上的共鸣。

丰田通商具有丰富的 4S 店资源，中国汽车后市场此前主要以 4S 店为中心，如今慢慢流向维修厂这种趋势越来越明显。但是，从汽车后市场来说，单纯的一家 4S 店或者是修理厂都不是未来的发展趋势，品牌化、综合化、连锁化才是趋势。现在，汽车后市场渠道扁平化趋势凸显，作为零部件售后体系新生代品牌，丰通零件 CWORKS 的优势已显现出来。

丰通快修养护中心来源于丰田通商旗下的丰通零件 CWORKS 业务，是承接 4S 店售后服务的最佳模式之一，至今已在汽车后市场深耕十余年。丰通快修养护中心提供融硬件（丰通零件、修理设备）与软件（技术支持、培训与管理）为一体的服务，帮助维修企业提高技术水平、降低经营成本、保证维修质量，通过合理地配置资源、规范统一的管理，满足汽车维修市场的不同需求。

消费者并不能从零件外观来判断它的好坏，也不能从价格高低来判断品质，零部件的售后构成了产品的价值，比如服务的价值不仅仅是产品本身，而是一个综合体。同时，消费者是由不同群体构成的，需要有高价值、高服务的东西来稳定这类消费群体，客户层次的区分及定位极其必要，怎样通过区分不同客户群体的需求来提高附加价值才是核心，而不仅仅是单一地卖产品。

丰通零件 CWORKS 主要在中国沿海大、中城市进行规划，希望在中国各个省市层层深入，通常采取"四维一体"模式，即厂家、经销商、形象店、修理店逐个推进。以经销商为核心，经销商在一定的城市范围内为广大的修理店做服务，细化到每一个环节、每一个链条，以至每一家门店，因为修理店是真正面对客户的最终环节。

例如，丰通快修养护中心安徽安庆敏捷店的店主，之前在汽车维修领域从业 15 年，一直在大众、宝马等品牌的 4S 店任职售后经理。2015 年，他想出来自己创业，并迅速选择加盟丰通快修养护中心。因为他坚信，加盟丰通快修可以有质量一流的产品、全国一体化的服务体系、丰田通商和环新集团的后盾支持，因此必能成为汽车维修后市场的最一流的服务品牌。

如今，丰田通商旗下丰通零件 CWORKS 高品质的快修保养零件已经实现了日系、欧系、美系、韩系、民族车系的全车系覆盖，这依靠的正是丰田通商建立起来的全球零件物流网络体系。目前，丰田通商全球零件与物流本部在全球 38 个国家拥有 79 家当地法人和海外营业单位，共包括 177 个网点，在全球范围内共拥有约 1.4 万名员工。

第三节
不可或缺的金融服务

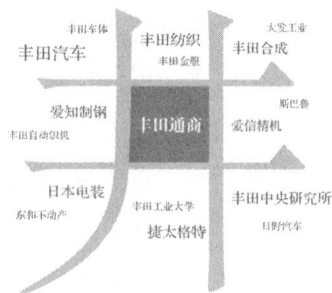

分期付款成为撒手锏

1935 年 9 月，神谷正太郎从加入丰田主持销售工作的第一天起，就向丰田喜一郎提出了采用按月分期付款方式销售汽车的建议，因为他认为对于汽车这种昂贵的商品，必须采取分期付款的形式才可能实现大量销售。1936 年，在三井物产的帮助下，丰田通商的前身丰田金融株式会社创立，其目的是配合当时日本国产汽车的销售。也就是说，丰田通商的出现从一开始就蕴含一定的金融属性，是以为汽车销售提供贷款服务为初衷的。

如今，消费者们对分期付款并不陌生，消费分期早已渗入生活的方方面面，然而历史上真正推动分期付款发展的是一个小物件。1855 年，美国胜家（Singer）缝纫机公司的合伙人克拉克提出，允许妇女租用缝纫机，用租金抵扣贷款，这种消费方式被称为"租购"，也就是最早的分期付款。这种以预期收入分期支付从而满足现期需求的创新方案，开创了崭新的消费金融时代。

第一次世界大战后，为了刺激不振的市场需求，1919 年，美国推出了汽车消费信贷业务。1922 年，法国人安德烈·雪铁龙从美国经销商那里学到了经营模式，然后经过自己的改进形成了"经销商+售后服务"的模式，推出了汽车购买分期付款服务，同时还成立了雪铁龙品牌的金融服务机构。1927 年，美国汽车市场中分期付款销售的汽车占了当年销售总量的 60% 以上。

1923 年，阿尔弗雷德·斯隆就任通用汽车总裁、首席执行官，分期付款是他创立的销售四原则之一。他强化对经销门店的维护和管理，包括针对福特持续降价形成的压力，大力推行分期付款制度；维护汽车的二手车市场价格，提高通用汽车的残值，支持经销门店提高集客量、回头客和成交量，维护分销和零售的网络体系和利益基础。

"分期付款"的理念，不仅为通用汽车迅速发展提供了助力，也极大帮助了美国福特汽车。1923年，福特开始允许其客户通过分期付款方式购买T型车。购买者可以通过1年期每周5美元的分期购买汽车，在完成付款后取得汽车所有权。这一模式使得福特汽车的销量飙升。在此之前福特每年销售约200万辆汽车，而到1926年，福特T型车的累计销售量已达到1500万台。

1949年，日本二战后经济危机引发的通货紧缩，严重打击了汽车制造等资金消耗型行业。汽车销售量急剧下降，销售货款严重滞纳，丰田的负债一度近10倍于自有资金。1950年，在以帝国银行（现三井住友银行）为首的日本银行财团的帮助下，丰田渡过了难关。此后，丰田便重新确立了自己的财务战略：不能依赖银行，自己的城池要自己坚守。

三井财团及其三井物产的介入，强化了丰田集团的商务活动领域，促进了丰田商务活动方式的形成及转变。三井物产主要通过丰田通商，加大对石田退三领导的丰田集团的支持力度，包括为丰田汽车的销售和贸易提供金融业务方面的支持，有效地促进了神谷正太郎领导的丰田汽车销售公司的进步与发展。

20世纪50年代中期，丰田的消费金融业务由于受到"三井商道"的影响较为深刻，因而在业务范围、经营模式及组织方式等方面会更加广泛，经营更加灵活。不同于以往，丰田的消费金融业务与以三井银行为首的日本银行服务形成了一个互相补充的模式，其优点在于：消费金融公司可以借助银行的品牌效应进行业务的迅速扩张，从而更好地带动消费金融公司的发展。

"丰田金服"走向世界

1982年，丰田汽车公司在悉尼成立了丰田金融澳大利亚有限公司，随后在美国、加拿大、欧洲、亚洲和大洋洲开展业务。由此，丰田的金融服务建立起一个全球网络，覆盖丰田销售其车辆的约90%的市场，为540多万客户提供汽车销售融资。丰田为客户提供多种金融服务，包括汽车销售融资、信用卡、公司债券和投资信托的零售，以及保险。

2000 年 7 月，丰田汽车决定新成立丰田金融服务株式会社（简称丰田金服），以增强在金融领域的竞争力以及形成更加迅速的决策反应能力。这一新公司名称，与丰田通商 1936 年创立时的名称"丰田金融株式会社"高度一致，只是多了"服务"二字，而两者都具备分期付款、信贷功能的消费金融属性。

丰田金服由丰田汽车 100% 出资，将海内外丰田所有的金融子公司全部收归旗下进行统一管理，力图通过一体化经营，在全球开展符合新时代要求、追求策划机能充实完善的金融事业；通过对各个丰田金融子公司的统一管理，加强策划和风险管理能力，提高经营的专业性，从而增强丰田在金融领域的竞争力并获得更高的收益。

> **汽车金融**：指消费者在购买汽车需要贷款时，可以直接向汽车金融公司申请优惠的支付方式，可以按照自身的个性化需求，来选择不同的车型和不同的支付方法。作为汽车产业与金融的结合，是当前产业金融的重要领域，通过资源的资本化、资产的资本化、知识产权的资本化、未来价值的资本化实现产业与金融的融合。

2001 年 4 月，丰田金服在日本国内发行"新丰田卡"（信用卡），为会员提供便利可信、一体化的综合性金融服务。为此，丰田金服还专门成立了子公司——丰田金融服务证券公司，作为客户服务的一个环节，向会员提供使用付款结算用的证券综合户头及投资信贷销售等服务。如今，丰田金服业务涵盖包括日本在内的 30 多个国家和地区。

丰田金服本质上是一家消费金融公司，一大特点是推行信用卡制度。丰田金服的信用卡以"让汽车生活变得更愉快"为理念，实现"驾驶""理财""生活方式"的完美组合，借以扩大丰田汽车的支持者。以信用卡的个人信息为依据，丰田还为顾客设计了丰富的服务项目：利用信用卡在丰田的销售店或便利店中消费，提供汽车保险和信托投资服务等。

2016 年 5 月，丰田汽车公司对美国优步（Uber）进行战略投资，二者携手开发汽车共享业务。作为合作关系的一部分，丰田汽车还开发新型租赁方案，汽车购买者可通过丰田金服获得车辆，司机可以通过丰田金服为 Uber 服务支付汽车的费用。双方还联合开发服务于 Uber 司机的车内应用、设立面对 Uber 司机的汽车销售项目，以及共用、共享双方的调研、研究成果。

2016 年 10 月，丰田金服向美国汽车共享公司 Getaround 注资 1000 万美元，并开展相关合作。丰田金服一方面与 Getaround 合作开发"以租养贷"金融产品；另一方面联合 Getaround 在丰田汽车现有的智能中心、大数据中心、金融及结算中心的基础上，构筑具备了汽车共享、保险、车队管理等各项功能并且连接公共交通的出行服务平台 MSPF。

2017 年 6 月，芬兰移动出行初创公司 MaaS Global 获得丰田金服的投资，这是一家移动出行一体化解决方案提供商。MaaS Global 推出的移动出行预订和支付工具 Whim，通过与政府合作共建，实现了人们在城市之间的无缝流动。用户只需支付 249 欧元的月费即可享受公共交通、自行车、出租车、租车或者任意形式的组合出行方式，而不再需要购买单程车票。

2019 年 9 月，丰田与马自达宣布就汽车金融业务展开合作。2020 年 4 月，马自达汽车美国公司结束与摩根大通的汽车金融业务合作，开始选择丰田金服作为消费者车贷和租赁服务的合作伙伴。此时，一直专注于汽车金融和服务的丰田金服，其管理的资产超过 1150 亿美元，是全球最大的汽车融资提供商之一。

丰田汽车金融在中国

2005 年 1 月 1 日，丰田汽车金融（中国）有限公司正式成立，这也是最早经过中国银监会批准的汽车金融公司之一，是丰田金融服务株式会社在中国的独资企业。1 月 25 日，丰田汽车金融（中国）公司宣布，丰田汽车金融个人购车贷款业务在北京地区全面启动。在北京的所有丰田汽车国产、进口经销商展厅中，购车者均可享受到丰田的金融服务。

2009 年 9 月，丰田金融服务株式会社社长铃木武接受共同社等媒体采访时表示，由于中国汽车市场发展迅速，计划加大在华业务开拓力度。此时，丰田金服在中国共有 12 个营业点，覆盖全国 60% 的区域。同时，丰田汽车在中国的 300 家经销商可以提供汽车贷款业务。1 年后，丰田金服营业点数量增加至 30

个，汽车贷款业务点增加到 800 家，涉及的城市也会增至 60 个。

2012 年，丰田金服在中国的独资企业丰田汽车租赁（中国）有限公司成立。其官方网站介绍："公司基于丰田金服在华多年的业务经验，将全球成熟、先进的汽车金融服务理念与中国用户需求相结合，为中国的丰田客户提供量身定制的专业汽车服务。除汽车服务外，公司更扩增了机器设备租赁业务，根据企业的实际需要，及时提供最佳融资租赁方案。"

2019 年 6 月，丰田金融服务（中国）有限公司成立。与丰田汽车金融（中国）有限公司相同，丰田金融服务（中国）有限公司也是丰田金融服务株式会社在中国的全资子公司。但不尽相同的是，丰田金融服务（中国）有限公司主攻汽车融资租赁、出行领域，如今旗下全资拥有丰田融资租赁有限公司等，并拥有丰田海南出行有限公司 33% 的股权。

2019 年 11 月，丰田汽车租赁（中国）有限公司的控股公司由日本丰田金融服务株式会社变更为丰田金融服务（中国）有限公司，名称变更为丰田融资租赁有限公司，其在全中国范围内同时拥有 30 家分公司，均涉及汽车租赁业务，主要是给丰田旗下和雷克萨斯品牌提供金融服务，集中在上海、深圳、广州、天津和北京，随后向周围城市拓展。

同一个月，丰田汽车（中国）投资有限公司、丰田金融服务（中国）有限公司，共同联合中升（大连）集团有限公司以及海南嘉辉项目投资有限公司，成立丰田海南出行有限公司。公司所有车辆的保养维护与维修均在丰田或雷克萨斯品牌经销店完成，负责接送服务的司机以及接待等工作人员均为通过丰田和雷克萨斯品牌服务标准体系培训的经销店员工。

截至 2020 年 3 月，丰田汽车金融（中国）有限公司存量贷款合同约为 59.7 万个，和 307 个城市的 1456 家经销商合作，给个人及公司客户提供的购车贷款零售总额为 317 亿元；为汽车经销商提供的采购车辆贷款业务覆盖 200 个城市 551 家经销商，相关贷款总额为 56.5 亿元。相较于其他区域，中国华南区的零售贷款总额占总贷款额的 39.58%。

2020 年 12 月，丰田金融服务（中国）全资控股的丰田融资租赁公司，创新启动了融驭认证车项目，并借此重磅推出了认证二手车残值担保、零首付租赁产品。由此，丰田融资租赁成为业内率先对二手车进行残值担保的金融机构，填补了市场需求。从此，丰田的融驭认证车项目已在全国 27 个城市 56 家经销机构展开试点，覆盖丰田和雷克萨斯渠道，全国范围的展开也在积极筹划中。

2021 年 9 月，日本丰田金融服务株式会社从韩国大型财团 SK 集团手上收购了爱思开（沈阳）汽车租赁有限公司和爱思开（青岛）汽车租赁有限公司两家汽车租赁公司，将其更名为近多出行汽车服务有限公司。同时，丰田金融服务（中国）有限公司还从韩国 SK 财团那里取得了位于北京的"SK 租车"总部的全部股权。

爱和谊：为消费者保驾护航

2010 年 4 月，三井住友海上集团控股公司、爱和谊保险公司与日生同和财产保险公司共同宣布，透过股权交换，进行整并，整并后公司名称改为 MS&AD 保险集团控股公司，集团重组后成为日本第一大、全球第七大国际保险集团。三井住友海上集团表示，整并的目的是希望能整合三方经营资源，有效强化扩大事业群规模，持续守护每一位客户的价值，实现企业永续成长。

MS&AD 保险集团（即三井住友爱和谊日生同和保险集团）旗下有"三井住友海上火灾保险公司"和"爱和谊日生同和保险公司"两个主要品牌。其中，三井住友海上火灾保险公司是由 1918 年设立的三井海上火灾保险公司及 1893 年设立的住友海上火灾保险公司于 2001 年 10 月 1 日合并成立，隶属三井住友金融集团，而爱和谊日生同和保险公司（简称爱和谊保险）则隶属丰田财团。

丰田汽车与爱和谊保险关系密切，不仅曾是其控股股东，截至 2011 年还是 MS&AD 保险集团最大的股东。爱和谊保险经营财产保险业务，前身创立于 1897 年，已有 120 多年的经营历史。在全球范围内，与汽车生产厂家有如此紧密关系的大型保险公司非常罕见。正因如此，爱和谊保险对汽车保险精益求精，是日本唯一建造了汽车碰撞实验基地的保险公司。

MS&AD 保险集团的爱和谊保险通过从碰撞实验基地中提取的数据，研究汽车的抗损和易修程度，研发修理标准和技术，为修理厂提供技术支持。同时，公司也致力于汽车保险产品的研发，于 2004 年推出了财产保险业界划时代的产品 "PAYD"。该产品按照机动车实际行驶里程来计算保费，同时免去了每年续保的烦琐手续，为客户提供了极大的便利。

2017 年，丰田汽车与 MS&AD 保险集团合作开发了日本首个远程信息处理汽车保险——TOUGH 网联汽车保险（TOUGH Connecting Car Insurance），可根据网联汽车的驾驶数据，反映驾驶行为，提供客户安全驾驶支持功能和安全驾驶保险费折扣等服务。在网联汽车技术和其他领

> **智能网联汽车：**一种跨技术、跨产业领域的新兴汽车体系，指车联网与智能车的有机联合，是搭载先进的车载传感器、控制器、执行器等装置，并融合现代通信与网络技术，实现车与人、路、后台等智能信息交换共享，实现安全、舒适、节能、高效行驶，并最终可替代人来操作的新一代汽车。

域都取得了新进展的大背景下，截至 2019 年 11 月，已有 2.5 万名客户加入了 TOUGH 网联汽车保险。

丰田汽车和 MS&AD 保险集团还联合研发了远程信息处理处理伤害系统，收集并利用网联汽车的数据，以便在客户发生事故时，提供及时且适当的支持。由此，保险公司能够准确、客观地确定事故情况，从而大大减轻了保险索赔程序的负担。与加入另一汽车保险产品的客户相比，加入 TOUGH 网联汽车保险的客户的事故率降低了约 30%，证明其确实具有减少事故的作用。

集合了三井、住友以及丰田三方金融力量的 MS&AD 保险集团，其野心不仅仅只局限于汽车领域。2019 年 3 月，中国的交银康联人寿保险有限公司发布公告称，原股东澳大利亚康联集团计划转让 37.5% 的股权至新股东 MS&AD 保险集团，MS&AD 保险集团出资金额为 19.125 亿元人民币。变更后，交通银行持股 62.5%，MS&AD 保险集团持股 37.5%。

2019 年 7 月，日本 MS&AD 保险集团控股有限公司引进通过支付宝支付保险费的机制，这也是日本大型财产保险公司首次引进支付宝支付选项。因为在日本居住的外国人正不断增加，为满足中国人的支付需求，MS&AD 集团决定引入支付宝。日本作为最受中国游客青睐的旅游目的地之一，支付宝也在加大在日

本的布局，MS&AD 保险集团就成了支付宝首选的合作伙伴。

　　不仅如此，丰田财团旗下的爱和谊保险公司与丰田汽车的关联，还涉及人事任命方面。2020 年 3 月，曾长期在丰田汽车工作的松井秀司，出任爱和谊日生同和财产保险（中国）有限公司董事长。松井秀司先后担任广汽丰田副总经理、销售本部长等职，2015 年 4 月加入爱和谊财险公司担任执行董事，分管全球事业推进部。

第四节
汽车产业链的最后一环

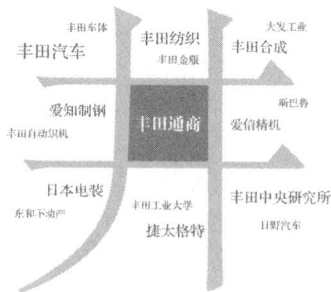

丰田车体　　丰田纺织　　大发工业
丰田汽车　　　丰田金融　　丰田合成
爱知制钢　　**丰田通商**　　斯巴鲁
丰田自动织机　　　　　　爱信精机
日本电装　　丰田工业大学　丰田中央研究所
东和不动产　　日野汽车　捷太格特

丰田金属：报废汽车再利用

1990 年 11 月，日本兵库县一名警察在香川县的丰岛西北面发现一处非法倾倒垃圾的场所，经过勘察，整个垃圾场占地 7 公顷，垃圾的平均厚度为 10 米，最深达 18 米。据测算，岛内积累的各种垃圾至少有 60 万吨，其中 50 万吨为废旧汽车。这些垃圾导致该地寸草不生，土壤、岩石以及周边海水也都被污染，这就是日本著名的"丰岛事件"。

"丰岛事件"的整个后期处理过程历时 17 年，耗资 500 多亿日元。以此事件为契机，日本政府将报废汽车的拆解、处理、回收流程统合入《废弃物处理及清扫相关法律》（通称"废扫法"）。1995 年，日本制定了新的指导方针，将破碎残渣视为"有害废弃物"，导致以往在安定型处理场就能够处理的破碎残渣必须转移到管理型处理场进行处理，从而使得废旧汽车处理费用大幅上升。

由于处理费用上升（每吨从 8000 日元飙升至 2.2 万日元），加上废铁价格下降（每吨废铁价格从 2.3 万日元跌至 8500 日元），报废汽车残值降为负值。出现了报废汽车时由最终用户付费的现象，被称为"反向收费"，由此增加了违法遗弃、不正当处理的可能性。根据 2001 年日本环境省发表的数据，日本全国约有 12.6 万辆违法遗弃车辆。

日本对于报废汽车的处理，起初也是把回收废旧钢铁资源作为其主要目的。但是随着处理费用与废铁价格关系的改变，这种以废旧钢铁为主体的传统回收利用体系显然已经不再适用。于是，最大限度地把有价值的零件从报废的汽车上拆卸下来，送到各个地方进行翻新，并重新加以利用的循环型回收体系成了日本政商两界关注的重点。

2001年，为了提高报废车的拆解、零部件的再生利用性能，丰田公司专门成立了汽车再生利用研究所，力争其汽车的回收再利用率达能够到95%。2002年，日本制定了《汽车循环再利用法》，以法律的形式对报废车辆的回收利用做出了具体规定。于是，丰田于2003年进一步提出"再生理念"，成为其环保措施的核心。

丰田通商控股的丰田金属株式会社（Toyota Metal）专门负责报废汽车的回收再利用，公司由丰田通商（50%）、丰田汽车（48.3%）和爱知制钢（1.7%）共同投资构成。据丰田金属公司的负责人介绍，早在2007年，这里每天就可以处理1200辆报废车，可回收400吨铁、700千克纯铜，处理150吨汽车碎屑，整个回收工厂每年能创造产值40亿—50亿日元。

如今，以丰田金属公司为中心的完整报废汽车再利用的网络已经形成。报废汽车在丰田金属公司被捣碎，金属被分类回收。回收的金属送到丰田财团的爱知制钢公司，用电炉精炼，再制造成汽车部件。此外，拆车厂取出的催化剂由催化剂工业公司回收，液体由丰田化学工程公司回收，起动机和发电机等部件则由丰通循环利用公司回收，分别进行再利用。

一辆汽车的生命在丰田人的眼里永远没有终结——报废汽车的座椅将被制成汽车的隔音材料，树脂制成的保险杠将再次被制成保险杠、车内饰品。车窗玻璃将被制成瓷砖，汽车的几乎所有金属物也都将被高效循环使用。连废弃的发动机油、齿轮油都将被回收，成为锅炉焚烧炉的助燃油。可以说，一台完成使命的汽车将成为一辆新汽车或其他物品生命的开始。

除了成立专门的回收利用公司，丰田通商还开展了工厂内回收再利用业务，其再回收业务贯了一辆丰田汽车从生产到报废的整个生命周期。从最开始的设计开发到回收拆解，再到最后的分解加工，环环相扣，使得丰田汽车的回收再利用率达到了99%。也就是说，丰田汽车从生产、使用到回收再利用整个生命周期的废弃物排放几乎为零。

汽车回收再利用的领航者

2005 年 6 月，在"中国发展高层论坛 2005——建设节约型社会国际研讨会"上，丰田汽车副社长稻叶良曾说："中国很快将面临这样的问题，因为中国的汽车保有量越来越多。我想日本的经验可能对中国是有帮助的，并且帮助中国制定一些政策应对这样的挑战。"近年来，中国汽车的保有量以及报废量正在猛增，丰田汽车怎能放过这一巨大市场？

为了在中国导入日本先进的汽车再利用系统，日本新能源及产业技术综合开发机构（NEDO）于 2012 年 3 月宣布，在北京启动汽车再利用系统的研发及实证项目。该项目由 NEDO 委托丰田通商开发，期限为 2011—2012 年度，预算约 4.7 亿日元。这次在北京的实验中得到的先进技术，会被使用到丰田通商在四川省的汽车再利用项目中。

2014 年 2 月，丰田通商与昭和金属有限公司宣布，已向北京博瑞联通汽车循环利用科技有限公司（简称博瑞联通）注资，丰田通商出资占 32%，昭和金属占 8%。董事成员方面，博瑞联通有 3 人，丰田通商有 2 人。博瑞联通从事汽车销售、修理及出租业务，丰田通商之前已为博瑞联通引入先进设备，实施以提高循环再利用率和大量处理为目标的实证实验。

丰田通商以北京博瑞联通为立足点，积极扩大在中国的废旧汽车处理业务，同时还计划在中国其他地区向多家循环再利用企业注资或协助建厂。与丰田通商一道出资博瑞联通的昭和金属，是日本钛废旧原料回收的领先者，其在日本的直江津事业所钛回收加工设备和加工数量在亚洲数一数二。钛及钛合金则在汽车里随处可见，密封圈、刹车元件、稳定器、车轮、排气管等都是钛制材料。

2014 年 2 月底，丰田通商注资的博瑞联通公司率先在北京建立了拆解工厂。作为中国首家回收技术工厂，这里每年可拆解约 1 万辆汽车，然后从事金属铜、镉等的提取和钢铁废料销售。此后，博瑞联通还将在上海、重庆等中国主要城市的郊区建立同等规模的拆解工厂，扩大业务规模。丰田通商希望在中国的主要地区建立基地，通过销售回收获得的钢铁废料等，力争实现每年 300 亿日元左右的销售额。

就在丰田通商进军中国报废汽车市场的 2014 年，中国全年汽车新车的销量突破 2000 万辆，随之而来的是大量的报废汽车。面对报废车数量激增的局面，中国配备大型、重型设备的现代化回收工厂却很少。此外，基于环保考虑，今后有关回收利用的法律必将不断完善。丰田通商希望抢在这股潮流之前建立拆解工厂，力争成为中国汽车回收利用市场的领航者。

2016 年 4 月，《日经新闻》报道，丰田汽车计划与 100 多家企业共享资源回收利用经验，促进发展中国家对废旧汽车材料的再生利用。同时，丰田通商还计划在北京建立第一家其授权的回收工厂，这将是丰田通商在中国的第二家回收利用工厂。未来，如果这家工厂回收的材料足够多，丰田还会考虑把这些材料直接用于自己的汽车制造环节。

据统计，截至 2019 年中国汽车保有量为 2.6 亿辆，汽车理论报废数量为 910 万辆，实际回收数量为 195 万辆，回收率仅为 0.75%。而美日欧等发达国家和地区汽车报废回收率为 3%—5%，是中国的 4—6 倍。因此，如未来按汽车回收率达到 3% 测算，预计废旧材料市场空间为 401 亿元，五大总成再制造市场空间 799 亿元，合计高达 1200 亿元。

与之形成鲜明对比的是，中国本土的废旧汽车回收产业可以说并不存在。隐藏在城中村、城市近郊的废旧汽车处理厂，都属于作坊式小厂，和回收别的垃圾没什么不同，只是将旧车上的铜线、锡等金属用简单机械拆卸，将废旧轮胎拆解回收，并用强酸浸洗电路板，以获取贵金属。显然，中国废旧汽车回收生意还是一块尚未开发的处女地。

2019 年 5 月，中国政府通过《报废机动车回收管理办法》消除了报废机动车零部件再制造的法律障碍，规定拆解的报废机动车发动机、方向机、变速器、前后桥、车架等五大总成具备再制造条件的，可以按照国家有关规定出售给具备再制造能力的企业予以循环利用。此时，丰田通商已经构建起一条完整的废旧汽车再生利用价值链，抢占了中国市场的先机。

瞄准稀土资源的"城市矿山"

2010 年 12 月，中国商务部就曾接到四川省稀土企业的举报称，日本三井物产等综合商社利用从中国进口碎玻璃等废弃物品，从中提取获得镧、铈等稀土元素。由于中国对稀土开采及出口实施控制政策，三井物产大幅提高了碎玻璃的进口量，因其含有丰富的稀土元素，而从碎玻璃中提取稀土元素在日本早已形成了规模化产业。

2010 年，日本发布的科学技术白皮书中就明确提到要开发稀土高效回收系统、稀土替代材料，还通过设立环境废物管理研究基金优先资助稀土回收提炼的研究。稀土提取技术已经成为日本提高资源再利用效率的关键。目前，不少经营资源回收的日本公司都在用新技术，将本国以及从国外进口的废旧电子设备元件、金属和玻璃再次回炉熔炼，或采取其他工艺提取各种稀土元素。

2011 年 9 月，三井财团旗下的三井金属矿业公司与日本九州大学等机构联合发布消息称，经过研究，已经可以从日常使用的废旧荧光灯管中回收到包括稀土在内的多种稀有金属。根据科研人员的估算，仅九州与冲绳两个地区，一年之内淘汰的废旧荧光灯管就可提取出大约 57 吨包括稀土在内的各类稀有金属，相当于挽回经济价值 25 亿日元。

2012 年 4 月，中日关系因钓鱼岛问题恶化以后，中国一度对日本实行稀土禁运。中国是全球稀土的主要供应国，总储量约占全球的 30%，但产量达到 90%。稀土元素是制造电动车马达、智能手机和涡轮风扇等高技术产品必需的材料，日本汽车企业对中国稀土的依存度很高。从 2013 年开始，丰田通商高度关注中国废旧汽车回收市场，并不是时间上的巧合。

以丰田最为成功、产销量最大的混合动力车型普锐斯为例，每台丰田普锐斯的发动机需要使用大约 1 千克的稀土金属钕，电池则需要 10 千克—15 千克的稀土金属镧。在目前的技术条件下，一旦缺少了稀土金属，普锐斯只能停产。因此，为了避免国际关系动荡带来的供应不稳定因素，丰田希望加强从废旧汽车上回收镝等稀土金属氧化物。

2014年4月，为了加强技术实力，丰田通商收购了世界第二大废料业务公司德国Scholz公司约40%的股权。Scholz公司的主要业务包括废钢处理、铝二次加工以及不锈钢贸易，并且在贵金属的提取方面拥有独到的技术。彭博社报道称，丰田通商此前在内部专门成立了一支特别任务小组，负责寻找可替代资源以及开发稀土金属的回收利用技术。

拆解回收废旧汽车的钢铁、铝、有色金属、贵金属和塑料、橡胶等材料，需要不同的回收技术，还有多种重型机械。在环保要求日益严格的今天，一次投资非常庞大，获利的机会渺茫，几乎可以说是无利可图。丰田通商之所以选择迎难而上，一方面是因为其综合商社的本质就是战略性创投企业，另一方面则是因为其早已拥有多年的相关技术储备。

> **再生资源**：指社会生产和消费过程中产生的可以利用的各种废旧物资，其中包括企事业单位生产和建设中产生的金属和非金属边角废料、废液，报废的各种设备和运输工具，城乡居民和企事业出售的各种废品和旧物。再生资源的回收利用是资源综合利用的重要组成部分，是减少环境污染和提高经济效益的重要措施。

2018年，日本公布的一项统计数据显示，日本是世界上最大的金、银、铅和铟的资源国，其铜、白金和钽资源位居世界前三位，稀土资源储备也非常充足。日本的各类金属资源储量的确非常可观，而这些都要得益于日本东北大学选矿精炼研究所教授南条道夫等提出的"城市矿山"的概念。近些年来，"城市矿山"的开采已经成为日本稀土资源战略的一个侧重点。

所谓的"城市矿山"，就是对废弃的各类产品中（包括废弃汽车）所含有的金、铂等贵金属以及钯、铟等稀有金属的一个形象比喻，因为很多城市里那些废弃产品所含的资源总量之大已经相当于一些"矿山"的含量。可以说，因为在资源回收再利用技术上的飞速进步，对于日本而言，这些"城市矿山"的价值并不亚于甚至超过了许多天然矿藏。

构建新能源汽车的再生体系

1997年12月，代号NHW10的初代普锐斯在爱知县的丰田工厂下线，这是丰田诞生的首款油电混合动力汽车。1998年，丰田通商便启动了废旧镍氢电池回收计划。2009年，普锐斯累计销量达到225.7万辆，与此同时，丰田在全球范围内销售混合动力车辆的国家建立起专门的回收指导标准。2010年，丰田普锐斯延长电池回收协议，并在有条件的地区确保实现100%回收。

2011年，丰田汽车与住友金属合作，借助后者世界一流的高纯度提取技术，丰田实现了混合动力车动力电池中镍的多次利用，可回收电池组中50%的镍。此前电池回收的镍只能用来生产不锈钢，凭借高精度镍提取及分离技术，住友金属回收的镍可以用来生产新电池。同时，丰田化学工程和住友金属矿山配置了每年可回收相当于1万辆混合动力车电池用量的专用生产线。

同年，丰田宣布与法国电池回收公司SNAM进行合作，对丰田自2000年开始发售的所有雷克萨斯及丰田混合动力车的镍氢电池进行回收。2012年8月，丰田汽车欧洲公司宣布与比利时优美科（Umicore）集团合作，对两款丰田汽车的锂离子电池进行回收。通过与优美科及SNAM公司的合作，丰田汽车能够达到甚至超越欧洲委员会制定的回收利用效率标准。

2018年2月，丰田汽车宣布日本中部电力公司达成合作，共同研发一套全新的大容量蓄电池组系统，进而解决废旧电池回收再利用的难题，同时有望对热电厂提供一些帮助。项目初级阶段主要回收广泛应用于混合动力车型上的镍氢电池，并在2030年左右可回收较多电动车和插电式混合动力车型上搭载的锂离子电池，从而解决旧电池回收难的问题。

2018年8月，丰田、日产等日本车企宣布联合启动锂离子动力电池回收计划，并由日本汽车工业协会为主导的日本汽车业界负责探讨联合处理废旧锂电池的模式。与过去整车企业个别委托专业拆解和再生利用网点处理相比，新体系实施后废旧车辆的运输费和维护费将有所减少。随着电动车等新能源车的普及进一步加快，整车企业联手参与锂电池回收利用将有利于提高处理效率。

2019年，丰田汽车在泰国北柳省开设了一家电池生命周期管理工厂，用于管理在泰国销售的混合动力车载电池，这也是丰田旗下首个海外电池回收工厂。该电池回收工厂计划与丰田财团的子公司及附属机构展开合作，包括丰田通商

（泰国）有限公司、丰田大发工程和制造有限公司、丰田汽车亚太区、电装（泰国）有限公司和暹罗废弃物管理公司等。

同年，丰田通商、丰田汽车共同联合浙江华友钴业公司，启动"退役动力电池梯次利用技术研究项目"，在退役动力电池回收、快速判别、相关梯次利用技术的研究开发及应用等各领域，进行研究、技术交流和实践检证。作为新能源锂电材料制造企业，浙江华友已通过多种渠道完成"城市矿山"资源的回收责任，构建起再生资源供应保障体系。

2019 年 11 月，丰田通商与铃木印度分公司宣布各出资 50% 成立一家汽车拆解与回收合资公司——Maruti Suzuki Toyotsu India Pvt Ltd（简称 MSTI）。丰田汽车曾与铃木在 2017 年首次开展合作，为印度市场研发价格合理的电动和混合动力汽车。双方还与三井财团的东芝公司合作，在印度古吉拉特邦成立一家锂离子电池制造厂，供应给混合动力和电动汽车。

2020 年 7 月，三井物产携手丰田汽车，与中国格林美股份有限公司宣布三方联合，共同开展退役锂电池残余电量简易快速判断研究，探讨并验证梯次利用该电池建立储能系统。根据协议，在废旧电池回收、检测分选项目中，合作三方将通过格林美与三井物产的合资公司——武汉三永格林美汽车零部件再制造有限公司，推进全国性回收网点建设。

第五节
综合商社的多元化发展

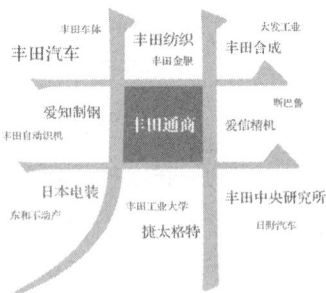

丰田车体　丰田纺织　大发工业
丰田汽车　丰田金融　丰田合成
爱知制钢　　斯巴鲁
丰田自动织机　丰田通商　爱信精机
日本电装　丰田工业大学　丰田中央研究所
东和不动产　捷太格特　日野汽车

拓展汽车以外的事业领域

20 世纪 90 年代，除了汽车和零部件出口贸易，丰田财团的企业群还开始在世界各国进行海外生产。作为丰田财团的专业商社，丰田通商也随之相继在海外设立销售网点，并开始在巴基斯坦等国生产丰田汽车，配合丰田的全球化步伐，加速向海外发展。1999 年，丰田通商选择与加商株式会社（综合商社）开展业务合作，在汽车以外的领域开拓新的业务领域。

2000 年 4 月，丰田通商与加商株式会社正式合并，第一次将触角伸向汽车产业之外。日本加商株式会社（简称加商）成立于 1923 年，最初经营天然橡胶、粮食和金属锡等初级产品，后来逐渐扩大到化工产品、食品、水产品、畜产品、纸浆和机械等方面。从国别市场来看，加商也已由最初的东亚各国扩大到美国、欧洲和中东等世界各地。

除在日本东京设立总公司，加商还在大阪、名古屋、神户和福冈设有分公司。同时加商在美国（洛杉矶与旧金山）、新加坡、马来西亚、印尼、泰国海外各地开展丰富多彩的业务活动。在对华贸易方面，日本加商也有着很长的历史。为了进一步发展对华贸易，加商 1976 年便在北京开设了办事处，一直以来都对促进中日双方的贸易和友好发挥了重要作用。

2006 年 4 月，丰田通商选择与在汽车以外的领域开展多项业务并拥有广大顾客群体的东棉株式会社合并，并制定了收益比为"汽车：汽车以外 = 50：50"的企业愿景，丰田通商从"专业商社"晋升为名副其实的"综合商社"。通过先后与加商和东棉合并，丰田通商全面进军基础设施领域、化学品领域及食品材料领域等汽车以外的领域，大幅扩大了价值链的范围。

东棉株式会社即前文提到的儿玉一造创立的东洋棉花株式会社。创业之初，东棉主要以棉花、棉纱、棉布为主。到了 1934 年，东棉已经成为日本当时在同行业占首位的纤维品进出口专门商社。二战后，东棉成为关西五棉之一。

在儿玉一造以及三井商道的领导下，东洋棉花株式会社也从一个专营纺织品的商社，逐渐发展成为一家综合性商社。20 世纪五六十年代，东棉先后兼并钟渊商事、太洋物产和南海兴业，不断扩大其纤维、食品、金属等部门。此后，东棉又连续参与新兴领域，创立新型业务。2000 年，东棉启动"经营再建计划"，并由丰田通商第三方增资至 75 亿日元，开启与丰田通商的资本、业务合作。

丰田通商通过合并及参股加商、东棉等小型综合商社，一方面可以将自身的价值链扩展到汽车以外的领域，使自身从单一化的专业商社向多元化的综合商社转变；另一方面，实际上也帮助和促进了处于竞争弱势的小型综合商社的进一步发展。需要强调的是，商社一定要是财团的商社。只有有了强大的财团提供产业与金融支撑，综合商社才能真正发挥出其产业组织者的职能。

以三井物产为核心的三井财团是日本产业、商业力量的代表和象征，而丰田财团可以看作制造型企业成功学习三井商道，升级为财团的典型案例。不知不觉中，深受三井商业文化影响的丰田汽车集团内部已经悄然孕育出了一个"小三井物产"——丰田通商。像前辈三井物产一样，丰田通商也逐渐成为隐没在丰田汽车品牌背后的影子王国。

在非洲开展丰富多彩的业务

1991 年，丰田通商向安哥拉当地代理商出资，开始参与汽车销售业务；2000 年在南非设立了总负责机构；2001 年通过英国商社收购了东南非地区 6 个国家的汽车业务，加速推进业务投资。由此，丰田通商拥有了南非地区的汽车生产支援业务、肯尼亚的销售融资及二手车销售等业务，并积极扩大汽车产业价值链，寻求业务的横向拓展。

进入 2000 年后，非洲地区电力需求急剧增加，丰田通商开始积极进行基础设施业务的投资。2011 年，丰田通商获得了肯尼亚最大规模的地热发电项目订单。2012 年 8 月，丰田通商与肯尼亚政府签订了谅解备忘录，在汽车领域以及电力与能源、石油与矿产资源、环保、农业产业化等领域，与肯尼亚政府执行委员会一同推进各类项目。

2012 年 7 月，丰田通商从法国奢侈品零售集团巴黎春天（PPR）手中购得法国最大商社 CFAO 公司 29.8% 的股权。截至 2012 年 12 月，丰田通商持有该公司 97.91% 的股权。CFAO 公司拥有牢固的汽车产业基础，同时经营医药品批发业务、清凉饮料和啤酒的生产和销售，业务网络覆盖整个中非和西非 33 个国家地区，这与业务基础集中在非洲东南部的丰田通商形成了理想的互补格局。

丰田通商为了提升销售和流通的质量而对 CFAO 公司进行投资，并运用丰田生产方式经验，为改善现场提供支援。与此同时，丰田通商立足于长远角度，与法国超市连锁家乐福合作。这对于 CFAO 公司而言也是一个向新领域发起的挑战。丰田通商基于生产和物流的经验，融合两家公司的优势，以迅速扩大的中等阶层为目标群体，加大对消费市场的投入。

2014 年年初，丰田通商中标肯尼亚化肥厂项目，金额高达 12 亿美元，同时在肯尼亚 100% 出资建设肥料生产企业（TTFA 公司）。3 月，丰田通商又与一家跨国农用机械制造公司达成协议，以合作方式在肯尼亚销售拖拉机。在满足当地需求后，丰田通商还计划利用丰田通商长年构筑起的汽车营销网络，向肯尼亚周边各邻国进行肥料出口，加大销售力度。

丰田通商并非以单个国家来看待非洲市场，而是把这个市场视作一个经济共同体。为了基于地区整体优化视角开展业务，丰田通商分别在法国、南非、肯尼亚建立了地区总负责网点。丰田公司不会把投资活动完成或项目完成视为项目结束，而是扎根当地，实现长久运营。为扩大在非洲地区的影响力，丰田通商通过业务、人才培养、CSR（企业社会贡献）活动，为非洲社会的自主发展

> CSR：即企业社会贡献（corporate social responsibility）。企业不仅要追求利润和遵守法律法规，还有义务对所有企业利害相关方的要求采取适当的回应措施，在尊重每个人的前提下雇用劳动者，提供劳动条件，对消费者采取适当的态度、提供完善的服务，关心环境变化，对地区社会做出贡献等，履行企业职责。

做出贡献。

2016 年 1 月，丰田通商与拥有非洲最大级别的物流网的法国综合企业博罗雷公司在基础设施物流等多项业务中构建合作机制。12 月，丰田通商将 CFAO 公司纳为自己的全资子公司。2019 年 1 月，丰田财团将其在非洲市场的整个销售业务都转移到丰田通商设立的非洲本部，业务网络覆盖全非洲 54 个国家，充分发挥丰田财团的资源优势作用，在非洲开展丰富多彩的业务。

在非洲，丰田通商秉持着"With Africa，For Africa"的理念，立足与当地人共同成长的长远视角，积极拓展医疗健康业务。丰田通商的医疗保健和化学品战略业务单元主要以西北非为中心，在非洲 24 个国家开展医药品批发事业。除此以外，丰田通商还在尼日利亚和加纳开展远程医疗服务，通过提供先进的国际级别的医疗服务，助力人类健康事业。

丰田通商以汽车、医疗保健、消费金融及零售业务等为中心，积极在非洲开展制造、销售及服务活动。除此之外，在非洲亟待解决的电力基础设施、农业、信息与通信技术（ICT）等问题领域，也不断努力开展新业务。2017 年 11 月，丰田通商签署肯尼亚蒙巴萨港起重机供应合同；2017 年 12 月，与法国家乐福携手开办的第三家购物中心在喀麦隆开业；2019 年，签署安哥拉纳米贝港口综合开发合同；等等。

亚洲医疗服务市场大有所为

2011 年，丰田汽车与日本藤田保健卫生大学合作，成功研发出了理疗用机器人"步行训练助手"和"平衡训练助手"，辅助装置旨在帮助瘫痪或者正在康复的病人重新恢复运动机能。随之，丰田通商开设了定制型自费康复训练设施，开展自费康复训练事业，同时开设了治疗院，展开上门医疗按摩服务。

2012 年 4 月，丰田通商宣布与韩国 GNT Pharma 公司建立战略合作伙伴关系，在日本独家推广其神经疾病和炎症性疾病新药。此时，GNT Pharma 公司已经完成以中风、早老性痴呆病和炎症性疾病为靶向的合理药物设计。丰田通商表示，与 GNT Pharma 公司合作将有助于通过自己多年经营的日本国内网络，向日本领先的制药企业提供更好的以客户为导向的业务。

当月，丰田通商和日本最大安防公司西科姆集团（SECOM）共同成立了一家名为"Takshasila Hospitals Operating"的公司。以此为运营母体，2014年3月，在IT产业集聚的印度第4大城市班加罗尔，丰田通商开设了印度首家日本企业与当地企业共同运营的综合医院，名为樱花医院，充实当地医疗基础设施，将日本经验技术应用于印度的医院运营之中。

显然，丰田通商发现了印度潜力巨大的医疗市场需求，以樱花医院步入运营正轨为重点，不断促进日资企业医疗器械的销售等其他医院周边事业的发展。樱花医院是丰田通商对日本政府向国际推广日式医疗技术和服务的政策"健康医疗战略"做出的援助，从而在新兴国家不断扩大的医疗服务市场有所作为。

2015年8月，《日本经济新闻》透露：丰田通商的老师三井物产正式进入印度的医药市场，从印度最大的医院运营商阿波罗医院集团那里获得印度最大医药品批发商柯美德20%的股份，出资额高达2500万美元。印度柯美德经销超过2万种医药品，三井物产将向印度提供日本等发达国家的医药品和医疗器械，通过柯美德向医疗机构和药房销售。

2018年11月，三井物产发表声明，向马来西亚综合保健控股公司（IHH）追加出资约2300亿日元，出资比率占到32.9%，成为最大股东。IHH主要对新加坡、马来西亚、土耳其、印度等9国，主要面向高收入阶层的50个医院（合计约1.2万张病床）展开业务。同时，IHH旗下的医院会构建一个整体组织——可以在全公司范围内活用60万入院患者的数据。

三井物产在2011年向IHH第一次出资之前，已在公司内部把以前分散的相关事业部综合起来，新设了专门部署，决心帮助IHH打入土耳其、印度、中国、缅甸等国家市场。三井物产保健、服务事业本部永富公治部长表示："亚洲的保健市场，因为人口的增加与老龄化，每年有10%的提升，另外病床数等医疗资源严重不足。因此想要推进包含各种周边产业的商业构想和发展。"

在增资亚洲最大的医院集团IHH的同时，2018年10月，三井物产携手日本PHC控股有限公司，与中国的华润健康集团（CRH）签订三方战略合作协议。

PHC 原名松下保健控股有限公司，在医疗器械、保健 IT、生命科学三大领域内从事开发、生产、销售、服务活动，为超过 125 个国家的客户提供产品和服务。CRH 旗下的华润医疗控股有限公司在中国全境拥有 100 所以上医疗机构。

2019 年 6 月，三井物产、华润健康集团、厚朴投资在香港签署协议，合资组建基金管理公司，发起成立总额 10 亿美元的 CMH 健康基金，华润集团董事长傅育宁、三井物产社长安永竜夫、厚朴投资董事长方风雷共同见证。基金专注于医疗服务、前沿诊断技术以及医疗器械等领域，在全球范围寻找最具潜力的投资机会，致力于将世界优质的医疗服务和技术带给中国居民。

为日本氢能产业开疆拓土

2015 年 2 月，丰田通商宣布携日本岩谷产业、大阳日酸两家企业共同设立日本移动式加氢站服务联营公司，其中丰田通商负责业务运营管理，岩谷产业和大阳日酸则负责氢供应设备的制造、氢供应及现场管理。早在 2011 年 1 月，丰田联手本田、日产，与岩谷产业等 10 家日本能源公司，发表了《关于国内采用氢燃料电池车及完善氢气供给基础设施的共同声明》。

3 家企业计划利用新合资的日本移动式加氢站服务联营公司，在东京都、爱知县等地开设 4 座移动式加氢站，主要运营方式则是从三井住友融资租赁公司租借相关的移动式加氢站。岩谷产业是一家大型的国际石油液化气供应商，专注于液态天然气、瓦斯罐及氢气等工业用气体。大阳日酸是日本最大的工业气体和空分设备制造公司，位居全球工业气体行业综合排名前五位。

2019 年，丰田通商旗下的名古屋 Atsuta 加氢站成为日本第 1 家由 Ene Vision 提供 "RE100 电力（100% 可再生能源）" 的设施。Ene Vision 是由丰田通商子公司 "丰田液化空气氢能源公司" 负责运营的工程平台，致力于通过工程优化客户的能源系统。此后，丰田通商 Ene Vision 还与美国特斯拉公司合作建设了位于北海道的 6 兆瓦时（MWh）储电设施。

2019 年 12 月，在中国苏州市氢能产业合作发展论坛上，丰田通商（上海）有限公司、上海重塑能源科技有限公司、常熟高新技术产业开发区管理委员会三方达成合作意向，携手打造氢燃料电池重型卡车示范应用项目，进一步加快常熟市氢燃料电池汽车的推广应用。上海重塑科技成立于 2014 年，是中国领先的氢燃料电池系统供应商。

2020 年 11 月，丰田通商联手丰田汽车，与福建雪人股份签署合作协议，在氢燃料电池动力系统领域展开合作。福建雪人股份通过丰田通商从日本丰田汽车采购 FC STACK（氢能源动力系统）试制品及其相关零部件试制品，开发和制造引进丰田汽车上述零部件的氢能源动力系统产品。福建雪人股份是中国领先的冷链装备与氢能装备制造企业，致力于推广氢燃料电池在冷链物流等领域的应用。

当月，丰田通商联合上海长三角氢能科技研究院主办的中日"氢听"峰会在青浦工业园顺利举办。丰田汽车、丰田织机、日本东丽、日清纺化学、戈尔、科特拉、富士金、宇部等多家日本顶尖公司参加了远程会议。丰田通商代表介绍了日本加氢站情况：截至 2020 年 11 月，日本全国范围内实现商业化运营的加氢站有 135 座，计划中的有 23 座。

2021 年 4 月，丰田通商宣布，为构筑活用氢气的可再生能源供应链，出资从事氢燃料电池和水电解系统的设计、制造等的日本 Enoah 公司。作为一家系统整合商（专业商社），Enoah 公司拥有多年出色的燃料电池评估设备的制造、销售业绩。此次，丰田通商以出资 Enoah 为契机，强化双方合作，提供符合顾客需求的氢燃料电池系统，致力于将氢燃料电池应用于更多领域。

2021 年 6 月，丰田通商联合优立普华、西门子能源、英吉利港口等企业为英国伊明赫姆港基于绿氢的脱碳应用提交联合竞标。其中，丰田通商英国分公司将对港口加氢站基础设施和设备进行转换、更换或改造，可实现温室气体减排评估。英国伊明赫姆港的地理位置，可利用该地区现有的基础设施结合 4 个

绿氢产业：利用可再生能源（例如太阳能、风能、核能等）发电后转化为电能，将电能通过电解水制氢设备转化成氢能。与棕氢（来自煤炭）、灰氢（来自天然气）或蓝氢（来自化石燃料，但包含了碳捕获和存储技术）不同，绿氢的制取过程中只产生水，可以达到净零碳排放，在全球新能源转型中扮演着重要角色。

合作伙伴的技术专长，利用海上风电-电解水技术生产"绿氢"。

2022 年 2 月，丰田通商宣布，在美国洛杉矶港启动"氢燃料电池驱动卡车和大型机械的实证项目"，通过使用源自当地家畜粪尿的氢气这一清洁氢能源推动去碳化。参加这一项目的企业还包括三井财团旗下的三井 E&S 控股机械有限公司（原三井造船），其主要负责港口起重机和发动机制造。此外，丰田财团的日野汽车提供项目用的集装箱运输卡车。

参考文献及来源

1. 白益民编著：《商社就是天网——互联互通与产业整合启示录》，中国经济出版社 2018 年版。

2. 彭蓉霞：《平林知哲：丰田通商持续提供高品质和高服务》，《汽车维修与保养》2014 年第 1 期。

3. ［日］Kenichi Togawa：《消失的百万辆日本报废汽车》，《资源再生》2008 年第 9 期。

4. 乐智强：《综合商社：多元化经营的有效模式》，《国有资产研究》1999 年第 1 期。

5. 刘娟、兰建义：《新能源汽车电池回收研究及发展建议》，《中国集体经济》2020 年第 28 期。

6. 吕惠敏：《巨鳄争食中国汽车金融市场》，《财经界》2005 年第 6 期。

7. 金铭：《汽车金融信贷风云再起》，《市场瞭望》2006 年第 12 期。

8. 徐晨天、杜丹丰：《日本报废汽车回收利用及启示》，《合作经济与科技》2017 年第 16 期。

9. 田晨、贾峰：《丰田：汽车与再生利用》，《世界环境》2007 年第 1 期。

10. 宗文龙、叶友：《从通用到丰田——产业金融在企业价值提升中的作用及启示》，《财务与会计》2007 年第 7 期。

11. 时杰：《丰田：从成本管控走向跨界融合创新》，《现代国企研究》2019 年第 1 期。

12. 张娅、周烨彬、吴丽:《走向未来的"新华商"》,《商务周刊》2009 年第 18 期。

13. [日] 乡古实:《日本汽车回收利用产业之前瞻》,《汽车与配件》2014 年 第 24 期。

14. 郭学益、宋瑜:《日本再生资源产业发展经验借鉴》,《全球商业经典》 2019 第 9 期。

15.《日本国内首个移动式加氢站投入运营》,《电源技术》2015 年第 5 期。

16. 李协商:《丰田通商逆势布局》,《现代物流报》2012 年 11 月 26 日。

17. 郭廷杰:《报废汽车中寻"金"》,《中国冶金报》2015 年 01 月 22 日。

18. 刘炜:《日本循环经济中小汽车循环利用的状况和对我国的启示》,硕士 学位论文,东北财经大学,2012 年。

19.《丰田拟回收利用废旧汽车 在华建首家回收工厂》,2016 年 4 月 11 日, 见 https://www.sohu.com/a/68586236_ 119778。

20. 孙华斌:《中国"汽车后市场"新机遇》,2019 年 12 月 23 日,见 https://zhuanlan.zhihu.com/p/143271558。

21. BusinessCars:《丰田大众新战场:围猎非洲?》,2019 年 9 月 2 日,见 https://baijiahao.baidu.com/s?id = 1643536449735973454&wfr = spider&for = pc。

22. 郭海霞:《丰田抢滩天津》,2003 年 7 月 24 日,见 https://auto.sina.com. cn/news/2003-07-24/41850.shtml。

23. 海兰:《天津丰田攻略:用 54 亿美元构筑汽车工业链》,2004 年 8 月 20 日,见 https://auto.sina.com.cn/news/2004-08-20/76992.shtml。

24. 贾艺超:《丰田管理很强大?走进丰通物流后发现……》,2017 月 11 月 24 日,见 https://www.sohu.com/a/206386613_ 170557。

25. 郑谊:《用汽车制造汽车》,2013 年 12 月 28 日,见 https://chejiahao.au-tohome.com.cn/info/1012076/。

26.《丰田旗下金融公司计划扩大在华车贷业务》,2009 年 9 月 4 日,见 https://auto.sina.com.cn/news/2009-09-04/1530522673.shtml。

27.《奇瑞控股入榜"中国企业 500 强",身份不只车企这么简单》,2018 年 9 月 3 日,见 https://baijiahao.baidu.com/s? id = 1610569141128920147&wfr = spider&for=pc。

28. 丰田通商官方网站:www.toyota-tsusho.com。

29. 丰通零件官方网站:www.cworks.net.cn。

30. 丰田金融官方网站:www.toyota-finance.com。

第六章 爱知制钢：专精特新小巨人

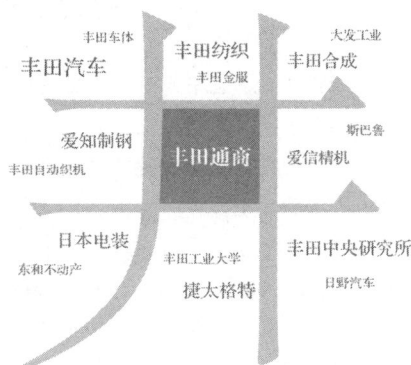

1934 年，担负着制造汽车用特殊钢使命的丰田"制钢部"诞生了。1940 年效仿此前的"汽车部"进行分离和独立运营，成立丰田制钢株式会社，后更名为爱知制钢。1949 年，爱知制钢股票上市时，丰田汽车是其最大的股东，持股 23.71%；三井财团的新日铁是第二大股东，持股 7.7%。

1994 年 11 月，隶属丰田财团的爱知制钢，与丰田通商、三井物产两家综合商社共同进入东南亚大型锻造公司。第二年，作为第一个海外生产基地，爱知制钢在菲律宾设立了爱知锻造亚洲公司。由此，当丰田汽车大举进军东南亚市场之时，爱知制钢也积极开展海外生产基地的构建。

2014 年 12 月 15 日，丰田氢燃料电池汽车概念车完成了技术验证，得名"Mirai"，并在日本正式上市。第二天，丰田财团的爱知制钢对外宣布，为丰田 Mirai 供应高压氢部件用不锈钢产品。同时，三井财团的东丽公司向丰田 Mirai 供应了用于高压氢燃料箱的高强度碳纤维。

"三井"告诉了我们什么

制造业要真正形成规模，实现可持续发展，一定要有一个综合配套服务体系做支撑。与三井财团渊源深厚的丰田公司并不完全是以制造为主，它更多做的是一种综合商社的服务、一种财团体制的平台，把旗下的爱知制钢等企业捆绑成一个森林体系，进行共生发展。事实上，现代日本已经度过了家族企业为主导的私营经济阶段，更多实现了"你中有我、我中有你"的企业社会化、集团化。

20世纪60年代，以三井财团旗下的丰田为代表，日本各大企业集团强制推行并完善了垂直专业化分工，众多中小企业被收编在一个个以特大型企业为首的，由下至上层层支撑的金字塔形构造之中。在垂直专业化分工之中，上级企业通过资本的投入（参股等）、人员的投入（派遣技术人员等）、销售渠道的指定（收购全部产品等）方式，掌控着下级企业的命运。

为保持高质量发展，丰田集团通过抓梯队培育、技术创新，始终引导、鼓励科技含量高、设备工艺先进、市场竞争力强的中小企业专注细分领域，深耕产业链，强链补链。为此，丰田财团不断鼓励、引导旗下的爱知制钢专注专业化、精细化、特色化、新颖化发展，积极融入丰田汽车的供应链，加强与龙头企业协同创新，构建抱团发展的现代产业集群。

此时，爱知制钢完全依附于丰田集团的"垂直专业化分工体系"，按照"三井商道"的运营体制，将自身有限的经营资源高度集中于其擅长的专业领域，对现有的生产技术进行不断的挖掘、改良、革新，创造出一批又一批他人无法模仿的独特产品（或生产工艺），并借助于日益发达的供应链和信息化平台，形成相融共生的生态，在汽车产业形成竞争力，实现了走向世界舞台的梦想。

20世纪90年代，随着经济全球化的发展，日本大企业集团中一批拥有"专精特新"技术的中小企业脱颖而出，开始在国际舞台上崭露头角。这些"小型国际企业"的自主创新并不一定拘泥于所谓的高新技术，并非一开始就从事近年人们热衷的IT、生化等产业领域。恰恰相反，它们更多的是在对传统的所谓"低旧技术"的不断整理挖掘之中，走到了世界的最前列。

丰田集团的爱知制钢就是一个成功的典范，最终成为"专精特新"的国际级"小巨人"。在这个过程中，爱知制钢积极筹措资金从上级企业手中买回自己的股份，刻意追求资本上的独立，同时又不脱离丰田财团的产业生态体系。它在生产工艺上精益求精、自主创新，从上级企业手中夺回了技术上的主导权。以爱知制钢为例的一批"中坚企业"的诞生，给众多的中小企业指明了未来发展的方向。

丰田车体　丰田纺织　大发工业
丰田汽车　丰田纺织　丰田合成
爱知制钢　丰田通商　斯巴鲁
丰田自动织机　　爱信精机
日本电装　丰田工业大学　丰田中央研究所
东和不动产　捷太格特　日野汽车

本章导言

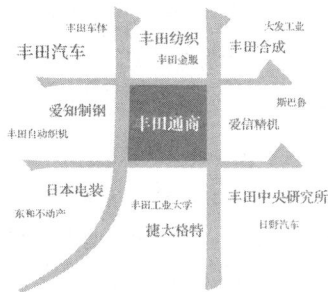

2011 年，湖南科力远新能源股份有限公司（简称科力远）与丰田汽车首次合作，当年收购了日本松下公司位于日本神奈川县工厂的 100% 股权，成立了湘南科力远株式会社。科力远收购的这家日本工厂从 1932 年便开始从事电池制造业务，从丰田普锐斯混动汽车 1997 年诞生开始，就一直是丰田车载用镍氢电池的供应商。以此为契机，科力远与丰田汽车在电池产业方面建立起了长期的合作。

丰田汽车发展混动技术以来，始终坚持镍氢为主的混合动力策略。镍氢电池是目前安全性最高的动力电池之一，即使发生过充、短路、刺穿等极端异常情况，也不会发生爆炸或者燃烧等问题。科力远是中国国内专注于研发生产车用镍氢动力电池的核心企业，同时也是全球镍氢动力电池三大核心生产商之一，目前已形成以镍系列高能电池和先进电池材料为核心的完整产业链。

科力远由钟发平于 1998 年创立，制造和经营先进储能材料、先进电池、电动汽车能量包、混合动力总成系统及其延伸产品。公司是集研发、生产、销售和服务于一体的国际化高新技术企业，致力于在节能与新能源领域构建全产业链。钟发平在创业前是清华大学现代物理学系副教授，同时也是比亚迪集团董事局主席王传福在中南大学时的师兄。

作为丰田国产混合动力车型动力电池及关键材料的唯一本土供应商，科力远是丰田实现"电池零事故"强有力的支持者。科力远长期发展混动方向，一直都是丰田汽车品牌凯美瑞、雷凌、卡罗拉双擎等混动车型动力电池的稳定供应商，对中国的混合动力汽车快速产业化起到积极的推动作用。如今，科力远子公司常德力元、科霸公司和参股公司科力美均已进入丰田供应链体系。

丰田汽车选择和湖南科力远公司合作还有一个重要原因。中国湖南省的稀土资源丰富、矿种齐全，稀土资源潜力达 130.5 万吨。稀土是混合动力车和电动车所采用的电机、电池的关键原材料，其中车用电池负极材料的主要成分就是稀土储氢合金粉。科力远的镍氢动力电池生产成本要比日本湘南工厂低 40%，这正是得益于科力远对于上游稀土领域的产业布局。

2013 年 12 月，科力远发布对外投资公告称，包括科力远在内的 8 家企业和单位共同签订了《湖南省稀土产业集团有限公司发起人协议》，设立湖南稀土集团。公告显示，湖南稀土集团注册资本为 3 亿元，国有单位占股 51%，民营单位占股 49%。其中，科力远出资 9000 万元，占股 30%，与湖南黄金集团有限责任公司同为大股东。

科力远有意通过成立湖南稀土集团，将产业链向上游稀土领域拓展，未来实现对湖南省内稀土矿资源的重新整合。对于科力远而言，目前稀土材料在镍氢动力电池负极所用的储氢合金材料中占了 50% 以上的比例，进军稀土上游产业链，可为其主营车用镍氢动力电池提供强大的原材料支撑，有利于进一步降低电池成本，促进企业更好地发展。

2014 年 8 月，科力远、常熟新中源创业投资有限公司、丰田汽车（中国）投资有限公司、丰田通商株式会社以及 Primearth EV Energy 株式会社（简称 PEVE）共同出资，在江苏成立了合资企业——科力美汽车动力电池有限公司，其生产的镍氢动力电池主要用于配套一汽丰田、广汽丰田国产化混合动力汽车。

在合资公司中，中日双方各持股 50%，其中中方股东科力远持股 40%、常熟新中源持股 10%，日方股东 PEVE 持股 41%、丰田中国持股 5% 和丰田通商持股 4%。虽然表面上来看，丰田系仅持有 9% 的股份，但丰田实际上持有 PEVE 80.5% 的股份。PEVE 前身是松下电动汽车能源公司，这正是 1996 年由丰田与松下电器及松下电池合资成立的混动和电动车用电池公司。

稀土不仅仅是电池的重要原材料，丰田财团旗下的爱知制钢生产的钕铁硼永磁体是目前新能源汽车驱动电机中应用最广泛的材料，也是最常使用的稀土磁铁。随着新能源电动车的普及，国内外大规模生产稀土永磁电机，稀土将会面临资源瓶颈。日本原本就不产出稀土，寻找重要的稀土产地就成了爱知制钢意图涉足新能源领域企业的重要目标之一。

2015 年 12 月，丰田财团旗下的爱知制钢株式会社，以足够替代科力远现有技术和产品的能力，开始全力涉足混合动力汽车及纯电动车用驱动电机永磁体领域。爱知制钢近年研发成功的"Magfine"各向异性黏结钕铁硼永磁体，不需要添加稀土金属镝，比使用烧结钕铁硼永磁体的电机体积更小、减重 50%、成本降低 30%，到 2020 年实现为相关电动车量产配套。

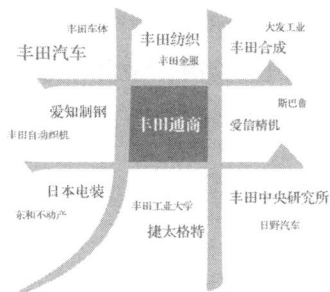

第一节
爱知制钢的丰田DNA

脱胎于丰田汽车炼钢部

1933 年 9 月，为了着手开发小型汽车，丰田喜一郎在丰田自动织机制造所内成立了"汽车部"，并开始建设试生产厂房和炼钢厂。1934 年 1 月，丰田的汽车制造业务正式启动，同年成立的炼钢部也就成了如今"爱知制钢"的事业起点。可以说，在日本汽车产业的兴起期，爱知制钢正是担负着制造汽车用特殊钢的使命而诞生的。

当时，除了发动机中的曲轴等特殊产品，汽车所需的大部分锻造产品，丰田自己的炼钢部都可以实现独立生产。1935 年，丰田的第一辆客车 A1 型和第一辆卡车 G1 型组装完成，汽车组装工厂距离丰田"汽车部"只有 1 千米的距离。1936 年，"汽车部"与丰田自动织机制造所分开，并开始独立运作。

1937 年 8 月，专门生产汽车的丰田汽车工业株式会社正式成立，社长由丰田利三郎担任，副社长由丰田喜一郎担任。1937 年年底，丰田自动织机制作所内的炼钢部也扩大了生产，可生产 73 种汽车零件，轧制产品和钢制品种类达 32 种，各类尺寸达 210 种。丰田汽车在 1938 年计划每月生产 3000 台汽车。随着汽车专用钢的生产量的大幅增加，兴建新的制钢工厂被迅速提上了日程。

于是，丰田决定在沿海地区的上野村（现爱知县东海市）建立大型炼钢厂——知多工厂。1939 年 8 月，工厂开始进行建设。12 月，随着知多工厂的动工，丰田自动织机董事会举行的会议，决定效仿此前的"汽车部"，也将专门的炼钢部进行分离和独立运营。1940 年 3 月，丰田制钢股份株式会社（简称丰田制钢）正式成立。

在此之前，日本派遣大量留学生前往英国、美国、法国、德国深造，引进了众多西方先进的工业技术，其中钢铁技术是重中之重。正是由于这些技术，日本建立起了强大的钢铁工业体系。到1940年，日本生产钢铁达到了一个峰值——年产686万吨，成为当时的世界第五大工业强国，工业产值占世界总份额的3.8%，远超亚洲其他国家。

> **董事会：** 作为经营决策机构，董事会制度最早起源于英国。1893年，以德国商法典为母法，日本政府开始起草《日本商法典》，其中确认了合股公司中董事的权威，在一个董事会下的公司治理概念被日本确定和接受。日本是非欧美国家中最先取得现代经济成功的，现代公司和董事会制度的引入是一个重要的因素。

1940年9月，公司向员工提出公司徽章的征集方案，但是由于应募案中并没有合适的方案，于是当时的社长冈部便模仿丰田自动织机制作所的公司标识确定了丰田制钢的徽章：用四组"卜"画成圆圈，把"夕"围起来做成"丰田"，"卜ヨタ"在日语中正是"丰田"的意思。虽然是独立运营，但丰田制钢仍冠以丰田之名，同时和丰田集团保持着密切的关联。

1944年1月，丰田被纳入军方管辖下的军需公司。当时的丰田制钢虽然以生产汽车专用钢为主，并极力避免参与军工产业，但服务日本"战时经济体制"是无法避免的。1945年6月，随着丰田汽车的举母工厂和刈谷工厂被日本军方强制接收，丰田制钢也开始生产军需物资。当时日本全国的所有资源都被用来为战争服务，极大地影响了产业工业的正常发展。

打开丰田汽车（中国）投资有限公司的官网，可以在"历史沿革"栏目中找到丰田汽车的发展历程。但是，1939—1945年，丰田汽车这个时间段的记录有意没有呈现出来。从第二次世界大战爆发的1939—1942年，丰田持续每年生产汽车超过1.6万辆，其中大部分是军用卡车，企业长期处于被战争裹挟的状态之下。

这种"战时经济体制"的影响一直持续到二战之后。根据日本一桥大学名誉教授野口悠纪雄的《战后日本经济史》，日本战后经济高速腾飞的部分原因就在于二战期间的战时经济体制，它割裂了日本国内与国际金融市场，并根据战时需要建立了长期的锁国政策。此外，战时经济体制的特征，如层层选拔出大企业管理者、工会与公司构建为命运共同体，也都对日本战后经济腾飞产生了促进作用。

二战后迎来新的发展

1945 年 8 月，日本裕仁天皇向全日本广播，接受波茨坦公告、无条件投降，结束战争。随后，丰田同三井、住友等日本传统大型企业一同率先成为美国解体日本财阀的对象。对此，丰田集团立即做出反应，决定将所有关联公司名称都删除"丰田"二字，因此丰田制钢更名为爱知钢铁株式会社（简称爱知制钢），同时采用新的公司徽章。

1949 年 5 月，爱知制钢的技术部成立，主要从事汽车和铁路弹簧钢等产品的开发。通过小型钢锭生产弹簧钢，是当时爱知制钢的特有技术和主力产品。此外，由爱知制钢生产的建筑用变形钢筋也是日本国内首创，甚至还成了当时钢筋混凝土施工的标准。之所以要开发建筑用钢材，则是因为当时丰田旗下成立了一家东和不动产株式会社。

东和不动产株式会社的前身，源于丰田利三郎（丰田佐吉的女婿）在名古屋车站前约 2544 平方米的土地上投资的房产业务。二战后不久，丰田公司建设总部的事项被提上了日程，于 20 世纪 50 年代着手建立丰田会馆。负责丰田会馆建设的正是由丰田汽车、日新通商（现丰田通商）以及丰田自动织机共同出资 5000 万日元成立的东和不动产株式会社。

1951 年，日本政府开始推行钢铁行业的"第一次产业合理化计划"，在加大对钢铁行业政策性金融贷款的同时，通过减免进口税和购置设备折旧抵税等方式鼓励钢铁生产设备的更新。1952 年以后，爱知制钢着手进行工厂设备现代化改造，彻底转变为以特殊钢为中心的生产体制，特殊钢的销售数量超过生产比例的八成，成了名副其实的特殊钢企业。

1954 年，以向阿根廷出口弹簧钢为开端，同期是巴西、印度最大的弹簧钢供应商的爱知制钢开启进军海外的计划。随着出口量的加大和丰田汽车的需求与日俱增，爱知制钢将技术革新的重点放在了特殊钢的升级和开发上，不断大力加强炼钢、轧制、热处理、锻造等一系列生产工艺。1957 年，爱知制钢在日本国内首次实现了使用碱性平炉来批量生产汽车用特殊钢。

在轿车的量产中，钢材的高级化是不可缺少的，在这个领域爱知制钢的研究团队发挥了很大的作用，努力研究加工性和耐腐蚀性等材料特性。凭借着这些技术优势，爱知制钢作为在日本屈指可数的特殊钢厂得以迅速成长。在 1961 年新设出口部门时，爱知制钢不仅在菲律宾、泰国等地，还向印度尼西亚、澳大利亚等地进军，出口业绩一年便超过了 1 万吨。

1961 年 7 月，爱知制钢与美国 Arco Corporation 签订了为期十年的技术联盟协议，使得炼钢技术进一步完善，并开发了很多钢种。这十年间，爱知制钢仅不锈钢的产量就增加了约 11 倍，不锈钢的市场份额也是日本第一。1964 年 3 月，爱知制钢技术部改为研究开发部，在材料研究、加工研究、试制中设置了各自的担当部门，完善了实践性的开发体制。

20 世纪 60 年代中后期，为了应对丰田汽车工业株式会社急剧增加的汽车生产需求，爱知制钢锻造部门的设备增强计划开始被提上日程。最终，爱知制钢刈谷工厂和丰田汽车工业株式会社总部锻造工厂进行汇总合并，实现批量生产。1964 年 7 月，爱知制钢的知多锻造工厂开始运转，汽车用锻造品的销售也扩展到了其他汽车制造商。

1970 年，在实现完全电气炉改造后，爱知制钢将开发的重点放在齿轮等汽车零部件领域的特殊钢上，并开发提高附加价值的异形材料轧延技术。与此同时，爱知制钢与丰田汽车进行共同研究，陆续开发出齿轮用钢、轴承钢、工具钢等新钢种。随后，打破了以往高碳铬轴承钢概念的"AUJ1"产品开发完成，并于 1975 年取得了专利，爱知制钢也由此奠定了作为汽车轴承钢制造商的基础。

汽车时代，乘风而起

20 世纪 50 年代初，美国是世界上最大的汽车生产国，年产量达到了 800 万辆，而当时的日本汽车年产量只有区区 3 万辆。但是，随着丰田等日本汽车企业的迅速崛起，这种情况很快便发生了变化。1967 年，日本汽车产量猛增至 315 万辆，跃居世界第二。20 世纪 70 年代后期，随着国际原油价格飙升，相对省油的日本汽车的国际市场占有率大幅提升。

1975 年，日本丰田汽车在美国进口汽车市场上的份额已经超过此前一直居首位的德国大众汽车。1980 年 1—2 月，丰田汽车公司运销美国的汽车数量就比上一年同期增加了 1 倍。作为丰田汽车的核心配套企业，得益于日本汽车工业的高速发展，丰田旗下的爱知制钢在 20 世纪七八十年代一度大幅跑赢钢铁行业指数。

当然，爱知制钢不仅仅是产量领先，也拥有先进的技术。1982 年，爱知制钢结合此前多年的研究成果，提出了革新传统炼钢法的"复合炼钢工艺"的构想。电炉-精炼炉-真空脱气装置-结合连续铸造设备的特殊钢的新制法，在品质、成本、交货期等各个方面都取得了划时代的成果。爱知制钢在世界上首次实现了复合炼钢工艺，该工艺后来也逐渐成为国内外炼钢设备现代化的主流。

20 世纪 80 年代，爱知制钢开始致力于钢材生产方式的彻底革新，通过导入"丰田生产方式"，从汇总生产到多品种小批量生产，努力大幅缩短相关交货期。在锻造部门，从 1983 年左右开始，以第二锻造工厂为中心推进全新生产方式的引进。经过一段时间的试行后，1986 年春天，全锻造工厂导入了丰田的"看板方式"，从之前的生产计划表模式向生产规定量的库存补充方式进行转换。

1987 年，凭借着在"新设备、技术开发的高品质化""新产品开发的推进""特殊钢的生产方式的革新""战略营业活动"四个方面的优秀成果，爱知制钢荣获了当年的戴明奖。这是一种认可，它意味着爱知制钢在学习有实用价值的质量管理方面已经获得成功。

> **戴明奖**：始创于 1951 年，是历史最悠久的、唯一覆盖全球的质量管理奖，也是被广泛认可的质量奖。这是日本质量管理的最高奖，也是世界三大质量管理奖项之一，是为了纪念已故的威廉·爱德华兹·戴明博士（1900—1993）而设立，他曾为日本战后统计质量控制的发展做出巨大贡献。

20 世纪 90 年代中后期，受日美贸易战的影响，为了避免与来自北美和欧洲地区的汽车生产企业产生正面冲突，东南亚便成为丰田汽车等日本汽车企业全球发展战略的重要生产基地。1994 年 11 月，爱知制钢选择与三井物产、丰田通商两家综合商社共同建立东南亚大型锻造公司。1995 年，作为第一个海外生产基地，爱知制钢在菲律宾设立了爱知锻造亚洲公司。

以丰田汽车打入菲律宾为契机，爱知锻造亚洲公司作为爱知制钢在菲律宾的生产基地，向东南亚地区各汽车生产商提供变速器等相关的锻造产品。时任爱知锻造亚洲公司高级副总裁森岛宏树表示："公司以 24 小时体制生产汽车变速器相关的锻造产品，除了丰田汽车以外，还向其他日资汽车生产商在泰国、印度尼西亚等生产基地提供产品。"

截至 1996 年，丰田汽车公司在东南亚地区一共生产/组装了 37 万辆汽车，这些产品中有三分之二开始了当地化发展，其中零部件当地化率最高的产品已经实现了 40 % 的当地化率。爱知制钢由于隶属于丰田集团，其产品主要供应丰田汽车公司，因此当丰田大举拓展东南亚市场之时，爱知制钢也积极开展海外生产基地的构建。

爱知县：日本制造业中心

爱知制钢位于日本爱知县，这里是丰田财团企业群发家和长期坚守的地方。爱知县拥有一个集零部件制造和汽车组装于一体的综合性汽车产业集群，区域内有 14 座汽车制造厂，其中包括 6 座组装厂、8 座零部件生产厂，这些都为爱知制钢的发展提供了极大的助力。目前，日本生产的汽车零部件有一半左右都出自爱知县。

丰田汽车在 1937 年设立于此，之后汽车产业的发展使得爱知县长期拥有经济高速增长红利，该地区的汽车产量占日本汽车总出货值的 40%，也是日本少数几个以工业为经济主导的县。而爱知县地理位置优越，分别接壤三重县、岐阜县、长野县和静冈县，南临太平洋，可眺望伊势湾和三河湾，是日本东西交通的重要枢纽，因此自古以来就是产业的集中地。

丰田汽车在爱知县举母市成立后，供应商们便随之而来。这种产业集聚的做法，减少了运输和物流等开支。一开始该集群的发展壮大，是依靠美国福特和通用汽车工厂的支持以及相关技术转让。后来，日本政府逐渐排挤外国竞争企业，开始向国内汽车企业提供补贴，加上丰田财团以及相关供应商的发展壮大，爱知县形成了汽车产业集群。

爱知县的工业产值自 1977 年以来长期占据日本国内第一位，2018 年达到 4394 亿美元，占日本全国市场份额的 14.7%。这得益于县内拥有全球最大的汽车厂商丰田汽车及其相关企业；除了爱知制钢，还拥有同属丰田财团的大型汽车零部件制造商电装公司，以及三菱、铃木和德国大众集团等其他主要汽车厂商的若干工厂。

爱知县位于日本本州岛中心附近，是日本最发达、工业化程度最高的地区之一，也是日本国内领先的制造业中心。在这里，仅丰田财团旗下就有 16 家公司，更有数百家主要零部件分包商和 1500 多家二级分包商。这些中小公司实际上并不需要开发自己的技术，依靠大企业的特许生产就可以获取先进的技术和工艺，从而带动地区的经济发展。

近年来，随着丰田等大型汽车厂商在海外开办了大量的组装工厂，爱知县被重新定位为汽车零部件的开发和生产中心。2019 年，爱知县的 GDP 达到 3765.31 亿美元，人均 GDP4.98 万美元，其中汽车、交通运输、钢铁和电机等产业贡献较大。现在的爱知汽车产业集群依旧是以丰田财团为核心不断延伸，大量的供应商依层次结构聚集在其周围。

由此，爱知县逐渐形成了一套良性的地区产业模式。丰田财团旗下的大企业负责提供高新技术，监控产品质量，并为供应商设定合理的价格，维持一套利润分享与风险承担的合作激励机制。规模较小的低级别供应商获取主力企业的相关业务，通过长期生产合同、互相持股和财务担保等，与丰田财团主力企业建立长期关系，并接受这些企业的质量管理和生产模式。

以丰田财团制造业企业为核心的"爱知产业模式"有着诸多优势，例如：资本的有效合理投资，各项成本的降低，产品研发效率的提高，甚至是抵御灾难的能力都有所增强。同时，相关材料和电子设备等配套产业的发展也使汽车产业集群如虎添翼，核心的技术研发都集中在丰田财团的大企业内部开展。在核心技术和标准完善之后，丰田则会统一提供给供应商。

　　有学者认为，这种产业发展模式使得爱知县的大部分本地供应商和中小制造业企业都缺乏创新能力，无法参与全球竞争。然而，虽然全球化是不可避免的趋势，但如何在全球化浪潮中保护本国的制造业也是非常重要的课题。以丰田为代表的财团大企业足以承担起日本全球竞争的重任，而"爱知产业模式"恰恰可以很好地保护本国制造业的良性发展和延续。

第二节
在中国市场生根发芽

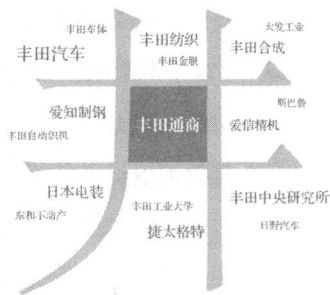

高度依存于丰田体系

　　1949 年 5 月，日本爱知制钢股票上市时，丰田汽车就是其最大的股东，持有公司 23.71% 的股份，三井财团旗下的新日铁则是其第二大股东，持有 7.7% 的股份。截至 2019 年 3 月，爱知制钢的主要股东都没有发生什么变化，丰田汽车（23.96%）和新日铁（7.78%）仍是其前两大股东，排在后面的还有丰田自动织机（6.91%）和东和不动产（2.35%）。

　　在爱知制钢的上市资本构成中，丰田系占比 33.22%，三井系占比也达到了 13.32%，除新日铁外，三井住友银行也是爱知制钢的股东之一。作为日本丰田财团下辖的一家生产特殊钢的专业企业，爱知制钢的粗钢产能约为 120 万吨/年，钢材产能约为 150 万吨/年，主要产品除了特殊钢型材，还包括锻件、电磁部件以及精密铸造零件。

　　爱知制钢有下属四大业务部门：特殊钢分部、锻造分部、电磁制品分部和其他业务分部，其中特殊钢分部及锻造分部是公司的核心业务部门。特殊钢分部主要生产特殊钢、不锈钢和工具钢的铸件和热轧材，产品应用于汽车行业。锻造分部则主要采用热锻、冷锻、闭模锻、自由锻方式生产汽车用零部件及其他钢材，可以为汽车工业和工业机械制造业提供种类繁多的高性能、高精度锻件。

　　爱知制钢的电磁制品分部主要生产和销售电磁应用设备及相关电磁材料，包括磁粉、牙科用磁性附着体、磁阻抗传感器以及心肌梗死传感器等。通过生产电磁制品，爱知制钢不断将业务扩展到其他新的领域，从而增加公司的多元化收入来源。其他业务分部除了提供不锈钢结构件以及进行农作物生长激素的生产和销售外，还提供软件开发和医疗护理服务。

如今，丰田财团旗下的爱知制钢在日本国内拥有9家子公司和多个工厂，其中比较出名的有知多厂、刈谷厂、东浦厂和岐阜厂等。在海外则有8家子公司，分别是爱知锻造亚洲公司、爱知美国公司、路易斯维尔锻造和齿轮厂、爱知欧洲公司、肯塔基先进锻造公司、爱知国际（泰国）公司、上海爱知锻造公司和爱知锻造印度尼西亚公司。

爱知制钢一直都是丰田汽车的核心配套企业，因此对丰田体系的依赖性很高，是丰田汽车供应链中的重要一环。其生产的产品主要是通过丰田通商、丰田汽车公司和爱信艾达公司（丰田财团的汽车零部件生产企业）来进行销售。同时，爱知制钢的原料采购也主要是通过丰田通商和三井物产来进行的。

从另一方面来看，爱知制钢就是丰田汽车日本工厂最为主要的钢铁原料供应商。仅2015年，爱知制钢就为丰田日本工厂提供了约400万辆新车所需的钢材，而当年丰田汽车的全球年度销量为1020万辆。假设产销对等，爱知制钢铁对丰田汽车全球工厂体系的钢材贡献率将高达39%。

2016年2月，爱知制钢发生爆炸事故，导致部分部件无法采购，丰田在日本的所有整车组装工厂决定停工6天。而爱知制钢主要向丰田提供变速箱、曲柄轴等底盘周围的部件和发动机部件。一家部件厂商的事故为整个供应链带来巨大影响的情况并不常见，这也在一定程度上表明了爱知制钢和丰田汽车二者相互依存度之高。

其实，爱信精机（属丰田财团）的工厂早在1997年也曾发生火灾，导致丰田的整车工厂停工数天。此次丰田因为爱知制钢的爆炸事故导致停工时间更长，是由于爱知制钢的"秘方"。虽然停工期间爱知制钢可以将轧制工序委托给神户制钢所等其他同行企业，但"特殊钢"的合金会因制钢时添加的元素量、时机及温度而发生改变。这种合金的配方不外传，使得产品短期内很难在公司外部进行投产。

丰田零部件：从天津到常熟

1995年12月，丰田汽车与天津汽车工业公司、天津市汽车底盘部件总厂合资建立天津丰津汽车传动部件公司。当月，丰田财团的丰田合成、丰田通商共同出资，与天津市刹车管厂合资组建天津丰田合成公司，从事汽车零部件的生产及销售。1996 年 5 月，丰田汽车与天津汽车合资建立天津丰田汽车发动机公司，各占 50% 的股份，主要产品有发动机及发动机铸件。

作为丰田财团进军中国汽车零部件产业链的关键一环，1997 年 2 月，丰田汽车 100% 独资，在天津东丽经济开发区成立了天津丰田汽车锻造部件有限公司（简称 TTFC），注册资本 2.45 亿元人民币，主要生产曲轴、钟形壳、球形壳、三销轴、四销轴、保持架、连杆等，产品搭载在丰田汽车各系列车型中，并出口日本、菲律宾、澳大利亚等国家。

> **产业链：** 指各个产业部门之间基于一定的技术经济联系和时空布局关系而客观形成的链条式关联形态，通常可以从价值链、企业链、供需链和空间链等四个维度予以考察。产业链安全是助力国家产业高质量发展、保障实体经济稳定运行、构建新发展格局的重要内容，也是国家经济安全的重要组成部分。

1997 年 6 月，丰田财团的爱信精机、丰田通商，联合天津汽车、台湾信昌国际，合资成立了天津爱信汽车零部件有限公司，主要为一汽夏利和天津丰田生产的轿车配套零件部产品。7 月，丰田财团的日本电装、丰田通商共同出资成立了天津电装电子有限公司，生产发动机 ECU（Electronic Control Unit，电子控制单元）、安全气囊 ECU、组合仪表、主车体 ECU、逆变器等汽车电子零部件产品。

同样在 1997 年 7 月，丰田汽车再次联合天津汽车、天津市汽车底盘部件总厂，分别出资 30%、25.8% 和 44.2%，成立了天津津丰汽车底盘部件有限公司，经营范围包括汽车转向机、传动轴及相关零部件生产、加工、销售及售后服务；市场管理服务；自有房屋租赁、机械设备租赁（特种设备除外）；代收水电费；劳务服务（派遣除外）等。

2000 年 6 月，天津丰田汽车有限公司成立。2002 年 6 月，一汽集团与其实现重组。如今，天津丰田的出资方为一汽集团、天津一汽夏利汽车公司、丰田汽车公司和丰田汽车（中国）投资有限公司。2003 年年初，随着投资达 10 亿美元的天津丰田二期扩建项目的正式启动，天津的汽车整车制造实现了突破，并进一步带动了该地区汽车产业的发展。

一直以来，包括上海在内的华东地区都是中国最重要的汽车市场之一，代表着中国汽车工业发展的重要力量。丰田汽车非常重视华东地区的事业，2010年11月在江苏省常熟市投资6.89亿美元，设立了强化在华研发体制的丰田汽车研发中心（中国）有限公司。研发中心主要负责推进丰田最先进的混合动力总成技术的中国国产化，由此开始华东地区在丰田中国战略中的重要性愈加明显。

2011年7月，丰田通商宣布，在紧邻常熟的太仓市设立特殊钢加工与保管基地，由此丰田通商（太仓）特钢加工有限公司正式投入生产，主要进行汽车用特殊圆形钢的物流、加工、检查及销售。早在1993年12月，丰田通商和台湾六和集团共同出资兴建昆山六丰机械工业有限公司。台湾六和集团在大陆投资30余家企业，是丰田工业（昆山）有限公司的股东。

位于江苏省常熟市的丰田汽车研发中心（中国）有限公司，距离上海市仅有100公里，同时也是丰田汽车全球研发体系中规模最大的研发基地。2012年7月27日，丰田汽车宣布投资2.85亿美元，在江苏省常熟市成立丰田汽车（常熟）零部件有限公司，进行高效节能的无级变速箱的产品本地化，使华东地区在丰田中国事业发展计划中的地位得到进一步的提升。

2013年7月，丰田通商（上海）有限公司常熟分公司成立，涉足华东地区的物流运输领域，充分发综合商社的产业组织作用。2019年年底，丰田通商（上海）有限公司、上海重塑能源科技有限公司、常熟高新技术产业开发区管理委员会，三方就打造氢燃料电池重型卡车示范应用项目签署协议，助力实现绿色物流运输的目标，加快常熟市氢燃料电池汽车的推广应用。

上海爱知锻造落户石家庄

2002年5月，上海爱知锻造有限公司宣布成立，由爱知制钢株式会社、丰田通商株式会社、住友商事株式会社联合上海汽车锻造有限公司共同投资组建，注册资本1500万美元，投资总额2980万美元。上海爱知锻造公司拥有先进的锻压设备和制模、检测手段，引进日本先进的工艺技术和精益管理模式，致力于开发、生产各类汽车锻件和机械锻件。

上海爱知锻造公司的中方股东上海汽车锻造有限公司，是隶属于上海汽车工业（集团）总公司（简称上汽集团）的配套零件生产单位。上汽集团是中国A股市场最大的汽车上市公司，多次入选《财富》杂志世界500强。同时，上汽集团所属主要整车企业包括乘用车公司、商用车公司、上海大众、上海通用、上汽通用五菱、南京依维柯、上汽依维柯红岩、上海申沃等。

从2004年开始，上海爱知锻造公司的主要产品包括发动机连杆、转向节、曲轴、钟形外星轮、变速箱齿坯等，除满足中国国内市场外，已经实现向丰田汽车集团在东南亚等地市场的出口。如今，上海爱知锻造公司是广汽丰田、上海大众、上海通用、一汽大众、北京现代、江西五十铃、安徽奇瑞、南京菲亚特等汽车厂商及其一级零部件厂商的重要配套供应商。

2014年6月，上海爱知锻造公司现场审核通过了河北钢铁集团石家庄钢铁有限责任公司（简称石家庄钢铁）的曲轴用非调质钢产品，由此扩大了该公司产品的使用范围。如今，石家庄钢铁的合金钢、齿轮钢、非调钢等高端产品，已为一汽、重汽、丰田、大众、奔驰、奥迪、三一重工、卡特比勒、小松等国内外知名汽车和工程机械企业的主机厂供钢。

早在2002年，石家庄钢铁开始与丰田接触，并与爱知制钢达成技术协议，邀请爱知制钢专家7次来公司"会诊"，并派技术人员到爱知制钢学习，首先成为天津丰田汽车锻造部件公司的原料供应商。该公司产品涉及优质碳素结构钢、合金结构钢、齿轮钢、弹簧钢和轴承钢五大钢种，广泛应用于汽车、机械、船舶、铁路、矿藏开采、五金制造等工业领域。

在科学技术飞速发展的今天，标准化活动几乎渗透到人类实践活动的方方面面，正所谓"制定标准者得市场"。石家庄钢铁将爱知制钢对炼钢、轧钢及精饰工序的标准设定为自己的生产目标时，意味企业标准的"丰田化"。如今，石家庄钢铁已经成为具有年产260万吨钢材生产能力的企业，同时是京津冀地区唯一的专业化特钢棒材生产企业，更是国内三大专业化特钢棒材生产企业之一。

2016 年 1 月，石家庄钢铁首批 3 个规格总计 30 多吨高精度深加工银亮材产品，全部发往丰田汽车下游的零部件加工企业，用于丰田系列汽车零部件锻造。此前，石家庄钢铁与丰田汽车下游的零部件加工企业达成合作协议，承揽了原由石家庄钢铁供货、其他单位加工的部分银亮材产品加工业务，实现了石家庄钢铁直接交付深加工产品的目标。

2018 年 5 月，石家庄钢铁的 17 吨"丰田钢"下线后，不落地直接装上客户的自提车辆出了厂区。由于客户切换工艺，这 17 吨用于生产连接轴的丰田汽车用钢是根据客户最新要求定制生产的。为了能够实现准时交付，石家庄钢铁生产的"丰田钢"在小棒线下线后被单独放在一个垛位。事实上，在不知不觉中，石家庄钢铁已经悄然融入丰田体系之中。

通过上海爱知锻造公司对石家庄钢铁的技术合作，丰田财团旗下的爱知制钢将自己的朋友圈进一步扩大了。除了汽车和工程用钢之外，石家庄钢铁的轴承钢客户还包括世界排名第一的斯凯孚、全球领先的美国铁姆肯以及国内人本轴承、哈轴、洛轴、万向精工等知名企业。其生产的高铁扣件弹簧钢占有 60% 的国内市场份额，在全国铁路弹条市场占有率排名第一。

"TNGA" 统合汽车零部件领域

2017 年 4 月，《日本经济新闻》报道，丰田财团旗下的爱知制钢计划未来把在中国的发动机锻造零部件产能增加四成以上。在上海，爱知制钢希望与上汽集团合资的爱知锻造公司的工厂内增产发动机零部件"曲轴"，并通过引进 5000 吨的全自动锻压机，实现年产能从 220 万个增加至 320 万个。这一增产计划总投资额达到 12 亿日元。

"曲轴"是汽车发动机中最重要的部件，它承受连杆传来的力，将其转变为转矩，通过曲轴输出，并驱动发动机上其他附件工作。曲轴受到旋转质量的离心力、周期变化的气体惯性力和往复惯性力的共同作用，使曲轴承受弯曲扭转载荷的作用。因此要求曲轴有足够的强度和刚度，轴颈表面需耐磨、工作均匀、平衡性好，而这些都需要更好的材料科学予以支持。

近年来，中国政府实施了小型车减税政策。以此为背景，需求集中于配套小型车发动机的铸造曲轴。然而自 2017 年起减税幅度缩小，今后燃效限制也将更加严格。因此，上海爱知锻造的总经理坂本定认为，"有助于提高强度、减轻重量的锻造零部件需求将随之增加，公司也将会产生（将传统使用的曲轴）转换为高强度、可实现轻量化的锻造曲轴的需求"，因此决定增产。

丰田在 2017 年的上海国际车展上提出，将把此前以日美欧发达国家市场为中心、支持"TNGA"模式的汽车生产扩大至中国。由此，丰田在中国启动了零部件通用化的新生产模式"TNGA"，爱知制钢希望借此扩大销售。"TNGA"并不是特定的平台，而是一种生产理念。在新的"TNGA"生产模式下，丰田可以更加巧妙地共用零部件和总成，并通过与供应商更紧密的合作来降低成本。

丰田汽车公司于 2012 年首推"TNGA"体系，2015 年推出的第四代普锐斯是丰田"TNGA"体系下的第一款产品，发动机热效能达到 40%，车身刚性提升 30%—65%，实现 40km/L 的高能低耗，重心更低，更加轻量化，内饰外观更具设计感。其中，仅在发动机、底盘、悬挂等部分进行灵活的零部件共用，就将普锐斯汽车的生产成本缩减了 20%。

如果"TNGA"采用由上海爱知锻造公司制造的"曲轴"，将在丰田体系内得到迅速普及，提前增产可谓未雨绸缪。按照丰田"TNGA"架构的概念，汽车零部件共通化程度将提升到 30%，未来甚至可以达到 80%，丰田可以使用大量的通用化零部件，以节约资源，而这些节省下的资源将会重新用于产品研发，形成良性循环。

一直以来，丰田都是汽车界的标杆，其对零件厂商的管理模式也可以称得上是汽车行业的模板。丰田的零部件体系之所以最为完整，和它对待零部件供应生产商采取"共同成长"的理念是密不可分的。丰田认为整车和零部件厂商的关系应该和"木桶理论"是相同的，即

> **木桶理论：** 一只木桶盛水的多少，并不取决于桶壁上最长的那块木块，而恰恰取决于桶壁上最短的那块，因此也可称为短板效应。任何一个组织或机构，都可能面临的一个共同问题，即构成组织的各个部分往往是优劣不齐的，而劣势部分往往是影响整个组织水平的决定性因素。

"最弱的厂商水平会决定企业集团的水平",因此,丰田对零部件生产商的重视丝毫不弱于整车生产。

2019年丰田汽车的全球销量为1072万辆(包括斯巴鲁、大发和日野),其中在华销量达到162万辆,同比增长9%,创历史新高。按照此前丰田汽车专务董事大西弘致的计划,到2020年丰田七成车型将支持"TNGA"模式,实现更多零部件的通用化,这对生产汽车核心部件的上海爱知锻造公司而言无疑是一个巨大的市场。

丰田车体
丰田纺织
大发工业
丰田汽车 丰田金服 丰田合成
爱知制钢 丰田通商 斯巴鲁
丰田自动织机 爱信精机
日本电装
东和不动产 丰田工业大学 丰田中央研究所
捷太格特 日野汽车

第三节
构筑钢铁产业同盟

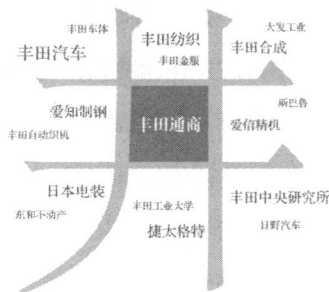

编织汽车钢板供应网

1984 年开始，上海宝钢成立之初，先后向日本新日铁等企业陆续派遣 3200 余名留学工人，学习生产技术。同时新日铁还从大分、君津、八幡三大钢厂陆续抽调了 1320 名技术骨干前往上海宝钢建设现场进行指导，一直到 1985 年 9 月宝钢 1 号高炉正式点火。上海宝钢从诞生的那天起，就已高度依赖三井和新日铁的技术、人才和物流，彼此的关系更是盘根错节。

20 世纪 90 年代，大型国有企业还没有摆脱计划经济体制的局限，上海宝钢却已经表现出领军企业的气质，这与三井财团的全力支持分不开。一方面，新日铁帮助上海宝钢建立起先进的钢铁生产工厂。另一方面，三井物产则与宝钢集团一道进行资本运作，以合资方式借助宝钢切入中国产业链的各个环节。这表面上是新日铁的海外发展计划，实际上是三井财团的全球谋划。

1992 年，上海宝钢与三井物产签署了综合合作协议，建立定期干部交流机制——双方定期举行干部交流和各项专题业务交流，还互派骨干员工赴对方公司进行培训。为了巩固和深化三井财团与宝钢的合作关系，三井物产一直在进行着十分细致的协调工作，在总经理会议、干部互派、情报共享等方面与宝钢建立了牢固的联系。

2002 年，三井物产与上海宝钢合资建立上海宝井钢材加工配送有限公司（简称上海宝井），注册资本 1225 万美元，三井物产持有 35% 的股份，主要从事汽车钢板的加工、配送及管理服务。经过几年时间的发展，上海宝井在中国汽车钢板、家用电器用板材领域逐渐培养了重庆宝井、广州宝井、福州宝井、杭州宝井、无锡宝井以及青岛宝井等下属企业。

随后，丰田通商也行动起来，2004 年 2 月在天津泰达开发区注册了天津丰田通商钢业有限公司，从事钢板的切割加工业务。该公司是继 1995 年成立的天津丰田钢材有限公司之后，由丰田通商在天津地区投资的第二家钢材加工中心，是丰田汽车用钢材的集中采购、生产供给、品质管理等方面的指定配套商，主要客户为天津一汽丰田汽车有限公司。

2004 年 9 月，广汽丰田汽车有限公司成立，由广汽集团与丰田汽车各出资 50%。2 个月后，丰田通商便与广汽商贸有限公司共同出资，组建了广汽丰通钢业有限公司，引进 3 条世界一流的落料产线、TWB 激光拼焊产线、120 千克高强度钢生产线，为广汽丰田及部品厂商提供汽车钢板剪切业务。如今，公司已经发展成为华南地区综合竞争力排名第一的汽车钢板供应商。

2005 年 3 月，在三井物产的积极运作和帮助下，上海宝钢、新日铁、法国阿赛洛共同建成宝钢新日铁汽车板有限公司（简称宝新汽车板），利用新日铁的生产设备及技术生产车用钢板，投资总额为 65 亿元，宝钢、新日铁、阿赛洛分别出资 50%、38%、12%。宝新汽车板凭借新日铁在管理、技术、资源、成本等方面的优势，满足中国国内不断增长的汽车板需求。

2005 年 4 月，三井物产与鞍钢集团、一汽集团，三方合资组建了长春一汽鞍井钢材加工配送有限公司，在高达 1.5 亿元人民币的投资额中，鞍钢集团占 50%，一汽集团和三井物产各占 25%。该合资公司年产汽车钢板 20 万吨，主要提供汽车用钢材及各种加工配送服务。此外，三井物产与新日铁在中国投资的合资公司还有南通宝钢新日制钢有限公司、宁波宝新不锈钢有限公司等。

2006 年，当时任三井物产株式会社驻华常务副总代表山口和夫在接受采访时表示："三井物产很早就和中国钢铁企业合作，并为中国钢铁企业带来先进的市场理念，当然我们也会从中国这个大市场中得到利益。"借助三井物产和新日铁的帮助，上海宝钢在中国汽车钢板市场上所向披靡。2006 年，宝钢的代表产品冷轧汽车钢板的国内市场份额占比超过了 50%。

"价格共商"有玄机

日本新日铁公司持有爱知制钢 7.78% 的股权，和丰田汽车的关系密切。新日铁虽然不是三井财团二木会（总经理会议）的成员，但与三井物产及三井财团其他成员之间有相互持股、共同投资、贸易代理等实质联系，拥有三井财团"准成员"的地位。三井物产持有新日铁通商（新日铁的商社）20.132% 股权，且拥有新日铁 5% 以上的股权。同时，新日铁又是三井物产的独立董事。

2004 年 8 月，由于钢铁原材上涨，新日铁、JFE 等日本钢铁企业向丰田、本田等日本主要汽车生产厂家的汽车钢材销价提高了 10%。事实上，新日铁与丰田之间的价格变动并不是此消彼长、你亏我盈的博弈，反而更像是一种默契的价格共商机制。因为，不管钢材价格如何变化，对于三井财团来说只不过是利润在内部的一次重新分配而已。

2007 年 6 月，新日铁和丰田汽车就汽车部件用钢材涨价一事达成了协议，这是时隔近 3 年日本汽车用钢材价格的再次上调，涨幅同样在 10% 以上。涨价钢材主要为耐腐蚀和抗摩擦性能很强的特殊钢，一般用于汽车的发动机周边、控制踏板一带和弹簧等部位。此次涨价给日本汽车行业带来 700 亿—800 亿日元的新增成本负担，却缓解了新日铁面临亏损的压力。

2008 年 5 月，新日铁与丰田汽车公司再次就汽车钢板涨价 30% 左右达成协议。此次汽车钢板价格每吨上涨 2 万—2.5 万日元，涨幅较历史为高。此外，发动机相关产品等汽车零部件所用的特殊钢价格也有相同幅度的上涨。钢铁价格上涨必然会波及汽车等各种终端产品，不仅仅是丰田汽车，其他日本汽车厂商以及造船、电机等主要行业也要接受涨价的事实。

在汽车钢材价格不断上涨的背后是两家公司截然不同的境遇。与前一财年相比，丰田汽车 2007 财年的销售额增长了 9.8%，达到 26.29 万亿日元；营业利润为 2.27 万亿日元，增长 1.4%；净收入增加了 4.5%，达到 1.72 万亿日元，这 3 项数值均是前所未有。而新日铁则受亚洲钢材市场低迷影响，被印度米塔尔钢铁集团超越，退居世界钢铁企业第三位。

2009 年 4 月，新日铁与丰田就钢材价格问题达成一致，降价 1.5 万日元/吨，幅度超过 10%。在之前的 2008 年，丰田汽车公司受全球经济衰退形势影响，遭受巨额亏损，其中的一个重要原因就是高额的原料成本用去了其盈利收入的 3000 亿日元。此次与新日铁达成的钢材降价在一定程度上帮助丰田汽车公司走出了困境。

2010 年 6 月，新日铁和丰田汽车就上半财年的汽车用钢价格谈判达成一致，新合约价格较 2009 财年上涨约 2 万日元/吨，涨幅约为 25%。此外，其他钢厂及汽车制造商之间的谈判也达成同样的涨价协议，家电、造船及建材用钢材的价格也有同等幅度的上调，这次钢价上涨使得汽车制造商的生产成本提高约 2 万日元/辆。

日本大型钢铁业及汽车行业之间的价格交涉会议几乎半年就会举行一次，交涉结果也将对造船及电机等行业产生影响。2013 年 7 月，由于日元贬值，钢材价格自 2012 年年末上涨约 20%。对此，新日铁决定上调 2013 年度上半期对丰田汽车的钢板供货价格至 1.5 万日元/吨，比上年年末上涨约 10%。对于此次钢材涨价，丰田汽车表示接受。

2015 年 9 月，丰田汽车与新日铁及其他日本钢铁企业就 2015 财年上半年汽车板价格达成协议，每吨下调 6000 日元，下调幅度约为 6%。日本行业人士称，丰田汽车与新日铁达成的协议还将影响正在进行的钢厂与其他终端用户如造船厂和设备制造商之间的钢材价格谈判。不难发现，这种价格共商机制在日本产业界是一种十分常见的模式。

对上游资源的强力控制

三井物产官方这样写道："从 20 世纪 60 年代开始，三井物产株式会社就积极地参与投资开发铁矿石资源，长期以来稳定地供应铁矿石。基于三井物产拥有权益比例的铁矿石控股产量已跃居世界第四位，年开采权益已超过 4000 万吨。"另有资料显示：70 年代初，三井物产在南美洲首先投资了巴西第二大铁矿石生产企业 MBR 公司。

　　2001 年，三井物产帮助巴西淡水河谷（CVRD）成功并购巴西资源公司（CMM），将巴西资源公司 50% 的股份转让给淡水河谷公司。此前，三井物产最早拥有巴西资源公司 40% 的股份，后又买进 60% 的股份，彻底并购了巴西资源公司。2003 年 9 月，三井物产出资 8.30 亿美元收购了巴西 Valepar 公司的 1960.7 万普通股，成为持股 15% 的第三大股东，并直接参与经营和投资。

　　三井物产持股的 Valepar 公司是巴西矿业巨头、世界第一大铁矿石生产和出口商淡水河谷公司的控股公司。此次收购的 Valepar 公司股份，相当于淡水河谷总股份的 5.05% 或普通股的 7.84%。巴西共有 22 处铁矿矿藏，仅巴西资源公司和淡水河谷公司就拥有其中 18 处的开采权。三井财团通过投资参股巴西上述 3 家最大的铁矿石开采企业，对巴西铁矿石价格拥有了话语权。

　　2005 年 2 月，日本新日铁公司与巴西淡水河谷公司就 2005 年度铁矿石价格达成协议，上涨幅度达到 71.5%。上海宝钢集团对此反应强烈，认为"这个涨幅超出了钢铁业能承受的范围"。因为如果参照当年的进口量，当年中国进口铁矿石成本会上升 260 亿元左右，占上一年中国全国钢业行业总利润的 30%—35%。

　　可是，由于在铁矿石价格上没有主导权，上海宝钢集团最终于 2005 年 2 月在其网站发布信息，宣布与巴西淡水河谷公司和澳大利亚力拓公司这两家世界上最主要的铁矿石生产商已就年度矿价达成了最后协议，价格涨幅为 71.5%，这与此前新日铁公司率先"锁定"的价格涨幅完全一致。也就是说，参与谈判的宝钢集团不得不接受了铁矿石涨价超七成的结果。

　　2008 年 2 月，同样的一幕再次上演，巴西淡水河谷公司在其官方网站公布了与日本新日铁、韩国浦项制铁达成的 2008 年度铁矿石基准价，巴西图巴朗粉矿、南部粉矿上涨 65%，高品位的卡拉加斯粉矿则涨了 71%。22 日，上海宝钢集团则与巴西淡水河谷正式达成一致，接受 2008 年铁矿石价格上涨 65%，宝钢称"铁矿石涨价 65% 基本合理"。

　　与中国钢铁企业高价买铁矿石不同，100% 依赖进口铁矿的日本企业在数次涨价中"旱涝保收"，几乎毫发无伤，甚至成了铁矿石涨价的受益者。这是因为在铁矿石的主要产地巴西、澳大利亚、加拿大、智利乃至印度，三井财团直接或间接拥有大量当地铁矿石企业的权益，以新日铁为代表的日本钢铁企业与外国矿山企业早早形成了交叉持股的利益共同体关系。

交叉持股：指在不同的企业之间互相参股，以达到某种特殊目的的现象。相互持股发展到一定程度就会在参股公司之间形成以股权为纽带的战略同盟关系，可以放大成功的机会并分散风险，单个公司的经营风险在企业集团中因被转移、分散而大大降低；达到规模经济，降低成本及提升市场竞争力。

2006 年 12 月 18 日，新日铁公司和巴西淡水河谷公司联合表示，双方已签署战略协议，将进一步推进铁矿石和煤炭项目的合作。对于双方的合作，新日铁社长三村明光表示："尽管我们所处的位置在地球的两端，但从共建大型运输设备到港口设施，新日铁和淡水河谷之间已经有超过半个世纪的良好关系。"

三井物产还在巴西、澳大利亚、印度以及智利等铁矿石主要生产国家设立了当地法人，连同其他分布在世界各地的 12 个关联公司，已然构建起一个钢铁原材料的全球交易网络。正是因为三井物产对上游原材料资源的强力控制，爱知制钢、新日铁、上海宝钢这样的制造业企业才会被纳入三井财团这个"利益共同体"中，协同合作，不断发展壮大，并与丰田一起构建全球的事业共同体。

瞄准中国汽车钢板市场

2002 年 12 月，三井物产与上海宝钢合资建立了上海宝井钢材加工配送有限公司，主营新日铁的汽车钢板。三井物产拥有上海宝井 35% 的股份，逐渐协助培育了重庆宝井、广州宝井、杭州宝井、东森分部以及青岛宝井等多个加工基地。而早在 1995 年 12 月，三井物产与武汉钢铁（集团）公司合资建有年加工 5 万吨的武汉兴井钢材加工有限公司。

2003 年 11 月，新日铁公司向上海宝山钢铁厂提供汽车用钢板的最新生产技术，双方达成协议，自 2005 年在中国合资生产，主要是由宝钢提供钢板原板，合资公司由新日铁提供技术支持，建立一种高质量、尖端产品的生产供应体制。此前，新日铁从 1978 年开始对宝钢建设进行合作，一直提供用于建材等通用钢材的生产技术，提供汽车用钢板生产技术尚属首次。

2005 年，生产和销售高档汽车用钢板的合资公司"上海宝钢新日铁汽车板有限公司"正式投产。宝钢在中国汽车板市场上占有相当大的份额，2005 年宝钢的代表产品冷轧汽车板全年销售 172.6 万吨，市场占有率由上半年的 47.3% 提升到 51.6%。一汽的捷达轿车、上海大众的桑塔纳轿车以及广汽本田等大量车型采用宝钢的汽车板。

丰田汽车看准了中国强大的汽车需求，决定在中国生产乘用车，以较低廉的价格从宝钢采购车门用钢制部件和采购车身用的表面处理钢板。之后，丰田汽车继续扩大了在中国采购汽车板的范围，宝钢、武钢、鞍钢和邯钢 4 家钢企的车用钢板都成为采购对象。这些中国钢企或多或少都与三井物产有着不同程度的贸易与合作关系。如在 2005 年，三井物产联合鞍钢集团与一汽集团组建了长春一汽鞍井钢材加工配送有限公司。

2015 年 7 月，丰田通商出于其未来的混动系统制造规划，宣布涉足中国的特殊钢板制造业务，收购年产能约为 10 万吨的常熟宝升精冲材料有限公司（简称常熟宝升）已发行股票的 5%。常熟宝升的大股东是从事金属贸易等业务的上海宝钢国际经济贸易有限公司（出资 50%）、制造及销售钢带及冷轧中厚板等产品的苏州泰升金属制品有限公司（出资 45%）。

中国是全球最大的汽车生产及销售地，尤其是常熟宝升所在的华东地区，汽车部件企业密集，对耐久性出色的特殊钢板的需求日益增加。此前，丰田汽车已将常熟作为其研发中心和混合动力总成生产的核心基地。丰田通商此次持股常熟宝升，有助于满足丰田汽车不断扩大的特殊钢板需求，以及日系及欧美系汽车部件厂商的在华采购需求。

2016 年 12 月，上海宝钢与武汉钢铁集团合并为宝武集团。从只能生产普通汽车内板，到与新日铁、丰田等用户开展技术合作，宝武集团汽车用钢板已经成为"拳头产品"。截至 2018 年，宝武集团已累计为汽车用户提供了超过 1 亿吨的冷轧汽车板产品，客户遍及自主品牌、欧美系、日韩系和汽车新势力等 200 多家客户，中国国内市场占有率持续多年超过 50%。

2020 年 7 月，丰田决定部分采用宝武集团生产的用于纯电动汽车、被称作电磁钢板的高功能钢材。电磁钢板被用于作为电动汽车核心零部件的马达等。由于这种高端钢材的生产需要先进的技术，再加上钢板的质量至关重要，此前丰田汽车主要是从新日铁等日本大型钢铁企业采购，日本大型车企在日本国内生产的乘用车采用中国企业的产品尚属首次。

第四节
助力丰田新能源

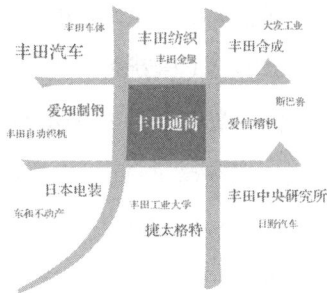

全力开发永磁驱动电机

2010 年 5 月，爱知制钢株式会社在"人与车科技展"上展出了使用钕类黏结磁铁"Magfine"的 ABS 用电机。这意味着，原来以生产汽车特殊用钢和发动机锻件为主的爱知制钢，开始全力涉足混合动力汽车及纯电动车用驱动电机永磁体领域。爱知制钢的"Magfine"电机不仅不需要添加稀土金属镝（Dy），反而在压制精密成形、各向异性等方面具有优势。

此前，在混合动力和纯电动汽车电机常用烧结钕铁硼永磁体的制造过程中，为提高永磁体的耐温工作性能，一般采用添加更加稀缺的稀土金属镝的办法来解决。稀土永磁体中加入镝、铽等重稀土，可以保持剩磁并提高矫顽力，但是重稀土在稀土矿中的储量较少。随着新能源电动车的普及，国内外大规模生产稀土永磁电机，重稀土的使用将会面临资源短缺瓶颈。

爱知制钢使用的钕铁硼磁铁于 1982 年由日本住友特殊金属株式会社的佐川真人发现，是一种由钕、铁、硼等稀土元素形成的四方晶系晶体，分为烧结钕铁硼和黏结钕铁硼两种。这种磁铁是现今磁性仅次于绝对零度钬磁铁的永久磁铁，也是最常使用的稀土磁铁。钕铁硼磁铁被广泛地应用于电子产品，例如硬盘、手机、耳机以及用电池供电的工具等。

爱知制钢全力涉足驱动电机产品，缘于其看好未来各类电动车的发展前景，及其所带来的车用电机需求的大幅增长预期。日本富士经济调查会社预测，到2035 年世界混合动力汽车、纯电动车及插电式混合动力电动车总年产量预计为1705 万辆。同时，丰田汽车也公布了要逐步减少其传统汽车生产份额，到 2050

年全部被电动车辆代替的战略目标。

未来，丰田新能源汽车的发展必然离不开电驱动的核心零部件——电机系统。作为新能源汽车的心脏，永磁电机的出现造就了新能源汽车的"强大内心"。在全球新能源汽车电驱动中，以永磁体提供励磁的永磁电机占比近90%。丰田财团的爱知制钢全力涉足的钕铁硼永磁体，正是目前新能源汽车驱动电机中应用最广泛的材料。

2011年，爱知制钢在中国浙江省平湖市设立了爱知磁石科技（平湖）有限公司，总投资480万美元，投产后年产值超过5000万元人民币。这是爱知制钢在日本海外的第10家子公司，也是中国大陆的第2家。爱知磁石公司主要经营磁粉、磁性材料及发动机零部件的批发和出口业务，其产品的主要客户包括德国博世、日本牧田、爱知电机等著名电动工具制造厂家。

爱知磁石科技（平湖）有限公司所在的平湖经济开发区，南濒杭州湾，东临上海市，地理位置优越，是省级信息产业特色园区、全省唯一经省政府批准的日商投资区和国家火炬计划平湖光机电产业基地核心区，同时也是浙江省乃至全中国日资企业最集聚的开发区之一。汽车零部件产业是平湖经济开发区两大战略性主导产业之一的先进装备制造业的代表产业。

2018年1月，基于爱知磁石科技（平湖）有限公司和其合作十多年的台湾乔智开发股份有限公司，爱知制钢和浙江爱智机电有限公司在平湖经济开发区共同投资设立"浙江爱智机电—日本爱知制钢磁性材料"项目。浙江爱智机电有限公司是爱知制钢与平湖乔智电子有限公司的合资企业，主要研发、生产、销售用于新能源汽车及家电马达的磁性材料。

想方设法摆脱对稀土的依赖

2009年9月，丰田汽车公司与加拿大当地的矿业公司签署意向书，开始考察加拿大新不伦瑞克省、萨斯喀彻温省的矿产资源，提取样本并进行试验。加拿大西部大矿业集团公司董事长加里·比林斯利表示，"大体上，稀土产业中超过30%的需求来自汽车产业。中国控制了世界97%出口的稀土资源，丰田汽车正在寻找中国以外的稀土资源"。

2010 年 10 月，日本经济产业大臣大畠章宏表示，"为了摆脱稀土进口严重依赖中国的现状，准备在更多国家开发稀土，实现稀土的多渠道供应的同时，提前实施开发稀土替代材料的计划"。为

> **稀土资源**：化学元素周期表中镧系元素以及与镧系元素密切相关的共 17 种元素。它有着"工业黄金"之称，被广泛应用于电子、石油化工、冶金、机械、能源、轻工、环境保护、农业等领域。稀土元素在地壳中丰度并不稀少，只是分布极不均匀，中国是世界稀土资源储量最大的国家。

此，日本立命馆大学研究小组发现可以用一种叫作"锆"的较容易获得的金属替代"铈"。研究小组教授谷泰弘表示："该项成果对产业界具有重大意义。"

2010 年 12 月，丰田通商与印度稀土公司达成协议，在印度东部的奥里萨邦设立一家工厂，主要提炼混合动力车发动机所用钕等 3 种稀土金属，年产量为 3000—4000 吨。2014 年 9 月，在东京召开的日印首脑会谈上，丰田通商与印度稀土公司达成协议，每年自印度进口双方共同生产的 2000 吨稀土，可解决日本每年总需求的 15%。

2011 年 2 月，三井物产和住友商事两大日本综合商社，就俄罗斯雅库特地区的稀土矿藏与当地官员举行了会谈，对当地铌和钪资源表示出浓厚兴趣。雅库特的 Tontorskoye 矿山储藏有大量的稀土资源，其在质与量上都远超巴西多个著名矿山。早在 2006 年 10 月，三井物产就与俄罗斯技术供应出口公司签署协议，总投资额为 2.45 亿美元，开采雅库特地区的铀矿资源。

2012 年 10 月，丰田财团旗下的丰田汽车、爱知制钢和电装 3 家公司，联合三菱电机、大金工业和 NEC 等共计 11 家企业和团体，成立了高效马达用磁性材料技术研究联盟，着手开发不使用稀土的新磁铁，用于混合动力车和节能家电的电机，并力争用 10 年时间实现产业化。此外，日本经济产业省通过发放研发补贴和出台优惠政策等方式对研究提供支持。

2013 年 9 月，日本文部科学省和经济产业省启动了运用超型计算机"京"，混合从濑户内海的海水中采集出的钠，以及从国内的岩石沙采集出的硅、钙等天然资源约 20 种，制作与稀土类金属同样电子排列的新材料。这是

日本首次在国内研发稀土类金属的替代材料，东京大学、京都大学、东京工业大学等共计 2500 科研人员参与研发，同时丰田汽车等公司也以顾问形式参与该项目。

2014 年 11 月，据《日本经济新闻》报道，由三井海洋开发株式会社和东京大学等参加的"稀土泥开发推进财团"正式成立，开发从水深 5600—5800 米处挖掘稀土泥进行生产的技术，并寻求实现商业化的可能性。以东京大学加藤泰浩教授和三井海洋开发为中心的"稀土财团"，开始研究利用管子向海底泥送入空气然后将其吸附上来的"气升"技术等。

2017 年 12 月，东京大学教授加藤泰浩和其研究团队，成功地从南鸟岛外海里的稀土金属中提取出钇和铈来用作 LED 发光材料。这项从海床中提炼稀土金属原料的技术目前已被多家机构拥有，其中包含丰田汽车和三井造船、东京大学等。一旦该技术投入商业使用，未来从深海中提炼的金属还有可能应用于电动车、电池和风能等相关产业。

对于主要使用钕元素生产普锐斯混合动力汽车的丰田汽车来说，摆脱对中国稀土市场的依赖至关重要。2018 年 3 月，丰田汽车针对电机等高能应用领域，成功发明出一款仅需标准钕铁硼磁铁 10%钕含量的磁铁。在丰田汽车的这款新磁铁中，选择使用更便宜的镧和铈来代替钕和镝，将其混入铁中制造的新磁铁，磁性也可以超过钕铁硼磁铁。

悄悄打响的锂矿争夺战

2009 年 6 月 15 日，英国《泰晤士报》以"中日在南美展开锂矿争夺战"为题报道称：中日两国为了最终控制未来的全球电动汽车市场，在外交和公司层面都展开了密集的行动。阿根廷、智利、玻利维亚等南美三国，坐拥全球近60%的锂矿储量。为了和中国争夺锂矿资源，日本派出政府官员和住友商事、三菱商事等企业人士组成代表团对上述南美国家进行访问。

2010 年 1 月，丰田通商和澳大利亚奥罗科布雷公司（Orocobre）在阿根廷开发锂矿和碳酸钾矿方面展开合作。2012 年 12 月，丰田通商通过与中国和韩国买家的竞争，成功获得阿根廷 Sales de Jujuy S. A. 公司 25%的股权，奥罗科布雷公司持有 75%股权。由此，丰田通商间接掌握了锂矿资源，完善了公司对锂产业链的布局。

公司层面，丰田通商持有奥罗科布雷公司 14.18%的股权；项目层面，丰田通商持有 Olaroz 盐湖项目 25%的股权。长协方面，丰田汽车和松下合资的电池生产公司 Prime Planet and Energy Systems（PPES），大约 3 万吨碳酸锂当量将来源于 Olaroz 盐湖项目，在包销层面上有效支持项目二期工程的扩建。2015 年，丰田通商获得了奥罗科布雷公司在 Olaroz 盐湖项目中碳酸锂 100%的销售权。

2010 年 9 月，三井物产出资 2.1 亿元人民币，获得北京建龙重工集团旗下的天津市捷威动力工业有限公司 21.9%的股权，参与建设动力锂离子电池芯及电池组、电动汽车用驱动电机和动力总成系统等新能源电动汽车关键零部件生产基地。该项目面向中国、北美及欧洲电动汽车制造厂商，目标是成为世界市场的新能源电动汽车关键零部件供应商。

捷威动力工业有限公司总裁郭春泰博士认为，此次与日方的合作对提升中国动力电池的技术水平、研发能力具有长远意义。早在 1998 年 1 月，郭春泰博士在世界上率先成功地将聚合物锂离子电池技术商业化，产品为韩国三星的 CDMA 手机配套，成功地打入美洲市场。2000 年 4 月，郭春泰博士在 TCL 推出了中国第一条固体锂电池生产线，成为业界公认的"中国锂电之父"。

2018 年 1 月，丰田通商宣布收购澳大利奥罗科布雷公司 15%的股份，投资 2.8 亿澳元，用于扩建 Olaroz 盐湖项目，以期将产能翻番、达到每年 42500 吨。同时，奥罗科布雷公司开始筹划位于日本樽叶的氢氧化锂工厂，加工来自 Olaroz 盐湖的碳酸锂，并和丰田通商达成协议。而且，双方还协商在日本福岛共同开发建造一座万吨级氢氧化锂工厂。

2019 年 4 月，丰田通商与奥罗科布雷公司合资设立新公司丰通锂株式会社，开始生产氢氧化锂，原料（碳酸锂）从丰田通商持股 25%的阿根廷锂生产基地 Sales de Jujuy S. A. 公司采购，以年产 1 万吨为目标。丰田通商旗下的丰通材料 100%承包销售，领域不仅仅限于车载二次电池用，其他工业产品也作为销售目标。

同时，三井物产宣布向加拿大西格玛锂业公司（Sigma）在巴西的一个锂项目投资 3000 万美元。利用这笔资金，西格玛公司计划在巴西东南部米纳斯吉拉斯州的 Grota do Cirilo 矿区建造一座硬岩锂加工厂。依照协议，三井物产向西格玛预付 3000 万美元，在未来 6 年内购买西格玛每年多达 5.5 万吨的未来电池级锂辉石精矿。

从 2020 年开始，三井物产投资的巴西 Grota do Cirilo 矿区每年生产 24 万吨电池级锂辉石精矿，随后被运往中国，转化为特斯拉汽车电池中使用的氢氧化锂。资料显示，巴西 Grota do Cirilo 矿区是美洲最大规模、品位排名世界第三的硬岩锂矿床。三井物产的官员干劲十足地表示，"把锂视为增长领域，开拓贸易和供应链的新业务，是我们未来的计划"。

一边批评，一边加紧布局

2020 年 12 月，日本汽车工业协会会长、丰田汽车董事长丰田章男在该协会年终新闻发布会上直言电动车已经被过度炒作，认为倡导者没有考虑到发电过程中所产生的碳排放以及向电动车输电的成本。丰田章男的这番表态更像是一种施压，警告称，"电动车革命"还将导致此前的很多投资付诸东流、当前商业模式走向崩溃，并带来大范围的失业。

然而，就在丰田章男义正词严地批评"电动车革命"后不到两天的时间，丰田汽车就宣布将在 2021 年推出使用固态电池的新型电动汽车原型车。显然，丰田章男如此高调批评"电动车革命"，除了打压那些纯电动汽车企业的势头，更重要的是为自家纯电新车造势，其实丰田汽车从来都没放慢在电池领域的研究进程。

在电动汽车领域上，丰田汽车的销量并不差。自 1997 年丰田推出全球首款量产混合动力车普锐斯开始，丰田电动车全球累计销量突破第一个 100 万辆用了 10 年，第二个 100 万辆用了 3 年，最近的一个 100 万辆只用了 8 个月。截至 2020 年 7 月，以混合动力为主的丰田电动化车型，在全球累计销量已突破 1600 万辆。

此外，早在 1996 年，丰田汽车就发布了第一代纯电动版 RAV4，并为这款车设计了两个不同的版本，一款搭载密封的铅蓄电池，一款使用镍氢电池。2016 年 11 月，丰田汽车宣布成立一家新公司，专门负责纯电动汽车的研发工作，并在一年后发布了丰田的电动化战略，由丰田章男亲自担任丰田电动汽车部门负责人。可以说丰田从未离开过电动车领域。

如今，动力电池作为新能源汽车核心发展技术，三元锂电池和磷酸铁锂电池已经成为动力电池主流选择。当锂电池成为行业主旋律时，丰田依旧延续 20 多年的混合动力技术，坚持采用镍氢电池。面对要比锂电池能量密度低四成、储电量更低的镍氢电池，丰田为什么还要坚持采用它？这是因为镍氢电池更安全稳定，丰田混动汽车因此从未出现重大的电池事故。

这是否说明了丰田汽车并没有锂电池技术储备呢？其实不然。早在 2008 年，丰田就设立了电池研究部，专注于锂电池在内不同种类电池开发，并与日本松下展开合作以增加锂电池技术储备。丰田第三代普锐斯虽然上市时使用的是镍氢电池，不过它也借助第三代普锐斯开始了锂电池测试。到 2012 年，第二代丰田 RAV4 纯电汽车采用的就是锂电池组。

2020 年 8 月，据媒体报道，丰田汽车正在和日本京都大学研究人员联合开发新一代新能源汽车动力电池技术，被曝光的并不是主流锂电池，而是新型氟离子电池。氟离子电池储能量大约是传统锂离子电池的 7 倍，可以让电动汽车一次充电行驶 1000 千米。可见，丰田汽车在汽车电池领域只是把更多的精力放在了突破关键技术上。

通常锂离子电池中使用的是液体电解质，丰田汽车在研发的这款氟离子电池则采用固体电解质，作为固态电池它最大的优势是自燃率会大大降低。当下几乎所有新能源汽车企业和动力电池车企都在开发三元锂电池或磷酸铁锂电池，而且这两种电池也已成为行业主流选择。随着丰田氟离子电池研究计划被披露，丰田汽车似乎又一次走在了电池领域的前沿。

纯电动汽车经过数年的发展，以锂电池为主的动力电池技术上其实已经处于瓶颈期。实际上，目前的纯电动车技术并未真正成熟，动力电池技术未来还有很长的路要走。从镍氢电池到氢燃料电池、锂电池以及最新氟离子固态电池，丰田汽车在安全基础上不断尝试新能源汽车多元化发展的可能性。所以，无论动力电池技术怎么发展，丰田汽车都能赶上，甚至能凭其技术引发一股新的产业变革。

第五节
五花八门的高新材料

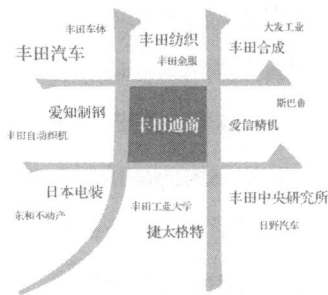

丰田攻克高压氢罐技术难关

2014 年 12 月 15 日，丰田氢燃料电池车概念车基本完成了技术验证，得名"Mirai"，并在日本正式上市；丰田在 2020 年将达到年产燃料电池车 3 万台的规模，届时还有 1000 处氢气站的新建规划。氢燃料电池车的普及和扩大，推进了爱知制钢高压氢气用不锈钢（AUS316L-H2）的技术开发和销量的增加。

在丰田汽车发布"Mirai"的第二天，丰田财团的爱知制钢对外宣布，为在日本公开销售的氢燃料电池车"Mirai"供应高压氢部件用不锈钢产品 AUS316L-H2。该产品用独自的成分设计，能提高燃料电池车、氢气站的高压氢零部件及设备的安全性、可靠性。同时，爱知制钢还在有计划地推进质优价廉的钢材开发。

> **概念车**：一种介于设想和现实之间的汽车。汽车设计师利用概念车向人们展示新颖、独特、超前的构思，反映人类对先进汽车的梦想与追求。这种车往往只是处在创意、试验阶段，也许不会投产，主要用于车辆的开发研究和开发试验，可以为探索汽车的造型、采用新的结构、验证新的原理等提供样机。

2016 年 9 月，爱知制钢加速开展不锈钢业务的"唯一化"战略。为此，爱知制钢在技术开发部设立了不锈钢开发组、不锈钢 AE 组、不锈钢·钛市场开发组。在生产技术方面，还设立了不锈钢技术室等。商务、生产两方面共同协作，发展以不锈钢为主力的综合实力。因为爱知制钢认为，不锈钢的需求量必然呈增长态势。不仅如此，在基础设施重建方面，对不锈钢的需求也将增加。

2020 年，为丰田新款燃料电池汽车的氢气加注口，爱知制钢又开发了一种不用钼等稀有合金的新型高强度不锈钢（AUS305-H2），对此前第一代燃料电池汽车用 AUS316L-H2 不锈钢（主要具有耐腐蚀性，且含有钼元素）进行改进。这种新型不锈钢，使钢材成本下降约 10%，改善了钢的切削性，不仅可用于燃料电池汽车，还可以用于氢能社会的各种基础设施建设。

爱知制钢的高压氢气用不锈钢产品，除了用于氢气站的装置（填充喷嘴、高压氢气手动阀、止回阀等），还用于对材料有高强度要求的氢气填充口。为了在高压（约 700 个标准大气压）下充氢气，需要使用储罐和其他设备，须将高压氢气存储在储氢装置和汽车中，因此这些储氢设备所用不锈钢需要具有高强度的特性。同时，生产储氢罐和汽车时，还需要材料具有良好的易切削性。

2021 年 3 月，丰田财团的丰田合成株式会社宣布，获得丰田汽车颁发的技术研发奖，以表彰其为 2021 新款丰田 Mirai 氢燃料电池汽车车载复合材料高压气瓶研发做出的突出贡献。新款丰田 Mirai 所搭载的氢气瓶由此前的 2 个增加到 3 个，续航里程因此增加约三成，达到 850 千米左右，负责开发关键的第 3 个氢气瓶的正是汽车内饰/外饰巨头丰田合成株式会社。

这是一款 IV 型氢气瓶，采用了 3 层结构设计，由内而外分别是防止氢气泄漏的聚合物层、用于抗压的碳纤维复合材料（CFRP）层、用于保护 CFRP 的玻璃钢层。该气瓶的创新之处在于不影响抗压强度，同时减少 CFRP 层的壁厚，从而增加了可储存的氢气容量，储氢效率（储氢容量与气瓶重量的比值）因此提升了 10%。

负责开发 2021 新款 Mirai 的丰田总工程师田中义和曾特别强调称："若没有这个储罐（气瓶），新款 Mirai 就无法实现。"为了生产该高压气瓶，丰田合成专门在日本三重县员弁市投资 120 亿日元建设了新工厂。丰田合成表示，未来将继续开发利用其橡胶和塑料核心技术的产品，以支持电动汽车和氢燃料电池车等电动汽车的普及。

2022 年 3 月，丰田汽车对外公开表示，他们研发了一种氢气储存模块，可集成多个树脂高压气罐，压力为 70MPa。在丰田氢燃料电池车中，氢气罐均为独立设置；在氢气储存模块状态下，其 4 个为一组，可检测储存、安全、工作状态。一旦该模型成功量产推广，就意味着氢动力汽车可以根据使用需求，随意调整氢气储存模块的多少，而且补能也会更加便捷。

三井进军车用碳纤维材料

2013 年 8 月，三井财团旗下的日本东丽公司宣布正式进军美国的车用碳纤维零部件业务，向美国通用汽车等企业的碳纤维零部件供应商卓尔泰克（Zoltek）公司注资 20%，在美国建立起从开发到生产、销售的全套体制。东丽公司认为，未来汽车市场将以燃料电池车、电动汽车等环保车为中心，比铁更轻、更坚固的碳纤维必将得到广泛应用。

在全球碳纤维市场有 32% 市场份额的日本东丽公司，隶属三井财团，其前身是 1926 年由三井物产在日本滋贺县出资成立的东洋人造丝株式会社，并由三井物产常务安川雄之助担任第一任会长。此外，在东丽公司成立之初，三井物产作为总代理店全权负责产品的销售，这在很大程度上解决了东丽的后顾之忧。

2014 年 12 月，丰田的第一款氢燃料电池车"丰田 Mirai"在日本正式上市。为此，三井财团的东丽公司向丰田供应了碳纤维增强热塑性塑料（CFRTP）。作为 Mirai 氢燃料电池车的地板材料，这也是东丽 CFRTP 材料首次运用于量产车型。此外，东丽的高强度碳纤维还用于 Mirai 的高压氢燃料箱，以确保达到此类储气瓶安全、高强度以及轻量化的要求。

2015 年 4 月，三井物产与日本金泽工业大学革新复合材料研发中心签订了与复合材料研究相关的合作协议书，共同开发使用碳纤维强化树脂的汽车部件等制造方法。实际上，三井物产在其新的中期经营计划中提出了作为"主攻方向"的七大领域，而碳纤维复合材料业务是横跨"资源材料"与"移动工具"的重点领域之一。

2016 年 3 月，三井物产宣布向全球最大的树脂内衬碳纤维强化压力罐厂商挪威 Hexagon Composites 公司出资 25%，总额约 110 亿日元。以汽车为中心的运输工具为了降低能耗，尤其重视部件及材料的轻量化。三井物产预计，使用碳纤维等轻量化材料的部件相关市场将迅速扩大。三井物产与 Hexagon 此前围绕着复合材料压力罐的销售有过合作关系。

2016 年 8 月，三井物产再次宣布向使用碳素纤维等复合材料设计汽车构件的德国 Forward Engineering 公司（简称 FE 公司）出资，通过世界各地的业务网点，利用 FE 公司的知识，扩大面向汽车领域的碳纤维业务。FE 公司是 2016 年 3 月从德国雷丁汽车公司分离出来的企业，以量产车的轻量化为目标，开展使用复合材料的车体设计及工程业务。

2016 年 9 月，三井物产与西班牙汽车零部件制造商海斯坦普（Gestamp）达成协议，以 4.16 亿欧元获得海斯坦普公司 12.5% 的股份。海斯坦普一直为大众和雷诺等车企旗下的 800 多款车型提供相关零部件，在全球拥有 98 家工厂，员工人数逾 3.6 万人。在汽车材料领域，海斯坦普公司使用的是一个多材料合成方案，既有铝的应用，也有碳纤维的应用。

2017 年，在日本爱媛县，三井财团的东丽公司新建日本首座面向燃料电池的部材生产工厂，同时量产汽车用碳纤维骨架部件，由此碳纤维的用途扩大到进行量产的汽车核心部材领域。东丽公司计划向碳纤维领域投资 1000 多亿日元，其中 200 亿日元以上用于汽车领域。此外，东丽公司还计划向在欧洲的 3 个碳纤维工厂增加投资数十亿日元，以增强外装材料的加工能力。

2020 年 7 月，东丽公司宣布，与正在开发载人"空中飞行汽车"的德国企业 Lilium 签订供应碳纤维复合材料的合同。德国 Lilium 公司力争 2025 年投入商业运行的"Lilium Jet"机身和主翼等将采用该材料，以减轻机体重量。对于东丽公司来说，被称为材料之王的碳纤维，无论是现在在飞机、发电等方向，还是未来在民用汽车方向，市场都非常巨大。

轻量化是一个永恒的命题

2016 年年底，日本环境省设立了包括丰田财团旗下的日本电装和丰田纺织、大协西川株式会社等 20 家日本企业和大学在内的专题项目组，命名为"NCV"，主要以实现汽车轻量化 10% 作为目标，促进 CNF 新材料的实用商业化。所谓的 CNF 就是一种被称为"纤维素纳米纤维"的新材料。跟石油以及矿产生产的材料不同，该材料来源于树木等植物。

丰田汽车公司推出的 86 紧凑型跑车就是日本环境省"NCV"项目实施计划的目标之一。汽车的外观是由丰田汽车定制与开发公司的设计师峪作新美设计的，整体包裹着银色的涂层，看起来就像是一辆超级跑车。最新研发的基于纤维素纳米纤维（CNF）的零部件就包括

> **轻量化**：在保证汽车的强度和安全性能的前提下，尽可能地降低汽车的整备质量，从而提高汽车的动力性，减少燃料消耗，降低排气污染。这一概念最先起源于赛车运动，减轻重量可以带来更好的操控性，发动机输出的动力能够产生更高的加速度，同时起步时加速的性能也更好。

了丰田 86 跑车的前车盖、行李箱盖、上边梁、座椅靠背、进气歧管、车门饰件、发动机罩等。

"NCV"项目通过开发采用 CNF 强化树脂的汽车部件，还将促进家电和工业机械等其他领域也利用 CNF 和 CNF 强化树脂。日本环境省在 2020 年度之前向"NCV"项目投入总计约 120 亿日元的资金。具体用途方面，该项目在 CNF 强化树脂的性能评估和旨在降低制造工序成本的开发，以及 CNF 强化树脂回收利用方法的开发等方面均有投资。

除汽车领域，三井财团旗下的日本最大造纸企业王子控股，开始面向消费量巨大的建筑材料供货，供应用于确保预拌混凝土顺利浇筑的润滑材料用 CNF。建筑一线通过管子浇筑预拌混凝土，存在管子内附着残留物的难题。如果利用混入 CNF 的润滑材料覆盖管子内面，可将残留物的清除时间缩短约八成，处理费用减少约九成。

2017 年 8 月，日本电装联合大协西川株式会社、京都大学共同宣布，他们成功研发出了一款新材料，该材料属于 CNF 范畴，主要由木浆制成，重量仅为钢材重量的五分之一，但其强度是钢材的 5 倍，未来或能成为钢材的替代品。京都大学联合丰田的研究人员致力于研究将这种 CNF 材料融合到汽车零件与车体结构中。

丰田汽车负责车身设计的项目经理松代真典表示，"对于我们来说，减轻重量是一个永恒的命题。但是，我们必须首先解决制造成本高的问题，然后越来越多重量更轻的新型材料才能应用在量产型汽车中"。研究人员计划到 2030 年

把 CNF 生产成本降低一半，这将使它在经济上具有竞争力，因为 CNF 可以与塑料混合，在生产成本上能够与高强度钢和铝合金竞争。

2019 年 3 月，丰田汽车在日内瓦国际车展上展出了一款名为 Supra GT4 的概念车。这款概念车与普通版本的主要外观区别就在于增加了前扩压器和尾翼，值得注意的是，这些部件使用的并不是常见的碳纤维材料，而是由大麻和亚麻等植物纤维制成的，相比于碳纤维更加环保。这种植物纤维的制造过程有点像碳纤维，但本质上它们是两种完全不同的东西。

2021 年 12 月，丰田汽车旗下的零部件厂商丰田铁工与名古屋大学开始合作开发植物纤维，从高粱茎和高粱中提取 CNF，取代在汽车树脂产品中掺入的玻璃纤维，并计划于 2024 年实现产品化。位于日本爱知县丰田市的丰田铁工成立于 1946 年，除了开发汽车零件和小型电动汽车之外，还从事以控制浪费为根本的农业事业。

过去，丰田铁工曾在前车体零部件及汽车逆变器的外壳上使用过玻璃纤维增强复合材料。对于 CNF 相比于传统玻璃纤维的优势，丰田铁工技术开发本部部长渡边正裕表示，"玻璃纤维难以回收，但纤维素纳米纤维（CNF）即使重复使用也不影响其品质。此外，纤维素纳米纤维来源于天然植物，更加环保，与玻璃纤维强度相当但质量更轻"。

三井占据新型树脂制高点

2018 年 5 月，三井化学宣布联合日本普瑞曼聚合物株式会社在荷兰投资 50 亿日元建设一个新的塑料原料聚丙烯（PP）树脂工厂，用于汽车保险杠的生产，以应对来自汽车行业日益增长的全球需求。这家新工厂是三井化学在欧洲的第一个聚丙烯树脂生产基地。而在普瑞曼聚合物株式会社中，三井化学持有 65%的股份，出光兴产株式会社持有 35%股份。

隶属三井财团的三井化学，是日本第二大综合性化工公司，前身是 1912 年成立的三井矿山株式会社，一开始主要是利用煤气副产品生产化学肥料所用的原材料，1958 年建立起了日本首家石油化工总厂。1997 年，三井东压株式会社与三井石油化学工业株式会社合并成立三井化学株式会社。2003 年，三井化学与住友化学宣布合并，并保留了三井化学的企业名称。

三井化学的聚丙烯树脂销售额位居世界第二，此前在日本、印度和美国等 7 个国家拥有工厂。随着汽车轻量化的发展，对于具有良好耐热性和抗冲击性的高性能树脂，欧洲显然是一个富有前景的市场。三井化学还计划投资 1840 万欧元在荷兰设立从事聚丙烯先进复合材料的生产和经营业务的子公司，产品主要销售给欧洲汽车制造商。

2018 年 8 月，三井财团旗下的三井化学公司表示，该公司研发出了一款名为"UD tape"的新型碳纤维增强聚丙烯材料，在轻量化、高强度、可塑性等方面较其他产品有着明显的优势，可以制作出结构更为复杂的汽车零部件。11 月，三井化学宣布与台湾台塑集团开展合作，推动新型碳纤维增强聚丙烯单向板材和带材的商业化运作，品牌名定为"Tafnex"。

2019 年 3 月，三井化学复合塑料（中山）有限公司开始在中国建设长玻纤增强聚丙烯（LGFPP）生产设施，这是三井化学在日本和美国之外的第三个 LG-FPP 生产基地。三井化学复合塑料（中山）有限公司成立于 2004 年 7 月，位于中山市火炬高新技术产业开发区的中炬汽配工业园内，主要为丰田、本田、日产、马自达等汽车巨头提供塑料合金、聚丙烯化合物等原材料。

长玻纤增强聚丙烯由三井化学的子公司日本普瑞曼聚合物株式会社开发，具有优异的耐疲劳性、良好的流动性以及适应薄壁产品加工等优点。这种材料已被用于仪表板本体骨架、电池托架、前端模块、汽车后门未上漆部分等区域。考虑到位于中国广东中山的新工厂，三井化学的长玻纤增强聚丙烯产能将达到 3500 吨/年，全球产能增加到 1.05 万吨/年。

2019 年 3 月，在法国巴黎举行的世界最大复合材料展览会"JEC World 2019"上，一款名为"Fortimo"的由新型二异氰酸酯制成的聚氨酯弹性体的材料成了三井化学展示的重点。这种材料被描述为：设计用于汽车、服装、医用管材和高耐久性工业零件。三井化学表示，Fortimo 可以与碳纤维结合，制造出一种触觉材料，具有功能性、耐用性和抗冲击性。

2022 年 3 月，三井财团的三井化学株式会社宣布，其子公司日本普瑞曼聚合物株式会社已经成为日本第一家商业化生产生物质聚丙烯的企业。三井化学在一份声明中宣布："我们的目标是实现生物聚丙烯的商业化，与其他主要树脂不同的是，生物聚丙烯尚未从生物质中生产出来。我们将在整个制造供应链中建立一个循环模式，以显著减少二氧化碳排放。"

传统塑料是从储存在地下数亿年的化石资源中生产出来的，而三井化学生产的生物质聚丙烯主要从植物中炼化而来，从而有效减少了碳排放，有助于缓解全球气候变暖的趋势。三井化学正在推进循环利用化学塑料和将其转化为生物质的策略，以实现循环经济；除实现生物聚丙烯生产外，还积极参与废旧塑料化学的回收再利用，以减少二氧化碳的排放。

参考文献及来源

1. 白益民编著：《产业就是脊梁——寓军于民与产业突围启示录》，中国经济出版社 2016 年版。

2. 王建萍：《日本汽车新材料发展综述》，《天津汽车》2007 年第 5 期。

3. 肖永清：《轻量化材料驱动汽车的未来》，《汽车工程师》2010 年第 12 期。

4. 赵伟：《爱知制钢公司扩大电子及磁体生产》，《稀土信息》2002 年第 12 期。

5. 罗益锋：《世界汽车结构材料及新能源汽车发展趋势》，《高科技纤维与应用》2010 年第 6 期。

6. 郝键、沈琏：《解密日本碳纤维联盟》，《纺织科学研究》2014 年第 4 期。

7. 刘思德：《爱知制钢公司开始提供磁粉成型技术》，《稀土信息》2003 年第 6 期。

8. 《科力远：与丰田混合动力项目达成合作协议》，《股市动态分析》2018 年第 5 期。

9. 《科力远公司收购鸿源稀土 打造混合动力全产业链》，《稀土信息》2011 年第 10 期。

10. 沈庆、凌云、马胜：《日美汽车贸易摩擦对中国汽车产业应对中美贸易摩擦的启示》，《汽车与配件》2019 年第 2 期。

11. 江镇海：《日本开展纤维素纳米纤维复合材料研究》，《合成纤维工业》2011 年第 2 期。

12.《大发和丰田的新款 MPV 外板大量使用树脂以控制车重》，《塑料科技》2016 年第 12 期。

13. 李树明、姜艳：《石钢叩开丰田大门》，《河北日报》2004 年 9 月 30 日。

14.［日］石川庆悟：《丰田汽车公司的发展经验及其对中国的启示》，硕士学位论文，河北大学，2013 年。

15.《汽车轻量化材料的"传统"与"新贵"之争 日本已占得先机》，2017 年 8 月 21 日，见 https：//www.sohu.com/a/165277972_ 99944746。

16.《丰田旗下爱知制钢研发磁石定位自动驾驶系统》，2020 年 10 月 6 日，见 https：//www.jiemian.com/article/5078764.html。

17.《汽车核心部件锻造专家——上海爱知锻造》，2017 年 6 月 7 日，见 https：//www.sohu.com/a/150917769_ 221348。

18. 孙秀萍：《原材料涨价 日本企业热衷研发车用新材料》，2008 年 9 月 5 日，见 https：//auto.sohu.com/20080905/n259390065.shtml。

19.《丰田汽车因旗下工厂爆炸缺特殊钢材 停产六天》，2016 年 2 月 1 日，见 http：//www.hinews.cn/news/system/2016/02/01/030110228.shtml。

20. 高志红：《河钢石钢：十七吨丰田钢诠释特钢模式》，2018 年 5 月 17 日，见 http：//guoqi.hebnews.cn/2018-05/17/content_ 6884761.htm。

21.《河钢石钢首批丰田钢深加工产品交付使用》，2016 年 1 月 18 日，见 https：//www.hbisco.com/site/group/groupnewssub/info/2016/10129.html。

22. 李倩：《爱知县汽车产业集群的形成与丰田集团公司发展息息相关》，2018 年 3 月 12 日，见 https：//www.elecfans.com/d/646300.html。

23.《日本爱知制钢全力涉足驱动电机用途》，2015 年 12 月 16 日，见 http：//www.cs-re.org.cn/popular/a1273.html。

24.《丰田将用木头造车?! 轻量化+高强度新材料前所未见》，2017 年 9 月 6 日，见 https://www.sohu.com/a/190138861_ 99920526。

25.《日本科技为何强大? 史上最全的日本材料产学研大解析!》，2015 年 2 月 6 日，见 https://www.antpedia.com/news/34/n-1120534.html。

26.《汽车轻量化材料的"传统"与"新贵"之争 日本已占得先机》，2017 年 8 月 21 日，见 https://www.sohu.com/a/165277972_ 99944746。

27. 兰德公司官方网站：www.rand.org。

28. 日本爱知县官方网站：www.pref.aichi.jp。

29. 日本制铁官方网站：www.nipponsteel.com。

30. 爱知制钢官方网站：www.aichi-steel.com。

第七章　爱信精机：军民融合显实力

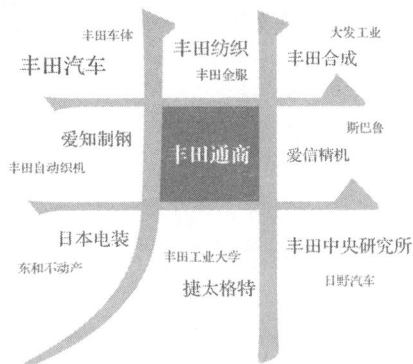

1943 年，根据日本陆军航空本部的要求，丰田汽车与川崎飞机合资的东海航空工业公司成立，主要负责生产航空机用引擎。1945 年，东海航空工业更名为爱知工业，开始生产缝纫机和离合器片等汽车零部件。1965 年，爱知工业与兄弟公司新川工业合并，丰田财团的爱信精机由此诞生。

1995 年 6 月，丰田财团旗下的两家公司丰田通商和爱信精机，联合台州瑞丰投资开发有限公司共同出资组建成立了浙江爱信宏达汽车零部件有限公司，主要产品有硅油风扇离合器、水泵、机油泵、气缸盖等汽车发动机零部件，正式开启了爱信精机在中国的发展历程。

2018 年 12 月，爱信精机、捷太格特、电装三家丰田财团的企业，与爱德克斯株式会社宣布正式达成协议，共同组建名为 J-QuAD Dynamics 的新公司，开发自动驾驶、车辆控制以及其他汽车相关功能的集成式控制软件，并研发更高附加值的集成式车辆控制系统，以创造更安全、更智能的移动出行。

【阅读提示】

"三井"告诉了我们什么

二战结束初期，由于美国奉行"解除日本武装使之非军事化"的对日政策，一些战争时期建立起来的军工企业不得不转向民用领域。其中，成立于1942年的战斗飞机引擎制造企业东海航空工业公司，也在1945年年末更名为爱知工业，并开始生产缝纫机和离合器片等汽车零部件，这就是如今丰田财团旗下的爱信精机之前身。

与此同时，三井财团旗下的丰田、IHI、东芝、索尼等企业后来都逐渐成为汽车、造船、半导体、飞机等领域的主导企业，实际上就是日本"以民掩军、先民后军、寓军于民"的产业模式雏形。20世纪70年代，日本正式以法律文件的形式将"寓军于民"的产业模式固定下来，即国家不设立专门从事武器装备生产的兵工厂，军事工业以民间企业为主。

日本"寓军于民"产业模式的核心就是大力开展"军民两用技术"的研究。所谓"军民两用技术"，指的是同时满足军事应用与民间应用的技术，从某项技术研究的立项开始，就应该同时论证其军用前景和民用潜力。尤其是许多新兴的前沿技术，实际上都具有军民通用的特征。为此，美国麻省理工学院的日本问题专家理查德·塞缪尔斯将这种产业模式称为"技术爱国主义"。

国防军工产业是一个十分庞大的体系，涉及的产业链也复杂无比，如何实现军民融合并不简单，而日本独特的财团机制恰恰在整合产业链方面具有独特的优势。财团企业之间紧密的协作和配合，使得相关军民两用技术的兼容性、稳定性大幅提高，生产成本也大大降低，自主化率不断提高，最终体现在产品竞争力上。最终在实现军品质量提升的同时，主营业务的民品质量也大幅提高。

如今，日本武器装备的大部分研制和生产任务均由防卫厅以合同方式委托民间大型财团制造业企业完成。作为主承包商，大型制造业企业再将项目以招标的形式转给财团内部众多的分包商和零部件商，其中就有许多是以生产民用产品而著名的企业。这样既有利于将民用技术带向军用产品生产实现"溢入"效果，同时也有利于军用技术在民用产品中的"变现"。

日本经济团体联合会（经团联）认为，商业技术发展相比军事系统将提供更加有利可图的机遇，商业发展周期是2—3年，而军事发展周期是5—10年，商业技术比军事系统进步的速度更快。日本财团内部的技术与效益的合理分配完美地解决了"民转军""军转民"不灵活的问题。财团机制表面上看是企业间的相互协作，但其本质则是对国家经济和产业组织上的有效计划。

丰田车体　丰田纺织　大发工业
丰田汽车　丰田金服　丰田合成
爱知制钢　丰田通商　爱信精机
丰田自动织机　　　斯巴鲁
日本电装　丰田工业大学　丰田中央研究所
东和不动产　捷太格特　日野汽车

本章导言

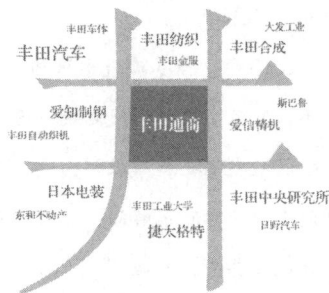

2007 年 5 月，吉利汽车宣布进入战略转型期，决定把"技术领先、品质领先和服务领先"作为新的发展战略和企业战略转型的核心思想。随即推出了转型后的首款商务级家庭轿车——"远景"，并选择丰田卡罗拉作为对标产品。在当年的新车发布会上，吉利汽车创始人李书福避开了"竞争""挑战"等词，更多谈到的是"学习"。

对此，李书福表示："全世界的汽车企业都在向丰田学习，吉利当然也不例外。"一直以来，吉利汽车都把丰田汽车当作一面镜子，希望能够通过这面镜子让人们看见吉利品牌的品质。在全国乃至全球市场的布局方面，吉利汽车也都紧跟丰田汽车，为了让吉利汽车能够成长为一个全球化的汽车企业，就需要全面总结、分析丰田汽车的市场部署模式。

李书福还说："汽车的学问是 100 多年形成的，看上去很简单，说起来也很清楚，但是做起来却很难。有的企业产品不是一个技术体系，一会儿买这家的技术，一会儿买那家的产品平台，就不是来自一个体系，无法兼容。跨国公司外表看似都一样，其实是不一样的。丰田汽车是内生性的，技术体系一脉传承，产品有清晰的平台，零部件可以互换，质量有保证，成本也降低了。

"与日本丰田形成鲜明对比的就是美国通用，美国车企喜欢到处并购，文化不相容，技术不相同，最终问题一大堆。花钱买过来的东西，像打强心针，一段时间有效，三五年后就不知道了。吉利就是要瞄准丰田，学它的灵魂，学它的方法和战略，搞出不同的产品，因此血统纯正，技术路线清晰。中国汽车企业要有长远的战略安排，形成自己的研发体系。"

不只是吉利汽车创始人李书福，一位曾几次拜访吉利汽车的丰田高层也认为，如今的吉利汽车，实际上正在复制丰田五六十年前的发展轨迹。而且，与那时的丰田汽车相比，吉利现在所能利用的市场资源更多。对于吉利的未来，这位日企高层就认为，如果继续这样发展下去，吉利是大有希望的——"谁知道中国最后能够挑战丰田者，会不会从这类企业中产生？"

2010 年，当丰田汽车深陷"召回门"事件时，李书福在接受采访时表示："不能说因为丰田发生了这样的问题就一无是处了，丰田值得我们学习的地方还是很多的。它出现的这些问题我们要总结教训，要分析研究为什么发生这些问题。它发生了这些问题以后是怎样处理、应对和化解的，怎么利用这些事件来提升它的管理、加强培训以及制度建设，如何开展公共关系处理。"

2012 年，继营销渠道改革、生产基地重新布局后，吉利汽车开始了一场更重大的变革。吉利汽车创始人李书福表示，考虑到中国汽车市场进入稳步增长或者微增长时代，品牌过多不利于资源合理分配，因此未来 5 年至 10 年内，吉利汽车将仿效"丰田汽车模式"，做大吉利汽车这一个母品牌，并将子品牌酌情缩减，集中精力实现"品质吉利"的战略转型目标，通过集中资源来提高销量。

如今，经过多年的学习和努力，就像丰田在日本汽车工业的行业领导地位，吉利也开始展现其在中国自主品牌的领导地位。在动力系统上，吉利也早已完成燃油、油电混动、增程混动和纯电的全擎动力布局。在销量上，吉利汽车更是成了首个实现乘用车产销突破 1000 万辆的中国品牌车企。

不仅如此，在造车科技领域，吉利汽车还拥有了可以比肩丰田 TNGA 的世界级造车架构——"CMA 超级母体"。按照吉利汽车给出的定义，于 2020 年成都车展期间提出的"CMA 超级母体"是世界级模块化架构，具有安全、运动、智慧和形体四大基因，各种不同车身形式、不同驱动结构都能在模块化架构下生产，并且至少满足未来 15 年汽车的进化。

过去提到汽车制造模块化架构，第一时间想到的一定是丰田 TNGA，这一定名为"丰巢概念"的架构是包含汽车研发、设计、生产、采购等全产业链价值在内的创新体系。与丰田 TNGA 架构相似，吉利的 CMA 超级母体为新车型注入"安全""运动""智慧""形体"等基因。虽然两者在强调的具体方向上有差异，不过它们实现的方式和出发点是相同的。

2018 年 4 月，丰田财团旗下的爱信精机与吉利汽车签署合资协议，共同生产前置前驱 6 速 AT 自动变速器，计划投产 40 万台，爱信精机在合资公司中拥有 60% 的股份。吉利汽车表示，为应对日益严格的燃油消耗标准之监管要求，大型汽车制造商将配备更为先进的高燃油效益的变速器，合资公司可以确保未来对吉利集团的稳定产品供应。

第一节
传承日本军工基因

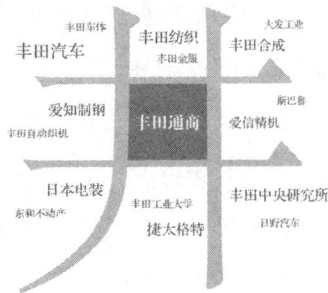

财阀向重化工业转型

从 1933 年开始，由于军需激增，三井财阀决定由旁系公司的日本炼钢所（新日铁前身）和芝浦制作所（东芝前身）先期进入。日本炼钢所的订单出现了急剧膨胀，芝浦制作所也是在这一年开始扭亏为盈。与此同时，三井财阀以增加子公司来扩张事业，主要表现在 1934 年 10 月设立鹤见铸器厂、12 月设立特殊合金工具公司、1936 年 4 月设立大三井电力公司等。

在大力发展旁系重化工业的同时，三井财阀在直系公司内部也开始进行此种转向，表现为在三井矿山公司内部增加化学工业，在三井物产公司内部增加造船业。在化学工业方面，三井采取的手段是先从三池染料工业所的燃料生产着手，将生产燃料改为生产火药和化学

> **重化工业**：资金和知识含量都较高的基础原材料产业，如电力、石化、冶炼、重型机械、汽车、修造船等，其产品市场覆盖面广，为国民经济各产业部门提供生产手段和装备，是一个地区经济的"脊梁"，是国民经济实现现代化的强大物质基础，但也会污染环境。

武器，随后通过收买费希尔发明的合成石油方法的专利权向人造石油方面发展。

氮肥工业与制造炸药所不可缺少的硫铵生产有着很强的联系：硫铵大部分用作肥料，但也可在工业上用作制造炸药、纺织物防火剂等的材料。当时，三井财阀就以三池煤矿公司为基础，采用气化方法，把重点放在了硫铵生产方面，并逐渐成为这一工业领域的领导者。1937 年 5 月，三井财阀占全国硫铵生产能力的 31.4%，可见其工业原材料的强大生产能力。

随着三井、三菱等财阀在重化工业领域的不断壮大，日本政府方面也意识

到了与财阀保持良好关系的重要性，为了财政好转必须同三井、三菱等传统财阀建立稳定的联系。当然，这些传统财阀也需要通过政府的支持获取更多利益，于是合作就变成了双方的共同选择。这一时期，财阀是日本各大政党的资助者，同时双方也维持着一定的合作关系。

1937年，在林铣十郎组成的内阁中，来自三井财阀的池田成彬出任日本银行总裁，次年又出任大藏大臣兼商工大臣，1941年任枢密顾问官。池田成彬早年曾留学美国哈佛大学。正是在美国学习期间，他认识到了在资本主义社会里，金融资本和政治之间密不可分的关系。结束留学后，池田成彬加入三井银行，历任三井银行总行营业部长、常务董事和三井合名会社常务理事等。

1938年8月，池田成彬出任内阁参议，实际上成了日本财政经济的后台顾问。当时日本舆论界认为能拯救日本财政的人物只有两个，一个是乡城之助，另一个就是池田成彬。但乡城之助是保守财政的领袖，不受当时日本政府的重视，因此挽救日本财政的重担就落到了池田成彬身上。池田成彬在日本政经界影响不小，战后他还曾一度出任首相吉田茂的财政顾问。

1939年，随着第二次世界大战的爆发，日本对相关重化工业的需求越来越多，这在客观上为财阀重化工业的发展提供了契机。于是，三井、三菱等财阀为了适应战时军事的需要，不仅继续发展原有的金融、造船、物产以及煤矿等产业，而且还积极地投资钢铁、内燃发动机、电动机和化学工业等新的近代产业，日本迎来了重化工业发展的黄金时期。

此时，三井财阀还通过三井物产在中岛飞机制造所起步阶段给予了大量资金支持。在获得三井物产的资金援助后，中岛飞机制造所的经营才变得稳固，并逐渐致力于飞机的研发与生产。中岛飞机生产数量的稳定与三井财阀的资金援助是分不开的，在二次世界大战结束前中岛飞机更是超越三菱财阀的飞机生产部门成为日本最大、世界知名的飞机制造商。

1945年8月，由于在第二次世界大战中日本战败，中岛飞机制造所改名富士产业，后于1950年宣布解散。1955年，富士工业、富士汽车、大宫富士工业、宇都宫车辆等重新组合成为富士重工。如今，隶属三井财团的富士重工已经发展成为一家大型的多元化集团，主要生产汽车，兼制飞机、铁路车辆、发动机等，而富士重工的斯巴鲁汽车则归属丰田财团。

有着"飞机情节"的企业家

1937 年，丰田的汽车部门刚刚从纺织厂独立出来，成立了丰田汽车公司，并在当年就实现 4000 多台的产量。然而正当丰田准备在民用汽车领域大显身手时，战争的到来彻底改变了丰田汽车的发展轨迹。1938 年，日本商工省发布公告称"原则上禁止制造商生产轿车"，而正是在这一年大众汽车公司制造出了世界闻名的民用轿车"甲壳虫"。

第二次世界大战爆发后，从 1939 年到 1942 年，丰田每年生产汽车超过 1.6 万辆，只是其中大部分都是军用卡车。产量的激增并没有给丰田带来多少喜悦，因为这些都是以牺牲企业长远发展为代价的。1943 年，日本陆军航空本部要求丰田汽车与川崎飞机合资成立东海航空工业公司，主要负责生产航空机用引擎，当时丰田汽车的社长就是家族第二代掌门人丰田喜一郎。

丰田喜一郎是一位有着飞机情结的企业家，早在 20 世纪 30 年代创业初期，他就试图制造飞机，但后来由于技术和资金储备等种种原因而放弃。丰田的东海航空工业公司（爱信精机前身）成立后，通对对一架美国的豪客比奇飞机进行研究，模仿研制出了 Ha-13A-2 飞机引擎。随后，日本政府希望丰田汽车公司能够将大规模制造汽车的经验应用到制造飞机上，但显然这对当时的丰田汽车是极其困难的，因为汽车和飞机制造是两种完全不同的工业体系。此外，突如其来的战争也让此前一直处于自由经济的企业难以招架。

以丰田为例，此前很长一段时间里，丰田家族都主要以纺织业为本，现在不得不把整个重心迅速向汽车业转移，于是丰田汽车时任社长丰田利三郎便把社长一职移交给了更为熟悉汽车领域的丰田喜一郎。

按照日本的传统观念，作为公司创始人丰田佐吉的长子，丰田喜一郎不可能拒绝在危难时期挑起家族的重担。只是当绝大多数日本人还懵懵懂懂沉浸在虚幻的"战争帝国梦"时，丰田喜一郎冷静地意识到日本必然会在战争中失败，而战争对日本商业的打击是空前的。

于是，丰田喜一郎将公司主要的工作全部交给副社长赤井久义打理，自己则返回家中，专心读书。一方面是因为在战时统制经济体制下，其实也没有什么重大的事情需要处理，一切只需要遵守命令。另一方面则是因为时任丰田汽车副社长的赤井久义曾是三井物产的"干将"，更擅长经营，也更富有管理经验，丰田喜一郎非常信任他。

虽然出于种种原因，东海航空工业公司最终并未制造出飞机，但丰田喜一郎一直没有忘记自己的"飞机梦"。1950 年，在辞去丰田社长职位之后，以工程师自居的丰田喜一郎又一次将精力放在了飞机的研发上。他在位于东京世田谷区的家中专门成立了一个研究室，带领自己的几个部下开始设计小型直升机，希望能够实现新的技术突破。

战后重建，寓军于民

1945 年 8 月 15 日，日本接受《波茨坦公告》，无条件投降，结束了战争。虽然仓促间成立的东海航空工业等军工企业根本无法影响整体战局的走向，但第二次世界大战结束后，东海航空工业公司最终得以保留，并于 1945 年年末更名为爱知工业，开始生产缝纫机和离合器片等汽车零部件。

1950 年 6 月，朝鲜战争爆发，美国随之解禁日本武器制造以及航空机制造。最早的军事订单是美军装甲车、飞机等军事机械的修理服务。在二战前就从事此项工作的三菱重工、川崎重工公司开始积极利用旧军工设施接手美国军事设备的修理工作。由此，日本各大企业逐渐掌握了此前从没有过生产经验的喷气式飞机机身制作以及发动机的相关技术原理。

1965 年 8 月，丰田的爱知工业与兄弟公司新川工业合并。基于强化体制、强化国际竞争力的目的，爱信精机在两家公司"舍小异，求大同"的决策下诞生，分别取了两家公司名字第一个字的发音，公司名正式变更为"爱信精机"。新川工业同样具有军工企业背景，其前身是 1945 年成立的东新航空机，战后主要生产油泵、车门锁、保险杠和千斤顶等汽车产品。

1970 年，日本颁布了《国防装备和生产基本政策》，为军工生产确立了基本方针，并以法律文件形式将"寓军于民"的产业模式固定下来。"寓军于民"的产业模式就是国家不设立专门从事武器装备生产的兵工厂，军事工业以民间企业为主，武器装备的大部分研制任务和全部生产任务均由防卫厅以合同方式委托民间企业完成。

《产业就是脊梁》：白益民于 2016 年出版的图书，讲述日本财团体系"寓军于民"的产业发展模式，如何使日本成为隐形的军事强国。财团机制表面相互协调，其本质则是对国家经济和产业组织上的计划与控制，从而形成一套独立完整的军工体系。

日本产业界认为，日本政府限制军事出口和纯粹防务生产的规模经济，在这种情况下发展民用技术会有更多的机遇，在某些方面民用技术的进步速度更快。为此，日本防卫厅更加强调民用技术经过适应军事需求的改造向军工生产系统的"溢入"。这样，在政府的大力扶持下，建立了以私营企业为主要载体、吸纳军工生产技术的"寓军于民"的模式。

随着武器装备的复杂化，军用、民用之间界限越来越模糊，产业链也不断延伸。日本独特的财团机制在整合产业链、组织产业方面具有很大优势。由于财团企业之间的相互协作和配合，武器系统的兼容性、稳定性大幅提高，生产成本大大降低，自主化率不断提高，最终体现在产品竞争力上。日本的"寓军于民""以民促军"，都在一定程度上激发了企业的发展潜力。

三井财团旗下的丰田、东芝、索尼、东丽、石川岛播磨重工，以及三菱重工、富士重工、日立这些广为中国消费者熟悉的日本企业，不仅生产诸如电梯、汽车、笔记本、手机、相机、服装等影响我们日常生活的产品，还具备转型生产军工产品的能力，生产线上的民用产品可以根据需要变成上天入海的军事装备。

"寓军于民"的产业模式具有明显的经济效益和国防效益。这种模式降低了军工生产的机会成本，一方面避免了军民生产的分割，另一方面提高了战时军工生产的转产能力。军工生产的"寓军于民"解决了"民转军""军转民"不灵活的问题，壮大了日本的军工制造业潜力，增强了日本为适应国防需求变化而调整军工生产的能力。

经过数十年的发展，丰田财团旗下的爱信精机已经成为一家主要生产制造汽车零配件、汽车保修设备、五金、机械设备、电动工具等产品的大型制造业企业，其在美国、欧洲、亚洲等地均设有子公司。它是世界 500 强企业之一，也是世界第九大汽车零部件生产商。公司大约 95% 的销售额来自汽车零件，但该公司也制造冷藏设备和切割机，以及机床、缝纫机等消费产品。

将飞机事业进行到底

1982 年，丰田章一郎出任丰田社长，对制造飞机有着巨大的热情的他回忆："父亲（丰田喜一郎）始终胸怀理想，他最大的理想就是能够制造直升机。在他的头脑里，未来各座城市都耸立着很多平顶的住宅，平顶上就是直升机的停机坪。人们走到自家的房顶上，乘上自家的直升机，就可以飞往任何地方。他相信这个梦想在不久的将来必会实现。"

时隔近 10 年，1991 年，丰田汽车开始启动飞机事业的战略部署，研究和找寻进入航空制造领域的时机。20 世纪 90 年代中期，丰田汽车研制出了基于"凌志 LS400"汽车引擎的飞行器，并在美国进行了飞行试验。这种双涡轮增压飞行器获得了美国联邦航空局的认证，但考虑到当时的市场需求不足以帮助其弥补开发成本，丰田汽车最终将此项方案束之高阁。

2002 年 5 月，丰田汽车开始研究通过制造轻型飞机来打入航空产品制造领域的可行性。丰田汽车公司名誉会长丰田章一郎透露，虽然该公司业务仍将以汽车制造为主，但公司领导层也在研究和找寻进入航空制造领域的时机。如果丰田公司进入了飞机制造领域，那么美国将是其主要目标市场，为此已经制造出一个新样机，并将其命名为"丰田先进飞行器"。

2005 年 10 月，丰田汽车宣布收购富士重工 8.7% 的股份，并于 2008 年将持股比例提升至 16.7%。富士重工的前身是日本军工企业中岛飞行机株式会社，一直在加强该公司的核心技术能力之———飞行技术的研究。2006 年，富士重工向日本政府交付第一架 AH-64D "长弓阿帕奇"直升机。事实上，著名的阿帕奇直升机就是由富士重工与美国波音公司联合完成研制的。

2008 年，丰田汽车接到三菱重工发出的合作邀请，共同开发、生产和销售日本首架国产支线喷气式客机（MRJ）。作为该项目的创始股东之一，丰田汽车首笔就投入了 1 亿美元，并参与了 MRJ 机体结构的研发。随着汽车工业日渐饱和，丰田从公司发展角度考虑，将部分精力投入到飞机生产这一极具潜力的方向。

MRJ 虽然名字叫三菱飞机，但实际由日本几大财团合力打造。其中，主导研发的三菱重工持股比例为 67.5%，丰田汽车为 10%，三井物产、三菱商事、住友商事几大综合商社则分别持股 5%。此外，川崎重工、石川岛播磨重工、富士重工等企业也都参与了 MRJ 的研制。可以说，这是倾日本全国之力打造的一款飞机产品。

2016 年 1 月，三井物产向 Setouchi HD 旗下的美国小型飞机制造商 Quest Aircraft Company，L. L. C. 出资 1000 万美元，获得该公司 12.5% 的股份。这家公司是 2001 年成立于美国爱达荷州桑德波因特的小型飞机制造商，主要生产国际人道救援用飞机。小型飞机主要用于农业、采矿业以及抢险救灾时的人员输送、物资运输等，近年来源自观光行业的需求也有所增长。

2020 年 1 月，丰田公司向从事空中出租飞机生产研发的美国 Joby Aviation 公司投资 3.94 亿美元。对于这次投资，丰田总裁丰田章男表示："空中运输是丰田的长期目标。目前我们正在继续开展汽车业务，这次的协议可以让我们把视线转向天空。我们准备和 Joby 公司一起解决空中运输难题，开发运输领域变革的潜力。"两家公司准备研发出租飞机技术，以便未来开展大规模量产。

此次丰田投资的 Joby Aviation 公司成立于 2009 年，总部位于美国加利福尼亚州。该公司的目标是通过自主研发的电动垂直起降飞行器（eVTOL），在城市场景中提供载客飞行服务。除了提供资金支持外，丰田还将与 Joby Aviation 共享制造、质量、安全和成本控制方面的专业知识。据报道称，飞行器未来将会采用丰田提供的氢燃料技术来解决续航和充能问题。

第二节
比人们的期望领先一步

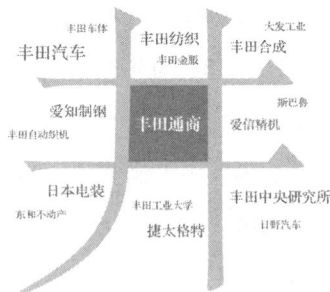

丰田车体　　丰田纺织　　大发工业
丰田汽车　　丰田金服　　丰田合成
爱知制钢　　　　　　　斯巴鲁
丰田自动织机　丰田通商　爱信精机
日本电装
东和不动产　丰田工业大学　丰田中央研究所
　　　　　捷太格特　　日野汽车

从缝纫机步入家居领域

1945 年年底，丰田的东海航空工业变更为爱知工业（爱信精机前身），并开始转向和平时期的产业。缝纫机是丰田传统主业纺织品的相关业务，时任社长丰田喜一郎指示爱知工业开发缝纫机器。他认为，"缝纫机是一个和平时期的行业，变化将非常好，因为人们总是需要衣服"。最终，这些缝纫机与汽车零部件的制造一起成为爱知工业战后重建时的核心部分。

1952 年，爱知工业专门成立了缝纫机生产企业大浜缝纫机有限公司。作为战后热销品，缝纫机帮助企业迅速收拢资金，公司规模迅速扩大。20 世纪五六十年代，爱知工业经营稳步增长，向其母公司丰田汽车供应零部件并继续生产缝纫机产品。1965 年 8 月，丰田的爱知工业与兄弟公司新川工业合并，公司名正式变更为爱信精机。

1960 年，爱信精机在日本爱知县成立了爱信高丘株式会社，业务以铁铸造、机械加工和金属成型操作为主，也制造销售类音频产品，1970 年建立吉良工厂，并开始进行铸造机械加工的工作。1983 年，爱信高丘开始生产"TAOC"品牌的众多高档音响/视觉配件。以汽车生产为基础，"TAOC"从此开始制造音响相关产品贩售给音响发烧友，并全面提供扬声器系统以及扬声器架等。

1970 年，爱信精机旗下的大浜缝纫机有限公司更名为爱信化工有限公司，开发制造汽车用涂料、胶黏剂、减震材料以及变速箱用摩擦材料、盘式制动衬片、树脂零部件等。爱信化工的减震材料，可在制造工序中利用机器人达到自动化和节省空间。爱信化工的树脂化高精度传动部件应用领域非常宽广，如可以帮助高性能汽车减轻重量。

1971 年，爱信精机欧洲公司（Aisin Europe）在比利时成立，并开始在全球市场销售缝纫机。1979 年，爱信精机在中国台湾成立合资企业精英缝纫机制造公司，以生产和销售缝纫机为基础，同步开拓自己的汽车零部件产业。不只是缝纫机、汽车零部件、音响、化工材料，爱信精机还曾经做过门锁、保险杠插孔、丰田床、淋浴室自动马桶坐垫等产品。

1976 年，爱信精机推出了日本第一款温水洗净便座（马桶盖）。如今，温水洗净便座在日本普通家庭中的普及率已经达到 80% 左右，成了生活中不可缺少的必需品，其中爱信坐便器销量超 1500 万台。爱信精机一直以"洁净，清洁，舒适，节能"为理念，不断进行开发和生产，重视"冲洗的舒适性"，并为此提供了喷嘴杀菌和便器冲洗等紧贴时代需求的商品。

此后，爱信精机在家居生活领域开发了家用热电联产系统——一种利用发电时产生的热量给家庭供热水和供暖的节能系统，有效利用可燃气体发动机发电时产生的热量供暖。另外，爱信精机研发生产的燃气热泵空调，是一种使用清洁燃气能源和臭氧破坏指数为零的新制冷剂（R410A）的空调系统，能够在微小空间方便地进行制冷、制热和精密的温度控制。

2009 年 3 月，爱信精机与丰田中央研究所公布了色素增感型太阳能电池面板的性能分析结果，还谈到了面板性能可随时间发生变化的原因。面板由爱信精机制造，丰田汽车将其安装在了会场附近的"丰田梦住宅 PAPI"等地。这些太阳能电池面板具体安装在两种环境中：一种是嵌入 PAPI 的外壁内，另一种是安装在庭院的蓄水池上。

2017 年 9 月，爱信精机与中国慕思寝具达成战略合作，将尖端材质"Fine Revo"太空树脂球引入中国慕思寝具的健康睡眠系统。这种太空树脂球是全球领先的新型高分子结构科技产品，打破了传统弹簧单方向伸缩的弹性形变。早在 2013 年，爱信精机便用这种材料生产抗过敏床垫。2018 年，爱信精机又继续推出了"Fine Revo"品牌床垫。

适时介入行驶安全领域

20 世纪 60 年代后期，丰田汽车在日益严格的汽车安全法规的背景下，开始积极开发汽车安全技术。1966 年，丰田汽车的车辆安全实验组成立，致力于安全技术的研究和开发。安全技术分为两类：在发生事故的情况下侧重于保护驾乘人员的被动安全；侧重避免事故发生的主动安全。时隔 30 年，丰田汽车于 1997 年开发了以计算机为基础的虚拟人体模型，称为 THUMS（Total Human Model for Safety）。

2003 年，丰田汽车的全天候碰撞测试设备已完成，利用此功能开始在室内进行各种碰撞测试。2006 年，丰田汽车推出综合安全管理理念，在车辆运行的每一个阶段均能提供最佳驾驶支持。由于车辆安全技术的开发和应用需要利用实际车辆和计算机模拟进行碰撞测试，丰田汽车于 2008 年开发了应用主动安全技术的驾驶模拟器，用以分析驾驶者行为。

2013 年，丰田汽车第一次面向全世界推出具备自动驾驶功能的车型，搭载了先进的一体化安全系统的 2013 Lexus LS。丰田汽车表示，这套安全系统将在未来进化成为具有自动驾驶功能的技术。同时，丰田汽车也特意强调了丰田对于自动驾驶和无人驾驶之间区别的看法，认为"永远不应该放弃人对汽车的驾驶主动权，人工智能只能起到辅助安全的作用"。

> **自动驾驶系统**：指将车辆驾驶员执行的工作完全自动化的、高度集中控制的车辆运行系统。采用先进的通信、计算机、网络和控制技术，对车辆实现实时、连续控制。自动驾驶分为 L0—L5 六个等级标准：L0 是纯人工驾驶；L1 是驾驶自动化；L2 是辅助驾驶；L3 是自动辅助驾驶；L4 是自动驾驶；L5 是无人驾驶。

2014 年 6 月，丰田汽车、电装这两家丰田财团的企业，与日本医科大学共同开发利用方向盘测量心电、脉搏等的系统，只要驾驶者握着方向盘，就可以实时对心电、脉搏进行测量记录。系统通过对这些数据进行分析，可以找出预示身体状况突变的部分，当发现驾驶者身体状况可能发生变化时，会自动启动安全停车等控制系统，从而避免交通事故的发生。

从 2015 年开始，丰田汽车对自动领域展开了进一步的探索与研发，并斥资 10 亿美元在美国加州硅谷成立了丰田研究所，旨在研发先进安全汽车和自动驾驶技术、机器人技术和其他人力拓充技术。2018 年 5 月，丰田汽车又宣布在美国密歇根州修建一套自动汽车技术的封闭测试场地，同时计划在 2018 年一年内在自动驾驶方面投资超过 220 亿美元。

2018 年 12 月，爱信精机、捷太格特、电装公司 3 家丰田财团的企业，与爱德克斯株式会社宣布正式达成协议，共同组建新公司，以开发用于自动驾驶、车辆行驶控制以及其他汽车相关功能的集成式控制软件，新公司名为 J-QuAD Dynamics。未来，4 家公司合作创建的 J-QuAD Dynamics 公司将研发更高附加值的集成式车辆控制系统，以创造更安全、更智能的移动出行。

除了大家相对熟悉的爱信精机和电装公司，捷太格特也是丰田财团关键的汽车零部件制造企业，更是丰田财团内部唯一的机床制造企业，由丰田工机（Toyoda）和光洋精工（Koyo）于 2005 在丰田财团的运作下合并而成，目前丰田系控股比例达到 30% 以上。如今，日本捷太格特的业务范围囊括了机床、轴承、转向系统、传动系统四大重要领域。

2019 年 3 月，爱信精机专门推出了面向企业单位的行车记录仪与驾驶员监控联动系统，该系统可以检测驾驶员眼皮开合动作、视线位置以及面部转向等情况，当检测到驾驶员出现视线偏离、打瞌睡时，系统会发出警示提醒。此外，图像和警示信息也可存储在行车记录仪内，便于企业单位等分析驾驶员的行为习惯，并作为教育素材加以利用。

为了实现零交通事故，丰田财团的爱信精机提供对"行驶""转弯""停止"进行高度控制的系统商品，同时也开发可以提高驾驶愉悦性与乘坐舒适感的各类商品。"舒适、便利""环保""安全、安心"三大支柱便是构成爱信解决方案的核心：将事故防患于未然的"安全技术"、进一步提高能效的"环保技术"，以及追求乘坐舒适感的"舒适性"。

开发车载导航技术与服务

2015 年，丰田汽车选择从美国 Telenav 公司获得车载导航和手机连接的功能，而不是选择苹果或者谷歌的车载平台。随后，2016 款 Tacoma 小卡车成为丰田首款使用 Telenav 公司 Scout GPS Link 软件的车型。Telenav 公司可让安卓手机和苹果手机的用户在手机上或者在丰田汽车的中控台上调出导航路线和交通信息，同时在系统的配置上给予丰田更多的控制权。

与此同时，随着信息通信、电子技术及信息基础设施的发展，丰田财团的爱信精机不断采用相应的最新技术，实现产品的高功能与高精度化，并以全球顶级市场占有率的车载导航系统为中心，开发运用车载导航技术的服务。为提供舒适愉快的汽车生活，爱信精机先后推出了搭载预知环保驾驶功能的汽车导航系统、语音导航系统以及智能手机专用应用软件 NAVIelite。

2018 年 7 月，爱信精机开始在爱知县丰明市内进行拼车接送服务"Choisoko"的实证实验。拼车接送服务"Choisoko"作为一项移动支援服务，旨在维持和增进以老年人为中心的人群的健康。"Choisoko"的机制是通过专用系统计算多位使用者的目的地和到达时间，在多名乘客拼车的基础上将其送达目的地；其中，在地图路线计算中应用了集团内研发的车载导航技术。

在老龄化日益加剧的环境下，"购物难民"以及难以凭一己之力去医院看病的"医疗难民"的增加成了社会问题。爱信精机开展拼车接送服务"Choisoko"的目的正是解决此类问题，提供连接地区各位居民与医疗机构、公共设施、健身场所、超市等设施的移动支援。爱信精机计划与各地方政府和丰田旗下销售门店合作，在交通不便的地区等展开更多服务。

2019 年，丰田汽车在出行服务领域推出了一套出行移动解决方案——专用移动服务平台（MSPF）。MSPF 平台创建了一个广泛的硬件和软件支持生态系统，旨在帮助一系列公司利用先进的移动技术更好地为客户服务。目前，丰田汽车的 MSPF 平台拥有合作伙伴包括亚马逊（Amazon）、滴滴（DiDi）、马自达（Mazda）、必胜客（Pizza Hut）和优步（Uber）等。

2019 年 10 月，丰田财团旗下的爱信精机开始在日本冈崎市开展道路养护管理支援服务的实证性实验。所谓道路养护管理支援服务，是利用行驶车辆上收集的数据检测道路异常状况，运用所拥有的互联技术、传感器信息分析技术，通过灵活运用车辆收集的数据，提供道路养护管理的整体服务（包括修护的计划支援、执行对策措施等），可以有效改善传统道路养护业务的服务。

2021年3月，爱信精机联合日本 Harmonized Interactions 公司、Garatea Circus 公司、Idein 公司以及丰桥技术科学大学等合作开发了多模态代理系统。该系统充分展现了爱信精机多年积累的技术经验。爱信精机通过产学研一体化以及与伙伴公司的合作，着眼于"比人们的期望领先一步"和"新价值观"的理念，从多个视角开发实现全新的交通理念——"出行即服务（MaaS）"。

这次开发的系统，以未来将会普及的自动驾驶公交车作为假设的使用场景，利用爱信精机的强项，即相机图像识别技术（驾驶员监控系统、车内监视系统），在检测到乘客的面部和身体动作后，使用 AI 对检测到的图像、语音以及存储数据等进行整合（多模态）分析，从而判断出乘客的状态和意图。判断结果可以用于实现防止乘客摔倒、遗失物品提醒等"车内看护"功能。

此外，爱信精机还与 3DCG 艺术家组合"Telyuka"制作的 CG 人物"Saya"融合，通过情感丰富的实时表达，按照乘客的状态和意图与乘客进行自然交谈。同时，该项目还得到了日本科学技术振兴机构（JST）的 OPERA（产学共创平台共同研究推进计划"人机协同技术联盟"）的支持。未来，这套系统将不局限于自动驾驶公交车内，还将在那些让城市和社会整体更加宜居、更加舒适的领域中推广。

拓展新领域　创造新价值

1990年，丰田财团的爱信精机以 IMRA America 为名在美国成立了一家子公司，专门从事飞秒光纤激光器的研发、生产、销售与应用开发工作，计划将技术成果应用于以往纳秒脉冲激光器或连续波激光器无法应用的各种领域，有望被广泛应用于通信、微加工、计测、物理化学、医疗等各个领域。爱信精机是最早从事超快激光研发的企业之一，也是超快激光领域的急先锋。

1995年，爱信精机的 IMRA America 公司开发出第一款商用超快激光器 Femtolite，第一条生产线在日本刈谷市建立。2000年，IMRA America 公司在加州的弗里蒙特和福尼亚建立了应用研究实验室（ARL），在那里合作研发脉冲激光微加工技术，主要应用于半导体、显示器、生物医学、医疗设备和其他高科技制造业。2005年，密歇根州的安阿伯市也成立了一个类似机构。

2015年3月，爱信精机推出个人代步工具"ILY-Ai"的第一代模型机，这种个人代步工具作为大型商业设施内的购物伙伴，既可以被当作购物车，也可以实现与孩子一起乘坐等多种用途。"ILY-Ai"小巧玲珑，是个人代步的最新选择，还具备"变形金刚"的初步功能，可以转换为骑行电动车、滑板车、手推车、搬运车四种应用形态，还能实现自动跟随车主行走的功能。

随后，爱信精机推出的"ILY-Ai"2018款搭载有运用摄像头及二维/三维激光辅助日常生活的智能化安全技术，新增了规避障碍物行驶的技术，以及实时模拟预测前方道路上碰撞、跌落、翻倒风险的新功能，从而进一步满足多样用途的个人代步需求。自2020年3月起，爱信精机的"ILY-Ai"工具正式开始向购物中心有偿提供租赁服务，从实证转移到实装。

作为丰田汽车主要供应商，爱信精机未来将依靠丰田现有的电动化产品规划，继续专研齿轮传动、无级变速器等核心业务，同时开发出新动力总成产品，并将该技术与电动马达相结合。爱信精机的转型也将反过来助推丰田整体产品的电动化转型。因此，爱信精机希望通

> **动力总成**：英文名称Powertrain，或者Powerplant，指的是车辆上产生动力，并将动力传递到路面的一系列零部件组件。广义上包括发动机、变速箱、驱动轴、差速器、离合器等，但通常情况下，动力总成仅指发动机、变速箱，以及集成到变速器上面的其余零件，如离合器、前差速器等。

过合资公司的方式逐步将业务重心向电气化转移，并在未来的新能源汽车零部件战争中占据优势。

2018年12月，爱信精机、电装这两家丰田财团的公司，宣布组建合资公司BluE Nexus，注册资本为5000万日元，爱信精机和电装各出资50%，新公司总裁由爱信精机执行副总裁山口幸藏担任。合资公司生产的产品属于汽车电气化的一个关键零部件，是包括变速箱、发动机和逆变器等零部件合成的驱动模块包，这对混合电动以及纯电动汽车来说都非常关键。

2021 年 1 月，爱信精机宣布，新开发的超紧凑型电驱动器单元已搭载于丰田全新微型电动车 C+pod 中。基于在变速箱开发中积累的技术储备，爱信精机开发了混合动力变速箱和多种电力驱动装置，以支持汽车的电气化。这次用于 C+pod 的电驱动单元的结构，是由 2016 款丰田普锐斯的 E-Four 电动四驱系统进化而来，并且拥有超小型的体积。

2021 年 6 月，四川一汽丰田汽车有限公司申报了柯斯达牌全新氢燃料电池客车，共申报两个型号版本的柯斯达氢擎，分别为燃料电池客车和燃料电池福祉车。车辆搭载爱信精机提供的 TZ200-XY001 氢燃料发动机。此外，针对丰田汽车 2014 年和 2019 年分别推出的两代 Mirai 氢燃料电池车，爱信精机还开发了空气阀门模块和电堆端板等电气化部件。

此前在 2020 年 4 月，在氢能源领域，爱信精机关联子公司光南工业株式会社与日本加氢站网络联合公司（JHyM）合作在爱知县刘谷市开设加氢站。光南工业的主营业务是石油和天然气能源销售，以开设加氢站为切入点，加入促进石油衍生向清洁能源转化的业务领域。爱信精机表示，将继续推动脱碳相关能源的技术开发，为建设循环型社会贡献力量。

第三节
在中华大地遍地开花

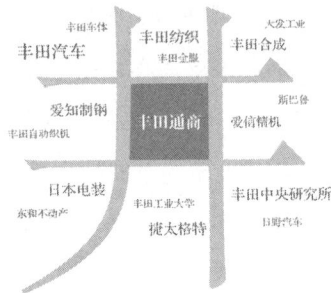

丰田车体　丰田纺织　大发工业
丰田汽车　丰田合成　丰田金服
爱知制钢　丰田通商　斯巴鲁
丰田自动织机　爱信精机
日本电装　丰田工业大学　丰田中央研究所
永和不动产　捷太格特　日野汽车

台湾商人一马当先

20 世纪 90 年代初期，随着海峡两岸的逐步开放，无锡籍台湾商人奚杰带着台湾信昌机械厂来大陆投资。1991 年，台湾信昌开办了其位于大陆的第一家企业——无锡明芳汽车部件工业有限公司。建厂初期，奚杰便利用他在台湾多年打拼的人脉关系，专门从台湾引进先进生产技术、优秀人才。如今，台湾信昌集团在中国大陆共有 30 多家子公司，主要分布在江浙和福建等地。

由奚杰创办的信昌机械厂隶属于台湾信昌集团，前身为 1966 年成立的台湾首家生产汽车零部件的专业制造公司。此后，信昌机械厂发展成为产品多元化的信昌集团，是国际知名的车身结构件专业供应商，并于 2002 年全面导入"丰田生产方式"，主要产品有天窗、电力尾门、门锁铰链、限位器、升降器等，主要客户包含美国、日本、欧洲以及中国国内的汽车公司。

2000 年以后，随着中国汽车制造业的发展蒸蒸日上，丰田财团的爱信精机十分看好中国的汽车零部件产业发展，考虑到日本企业独自进入中国大陆的政治变量，中国台湾地区的企业非常适合成为日本的策略伙伴，于是开始联手台湾慧国工业在大陆进行投资建厂，先后在杭州、广州以及无锡等地合资建厂，并分别设立家用缝纫机制造厂和汽车车身零组件制造厂。

2001 年 6 月，丰田财团的爱信精机株式会社（55%）与台湾慧国财务控股有限公司（45%）合资成立了浙江爱信慧国机电有限公司。公司主要经营范围包括：开发、生产缝纫机、智能坐便器及其相关装置和零部件、卫生洁具装置、瓦斯空调及其相关零部件和汽车的相关零部件，百叶窗部品及完成品，床部件塑胶弹性体等。产品100%外销。

1975年6月，中国台湾慧国工业股份有限公司（ELITE，简称慧国工业）成立，以生产铸铁制缝衣机起家；1979年9月，慧国工业与爱信精机株式会社进行合资，开始在台湾地区生产铝合金家用缝纫机；1983年，正式导入丰田生产方式；1985年，开始生产汽车零件回销日本以及供应台湾当地的汽车零件厂商；1993年，工业用缝衣机也正式量产。

2004年4月，爱信精机（71.5%）、慧国工业（13.5%）、信昌机械厂（15%）3家企业在中国大陆联手，成立了爱信（佛山）汽车零部件有限公司，主要从事汽车关键零部件制造，产品包括发动机进气增压器、发动机排放控制装置、汽车用铸锻毛坯件等。合资公司位于广东省佛山市顺德区，也是首个进入顺德工业园的世界500强日资汽车配件项目。

2007年，由慧国工业副总经理大野义男、董事江瑞坤共执笔的《丰田的三位一体生产系统》出版，书中翔实地记录了慧国工业导入丰田生产方式的实践经验。慧国工业作为中国台湾地区第一家引进丰田生产方式的企业，同样泛属丰田财团体系，在发展之初，丰田生产方式创始人大野耐一曾亲临公司指导。

2011年9月，爱信精机株式会社（51%）、慧国工业（9%）再次联合台湾信昌国际投资有限公司（40%），在无锡经济开发区成立了从事汽车零部件及配件研发和生产的爱信（无锡）车身零部件有限公司。无锡是信昌集团创始人奚杰的故乡，也是台商在祖国的重要聚集地。作为无锡台湾同乡会会长的奚杰经常会组织各界人士聚会，开展各种形式的交流与合作。

如今，慧国工业已经成为丰田财团的爱信精机在中国台湾地区的子公司，由前爱信精机（中国）投资有限公司总经理伊藤慎太郎担任董事长。此外，丰田财团的丰田通商（综合商社）也持有慧国工业3.62%的股份。在台湾汽车零部件领域，慧国工业主要接受台湾爱德克斯汽车零件股份有限公司（属丰田财团）委托，供应刹车零组件给台湾当地的丰田汽车组装厂。

抢占华东地区技术高地

1995 年 6 月，丰田财团旗下的丰田通商和爱信精机，联合台州瑞丰投资开发有限公司共同出资组建成立了浙江爱信宏达汽车零部件有限公司，正式开启了爱信精机在中国的发展历程。合资公司总投资额为 1950 万美元，主要产品有硅油风扇离合器、水泵、机油泵、气缸盖等以铝压铸为基础的汽车发动机零部件及售后服务。

如今，浙江爱信宏达主要为天津丰田汽车发动机有限公司、东风汽车公司商用车发动机厂、江铃汽车集团公司、哈尔滨东安汽车发动机制造有限公司、一汽丰田（长春）发动机有限公司、广汽丰田汽车发动机有限公司等国内主机厂生产配套零件，并有部分产品出口到日本，用于爱信精机、丰田汽车、五十铃汽车、大发汽车、三菱重工、椿本株式会社等的配套产品。

2010 年 11 月，总投资 6.89 亿美元的丰田汽车研发中心（中国）有限公司在江苏常熟正式成立，这是丰田全球研发体系中最大规模的研发基地。丰田常熟研发中心颇受日方重视，丰田汽车专门委派总部研发的第二号人物山科忠担任研发中心的总经理。丰田汽车将以常熟研发中心为主推进节能车、新能源车的国产化，同时还将建设全球规模最大的汽车测试跑道。

2011 年 4 月，在临近常熟的苏州吴中区工业园内，爱信（苏州）汽车零部件有限公司成立，由爱信精机与爱信 AW 株式会社共同投资。公司一期项目建成后，主要从事前驱四速自动变速箱及其相关零部件的生产与销售；二期项目除自动变速箱以外，将生产无级变速箱、车载导航系统等。项目完全建成后，该公司会成为长三角地区最大的汽车自动变速箱生产基地。

2011 年 10 月，丰田汽车研发中心（中国）有限公司在江苏常熟东南经济开发区开工建设。2012 年 7 月，丰田首个海外无级变速箱生产基地——丰田汽车（常熟）零部件有限公司，在距离丰田汽车研发中心 2 千米处成立。该工厂投资 2.85 亿美元，其中丰田汽车公司占股 70.5%，丰田汽车（中国）投资有限公司占股 19.5%，丰田汽车北海道公司占股 10.0%。

跟随丰田汽车的脚步，2012 年 2 月，爱信（南通）汽车技术中心有限公司开业，一期投资 280 万美元，这是爱信精机继在美国之后独家出资设立的第二家海外研发中心。公司的主要运营模式是接受母公司日本爱信精机的委托开发、其他相关企业的技术支援和研发请求，从事汽车零部件的研发、设计及性能测试、评价、技术服务和咨询等相关业务。

> **委托开发**：利用外部专业公司，来实现产品的开发。在开发过程中，企业派出精通管理业务的人员参与开发方案的研究、监督控制工作的进展，以保证工作的质量。对于汽车工业，委托开发是汽车研发的主要形式之一。委托开发不但能更好地利用社会现有资源，还可以减轻企业负担，集中精力抓好核心技术。

对于研发中心选址江苏南通，时任爱信精机（中国）投资有限公司副总经理的三津田和弘解释道："一是地理位置居中，可以照顾华南、华北两大区域；二是距离丰田常熟研发中心很近，有地理优势。"显然，中国消费者对于汽车及相关产品的强大消费能力与日俱增，爱信精机面对已逐渐成为世界汽车需求大国的中国，需要不断扩大事业规模以满足市场的需求。

2011 年 4 月，在第 14 届上海国际汽车工业展览会上，爱信集团的 4 家公司（爱信精机、爱信艾达、爱信 AI、爱德克斯）共同出展，从手排变速器到最先进的混合动力车用产品、引擎的基本构成零件、ESC 等安全应对产品、汽车导航系统都一并展出。此时，爱信精机在中国调整了技术开发方向以及早期投入等方面，逐步发挥出以统合公司为基础的团队综合能力。

2012 年上半年，爱信集团在中国设立了 3 家新的当地法人；4 月，爱德克斯在云浮成立爱德克斯（云浮）汽车零部件有限公司，生产制动产品；同时，爱信艾达在天津成立爱达（天津）汽车零部件有限公司，生产 AT 产品；9 月，爱信爱达全额出资 5290 万美元在上海设立 AW 集团中国事业的统筹管理公司爱达（中国）投资有限公司。此时，爱信集团在中国设立的子公司达到了 31 家。

唐山市政府的积极支持

1996 年 4 月，爱信精机和丰田通商两家丰田旗下的公司，联合唐山齿轮厂成立了唐山爱信齿轮有限责任公司，专业生产轿车、微轻型汽车的变速箱。2003 年，唐山爱信齿轮公司的中方股份全部卖给了日方，由丰田通商、爱信精机、爱信 AW 株式会社共同持有。除了为一汽丰田提供变速器，公司也向长城、大众、菲亚特、雪铁龙、马自达等多家主流车企提供产品服务。

2001 年 5 月，专门生产和销售轿车车身零部件的合资企业爱信（天津）车身零部件有限公司成立，而整车企业天津丰田汽车有限公司（一汽丰田的前身）才刚刚成立 1 年。爱信（天津）车身零部件有限公司由爱信精机（60%）、天津汽车集团（25%）、台湾信昌国际投资有限公司（12%）以及丰田通商（3%）共同出资 1 亿元成立，主要为一汽夏利和天津丰田生产的 NBC 系列轿车做配套生产。

2004 年 2 月，爱德克斯（天津）汽车零部件有限公司在位于京津塘高速公路产业带辐射区的天津新技术产业园成立，爱德克斯、爱信精机、丰田通商这 3 家丰田旗下的企业对该公司分别持股 50.1%、47.2%、2.7%。公司主要从事开发、设计、生产、销售汽车用制动器总成、汽车传动等汽车零部件，客户来自天津一汽丰田、东风汽车、东南汽车、天津丰津汽车传动部件有限公司等。

2004 年 3 月，爱信集团的爱信 AW 株式会社出资 80%，一汽集团出资 20%，共同成立了天津艾达自动变速器有限公司，主要为天津一汽丰田公司生产的皇冠、锐志及长春一汽生产的红旗 3 款高档车型生产汽车自动变速器。该公司成为继唐山爱信齿轮后，爱信精机在中国的第二家专业变速箱生产厂，产品以先进的技术、精湛的工艺赢得了业界的认可。

2005 年 3 月，在唐山市政府的积极支持援助下，同时响应爱信精机提出的"全面开拓中国市场"方针，唐山爱信汽车零部件有限公司在唐山市高新技术产业开发区成立。公司由爱信精机独资经营，主要生产汽车发动机、ABS 系统、传动装置、涡轮快速充电器，以及自动变速箱中的关键零部件及汽车模具，产品主要供应天津丰田汽车公司。

2005 年 11 月，爱信精机（出资 49%）和丰田纺织（出资 51%）两家丰田财团的公司，在天津滨海新区共同投资成立了天津丰爱汽车座椅部件有限公司。

企业以缔造"中国第一的座椅骨架厂家"为发展目标，主要开发、生产汽车座椅骨架、座椅调角器、滑轨以及汽车冲压件、焊接件、涂装件等产品，为天津一汽丰田汽车进行相关配套部件生产。

2010年7月，爱信精机、爱信化工、爱德克斯这3家丰田财团的企业，共同投资26.6亿日元，在唐山市成立了唐山爱信佳工汽车零部件有限公司。该公司是爱信化工继在美、泰两国后的第三家海外公司，主要产品为刹车片、湿式摩擦材料及副油箱。日方表示，继续选择在唐山投资是因为当地汽车零部件的相关基础设施比较完善。

2018年5月，爱信精机与唐山丰润区政府举行了年产40万台6AT自动变速器及配套零部件项目的签约仪式，项目落户唐山爱信齿轮有限责任公司，总投资11亿元，主要生产汽车手动变速器、机械式自动变速器（AMT）。项目引进后，不仅进一步拓展了唐山爱信齿轮的企业产品线，提升了产品市场竞争综合实力，也带动了丰润区高端装备制造产业提速进档，促进地区转型升级和高质量发展。

2019年5月，针对汽车市场变化，爱信集团决定将6AT项目升级为世界上最先进的8AT项目，这样既能用于传统动力车型，加装马达后还可以直接用于混合动力车型。作为最前端的全球战略产品，8AT自动变速器是首次在日本本土以外生产。该产品70%以上的配件来自国内，有助于推动中国汽车市场向高端领域的研发与生产，带动中国汽车工业以及相关配套产业的快速发展。

在天津设立中国统括机构

2007年9月，为了能够在日益扩大的中国市场迅速开展事业，并站在全局角度有效协调、运营，爱信精机（中国）投资有限公司在天津市滨海新区成立，作为爱信精机在中国的统括机构。除天津外，爱信精机（中国）还在上海、广州设立了分公司，开展营业活动，向客户提供快速服务，并通过原料采购、品质管控、财务管理等对爱信精机集团在中国各地的企业工厂进行支持。

2014年，爱信精机（中国）投资有限公司副总经理、爱信（天津）车身总经理神谷诚在接受采访时表示："中国汽车产业的快速发展和庞大的消费市场，不但吸引了全球的汽车制造厂商来华投资，而且培育了不少优秀的本土品牌，其中当然也包括我们的竞争对手。要在中国市场获得长期的发展，单单依托于为日系品牌提供零部件产品显然是不够的。"

"爱信精机绝不仅仅是一家变速器生产厂家。"神谷诚介绍说。作为知名的综合汽车零部件制造企业，爱信精机还拥有车身相关、发动机相关、汽车导航系统、制动器的专业厂商，以及铁、铝等零部件铸造和化学领域的材料厂商。近年来，爱信精机大力开拓包括中国本土汽车厂商在内的客户资源。在日系汽车厂商之外，爱信精机的客户中本土厂商和欧美厂商的比重也在逐渐增多。

2015年9月，爱信精机（中国）投资有限公司与北京信至盟投资管理有限公司（简称信至盟）携手成立了爱信中国售后市场运营中心，以爱信精机售后市场产品为切入点，正式规划中国售后市场。同年，信至盟作为爱信精机中国售后市场运营中心的运营者，与合作伙伴住友商事（中国）企业集团共同努力，在中国国内开展爱信产品深度养护中心的授权项目。

信至盟是由一批有汽车零配件销售经验，且认同信至盟经营理念的优秀经销商以相互入股的合作方式建立的，拥有非常成熟的市场销售网络。信至盟作为一家汽车零配件销售O2O（Online To Offline，线上到线下）平台，致力于打造以爱信精机、爱德克斯品牌为核心，以信至盟汽车维修网络体系为基础的汽车售后服务渠道。公司名称中的"信"便取自爱信精机。

2017年11月，爱信精机售后品牌中国地区运营商信至盟与国内最大的两家再制造企业——广州市花都全球自动变速箱有限公司和上海新孚美变速箱技术服务有限公司，在上海成功举办"爱信变速箱油保养项目技术服务合作协议"签约仪式。基于此次技术服务合作，三方将深入探讨自动变速箱在保养、维修、再制造领域的全面合作。

爱信精机（中国）投资有限公司希望把三方合作范围扩大至售后市场领域，强强联手，加快完善终端售后服务体系的建立和强化，全面企划升级爱信产品深度保养中心的运营及合作模式。同时，双方通过在品牌、渠道、技术服务能力等方面的优势实现资源共享，为未来深入探讨自动变速箱的保养、维修、再制造领域的全面密切合作打下坚实的基础。

2019 年 4 月，日本爱信精机株式会社的全资子公司爱信精机（中国）投资公司与珠海信至盟投资合伙企业合并，成立了面向售后市场进行服务的爱信精机（上海）贸易有限公司。此次成立的合资公司将整合爱信精机中国的售后市场部门与信至盟双方开展的经营活动，目的在于以北、上、广为基础推进销售活动落地，缩短服务半径，进一步拓展售后市场业务。

自此，爱信精机（中国）在天津和广州都均成立售后部门。结合信至盟的布局，下一步，双方将进一步开拓西南地区售后市场。此外，新公司还计划承接集团公司爱德克斯商贸（广州）有限公司旗下的售后市场商品的交易，加强在售后市场业务中的集团合作。信至盟的未来目标着眼于建设全国汽车服务及汽配产品销售网络，包括集维修、销售于一体的汽车服务平台以及互联网平台。

第四节
"和魂西体" 的经营模式

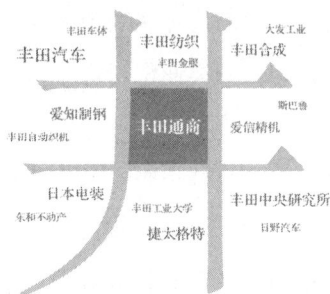

支持集团成长的分业经营

1945 年年底，东海航空工业株式会社（爱信精机前身）变更为爱知工业株式会社，并开始从事和平时期的产业。1952 年，爱知工业专门成立了缝纫机生产企业大浜缝纫机有限公司，并利用缝纫机的热销帮助企业迅速收拢资金，公司规模由此迅速扩大。1970 年，大浜缝纫机有限公司更名为爱信化工株式会社，开发汽车用减震材料、树脂零部件等。

1960 年，以铁铸造为主业的爱信高丘株式会社成立，成为爱信集团的一员。爱信高丘现在是铸造与塑性加工零部件的生产商，使用铁、不锈钢等材料，开发制造各种汽车用零部件。公司担负着汽车的制动盘、转向节、飞轮等引擎、驱动及刹车零部件的开发与制造，此外还肩负迅速确立新产品的批量生产计划，降低试作生产阶段工时及提高批量生产效率的任务。

1961 年，爱信集团的丰荣工业株式会社成立，开展表面处理、烧制涂装业务。1988 年，在经过一系列合并后，企业商号正式变更为辰荣工业株式会社。爱信辰荣工业株式会社主营汽车座椅、室内室外装饰件，运用行业顶级的"一条龙"生产系统（塑性加工—树脂成型—涂装），制造各种车体外饰零部件和功能零部件，为客户提供可靠的"商品与服务"。

1968 年，丰生制动工业株式会社成立，作为爱信集团旗下的制动零部件生产商，主营鼓式制动器和盘式制动器。制动器是非常重要的工业机械，俗称"刹车""闸"。得益于丰田汽车的全球销量，丰生制动工业一直拥有全世界最高的产量。其特长是在产品中融入冲压与焊接技术。2004 年 9 月，它在中国成立了丰生（福州）制动器有限公司，主要生产汽车零配件制动器总成，产品销售给日系车厂。

1993 年 1 月，爱信集团的爱信机工株式会社成立，其历史可以追溯到 1953 年成立的碧南制作所和 1954 年 4 月成立的丰明工业所。公司主要从事加工变速箱齿轮，一直以自动变速器的功能部件为中心，完善高效率且一致的生产体制。爱信机工通过精密加工，不断挑战新技术、新工艺；引进运用了新工法的自动生产线，长期以来维持着较高的市场占有率。

1993 年 12 月，爱信开发株式会社在爱知县刈谷市成立。这是爱信集团内唯一的房地产开发商，历史可以追溯到 1954 年成立的丸八化学株式会社和 1956 年的中外不动产株式会社。公司主要通过建设事业、城市开发事业和保险事业等三大领域，为建设更美好的社会环境做出贡献。代表建筑物包括爱信精机实验室大楼、射水相扑道场、刈谷东中学校等。

2001 年 7 月，丰田汽车、爱信精机、电装这 3 家丰田财团的公司，联手住友电工共同创立了专门生产制动器的爱德克斯株式会社。如今，爱德克斯是世界上唯一一家从制动踏板到制动摩擦块从事"一条龙"业务的制动系统供应商，其生产的零部件产品具有相当的安全性和舒适性，在多个独特技术的支撑下，能从容应对从摩托车到大型汽车等各种车辆的需求。

2015 年 5 月，爱信精机与白木金属工业株式会社（简称白木工业）达成一项并购协议，据此收购白木工业全部已发行股票，成为白木工业的全资控股母公司。白木工业于 1946 年成立，是车窗升降器、门框、座椅功能部件等汽车零部件的专业制造商。该公司的产品不只展现灵活思维的创造力，更拥有高超的技术水平，在国际上相当有竞争力。

爱信精机的分公司化经营一直都是其鲜明的特点，如今旗下的 207 家分公司，是支持集团成长的重要力量。爱信精机首先依靠丰田的订单起家，形成良好的现金流；然后，逐步转型为设备制造商，实现国产化生产；接着，通过与拥有先进技术的欧美企业进行合资，从海外引进先进的技术，并与自身的制造技术融为一体；最后，选择海外拓展，打造海外事业基本盘。

"三井商道"之阿米巴模式

对照蕴含"三井商道"的日本商业文化，爱信精机的分公司经营模式不能简单地按照西方公司法来定义，而是在阿米巴经营模式下，将公司划分为多个"阿米巴（分公司）"，然后以各个阿米巴的领导为核心，让其自行制订各自的计划，并依靠全体成员的智慧和努力来完成目标。这源于阿米巴经营模式下分公司经理具有的绝对管理权和决策权。

"阿米巴"的拉丁语"Amoeba"是单个原生体的意思，属原生动物变形虫科，身体非常柔软，可以向各个方向伸出伪足，使形体变化不定，因而得名"变形虫"。这种生物由于极强的适应能力，在地球上已存在了几十亿年，是地球上最古老、最具生命力和延续性的生物体。引申到经营管理学上，阿米巴经营模式的本质就是一种赋权管理模式。

不同于西方经济学中，以是否具备企业法人资格、是否承担民事责任等法律要素作为划分母公司、分公司或子公司的依据，以"三井商道"为思想内核的阿米巴模式下，爱信精机的分公司划分更具东方色彩，母公司与分公司之间更加类似于树干和树枝的关系，其强调的更多是对人的经营。在任何一家典型的日本企业集团中，几乎都存在着这种树干和树枝结构的管理模式。

无论是爱信精机的分公司经营还是备受推崇的阿米巴模式，其实都结合了现代西方管理术语的"三井商道"，一方面需要淘汰掉一些水土不服的西方制度框架，另一方面又要适合日本文化与社会民情。阿米巴模式在保留企业文化底蕴的同时引入现代化的市场竞争机制，从而形成了一套相对公平、透明的资源分配模式，使得内部减少官僚化，难以形成腐败和公司政治等内耗情况。

20世纪90年代末期，受亚洲金融风暴影响，日本许多企业公司出现了各种各样的问题，而原本名不见经传的京瓷

> **阿米巴模式**：稻盛和夫的"阿米巴"经营管理理念及管理方式，被誉为"京瓷经营成功的两大支柱之一"。"阿米巴"经营基于牢固的经营哲学和精细的部门独立核算管理，将企业划分为"小集体"，依靠全体智慧和努力完成企业经营目标，实现企业的飞速发展。

公司成了东京证券交易所市值最高的公司。于是，专家学者们纷纷开始研究京瓷公司，后来发现京瓷的经营方式与"阿米巴虫"的行为方式类似，因此得名"阿米巴经营"。京瓷公司是由深谙"三井商道"的稻盛和夫于 1959 年创办的一家陶瓷工艺制品企业。

事实上，稻盛和夫和三井的渊源颇深。1955 年，从鹿儿岛大学工学部毕业的稻盛和夫进入三井物产投资的松风工业株式会社（简称松风工业），并在"特磁科"工作。1956 年，三井物产主要负责松风工业绝缘瓷瓶的出口业务，由于企业经营状况不佳，三井物产专门派了调查团进驻公司。调查团的团长名叫吉田源三，他是二战前三井物产驻纽约的支店长，战后成了三井物产的顾问，是当时三井财团的重要人物。

根据稻盛和夫的回忆录和讲话稿，曹岫云在《稻盛和夫记》（东方出版社出版）中写道：有一位伯乐，比平井先生还早 10 年就一眼发现了稻盛这匹千里马，他就是吉田源三。他和稻盛在鹿儿岛大学时的恩师内野正夫教授是东京大学的同窗好友。内野在吉田面前曾经多次提到稻盛。吉田在调查快结束时提出约见稻盛和夫。因为稻盛在松风工业还是一个小人物，所以大家感到很吃惊，稻盛也觉得很突然。

会面时，吉田先生一声不响，神情专注，静听稻盛和夫述说自己进公司后开发新产品、新客户的有关情况，展望了弱电用新型工业陶瓷的广阔前景，公司应该如何把握机会，如何配置人才，如何增加新的设备投资，等等。最后，吉田大声说道："才二十几岁，年轻人，真不简单，你已经有了自己的 Philoso-phy。"稻盛和夫当时不知道 Philosophy 是什么意思，听了有点茫然，只是佩服吉田有学问。

而三井物产的"大人物"吉田源三一句话就点中了稻盛和夫的本质特性：自己具备了怎样的哲学。可以说，这句话催生了后来的"京瓷 Philosophy""稻盛哲学"。稻盛和夫当时还不太清楚，但这并不妨碍他事实上按某种哲学或信念行事。在松风工业工作的 4 年里，稻盛和夫充分接触和感受着三井物产的经营哲学（三井商道），于 1959 年创建了京瓷公司，最终形成了"阿米巴"经营模式。

引入美国"虚拟企业"概念

2017 年 4 月,爱信精机引入"虚拟公司制",将支持集团数十年成长的分公司管理转为集团管理,希望通过强化集团内部合作与经营的高效化不断推动结构改革。爱信精机负责人表示,由于汽车"新四化"的急速发展以及其他行业巨头相继进军汽车领域,汽车行业正处于百年一度的大变革期。为了在这一激烈环境中取胜,企业必须进一步强化竞争力。

虚拟公司制是指一种超越集团各公司框架限制,制定和执行业务战略的集团协作组织结构。爱信精机所说的虚拟公司,也就是美国人说的"虚拟企业"的概念,与其认为其是一种企业模式,倒不如将其看作一种企业动态联盟。虚拟公司可能没有办公场所,没有分明的系统层次与各类垂直整合,是一种看不到的公司,也可以称其为"影子公司"。

1992 年,美国学者威廉·达维多与麦克·马隆在合著的《虚拟企业》一书中首次定义了"虚拟企业",认为虚拟企业是指具备生产虚拟产品的、经过彻底改造的精英化企业模式。西方管理学认为随着技术的飞速发展、市场的全球化,传统、僵化的企业模式已很难适应新的市场环境,在物联网时代,需要这种新的"虚拟企业"运作模式。

具备生产虚拟产品的、经过彻底改造的企业被称为虚拟企业。显然,这主要是从虚拟企业的运行结果阐述虚拟企业的定义的。所谓的虚拟产品是相对传统产品而言的,"生产及运输等合成为效益原则,费时短,且可以同时在许多地点提供给顾客多样化的选择;给一般人的印象是速度,以致人们很容易忽略另一特点——提供顾客的满足感"。

美国艾科卡(Iacocca)研究所 1991 年的一份研究报告说明,当市场出现新产品、新机遇时,具有不同资源与优势的企业为了共同开拓市场、共同对付其他竞争者,以应用于信息网络的共享技术与信息为基础组织建立的、分担费用、联合开发且互利的企业联盟体,就被认定为虚拟公司。它会利用网络卫星等高科技通信和流通技术组成的不受地域时空限制的经营性组织,在全球范围内营造其软性操作机构。

通常意义上，虚拟企业的出现常常是因为参与联盟的企业追求一种靠自身能力完全达不到的超常目标，即这种目标要高于企业运用自身资源可以达到的限度。因此企业自发地要求突破自身的组织界限，必须与其他对此目标有共识的企业实现全方位的战略联盟，共建虚拟企业，才有可能实现这一目标。当然，虚拟企业也可以运用于整合大企业集团内部的分公司管理制。

与传统的组织形式相比较，虚拟企业具有明显的优势。首先，虚拟企业打破了地缘限制，在一定程度上实现了技术、产品、客户等信息资源的快速传播与共享。其次，信息的及时共享可以在虚拟企业内部构建起数字化网络体系，帮助成员企业实现优势互补和有效合作。最后，虚拟企业可以促使组织结构扁平化，在充分利用人力资源的基础上减轻各类成本压力。

爱信精机虽然接受美国人提出的"虚拟企业"的概念，但日本和美国由于各自文化和经济背景不同，最终会形成各不相同的公司制度，其最大的区别就在公司产权结构的不同。美国公司是以高度分散化的产权结构为基础的，即公司大都由机构投资者持股。日本人强烈的集体主义意识对持股结构有着很大的影响，更多的是法人相互持股的股权结构。

因此，由于美国公司股权高度分散且股东缺乏对经营者的直接约束能力，所以，股东最关心的是资本的收益率和增值率，或者说最关心分红和股票价格的涨跌，持股大都出于经济性目的。相反，爱信精机这样的日本公司的股东持股并非完全出自经济性目的。在大多数情况下，日本公司持有其他公司的股票也主要是从长期的交易关系和潜在合作关系的角度进行考虑的。

更为先进的企业组织结构

丰田财团的爱信精机通过引入"虚拟公司制"，推行新的集团联动体制，希望可以凝聚集团内部各分公司磨砺打造出来的专业性，也更能在超出公司框架的事业轴上发挥出综合实力，推动企业集团的进一步发展。在2017年引入虚拟公司制度后的两年半时间里，爱信精机在跨公司业务范围的协作方面以及管理功能的集中化方面都有了进步，但外界环境也在加速变化。

2020 年 4 月，为进一步推动本土化的企业组织结构改革，实现并维持整个集团业务价值的最大化，丰田财团的爱信精机决定由虚拟公司制转为更为先进的公司制——内涵趋近"三井商道"的财团商社模式。2021 年 4 月，爱信精机与其子公司爱信 AW 株式会社进行经营整合，两者将通过合并成立的新公司，进一步加速向重点领域的资源转移。

丰田汽车拥有爱信精机 24.8% 的表决权，另外，爱信 AW 的四成股份也由丰田汽车持有。因此，此次合并首先由爱信 AW 回购丰田汽车所持有的全部爱信 AW 股份，而后爱信 AW 再与爱信精机进行合并，爱信精机董事会已经决定将合并后的新公司命名为爱信精机。丰田汽车方面赞成此次合并操作，在股份让渡方面也开了"绿灯"。

虽然传承自中国的"三井商道"在日本绵延了上千年，但相比于欧美，日本现代意义上的公司制度起步较晚。直到 1876 年，三井物产株式会社在益田孝的参与下创立，才真正将"三井商道"与西方公司制度完美结合。

其实美国学者所推崇的"虚拟企业"十分类似日本以三井物产为核心的三井财团，但有其先天不足。由于美国的"虚拟企业"之间相互独立的关系，无法保证形成长期的供应链，并且在技术创新项目中，各自项目的不确定性风险较大，加之各个项目开发成功后，又可能为了形成技术垄断而打破供应链的平衡，因此美国企业在合作中的机会主义问题突出。

美国式的虚拟企业实际上更像是一种短期的、只限于一个或几个项目周期内的企业网络结合。这种相互平等独立的企业关系，虽然既保证了各合作方采用自己的最优技术，又不用担心核心技术会被泄露，但无形中切断了企业与企业之间更为紧密的联系。最终，许多昔日的合作伙伴很可能会变成今天的竞争对手，如微软公司和英特尔公司的兴起。

日美公司制度在形式上的区别，必然带来二者公司功能效应上的差异。美国公司以高度分散化的个人产权为基础，依赖于发达的要素市场，可以促使资源在更大范围和空间自由、灵活地优化重组。日本公司则以相互持股、交叉持股为基础，使企业之间的结构更为立体（即形成类财团模式），通过协商和利益均分，有效保证了本国企业各取所需、优势互补、共生共荣。

> **公司制度**：是指在一定的历史条件下所形成的企业经济关系，包括企业经济运行和发展中的一些重要规定、规程和行动准则。公司作为一个有机组织，为了实现企业既定目标和实现内部资源与外部环境的协调，在财产关系、组织结构、运行机制和管理规范等方面有一系列制度安排。

在 2021 年 4 月后的新公司制度下，爱信精机作为统括集团的指挥部，集合经营管理、采购、生产管理等多种职能，对每个职能都进行高效化推动，并完善人才培养，以强化整个组织，同时实施（内部）公司制，由"动力总成""行驶安全""车身""售后市场""新能源业务（L&E）""车联网和共享解决方案（CSS）"六大内部事业公司构成，分别负责事业企划、开发以及生产等职能，从而使业务价值最大化。

此前的爱信精机各大重要分公司也进一步纳入这六大内部事业公司之中。其中，"动力总成公司"包含爱德克斯、爱信机工、Art 金属工业、BluE Nexus 等；"车身公司"包含爱信辰荣、白木工业；"行驶安全公司"主要以丰生制动工业为主体；"售后市场公司"涵盖以上几乎所有的制造公司的销售部门，以及修理企业 Awquis JAPAN；L&E 包含家用热电联系统和传统温水洗净便座；CSS 则包含 Choisoko 拼车业务和道路养护服务 Michi-log 等。

第五节
掌控汽车的智能大脑

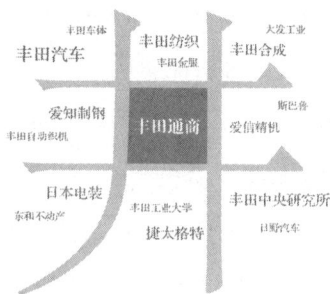

丰田车体　丰田纺织　大发工业
丰田汽车　　丰田合成
丰田金属
爱知制钢　　斯巴鲁
　丰田通商　爱信精机
丰田自动织机
日本电装
丰田中央研究所
东和不动产　丰田工业大学
捷太格特　日野汽车

紧跟丰田汽车的脚步

1947 年，丰田汽车刚刚试制了第一辆时速 87 千米的 SA 型小型轿车，爱知工业（爱信精机的前身）就开始涉足汽车行业，并推出汽车用离合器片。进入 50 年代，随着朝鲜战争的爆发，日本政府大力支持丰田汽车的发展，并将丰田汽车作为美国军方车辆的主要供应商，于是爱知工业又将业务拓展到了油泵、车门锁和保险杠等汽车零配件。

此后在将近 20 年时间里，爱知工业一直都在幕后，是在日本国内也不知名的汽车配件供应商。1965 年，伴随汽车社会化的迅猛发展，日本掀起了汽车普及的狂潮，丰田汽车得以迅速成长。同年，爱知工业和新川工业合并，正式更名为爱信精机株式会社，并开始投入资金，生产更为精密的汽车核心零配件，不仅仅是廉价配件。

1967 年，丰田英二出任丰田汽车公司社长，推出精益生产方式，使丰田汽车开始走向全球。于是，爱信精机也将目光瞄准了国际市场，并于 1969 年和美国博格华纳（Borg Warner）共同组建了自动变速箱的专业生产商爱信华纳（Aisin Warner）株式会社（后更名为爱信 AW）。自此以后，丰田旗下的所有车系几乎采用的都是爱信 AW 生产的自动变速箱。

将近半个世纪后，2014 年 11 月，丰田汽车开始重组旗下零部件业务，涉及制动、柴油机、变速箱和座椅 4 个领域以及爱信精机、电装等子公司，旨在提高业务效率，应对日益提升的竞争局面。重组后，爱信精机专攻自动变速箱和车门等制造业务，同时统一负责丰田的手动变速箱业务；此前爱信精机的座椅业务整合到丰田纺织旗下，制动业务整合到爱德克斯旗下。

同在丰田财团旗下的丰田汽车与爱信精机很早便达成了深度合作，几乎所有的丰田车型都匹配了爱信变速箱，同时丰田汽车拥有爱信精机超过 22.2% 的股份。丰田、福特、菲亚特和大众的很多车型都采用爱信变速箱，如雷克萨斯全系、福特全系、标致和雪铁龙全系、大众部分车型，包括奔驰的 7 速自动变速器也是由爱信代工生产的。

2015 年 6 月，丰田汽车负责新兴市场业务的执行副总裁伊原安生出任爱信精机总裁，着手对爱信精机业务进行整改，以提升公司的竞争力。丰田汽车在爱信精机整体业务中一直占有超六成的比例，因此丰田希望爱信作为供应商能够提升自身竞争力。丰田财团内部也往往会采取交叉持股和人事互派等方式，增强下属企业之间的纽带关系。

2015 年 10 月，丰田汽车宣布到 2050 年将其新车的二氧化碳排放量降低 90%，基本摆脱传统内燃机，努力促进零部件供应商的转型。爱信精机作为第一家做出回应的供应商，总裁吉村井原表示，丰田的目标意味着零部件制造商需要为未来占主导地位的混动车或者燃料电池车做好准备，爱信精机也将扩大汽车导航、泊车辅助系统等方面的业务。

2017 年 12 月，中国驻名古屋总领事邓伟会见日本爱信精机会长丰田干司郎。丰田干司郎和丰田汽车社长丰田章男是叔侄关系，他的父亲正是担任过丰田汽车社长的丰田英二。丰田干司郎会长表示，爱信精机十分重视中国市场，目前在华设立了 40 余个工厂、办事处，向丰田汽车和部分中国汽车厂商提供零部件。

2020 年 8 月，《财富》世界 500 强排行榜发布，日本爱信精机在"2020 年《财富》世界 500 强"中排行第 359 位，年营业额为 348 亿美元。虽然爱信精机的变速箱最出名，但作为世界第六大汽车零部件生产商，爱信精机在其他领域的实力也不容小觑，它已经逐渐发展成为可涵盖从铁、铝、树脂等多种材料成型品，到涉及汽车行驶、转向、停止等所有功能构成部件的企业集团。

合资美国　超越美国

1969 年 6 月，刚刚成立 4 年的日本爱信精机株式会社与美国博格华纳（Borg Warner）公司合资建立了爱信华纳（Aisin Warner）株式会社，这就是后来鼎鼎有名的爱信 AW 公司，也是全世界最大的自动变速箱生产商之一。11 月，合资公司生产的后驱 3AT 自动变速箱"Toyoglide"正式开始向丰田汽车工业供应，此后丰田所有车系几乎采用的都是爱信 AW 生产的变速箱。

提到传统汽车最核心的三大部件：发动机、变速箱和底盘，人们最先想到的一般都是发动机，因为它决定了整车输出功率的高低，许多车企也都把发动机技术当作核心竞争力。其实，变速箱才是汽车最昂贵的零部件，其制造难度甚至还要高于发动机。如果说发动机是汽车的心脏，那么变速箱就是汽车的大脑，决定整车的加速性能。

爱信精机通过与技术领先的美国博格华纳进行合资，获取先进的技术。美国博格华纳是一家总部位于美国密歇根州的汽车零部件制造商，主要为全球主要汽车生产商提供先进的动力系统和配件解决方案，同时也是涡轮增压领域的领导者和垄断者。1970 年，以合资企业为契机，爱信精机在洛杉矶成立了"爱信 U. S. A"，开始打造海外事业基本盘。

进入 20 世纪 70 年代，爱信华纳在日本藤冈专门修建了试验场，成为最早拥有专用测试道试验场的零配件厂家之一，研发的产品不仅仅依附于理论，更要经过多层的测试改进才能进入市场。与此同时，爱信精机也意识到，合资生产不是长久之计，要培养自己的技术人员，并为此于 1977 年成立了企业内培训学校爱信高等学园，旨在传承制造业的知识与技能，培养生产岗位核心人才。

1984 年，爱信华纳推出了专门为前置前驱车打造的 4AT 自动变速箱（主要特点是小巧、符合横置结构），由此成为世界上第一家为前驱车打造 4AT 变速箱的公司，此时爱信华纳已经占据了很大的 AT 变速箱市场份额。截至 1987 年 6 月，爱信精机旗下的合资公司爱信华纳已累计生产 1000 万台自动变速器。

1987 年 11 月，爱信精机结束了与美国博格华纳公司的合资协议，并将公司名称改为爱信 AW 株式会社（简称爱信 AW）。在经过十多年的合资变速箱开发和生产过程中，爱信 AW 吸收了博格华纳相关自动变速箱制造技术，同时进一步独立开发。此后，凭借丰田汽车的巨大销量，加之变速箱口碑较好，其他品牌也开始采购爱信 AW 的变速箱，爱信 AW 的自动变速箱产品占据了更大的市场份额。

2002 年，爱信精机推出了世界首创的"中容量 FF6 速自动变速箱"，可以通过高效率化与 Rr 行星齿轮比的增大实现低油耗，利用研发的高灵敏油压控制实现快速换挡。2005 年，爱信 AW 成功超过美国通用汽车，成为世界上最大的自动变速箱制造商，占据全球市场份额的 16% 以上。目前，爱信 AW 由丰田汽车持股 51.9%，爱信精机持股 42%。

2017 年，爱信精机再次研发出世界首创的"FR10 速自动变速器"，通过减轻构成部件重量以及提高油压响应性和精度，可瞬间响应驾驶员加速操作，实现具有直连感的行驶。一直以来，爱信变速箱的型号相当丰富，涵盖了 4 挡、5 挡、6 挡及 8 挡等序列。如今，爱信精机生产的"爱信变速箱"已经成为全球最受欢迎的变速箱之一，几乎占据变速箱市场的半壁江山。

> **企业重组：**指对企业的资金、资产、劳动力、技术、管理等要素进行重新配置，构建新的生产经营模式，使企业在变化中保持竞争优势的过程。通过企业内部各种生产经营活动和管理组织的重新组合以及通过从企业外部获得企业发展所需要的各种资源和专长，培育和发展企业的核心竞争力，是企业的最终目的。

2020 年 10 月，爱信精机与爱信 AW 就企业重组达成一致：自 2021 年 4 月起，爱信 AW 公司更名为爱信，且爱信精机与爱信 AW 完成合并，以新公司名"爱信株式会社"迎接新的开始。2021 年 9 月，爱信正式推出新的企业品牌，包括 LOGO 和新的产品包装，并用 LOGO 表现出归属感和凝聚力，代表集团各公司团结一心，积极进取的企业形象。

在中国赚到"最后一桶金"

1996 年 4 月，爱信精机、丰田通商联合唐山齿轮厂成立了唐山爱信齿轮有限责任公司，专业生产轿车、微轻型汽车的变速箱，这也是日本爱信精机规划中国汽车变速箱市场的开始。继唐山爱信齿轮后，2004 年 3 月，爱信 AW 株式会社出资 80%、一汽集团出资 20%，共同设立天津艾达自动变速器有限公司，该公司是爱信精机在中国的第二家专业变速箱生产厂。

自 1996 年成立唐山爱信齿轮投资生产自动变速箱算起，除最早与唐山齿轮厂进行合资（后中方退出）外，爱信精机在中国变速箱领域 10 多年的发展中再未有过合资动作。事实上，不仅仅是中国市场，爱信精机在全球几乎都不主动进行合资，这是因为其变速器要供应全球市场，不愁销路。但从 2018 年开始，爱信精机突然开始在华进行密集的变速箱领域合资。

2018 年 4 月，爱信精机子公司爱信 AW 宣布与中国两家自主整车厂吉利汽车和广汽乘用车分别签署合资协议，在两家合资公司中都拥有 60% 股份，共同生产前置前驱 6 速 AT 自动变速器，分别投产 40 万台。而且，就在协议签署的前一天，爱信精机刚刚决定扩大上文中天津艾达工厂的前置前驱 6 速 AT 自动变速箱生产线，将生产能力提高 30 万台。

2018 年 5 月，爱信精机又与唐山丰润区政府，签订年产 40 万台 6AT 自动变速器及配套零部件项目，该项目总投资 11 亿元，项目达产后，每年将新增营业收入 38 亿元。从 4 月 23 日到 5 月 10 日在短短 10 余天时间里，经过连续 4 项合资和扩张项目，爱信精机在华共扩增了 150 万台自动变速箱的产能，产能由此前的 90 万台迅速增加至 240 万台。

2018 年 12 月，爱信 AW 与吉利汽车旗下的浙江吉利罗佑发动机有限公司共同出资，成立合资公司浙江吉利爱信自动变速器有限公司并在宁波杭州湾举行动工仪式。随着"2020 战略"和"蓝色吉利行动"的逐步推进，吉利汽车对自动变速箱的需求量持续上升，特别是对 6 速及以上高性能变速器的需求尤其旺盛，合资能更好地满足吉利汽车对高性能先进变速器的需求。

对此，中国汽车工业咨询委员会主任安庆衡认为，"吉利与广汽之所以选择与爱信精机合资，也是无奈之举。一方面，由于靠向外采购，所以变速箱成为制约自主品牌整车销量的重要因素。此前甚至发生过因爱信 6AT 供应不足，国产自动挡车型无车可卖的情况。另一方面，整车故障率最高的是变速箱。因此，吉利、广汽显然希望通过合资，来保障自己的整车质量"。

从中国市场未来趋势来看，爱信精机的确面临着巨大市场压力。一方面，大众一汽发动机（大连）的7速双离合变速箱开始投放量产，通用的GF系列变速箱从6速做到9速，也实现了量产，爱信精机产品的市场地位受到了挑战。这一轮产量扩张，爱信精机其实也在防守反击。另一方面，将相对已经处于利润末期的6AT拿出来合资，实际上还能以最小的投入获取股权和资金的不菲回报。

中国汽车快步进入新能源时代，也在一定程度上预示着传统变速器时代的终结。爱信精机在华迅速扩增产能，看上去似乎更像是为了赚到"最后一桶金"。根据丰田等日本车企新能源进程计划，未来都将在2025年前后摆脱传统燃油车。丰田财团的爱信精机必须尽快在中国市场把最后一点价值进行转化，否则到时在传统变速箱领域可能不会再有市场需求。

向电气化大步迈进

2011年，爱信精机开发出了可构成商用车混合动力系统的自动变速箱系统，可将配备车辆的燃效提高30%，并用在投放北美市场的小型卡车上。该产品形成动力源以燃油发动机为主、以电动马达为辅的并联式混合动力系统，即日常燃油发动机扭矩不足时以电动马达补偿时，也可仅靠马达实现纯电动行驶。包括马达在内，这一新型AT系统全部由爱信精机开发。

2018年4月，爱信精机在第15届北京国际汽车展览会上发布了两款适用于新能源汽车的新产品，一款是单电机混合动力变速器，可用于纯电动车型；另一款是电驱动桥（eAxle），可用于插电式混动车型。显然，爱信精机已经开始全面行动，集中于零排放、自动驾驶、车联网三大领域的技术开发，以适应中国和世界快速的电动化趋势。

2018年5月，爱信精机和捷特科这两家变速箱企业选择与日本九大车企，联合组建汽车动力传动技术研究协会（TRAMI）。该协会致力于与日本高校协作进行动力传动技术研究，促进技术进步与人才培养，从而提升日本传动产业影响力。研究协会成员除了爱信精机和捷特科，还包括丰田、本田、日产、马自达、三菱、铃木、斯巴鲁、大发、五十铃汽车。

爱信精机与捷特科原本应该是相互竞争的关系，但在如今汽车产业面临变革的关键时期，它们选择合作共赢。协会理事长、本田汽车高级研究员中田东崎表示："我们的目标是共同研发新技术、建立智囊团。我们的初期目标是将变速器轻量化、减少摩擦和能量损耗、改进扭矩、研发无级变速器（CVT）、改善混合动力汽车变速器、改进未来电动汽车减速齿轮等。"

同在2018年，爱信精机发现了一种以最小成本为自动变速箱开发电动机混合动力系统的方法，设计出了单电机混合动力系统，以适应变矩器在变速器总成中的位置。爱信精机执行副总裁藤枝直美在采访中透露，新型混合动力模型将渐渐替代公司生产的8速变速箱，到2025年，新型混合动力模型将占总传动销售额（除手动变速箱）的10%左右，预计将增长至近1500万台。

2018年12月，爱信精机与电装公司宣布组建名为"BluE Nexus"的新公司，各占一半股权，由爱信执行副总裁山口幸藏担任新公司总裁。双方结合各自在电气化方面的优势，将研发大量新型驱动模块，出售给日本以及全球电动汽车制造商。汽车电气化需要有一个驱动模块包，包括变速箱、发电机和逆变器等，它对混合电动以及纯电动汽车来说都是非常关键的部件。

时任爱信精机社长伊势清贵接受媒体采访，谈到爱信精机与电装这两家丰田财团的兄弟公司成立"BluE Nexus"时，表示："重点是汇集软件开发人员。向中国的当地厂商推销零部件时，开始需要一同提供软件，因为日本各家公司的软件开发能力存在极限，这样下去可能会被德国博世等主要供应商彻底打垮。这并不是实行自我主义，而是希望建立能够取胜的体制。"

2019年4月在上海国际汽车展上，爱信精机与电装公司的合资公司BluE Nexus正式亮相。BluE代表着蓝色天空和地球，Nexus代表着强强联合，表达了两家公司共同联手进行技术研发，保护蓝天和地球的美好愿景。在车展上，BluE Nexus公司展出了双电机混合动力装置、单电机混合动力装置、纯电驱动用

eAxle 和氢电池驱动用 eAxle。

2021 年 1 月，爱信精机宣布，新开发的超紧凑型电驱动器单元已搭载于丰田全新微型电动车 C+pod 中。基于变速箱开发中积累的技术储备，爱信精机开发了混合动力变速箱和多种电力驱动装置，以支持汽车的电气化。这次用于 C+pod 的电驱动单元的结构，由 2016 款丰田普锐斯的 E-Four 电动四驱系统进化而来，拥有超小型的体积。

参考文献及来源

1. 林晓：《爱信精机：专注的不只是变速器》，《汽车观察》2014 年第 5 期。

2.《爱信精机：立足于三大核心技术》，《汽车与配件》2016 年第 19 期。

3. 李玉玲：《走近爱信 日本爱信集团参观采访纪实》，《汽车与配件》2014 年第 3 期。

4.［日］稻盛和夫：《阿米巴经营之道》，《现代国企研究》2011 年第 11 期。

5. 李向荣：《稻盛和夫与阿米巴经营》，《企业改革与管理》2010 年第 11 期。

6.《丰田重组旗下零部件业务 整合供应链》，《汽车与配件》2015 年第 2 期。

7. 杨燕青：《日本公司制度的特点》，《有色金属工业》1995 年第 1 期。

8.《爱信集团：致力环保 深耕在华事业》，《汽车与配件》2017 年第 14 期。

9. 宋瑶、徐曼：《寓军于民的多元化发展模式——日本大型军工企业军民结合发展模式探析》，《军民两用技术与产品》2012 年第 1 期。

10.《李书福：偏执狂才能生存》，《管理学家（学术版）》2013 年第 7 期。

11. 邢紫月、李书福：《李书福"我们不怕丰田，也不怕本田"》，《中国新时代》2006 年第 4 期。

12. 郑森禹：《池田成彬——日本财政的最后一张牌》，《世界知识》1938 年第 2 期。

13. 王广涛：《"富国强兵"的遗产——军工技术产业化与战后日本的经济复兴》，《世界政治研究》2019 年第 1 期。

14. 贾旭东、解志文：《虚拟企业研究回顾与展望》，《科技进步与对策》

2021 年第 16 期。

15. 魏香镜、徐林：《出没于民间的日本军工企业》，《南方日报》2014 年 4 月 5 日。

16. 王海燕：《李书福：丰田事件给我们提了个醒》，《中国会计报》2010 年 3 月 12 日。

17. 邱松：《日本财阀与军国主义的关系研究——以三井、三菱财阀为例》，硕士学位论文，西北师范大学，2020 年。

18. 王欢：《爱信精机社长：中国将拉动汽车行业电动化》，2018 年 10 月 13 日，见 https://auto.vogel.com.cn/c/2018-10-13/662667.shtml。

19. 杨淞文：《探访日本爱信工厂 全面发展的零部件企业》，2014 年 1 月 22 日，见 https://news.yiche.com/zonghe/20140122/1606338359.html。

20. 张煦：《日本爱信"围剿"中国变速器？有专家呼吁进行调查》，2018 年 5 月 15 日，见 https://baijiahao.baidu.com/s?id=1600521186761420856&wfr=spider&for=pc。

21. 《爱信强化升级售后市场终端服务体系 强强联手国内最大变速箱再制造巨头》，2017 年 11 月 30 日，见 https://www.sohu.com/a/207579389_118560。

22. 《以故土情怀 书写两岸深情——追记台湾信昌创始人奚杰》，2015 年 12 月 25 日，见 http://www.taiwan.cn/local/dfkx/201512/t20151225_11316038.html。

23. 《比肩丰田 TNGA？吉利核心武器 CMA 超级母体解析！》，2020 年 7 月 27 日，见 https://baijiahao.baidu.com/s?id=1673357893697692825&wfr=spider&for=pc。

24. 石晶晶：《吉利进入战略转型期 李书福：远景要向卡罗拉学习》，2007 年 6 月 21 日，见 https://www.chinanews.com/auto/cqdt/news/2007/06-21/962135.shtml。

25. 《爱信精机产业布局谱系图》，2018 年 9 月 7 日，见 https://auto.gasgoo.com/News/2018/09/0702113611361170061567C702ALL.shtml。

26. 梁薇：《爱信精机着手全球业务重组 提升竞争力》，2015 年 7 月 24 日，见 https://auto.gasgoo.com/News/2015/07/23112859285960341656837.shtml。

27. 爱迪森:《情怀价值日渐衰减 爱信精机在华还能坚持多久》，2020 年 9 月 10 日，见 https://zhuanlan.zhihu.com/p/234416925。

28.《爱信精机与电装等四公司联手 研发自动驾驶控件》，2018 年 12 月 28 日，见 https://auto.huanqiu.com/article/9CaKrnKgn1q。

29.《爱信中国事业说明记者招待会 在京召开!》，2012 年 4 月 21 日，见 https://auto.sohu.com/20120421/n341220854.shtml。

30. 爱信官方网站：www.aisin.com。

第八章　丰田合成：产业升级无止境

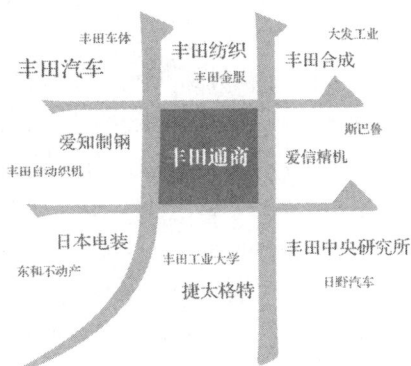

1949 年 6 月，根据二战后的企业重组法，橡胶研究部门从丰田工业株式会社中分离出来，成立名古屋橡胶株式会社，并于 1957 年 5 月在爱知县建造春日工厂。1973 年 8 月，公司改名为丰田合成株式会社，以合成橡胶和合成树脂为基本材料，制造机能和品质皆优的汽车部件。

2012 年 10 月，在三井物产的牵线搭桥下，丰田合成与台湾大型半导体照明企业璨圆光电签署了 LED 专利交互授权合约。当时，三井物产拥有台湾璨圆光电 15% 的股权，是其最大股东。在掌控了台湾 LED专利市场之后，丰田财团的丰田合成将目光转向了中国大陆，开始了精心规划。

2017 年 7 月，效仿三井创投，丰田独立的早期风险投资公司丰田创投诞生了，在汽车产业领域构建出了一个风投雏形。2019 年 1 月，丰田财团的丰田合成决定在公司内部设立风险投资部，这其实就是丰田创投的一个延续，以加速新技术、新产品的实际应用和未来商业化的开发。

"三井"告诉了我们什么

从 20 世纪 60 年代开始，日本制造业企业逐渐从传统的纺织业、原材料生产等劳动力密集型向资本密集型进行产业转型，提升价值链中的高端比重。1973 年，名古屋橡胶株式会社更名为丰田合成株式会社，不再是过去单纯的橡胶供应商，而是开始利用合成橡胶、合成树脂等材料，并通过与其他材料的组合等，制造机能和品质皆优的新产品。

进入 20 世纪 80 年代中后期，日本产业界希望能够在制造业的关键核心技术领域上取得突破，进而登顶制造业价值链，实现制造业由要素驱动到创新驱动的最重要升级。半导体产业被认为是决定未来世界科技革命和产业变革的核心技术产业，而当时在这一领域日本芯片在全球市场占有率高达 53%，远超欧美国家，处于垄断地位。

实现产业转型升级，并不断提升产业的竞争力，实际上靠的是对产业集群的不断完善。产业集群作为产业现代化发展的主要形态，是建设现代产业体系、提升经济竞争力的关键载体。日本制造业在转型升级过程中已经走出了一条"链条式培育，集群化发展"的成功道路。实际上，从广义上来讲，无论是"产学官"模式还是产业集群道路，都是产业生态的一种。

现阶段，随着制造业不断实现转型升级，产业生态的形成表现为两大特征：一种是同行业或与产业链相关的企业聚集在一个区域内，通过政府产业政策的成功来形成产业集聚（区域经济网络）；另一种则是龙头企业凭借产品的独特性和竞争力，通过商业模式的扩展带动周边个体企业成长，从而形成完善的商业生态系统（财团体系雏形）。

当然，这两种产业形态并非泾渭分明，而是要根据不同的地区情况和发展阶段进行选择性的组合使用。在早期制造业转型升级的阶段，政府在主导产业选择和规划方面往往起到了主要作用。而当制造业从资本密集型产业进一步向知识技术密集型产业转型升级的阶段，相对完善的财团生态体系则能有更大的机会获取关键核心技术的突破，引领制造业转型升级。

过去 30 年是日本完成经济转型、产业升级、苦练内功的 30 年。在"产业转型升级""培育和发展战略新兴产业"等经济大环境下，解决产业选择方向、突破产业发展窘境，日本的成功经验值得思考与借鉴。以特色产业为基础，以商业发展为纽带，吸引金融机构投资，打造产业、商业、金融的结合体模式或许是解决企业发展转型升级的有效办法。

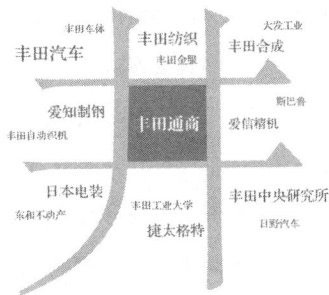

本章导言

2001 年 6 月，北汽集团旗下的北汽福田公司从日本请来了曾荣获"丰田质量管理奖"的河手逸郎。在北汽福田的车间里，他向全体员工讲授了丰田汽车的经营及生产方式，并通过理论授课和实践指导来全面推进丰田生产方式（TPS）。河手逸郎曾任丰田汽车集团某企业的社长，退休后被北汽福田聘请为特别顾问。

河手逸郎认为，丰田生产方式是以经营、生产哲学为基础，是世界上制造产品、创造利益的最强有力的方式之一。北汽福田当时正处于锐意进取、向中国汽车工业各种问题进行挑战的阶段，导入 TPS 等于给企业插上了腾飞的翅膀。随着 TPS 在公司内逐步推进，北汽福田的生产现场环境得到了明显的改善，并逐渐在质量、效率、成本上都有所体现。

对此，北汽福田方面的专家也表示，TPS 是关于生产系统设计和运作的综合体系，它包含着有关制造产品、生产管理和物流的思路，是一门思想哲学，也是一门实践哲学。通过学习丰田，北汽福田开始逐渐转变管理思想，逐步向丰田汽车的本质思想靠拢，也就是从生产管理升级到蕴含"三井商道"思想的产业生态建设。

2014 年，在中国武汉举办的"全球汽车论坛"上，北汽集团总经理张夕勇表示："汽车产业的利润正在向服务业转移，销售利润占整个产业利润的 20% 左右，零部件 60% 左右，20% 以上是通过服务业产生的，因此我们要大力发展生产型服务业，我们要向丰田等制造业企业由产品提供者发展成为产品和服务的提供者学习。"

对于北汽的战略发展，张夕勇认为："应继续学习丰田，着力构建北汽生产与服务业完整的业务体系，打造一条与传统产业链价值互为补充，制造业、服务业共同发展的价值链，重点发展汽车金融与服务，要积极发展信息服务业的新业务，形成业务门类齐全，优势突出的产业核心。同时，与供应商形成相互信任、利益共享的体系，由此带动整个汽车产业链价值创造能力的提升。"

北汽不仅仅是学习丰田，还积极与丰田开展合作。2019 年 4 月，丰田汽车宣布与北汽集团和北京亿华通达成合作协议，向北汽旗下的北汽福田提供氢燃料电池技术和零部件，由北汽福田生产搭载丰田氢燃料电池系统的氢动力大巴。2021 年 6 月，丰田汽车和北京亿华通各出资 50% 成立华丰燃料电池有限公司，为北汽福田的新能源客车提供燃料电池及零配件。

丰田为什么选择与北汽福田合作，双方又是如何走到一起的？一方面，是因为双方对于氢燃料电池汽车领域的发展方向具有共识，丰田从 1992 年就开始了氢燃料电池车的研发投入，而北汽福田则是全球首家在氢燃料电池车领域实现上牌商业化运营的车企；另一方面，则是因为通过不断学习 TPS，北汽福田和丰田汽车拥有着非常相似的管理思想和理念。

一段时间以来，丰田一直在大力推广自己的氢燃料电池汽车技术。继向东京夏季奥运会提供氢燃料电池汽车以后，2021 年 11 月，丰田汽车又与北京冬奥组委共同举办"北京 2022 年冬奥会和冬残奥会赛事服务车辆交付仪式"，其中包括丰田的 2021 新款 Mirai 氢燃料电池汽车。

值得关注的是，丰田财团旗下的丰田合成在 2021 年 3 月获得丰田汽车颁发的技术研发奖，这是为了表彰其为 2021 新款丰田 Mirai 氢燃料电池汽车车载复合材料高压气瓶研发做出的突出贡献。负责开发 2021 新款 Mirai 的丰田汽车总工程师田中义称："若没有这个储罐（气瓶），新款 Mirai 就无法实现。"显然，在丰田汽车的氢燃料电池汽车领域，丰田合成的作用不容忽视。

第一节
丰田合成产业历史和亮点

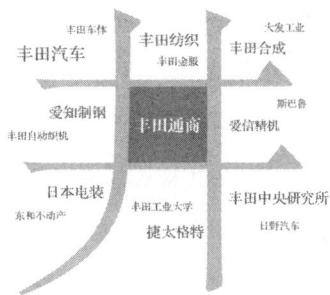

以合成橡胶为事业起点

二战前，丰田汽车的轮胎制造基本依靠进口的天然橡胶。可战争发生以后，隔断了正常的橡胶贸易，丰田只能转向合成橡胶的自行研制。为此，丰田成立了专门的丰田汽车橡胶研究部门。当试制成功后，日本军方却指令丰田将整套设备及技术全部送到位于中国天津的橡胶工厂，并变更为专门的飞机轮胎制造工厂，只给丰田汽车留下了一批工作人员。

1949 年 6 月，根据二战后的企业重组法，橡胶研究部门从丰田工业株式会社中分离出来，成立名古屋橡胶株式会社，并于 1957 年 5 月在爱知县建造春日工厂。1973 年 8 月，公司改名为丰田合成株式会社，一直以柔软的合成橡胶和易于制成各种形状的合成树脂为基本材料，通过与其他材料的组合，制造机能和品质皆优的汽车部件。

时至 2014 年，丰田合成开始大规模量产新型一体成型轻质塑料水管，并向雷克萨斯 NX 车型进行供应。该车型的涡轮增压发动机中，用于中冷器的冷却液导管便采用了丰田合成最新推出的轻质塑料水管技术。这也是丰田合成首次在日本以水辅助注塑成型技术生产塑料水管。丰田合成表示，其新型塑料水管对于冷却液有着充分的耐久性，在重量方面则较传统水管轻了大约 40%。

2017 年 4 月，在上海车展上，丰田合成推出了新型 ACC 车标。这款毫米波雷达车标通过树脂成型技术、电镀及喷漆等外饰技术制备出集成 ACC 雷达的车标。除丰田汽车自己的品牌，以及三菱等日系车型，别克、凯迪拉克等别国品牌也采用丰田合成的产品。除车标外，丰田合成还在研发毫米波雷达格栅，这种格栅采用的工艺和 ACC 车标的工艺技术类似，但相比于车标，格栅面积更大、成本更高。

2017 年 10 月，丰田合成展示了一辆新概念车"Flesby II"，该车车身被一种柔软的新一代橡胶覆盖。这种橡胶通过技术实现了可变形，从而可以用电力来保护外部不受碰撞，而不是单纯依靠汽车内部的传统布局减少碰撞带来的影响。即把主要用于汽车内部的安全气囊放在汽车外部，比如发动机罩和挡泥板上，用来保护整个车身。

2018 年 12 月，丰田合成宣布正式开发新一代橡胶"e-Rubber"，以制造人即使撞上也不会受伤的"柔软机器人"，并让其协助家务和护理工作。新一代橡胶通过电控伸缩，可代替发动机并可用于传感器。丰田合成力争发挥这些优势，将其广泛用于医疗及工业等领域。特殊橡胶"e-Rubber"形状类似三明治，施加电压后两侧电极相吸使中间的橡胶因受压横向伸展。通过多枚"e-Rubber"叠加后调节电压的方法，可使其像关节一样活动。

丰田合成计划研发出关节部分使用"e-Rubber"、全身以柔软材料打造的机器人，在家庭及工厂能够和人一起作业。因为重量轻且耗电少，如果"e-Rubber"用作穿在身上减少体力工作负担的"动力服"，则结构可以更为简单。丰田合成还与东京大学合作，发挥"e-Rubber"灵敏伸缩的特性，再现复杂跳动的心脏，研发作为练习血管缝合等手术的机器。

2019 年，丰田合成宣布开发了一种完全由塑料制成的涡轮风管，比过去减轻了一半的重量，并有助于提升汽车的环保性能。涡轮风管负责将压缩空气送至气缸以提高发动机输出，通常由几个金属、橡胶和塑料部分制成，以确保耐高压和耐热性，以及吸收发动机振动的能力。对于全新的全塑料涡轮风管，丰田合成采用了抽吸吹塑技术，能够形成长而复杂的管道形状，以塑造整个塑料管道。

丰田合成一直利用其橡胶和塑料的核心技术，并通过改进材料技术、装饰技术和设计提供轻量化产品。2021 年 8 月，丰田合成开发出一种具有新颖结构的截止阀，可防止内部压力升高，有助于减轻车辆重量。这种截止阀已被应用于丰田汽车公司的 SUV 兰德酷路泽。该截止阀获得了丰田汽车公司技术开发的"项目奖"，以表彰其对提高车辆环保性能的贡献。

星罗棋布的北美布局

1986 年 4 月，丰田合成在美国成立当地法人美国丰田合成株式会社。1991 年，丰田合成在美国密歇根州麦迪逊高地成立了丰田合成技术中心（TG Technical Center），这是一家负责北美地区产品销售和技术研发的机构。1999 年，丰田合成技术中心更名为 TG 北美株式会社，并将职能扩展为北美运营的区域管理总部。

2000 年 2 月，丰田合成启动北美大陆的整体布局，在美国成立当地法人 TG Fluid System USA Corporation；3 月，在美国俄亥俄州收购一家燃油箱和燃油软管公司；9 月，在加拿大安大略省成立 TG Minto Corporation，由北美持股公司全额出资，生产控制台箱、仪表板零部件等；2001 年 1 月，成立丰田合成北美株式会社和丰田合成技术中心株式会社。

丰田合成在北美市场的布局马不停蹄。2001 年 9 月，丰田合成汽车密封件（肯塔基）公司在美国成立；2003 年 3 月，入股墨西哥 Tapex 公司（Tapex Mexicana, S. A. de C. V.）；7 月，在美国成立 TGR Technical Center LLC。2005 年 1 月，丰田合成（德克斯）公司在美国成立；2008 年 4 月，丰田合成汽车密封件（墨西哥）公司在墨西哥成立。

2011 年，丰田合成在美国肯塔基州霍普金斯维尔设立了丰田合成汽车密封件肯塔基工厂，拥有 300 多名员工，负责为丰田汽车公司生产汽车零部件。2012 年 10 月，丰田合成 Brownsville Texas LLC 在美国得克萨斯州成立。2013 年 8 月，丰田合成位于美国密歇根州的汽车燃料树脂零部件工厂正式投产，产品主要供应给当地的丰田汽车及美国通用汽车。

2013 年 2 月，丰田合成在巴西圣保罗州成立一家新公司，负责橡胶及塑料汽车零部件的生产与销售，是其在巴西以及南美地区设立的首家生产企业，主要供应汽车密封产品（玻璃滑槽、车门密封条等）、安全系统产品（侧安全气囊等）及内外饰零部件（汽车仪表面板组件）。随后的一年中，丰田合成在墨西哥又成立了丰田合成墨西哥橡胶公司（TGRMX）。

2014 年 2 月，丰田合成收购了德国汽车橡胶密封零部件制造商 Meteor 公司的全部资产，除了位于德国与美国的三座工厂外，还包括专利技术、专业知识以及基本的人力及其他资源。此次收购完成后，丰田合成在欧洲成立了一家新的全资子公司，名为丰田合成 Meteor 公司；同时，在美国成立 Meteor 密封系统公司 和 LMI 客户服务公司。

2015 年 5 月，丰田合成旗下美国子公司丰田合成流体系统美国公司（TGFSUS）在美国开设了一座新工厂，以巩固该公司的业务。TGFSUS 在密歇根州 Brighton 和 Howell 原有两座工厂生产塑料燃料管。新建的这座工厂在 Brighton 工厂附近，是为了适应未来生产需求，提高生产效率，主要生产连接油箱和发动机的塑料燃料管以及其他零部件。

2016 年 4 月，丰田合成在墨西哥成立了一家新的子公司（Tgimx），位于瓜纳华托州伊拉普阿托市，为美国的消费者提供散热器格栅、控制盒、燃料填充塑料管道及其他产品。由此，丰田合成最终在墨西哥建成了四大生产基地，涵盖了其汽车零部件业务的所有种类。此前，丰田合成在墨西哥已经拥有三家制造子公司，分别为 Tapex 公司、Tgasmx 公司、Tgrmx 公司。

2021 年 9 月，丰田合成宣布，因北美汽车需求扩大，将扩增美国汽车零组件产能，其旗下生产散热器格栅等内外装零件的美国子公司 TG Missouri，除将扩增本社工厂（位于密苏里州）厂房面积外，还将购入印度安纳工厂（位于印第安纳州）作为新厂房。与此同时，丰田合成在美洲市场的营收较去年同期暴增 164.3%，达到 602 亿日元。

抓住安全气囊的巨大商机

1986 年，丰田合成（美国）公司（即现在的 TG Missouri）成立于密苏里州佩里维尔，这是丰田合成在北美的第一家制造厂。1987 年，丰田合成（美国）公司开始生产安全系统。1989 年，以开发气囊方向盘为开端，丰田财团的丰田合成正式进入汽车安全气囊市场，随后在 1998 年推出窗帘气囊，2002 年开发驾驶席安全气囊，2008 年又开发后部冲击安全气囊。

2014 年 11 月，发生了十几起针对日本高田公司缺陷气囊的集体诉讼，美国司法部开始对高田气囊公司进行刑事犯罪调查。此前，高田约占全球安全气囊市场份额的两成。2015 年，调查员根据当时得到的线索，确证大概有 1900 万辆新车、2300 万个高田安全气囊存在缺陷。到 2017 年 5 月，因为高田安全气囊存在安全隐患，本田、丰田、宝马、奔驰、特斯拉等 19 家车企召回汽车高达 1.2 亿辆。

2015 年 1 月，高田公司的最大客户本田汽车就宣布下一代美版雅阁轿车将不再使用高田公司生产的安全气囊，而选择与丰田汽车下属的丰田合成合作。雅阁是本田最畅销的车型，同时美国也是本田在全球的最大市场。日系车企一直坚持与日资体系内的供应商合作，其他国家的供应商很难进入。因此，同属

> **安全气囊**：一种被动安全性的保护系统，主要由安全气囊传感器、防撞安全气囊及电子控制装置等组成。最早由美国海军工程师赫特里克于 1953 年发明，与座椅安全带配合使用，可以为乘员提供有效的防撞保护。在汽车相撞时，汽车安全气囊可使头部受伤率减少 25%，面部受伤率减少 80% 左右。

日资体系下的丰田合成就成为众多日系车企的新选择。

在与本田汽车达成合作的同时，丰田合成宣布扩大其安全气囊的产能，以适应全球市场对安全配置不断增长的需求。时任丰田合成总裁的荒岛正表示："目前车企对于在东南亚、印度和中国销售车型的安全问题也越来越重视，逐渐开始将安全气囊作为标准配置，因此推动了市场需求的增长，并且这一增长趋势不会因高田气囊的问题受到负面影响。"

实际上，丰田合成面向丰田以外企业的销售额也在增长，包括高田曾经的主要客户本田等。日本高田公司的部分客户被认为正在逐渐流向丰田合成。为抓住扩大的需求，丰田合成也在加紧研发新技术。位于爱知县的美和技术中心（Miwa Technical Center）是丰田合成在日本的研发中心，已开发出改变护胸部分和护腰部分坚固程度的新产品等。

2018 年 5 月，丰田合成宣布与大赛璐（Daicel Corp.）共同出资 10 亿日元深化在安全气囊业务领域的合作。这两家日本公司合作之后相互持有对方公司 0.3%的股份，以促使安全气囊业务在全球范围内进一步扩展。总部位于日本大阪市的大赛璐是安全气囊充气泵的生产商，此前也是高田安全气囊充气泵的供应商之一。

发达国家的安全法规越来越严格，因此丰田合成的安全气囊在日本和欧美的需求持续扩大。日本调查公司富士 CHIMERA 综研的统计数据显示，丰田合成 2018 年安全气囊（包含让安全气囊膨胀的零部件）的全球份额为 10.2%，排在第四位。排在第一位的是瑞典奥托立夫（42.8%），排在第二位的是美国天合（20.2%），中国宁波均胜电子的子公司 KSS 因收购了高田的大部分业务，份额跃居世界第三（18%）。

2020 年 9 月，丰田合成宣布继续增产主力产品安全气囊，计划在越南和印度增强产能，到 2025 年度将销售额提高到 2019 年度的 1.5 倍。各国的安全规定日趋严格，比如中国规定汽车必须具有防备侧面碰撞的功能。中国等发展中国家的汽车安全性要求达到与发达国家同等水平的趋势增强，丰田合成及时抓住这一商机。从地区来看，中国的安全气囊市场将提高五成以上，印度将扩大约 3 倍。

在安全系统产品领域，丰田合成不仅开发出了侧面气囊、后座气囊等各种产品，实现了免受所有角度撞击的全方位保护，还积极地开发预防安全技术等新一代技术。例如，弹起式发动机罩的传动机构，搭载于发动机罩内部，在人-车撞击时可以升起发动机罩，确保发动机罩与发动机之间的间隙，可减少对行人头部的撞击。

大力开发智能传感器

2017 年 10 月，丰田合成与丰田汽车共同研发出了首款含握持感应器（grip sensor）的方向盘，与高级驾驶辅助系统（ADAS）相兼容，新款雷克萨斯 LS 车型配置了该款新产品。这款新型方向盘内置多个传感器，可探查到驾驶员是否握住方向盘，且探查精度极高。车辆需确定驾驶员的双手是否置于方向盘上并发出相应的信号。

丰田合成首次将加热元件与传感元件合二为一，在提供传感功能的情况下，确保无热损耗，并采用了轻量化设计。随着自动驾驶系统内的驾驶辅助功能日益增多，丰田合成致力于将各类功能集成到方向盘上，该设备是驾驶员与车辆发生接触的核心部件，也是一个重要的人机界面（HMI）。丰田合成还在其 Miwa 技术中心安装了新消声室，旨在开发高附加值的模块，用于未来的自动驾驶技术。

2019 年 9 月，丰田合成宣布，向初创公司 Tryeting 投资 5000 万日元，加速研发采用人工智能技术的材料。通过投资，丰田合成可将 Tryeting 的人工智能技术与其多年积累而来的材料设计知识结合起来，从而拥有快速模拟大量材料不同复合模式的能力，以加速具有优越功能的材料的研发，例如用于激光雷达（光探测和测距）和其他传感器的新材料。

2020 年 12 月，丰田合成宣布向日本 Ball Wave Inc. 公司投资 1 亿日元，双方合作开发采用丰田合成深紫外光发光二极管（UVC LED）技术的传感器。双方充分利用丰田合成的表面处理技术，例如开发和生产汽车内部和外部产品所用的涂装技术和电镀技术，以开发出能够提高球形表面声波传感器性能的涂层。未来，双方将结合丰田合成的 UVC LED 技术，着眼于开发可检测空气中病毒的传感器。

2021 年 6 月，丰田合成开发出了使用 E-Rubber 材料的"智能鞋垫"，并开始向美津浓公司运营的高尔夫学校输送智能鞋垫样品。鞋垫嵌入了可以随着电力移动、薄而灵活的电子橡胶传感器。该传感器可以检测到非常小的重量，也可以作为一个执行器，对打开和关闭的电压做出即时反应，从而在运动过程中获取足部压力数据。使用这种鞋垫，挥动球杆时的体重变化和其他数据可以按时间顺序被感知，并以不同的颜色强度（热图）显示在平板电脑上。这可以帮助高尔夫球手改善他们的状态，以及观察运动员们的运动表现。

2021 年 12 月，丰田合成宣布已向初创公司 Wonder Future Corporation 投资，

合作开发感应加热（IH reflow）技术。通过与该公司合作，丰田合成将不断开发兼具功能性和设计性的产品，例如前格栅、座舱、方向盘和其他具有传感功能的塑料部件，以满足不断发展的 CASE 和 MaaS 技术的需求。

2022 年 2 月，丰田合成和其投资的日本 Ball Wave 公司联合东北大学研究生院医学系研究科共同开发了一款传感器，可利用球形 SAW 传感器在一分钟内从空气中的气溶胶中，检测到源自新冠病毒的蛋白质，但 SAW 传感器的实用化还存在研究课题。丰田合成计划在未来一年内解决特性和灵敏度等课题，2023 年实施验证实验，2024 年开始销售。

东北大学名誉教授山中一司表示："为验证仅识别新冠病毒的特异性，将确认该方法不会对流感病毒和普通感冒病毒产生反应。今后将结合丰田合成在汽车内外饰件开发中培养的表面处理技术，以及东北大学研究生院医学系研究科拥有的，通过质谱法检测呼气中的病毒和炎性蛋白的高精度诊断法及呼气诊断技术，与 Ball Wave 公司一起推进联合开发。"

丰田车体　丰田纺织　大发工业
丰田汽车　丰田金融　丰田合成
爱知制钢　　　　　斯巴鲁
丰田自动织机　丰田通商　爱信精机
日本电装　　丰田工业大学　丰田中央研究所
东和不动产　捷太格特　日野汽车

第二节
步步为营开拓中国市场

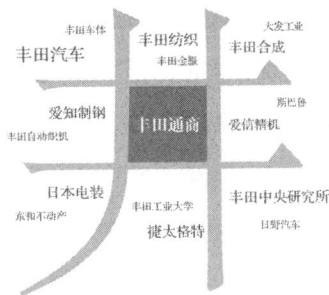

回到天津再出发

1995 年 12 月，丰田财团的丰田合成、丰田通商（综合商社）两家公司联合天津市刹车管厂在天津市成立了生产、销售汽车用橡胶零部件的合资公司天津丰田合成有限公司。丰田合成与天津素有渊源。50 年前，丰田汽车橡胶研究部门将整套设备及技术全部送到位于中国天津的橡胶工厂，用以生产制造飞机轮胎，丰田汽车橡胶研究部门就是丰田合成的前身。

丰田合成之所以选择在天津建厂，除了历史渊源外，天津当地良好的汽车工业基础也是重要原因。截至 1995 年，天津汽车工业完成工业总产值 102 亿元，生产汽车 130848 辆，拖拉机 7810 台，实现利税 13.84 亿元，是天津市的支柱产业。其中，以技术转让方式从日本大发公司（1998 年被丰田收购）引进的夏利轿车更是被誉为"百姓车"，长销不衰。

1996 年 7 月，为了更好地服务天津地区的整车企业及相关零配件生产厂商，丰田通商联合丰田输送株式会社、上组株式会社与天津滨海泰达物流集团共同出资成立了天津丰田物流有限公司。天津滨海泰达物流集团是一家高度专业化的综合性物流国有企业，在汽车整车及零部件物流、保税仓储物流、大宗商品交易物流和采购物流方面拥有丰富的运作经验。

2000 年 5 月，天津丰田整车生产项目获得批准。天津丰田合成迅速抓住这一发展时机，积极与丰田日本总部协调配合，加强市场调研分析，及时掌握汽车整车厂家生产信息，紧紧围绕整车生产厂家扩大生产规模和增加生产品种。2001 年，公司引进意大利先进的生产设备，依托丰田合成的先进生产技术，生产安全气囊，迅速占领天津一汽丰田皇冠、锐志等车型配套市场。

2002 年 8 月，丰田汽车与一汽集团签署战略合作协议，提出合作项目要达到中国市场占有率 10% 的目标。2004 年，为配合天津一汽丰田汽车的发展要求，丰田合成继续投资 2 亿元，兴建天津第二工厂，引进美国必能信、日本东芝（属三井财团）等生产设备，生产内外装

> **市场占有率：**也被称作市场份额，是指某企业某一产品（或品类）的销售量（或销售额）在市场同类产品（或品类）中所占比重，在很大程度上反映了企业的竞争地位和赢利能力。除数量外，质量也是重要的指标，质量是指市场占有率的含金量，是市场占有率能够给企业带来的利益总和。

树脂产品，主要为皇冠、锐志等丰田汽车的新产品配套，技术水平和生产工艺均达到当时世界先进水平。

天津丰田合成在技术改进的同时，也非常重视人才的培养，不断提高职工队伍的整体素质。公司内部专门成立生产技术部，在项目建设的同时，采取"请进来"和"送出去"的学习方法，培训技术骨干和专业人才，职工上岗前分期分批地进行岗位培训，严格考试考核。正是因为有了这样一批懂技术、会管理的专业人才，所以公司的技改投资项目投产时间短、见效快。

此后，天津丰田合成发展成了丰田全球产业链的一级配套厂家，除为广州本田、一汽丰田服务以外，还为中国国内自主品牌轿车企业提供高质量的汽车配套零部件。公司生产经营领域涵盖汽车机能部件（刹车软管、CVJ 防尘罩等）、SS 制品（方向盘、安全气囊等）、内外装饰品（仪表盘、储物盒等）等 300 多个品种，服务面向国内外十多家汽车整车生产厂。

2018 年 4 月，天津丰田合成全资收购了天津星光橡塑有限公司的所有股权，并将公司更名为丰田合成星光（天津）汽车部品有限公司。天津星光橡塑公司最初是 1994 年 1 月由丰田合成（出资比例 51%）、香港星光橡塑发展（出资比例 42%）、日本鬼怒川橡胶工业（出资比例 7%）三家公司合资成立的企业，主要产品是车内装饰品、玻璃密封条等制品。

通过此次的全资收购，天津丰田合成计划在整个中国市场范围内建立更为优质的生产体系以及丰富产品种类。此前，天津星光橡塑公司的产品就囊括了

中国大部分的汽车企业，除天津一汽丰田，还向沈阳金杯、重庆庆铃、郑州日产、南京依维柯等企业供应车体密封件。丰田合成表示，中国市场将是今后长期可期待的重要市场，为此将在适应中国市场化的同时逐渐扩大公司规模。

以中国台湾地区为试点

2000 年，丰田合成株式会社投资了福州福裕橡塑工业有限公司，丰田合成占股 25.17%，台湾台裕橡胶工业股份有限公司控股 74.83%。福州福裕橡塑工业公司最早于 1995 年 12 月在福建省福州市注册成立，目前主要生产汽车用橡塑胶零部件、工业用橡胶制品，已经成为日本丰田、天津丰田、东风本田、东南汽车等汽车企业的重要配套厂。

台湾台裕橡胶工业股份有限公司总部位于中国台湾地区桃园市，其前身是 1960 年创立的泰安工业社，主要生产自行车内外胎。1966 年，正式更名为台湾台裕橡胶工业股份公司。1985 年，台裕橡胶与丰田合成进行合资及技术合作，其中丰田合成出资率为 45%，台裕橡胶也就成为丰田合成在台湾地区的合资企业，此外，台裕橡胶的股东还包括丰田通商（台湾）公司。

2004 年 2 月，丰田合成以台湾台裕橡胶公司为试点，开启了在中国东南沿海地区的规划。当月，丰田合成宣布在广东省佛山市投资 9 亿日元，设立丰田合成（佛山）橡塑公司，生产汽车门窗密封条。公司资本金为 800 万美元，丰田合成出资 60%，台裕橡胶出资 35%，丰田通商出资 5%，前期产品主要销售给广州本田，同时也为丰田汽车的南下提前规划。

2004 年 9 月，丰田汽车与广汽集团各出资 50% 组建的广汽丰田汽车有限公司（简称广汽丰田）正式成立，公司位于中国极具活力的珠三角的几何中心——广州南沙区。此时，位于佛山市顺德工业园区内的丰田合成（佛山）橡塑公司由于靠近广州、交通便利，自然而然就成了广汽丰田的主要供应商，供应产品则包括汽车门窗密封条、车门框装饰件、行李箱密封条等部件。

对于选址佛山顺德，时任丰田合成（佛山）汽车部品有限公司董事总经理的向井浩表示："由于当时广汽丰田要在广州地区设厂，所以日本丰田合成也认为有在这边发展的需要。随后我们以广汽丰田、广汽本田、东风本田、东风日产等日系客户为中心日益壮大了规模。"有了良好的产业基础之后，越来越多的日资企业对于在顺德开拓市场新领域充满了信心。

2004年10月，丰田合成、丰田通商和台湾丰裕股份公司又共同组建了一家新的外资企业丰田合成（佛山）汽车部品有限公司。公司注册资本1700万美元，总投资2900万美元，占地面积8.5万平方米，主要生产汽车内外塑料部品，包括仪表板、挡泥板、饰板、排挡箱、空气滤清盖、音响盖、铭牌标志等部件，是广汽丰田汽车公司的一级配套供应商。

长期以来，拥有着2300多万人口的中国宝岛台湾，一直都被众多日本企业视为摆脱日本国内困境的可行渠道和通向中国大陆市场的潜在桥梁。由于历史原因，中日关系一度十分紧张，而中国台湾地区和中国大陆保持着密切的往来，因此对于日本企业而言，投资台湾具备一个特殊的优势，那就是以中国台湾地区作试点拓展大陆市场。

2006年2月，台湾三井物产董事长兼总经理小川隆接受《理财周刊》专访时，挑明了日企的发展策略："第一阶段可以先进入中国台湾市场，了解中国人的胃口，打造好口碑。第二阶段再跟中国台湾业者合作，转进到大陆市场。"由此，越来越多日本企业先把中国台湾地区当成"中继站"，进行本地化孵化发展，再以台商为商业伙伴，进军中国大陆市场。

据统计，目前广东佛山累计引进来自日本的外商直接投资项目已超过200个，涵盖汽车零部件、家用电器、模具制造、纺织、商贸流通、现代物流等多个行业。特别是丰田合成所在的顺德区更是日资企业在粤港澳大湾区投资规划的重要区域。依托位于珠三角制造中心，背靠三大日系整车厂的区位优势，许多大型日本制造企业相继落户顺德发展。

上海：统领中国市场

2003年4月，丰田合成光电贸易（上海）有限公司在上海自贸区成立，面向中国地区全权销售丰田合成的光电子产品，主要从事发光二极管（LED）及荧光粉技术进出口（包括技术转让）。相关产品在汽车、电子电器产品、消费性产品等领域中被广泛应用，如彩色屏幕显示器、手机、信号灯、照明等，客户包括丰田汽车、松下电器、摩托罗拉等。

2006 年 1 月，丰田合成（上海）商务咨询有限公司成立，成立初期主要以销售和采购为中心开展中国的业务。时至 2012 年 2 月，随着中国汽车市场飞速成长，为强化在中国的技术研发功能和销售功能，丰田合成（上海）商务咨询有限公司更名为丰田合成（上海）管理有限公司，并持续在中国市场乃至全球范围内进一步强化技术研发体制。

2015 年 1 月，丰田合成上海技术研发中心正式开业。这是继日本、北美、泰国和欧洲外，丰田合成在全球的第五家研发中心，其工作内容包括两个部分：一是调研中国消费者对汽车内外饰的喜好，二是实验技术研发。此前，刚刚落成的丰田合成上海工业照明项目是 2014/2015 年度丰田合成在上海新建的一个实验和生产空间，是支持客户和项目的研究与开发（R&D）技术中心。

2015 年 3 月，丰田合成（上海）管理有限公司选择扩大规模及公司迁址，正式入驻上海莘庄工业区，这里聚焦了包括电装（中国）投资有限公司上海技术中心等在内的 30 余家知名企业。作为区域管理总部，丰田合成（上海）管理有限公司"以更低的价格提供更优质的产品""抢先研发新技术""强化业务基础"作为理念支柱，致力于汽车零部件和发光二极管技术的开发。

2017 年 4 月，在第 17 届上海国际车展上，丰田合成展示了保护行人的引擎盖撑起装置以及树脂燃料加油管。时任丰田合成社长宫崎直树表示："丰田合成是丰田汽车旗下的子公司，主要做丰田汽车配套产品，但实际上丰田合成在中国已经成立了 20 多年，而针对中国自主汽车品牌客户，丰田合成也花了很多精力去研究怎样把客户服务得更好。"

近年来，新能源汽车和无人驾驶两大领域的迅速发展，也给丰田合成寻找市场突破提供了新的契机。对此，宫崎直树社长坦言："近几年，中国新能源汽车市场发展非常快，丰田合成在树脂高分子材料和橡胶领域一直处于全球领先地位。公司考虑在自己擅长的领域，能给未来新能源汽车的客户提供配套方案，在树脂和橡胶材料的运用下，让零部件的轻量化效果更好。"

2019 年 5 月，丰田财团的丰田合成中国总部丰田合成（上海）管理有限公司更名为丰田合成（中国）投资有限公司，即总部职能由"管理性公司"转成"投资性公司"。这意味着，丰田合成加大在中国的投资，扩大业务范围，并高效推进各地区的运营，积极以中国市场为重心，迅速应对客户需求，不断提高产品的品质。

从那时开始，以上海的丰田合成（中国）投资有限公司为总部中心，涵盖天津丰田合成星光公司、佛山丰田合成、福建福州福裕公司以及湖北十堰丰田合成正奥公司四大生产基地，丰田合成在中国地区共设有 13 家公司，基本完善了华北、华东、华中、华南地区客户的产品供应链。与此同时，这些公司已经全部导入 TPS（丰田生产方式）。

2021 年 4 月，在"上海车展（Auto Shanghai 2021）"上，丰田合成（中国）投资有限公司总经理福井博谈到丰田合成今后在中国的事业战略："丰田合成（中国）在今年年初制定了面向 2030 年、2035 年的公司中长期展望，在 EV、新能源车驾驶及低碳化社会的汽车领域里做出我们公司的一份贡献。同时，我们也

> **上海车展：**全称为上海国际汽车工业展览会，创办于 1985 年，两年举办一届。伴随着中国及国际汽车工业的发展，经过多年积累，上海国际汽车展已成为中国最权威、国际上最具影响力的汽车大展之一。全球顶级车展几乎都带着主办国家的区域性特点，上海车展则更为包容，全世界几乎所有跨国汽车企业全部参展。

将扎根于中国的企业运营来配合中国汽车行业的发展需求。"

进驻湖北十堰汽车城

2018 年 12 月，丰田财团的丰田合成宣布收购湖北诺克橡塑密封科技有限公司多数股权，以扩展其在华汽车零部件业务。根据协议，丰田合成向诺克橡塑的母公司湖北正奥汽车附件集团有限公司支付 712 万美元购买其 60% 的股权，湖北正奥将持有剩余的 40%。收购后，丰田合成计划帮助湖北诺克更好地满足汽车制造商的需求，促进区域业务的增长。

湖北诺克橡塑总部位于湖北省十堰市，2017财年销售额为1180万美元，主要为中国四大汽车制造商之一的东风汽车公司提供三元乙丙橡胶和热塑性硫化橡胶挡风条，此外还供应日本等其他外国制造商，包括东风本田汽车有限公司和东风标致雪铁龙汽车有限公司。交易完成后，丰田合成在中国的生产网络将覆盖天津、福建福州、广东佛山和湖北十堰四地。

此次丰田合成收购的湖北诺克橡塑原本是湖北正奥汽车附件集团有限公司（简称正奥集团）的全资子公司。正奥集团是1969年与东风汽车公司同步建设、稳健发展的专业汽车零部件制造企业，至今已有50多年的历史。正奥集团是国家高新技术企业、湖北省优秀民营企业，产品涵盖汽车电线束、电子换挡器、软轴软管、密封条四大类，拥有五家分（子）公司。

随着丰田合成的入资，湖北诺克橡塑的官方名称也改为了湖北丰田合成正奥橡塑密封科技有限公司。丰田合成的发言人表示，湖北诺克橡塑和东风汽车公司以及其他汽车制造商的合作关系是非常有吸引力的，东风公司现在是丰田合成的新客户了。中国的汽车生产规模正在扩大，挡风条等汽车用橡胶制品的采购需求将相应增加，对于丰田合成来说，这是一个至关重要的市场。

作为橡胶和塑料零部件全球供应商的丰田合成，在产品设计和生产方面拥有前沿技术和知识，而湖北诺克橡塑则与中国中部汽车制造商建立起了广泛的业务关系和销售渠道。丰田合成此次与其牵手，是在汽车零部件行业深度转型升级，汽车各项新科技、新技术加速运用的背景下开展的合作，是基于双方面向未来、共同发展的战略需求。

2019年7月，湖北省十堰市委书记张维国，市委副书记、市长陈新武会见丰田合成株式会社社长宫崎直树一行，双方围绕汽车产业合作事项进行深入沟通交流。张维国书记表示，十堰市近年来坚定不移加快转型升级步伐，对丰田合成与十堰市有关企业的合作充满信心，将竭尽全力为丰田合成在十堰的规划发展提供优质高效服务。

湖北省十堰市属于区域性中心城市，处在西安关中城市群、郑州中原城市群、成渝城市群和武汉城市群"四大城市群"中间，是东风汽车公司的发源地，拥有雄厚的汽车工业基础和完备的制造业体系，在城市区位、产业基础、交通运输等方面拥有得天独厚的优势。十堰作为现代汽车城，发展韧性很强、市场潜力巨大、人才资源充足、创新氛围浓厚。

丰田合成之所以选择投资湖北十堰，正是看中这里作为中国中部汽车城的重要地位。东风汽车公司是中国四大汽车集团之一，其前身就是 1969 年始建于湖北十堰的第二汽车制造厂。依托于东风汽车雄厚的汽车产业基础，湖北十堰重点发展汽车汽配主导产业，形成了整车、总成及关键零部件、装备制造、现代物流等"四大产业集群"。

2020 年 3 月，投资 3 亿元的正奥·丰田合成车用密封件项目正式开工。该项目由中日合资企业湖北丰田合成正奥橡塑密封科技有限公司负责建设。项目位于湖北十堰茅箭区何家沟工业园，占地 93 亩，采用日方工艺技术，引进世界一流自动化生产线，扩大汽车用橡胶密封条产能，并借助丰田合成平台进入和扩展日系供货体系，扩大市场份额。

第三节
培养出诺贝尔奖得主

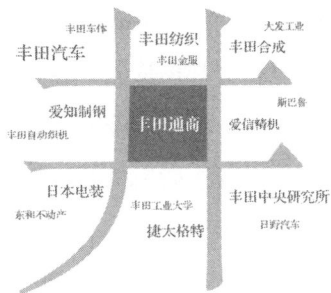

被誉为"蓝色 LED 的先锋"

1956 年，在一次半导体国际学术会议上，赤崎勇发表了自己的蓝光 LED 研究成果，但当时并没有得到多大反响。1964 年，在名古屋大学获得博士学位后，赤崎勇出任松下电器产业（属住友财团）东京研究所基础研究室长。9 年后，即 1973 年，赤崎勇正式开始蓝光 LED 的研究工作，并获得了为期 3 年的"蓝色发光元件应用研究"项目 300 万日元补助金。

红色、绿色发光二极管在 20 世纪中叶就已经问世，但要把发光二极管用于照明，必须发明蓝色发光二极管，因为有了红、绿、蓝三原色后，才能产生照亮世界的白色光源。尽管工业界和学界付出了巨大的努力，但产生蓝色光源的技术挑战仍然持续了超过 30 年之久。

此前很长一段时间里，科学家们希望通过硒化锌和氮化镓来获取蓝光，但氮化镓由于电气性能的限制很难做出高品质的晶体，于是人们普遍认为只有硒化锌是最佳选择。但是，赤崎勇认为：无论是物理性能还是化学性能，氮化镓都比硒化锌稳定，优点也更多；只要努力提高晶体的质量，一定可以打开一条新的出路。于是，赤崎勇开始了一场背离主流观点的孤独旅程。

1981 年，松下研究所生产了约 1 万个蓝光 LED，进行了样品供货，但由于成品率较低，并未实现商品化。同年，赤崎勇离开了松下研究所，进入名古屋大学担任教授。日本《产经新闻》曾将赤崎勇称为"荒野里孤独的前行者，只为那一抹蓝光"。1982 年，当时还是名古屋大学学生的天野浩进入赤崎勇的研究室，后来成为他的得力助手，从此赤崎勇不再孤单。

1986 年，丰田中央研究所开始支持赤崎勇和天野浩开发蓝光 LED 技术。同年，受赤崎勇的委托，丰田合成利用自身在汽车零部件薄膜技术方面的积累，开始展开 LED 方面的研发工作。默默坚持着的赤崎勇其实并不孤独，他的背后是日本大学、研究机构和财团企业的全力支持，其中丰田合成就扮演着重要的角色，更被誉为"蓝光 LED 的先锋"。

1987 年，受日本科学技术振兴事业团的开发委托，丰田财团的丰田合成成功地在蓝宝石上形成了 LED 电极。1991 年，丰田合成受到了日本科学技术振兴事业团的成功认定。1995 年，运用赤崎勇技术的丰田合成终于实现了蓝光 LED 的量产，并于当年 5 月提出有关发光元件基本构造方面的专利申请，2001 年 7 月该专利获得批准。

虽然赤崎勇和天野浩在 1989 年首次成功开发出蓝光 LED，但另一位诺贝尔奖获得者中村修二在蓝光 LED 量产技术研发方面走在了前面，他任职的日本日亚化学工业株式会社（简称日亚化学）于 1993 年就宣布量产成功。此后，丰田合成与日亚化学围绕相关专利进行了长时间的诉讼战。普遍认为，赤崎勇在蓝光 LED 的基础研究方面贡献突出，而中村修二的贡献主要在于实用化研究。

> **诺贝尔物理学奖：**根据诺贝尔 1895 年的遗嘱而设立的五个诺贝尔奖之一，该奖旨在奖励那些在人类物理学领域里做出突出贡献的科学家。诺贝尔物理学奖为全球物理界的最高奖项。一个国家的获奖数量也代表了这个国家的基础物理发展水平，而基础科学是一切科技的基础，正是因为日本有这么多诺奖得主的科研成果，日本才能在光学、材料学、气像学、半导体等方面拥有垄断优势。

不同于赤崎勇和天野浩背后有着丰田合成及丰田财团的支持，中村修二当时在四国岛上德岛市内一家名为日亚化学的公司工作。但不可否认的是，蓝光 LED 的研发是日本官产学研结合的成果。对此，天野浩就表示："蓝光 LED 的产品化是众多先行者为了合成出氮化镓类半导体晶体而开发的技术和坚持的结果。"

1991 年，丰田财团旗下的丰田合成研制出当时世界最高亮度的氮化镓蓝光 LED，由红、绿、蓝三色组成的白光 LED 得以实现。白光 LED 有着许多优点，体现在新材料、新工艺上的独树一帜，其最大的吸引力和期望是作为第 4 代照明光源，拥有庞大的照明市场和显著节能前景。自 1998 年起，全球半导体与照明领域掀起了一股白光 LED 的热潮。

得益于早期技术的积累

2005 年，丰田合成生产的白光 LED 汽车前灯已经包括高光、低光、DRL灯。在汽车前灯领域达到实用化后，较大功率的白光 LED 不久就作为普及型照明灯开始取代荧光灯。由此，以丰田合成为代表的 LED 厂家大量生产汽车前灯用的、发光效率达到 100lm/W 级以上的产品，从而达到降低成本的目的，进而使白光 LED 取代荧光灯用于普及型照明。

2012 年 2 月，丰田合成公开了效率更高、光通量更大的白光 LED 新产品，发光效率由原来的 150lm/W 提高至 170lm/W。作为可进行量产的产品，170lm/W 的发光效率已属当时业界最高水平。此外，丰田合成还展示大光通量的 LED 照明产品，不仅实现了高可靠性和高散热性，而且还通过缩小 LED 芯片的封装间隔成功实现了小型化。

2012 年 7 月，丰田合成公布的当年第二季度财报显示，公司合并营收较2011 年同期增长 61.0%，达到 1511.37 亿日元。丰田合成表示，营收的增加是由包含 LED 晶片、LED 灯泡及其他 LED 相关产品的光电事业部门以及汽车零组件部门的销售大增带动的。其中，光电事业部门受平板装置用 LED 产品销售增加影响，营收较去年同期大增 53.3%。

2016 年，日本文部科学省启动名为"有助于实现节能社会的新一代半导体研究开发"的氮化镓 LED 功率元件开发项目。此项目的特点是瞄准（功率元件的）用途，回溯氮化镓的基础研究，解明其原理，分晶体、器件、评价三个研究领域。其中在高品质氮化镓晶体领域，由 2014 年诺贝尔物理学奖得主天野浩教授担当负责人，丰田中央研究所、名古屋大学、大阪大学等参加。

2016 年 12 月，丰田合成宣布，为了打造更新的蓝光与紫外线 LED，从德国大厂 Aixtron 采购了新的 MOCVD 相关模组设备。这种新的技术模组，和之前的设备相比，具备更高的制程温度。它被设计用来生产高效率蓝光与 UV LED 产品，可应用于市场上的高演色性 LED 照明、UV 紫外线固化，以及光触媒纯化等。

2020 年 7 月，丰田合成推出了一款新型深紫外 LED 模块，用于水杀菌、空气杀菌和表面杀菌。9 月，丰田合成与日本非盈利组织生物医学科学协会合作开展实验，实验表面丰田合成的深紫外 LED 模块对杀灭人体冠状病毒 229E（HCoV-229E）有效。随后，丰田合成与丰田财团旗下的其他企业合作开发水杀菌、空气杀菌和表面杀菌应用产品。

2020 年 9 月，丰田合成开发出了可以照亮汽车前部的 LED 发光标志，它将被用于几种岚图（Voyah）i-Land 概念车，为其前部外形赋予一种高级观感。岚图是由丰田合成的战略伙伴中国东风汽车集团推出的豪华新能源汽车品牌，LED 发光标志是推动新能源汽车的象征。丰田合成未来将继续通过其塑料装饰与成型、LED 和其他核心领域的技术来满足多样化的设计需求。

2021 年 12 月，丰田合成宣布开发了全彩 LED 灯，为汽车内饰注入彩色光，可以在 64 种颜色间自由变换以适应用户的心情，并通过多种方式迎合个人喜好。丰田合成表示，以往的 LED 车内灯在不同位置会产生轻微的颜色差异，但新的车内灯通过在单个单元中使用红、绿、蓝光 LED 实现全彩效果；同时，通过结合控制光量的电子元件，将颜色差异降至最低，创造用户期望的颜色。

2022 年 3 月，日本丰田合成与日本大阪大学成功研制出尺寸超 6 英寸（约 15.24 厘米）的氮化镓籽晶，有助于氮化镓功率器件的低成本化。丰田合成表示，6 英寸功率半导体氮化镓衬底的研发得益于早期 LED 氮化镓衬底技术的积累。由于功率半导体广泛用于工业设备、汽车、家电等的电力控制，丰田合成正在利用其在氮化镓半导体方面的专业知识来开发下一代功率器件。

诺贝尔奖与财团研究所

2014 年 7 月，瑞典皇家科学院宣布将诺贝尔物理学奖授予日本科学家赤崎勇、天野浩和美籍日裔科学家中村修二，以表彰他们在蓝色发光二极管方面的发现。蓝色发光二极管是氮化镓二极管，而发光二极管是由含镓、砷、磷、氮等元素的化合物制成的二极管，当电子与空穴复合时能辐射出可见光，因而可以用来制成发光二极管。

在 1901 年至 2020 年的诺贝尔奖颁发历史中，日本是除欧美国家之外获奖最多的国家，达到 28 人。特别是进入 21 世纪，先后已有 19 名日本学者获得了诺贝尔奖的自然科学类奖项，其中以物理学奖和化学奖居多，获奖次数仅次于美国，位居世界第二。人们一直习惯把日本形容为亚洲国家崛起的"天花板"，仅就获得诺贝尔奖数量这一项，日本就无愧"天花板"这一称号。

日本曾在 2001 年提出过"50 年 30 个诺贝尔奖"的计划，这一提法当时在日本国内外遭到了群嘲，但如今不到 20 年的时间就已经实现一大半。值得注意的是，不同于在美国获诺奖的人里各国移民占据半壁江山，日本诺奖获得者更多的是"在本国受教育"。新世纪以来，日本所有获得诺贝尔奖的科学家清一色毕业于日本国内的大学。

在 2005 年到 2015 年的 10 年间，日本的科研经费平均达到国内生产总值的 3%，居发达国家首位，而 2016 年美国为 2.8%，约 4650 亿美元。很多人将日本诺贝尔奖的"井喷"归功于日本政府科研和教育的巨额投入，但是，成功绝不只是充足的科研经费那么简单，更重要的原因是日本一直以来坚持的"知行合一"。

日本诺贝尔奖得主中很大一部分人是来自制造业企业的科技人才，这颠覆了公众关于诺贝尔奖得主大多是大学教授或研究机构研究员的印象。据日本文部科学省科学技术·学术政策研究所称，2017 年日本研究费总额为 19.1 万亿日元，其中企业研究费为 13.8 万亿日元，占整体的七成以上。

20 世纪 70 年代，日本企业在世界制造业各领域崭露头角，欧美国家开始对日货颇有微词。当时，欧美舆论戏称日本企业多数是盗用欧美创意的"偷吃猫"，认为他们的成功是搭了欧美技术创新的便车，仅仅在应用研究和产品研发上花了点小钱。日本政府为了摆脱这种形象和骂名，一方面强制国立研究机构转向以基础研究为主，另一方面鼓励大财团企业设立中央研究所。

与此同时，以三井、丰田为代表的各大财团企业内部也有着对先进技术的渴求和将来占领市场的强烈期盼，加上政府的号召，于是财团企业兴起了设立中央研究所的热潮。这些企业的中央研究所一般都是让研究人员远离生产现场，让他们根据自己的专业寻找一个将来可能对企业有所贡献的课题，追求的一般是 5 年到 10 年以后的成果，而不是短期利益。

1960 年，丰田集团中的丰田自工、丰田自动织机制作所、日本电装、爱信精机、爱知制钢、丰田工机、丰田通商等企业共同出资成立了丰田中央研究所，专门从事技术开发和发明创造。丰田集团的这家研究机构聚集了大批产业技术人才，也培养了一批高级后备人才，为丰田的可持续发展起了关键性作用。

1980 年，丰田财团的丰田中央研究所搬迁至爱知县长久手市，扩充资本金到 30 亿日元。1986 年，丰田中央研究所开始支持赤崎勇和天野浩开发蓝光 LED 技术。如今，丰田中央研究所的研究领域包含了环境·能源·动力总成、材料·制造、信息·安全舒适·电子、研究基础技术等几乎所有核心科技领域。

"官产学研"贯穿产业化始终

2019 年 10 月，诺贝尔奖 2019 年颁奖仪式在瑞典首都斯德哥尔摩举行，日本名城大学教授吉野彰与两位美国科学家共享该年度诺贝尔化学奖。截至 2019 年，日本荣获诺贝尔奖的人数就已达到 24 人，其中更是有 19 人是在进入 21 世纪后获奖的。在获奖感言中，吉野彰表示，化学奖传统上一直是颁给学术型研究人员的，这次获奖是对企业主导研发的肯定和促进。

日本新世纪诺奖得主的获奖奠基性成果大都是在 1970 年至 1999 年做出的，也就是说是在日本将研发经费投入强度提高到 2% 之后做出的。1972 年，吉野彰从京都大学毕业后，直接进入旭化成工业株式会社工作，被分到研究部门，随之参与了几个研究项目，开发出第一枚商业上可行的锂离子电池。

在吉野彰获奖之后，他的一切活动，包括举行记者会见和接受媒体专访，都在旭化成公司里举行，也由旭化成全力操办。这是日本企业中一个特殊的制度——OB 制度（顾问/长老制度），一些担任过公司管理职务的员工和技术骨干即便退休了，公司也会拨出一笔资金资助他们的活动，提供场所让他们能经常来公司转转，让他们为公司发展继续出谋划策。

吉野彰发明的锂电池负极材料虽然没有直接为旭化成工业带去多大的利益，但盘活了日本的锂电池产业和新能源电池产业，带动了一大批材料企业在该领域长期处于世界领先地位，从而形成了日本关西地区锂电池产业的群聚效果。对日本大财团企业而言，虽然推动基础研究对本身的经济效益没有直接贡献，但是可以促活一批配套企业和产业集群。

日本出现诺贝尔奖"井喷"，一定离不开经济基础的强有力支撑。一个重要原因就是自20世纪80年代以来日本逐渐形成的完善产学研相结合的发展模式。源于欧美的"产学研"模式在日本更多时候被称为"官产学研"，是一次生产要素重新组合的过程。其中的"官"，即指日本政府，在整个体系中扮演了一个引导者、规范者、监督者、服务者的身份。

所谓的"产"，就是被称为"产业组织者"的综合商社。其中，三井物产是鼻祖，丰田通商是出色的学生，共同在日本经济中发挥着"产业投行"的作用。三井物产、丰田通商并不拥有生产设备，也不直接从事生产，它们的任务是调动全球的信息、人力、财力等各种资源，为财团旗下的各个企业服务，打通产业链，并帮助财团开创新的业务、进入新的产业。

> **产业投行**：一种商业模式。传统投行是把企业运作到资本市场中去，而产业投行则是直接对应到实体经济中，以金融为链接，重构产业生态，帮助产业更好升级发展——从"以金融为工具构建生态圈"逐步迭代升级到"以生态为核心赋能自生力"。在日本经济体系中，产业投行就是综合商社的高级形态。

所谓的"学"，例如位于爱知县的名古屋大学就被誉为"丰田的后花园"，一开始并不出众，但在丰田的大力支持下，其在顶尖学术领域的实力，如今已经丝毫不逊于东京大学与京都大学这样成名已久的名校。截至2020年，名古屋大学先后诞生了6位诺贝尔奖得主（4位获得诺贝尔物理学奖，2位获得诺贝尔化学奖），36位日本学士院奖和2位日本国际奖得主。

所谓的"研"，主体一直都是企业，从而避免出现"政府搭台、政府唱戏"

的局面。因为企业是市场竞争中的一个成员，可以敏感地捕捉到市场上的各种需求，同时也能主动创造需求，进而准确把握新产品的开发方向和新技术的研究方向。围绕企业的需求进行资金投入、科技研发与最终成果的产业化，是贯穿整个"官产学研"结合过程的主要力量。

丰田财团就是其中的典范，它一直都随着市场的发展变化而进行"官产学研"相结合的创新模式，与众多大学维持稳固良好的合作关系，在各个领域不断开发和研究尖端的科学技术产品，从而成为全球排名第一的超级汽车生产厂商。当丰田财团将相关研究成果产业化后，一部分利润公司自留，其余部分则可以继续分配给大学、科研机构，形成一个良性的循环。

丰田纺织
大爱工业
丰田车体
丰田合成
丰田汽车
丰田金凤
斯巴鲁
爱知制钢
丰田通商
爱信精机
丰田自动织机
日本电装
丰田中央研究所
永和不动产
丰田工业大学
捷太格特
日野汽车

第四节
专利联盟 & 产业整合

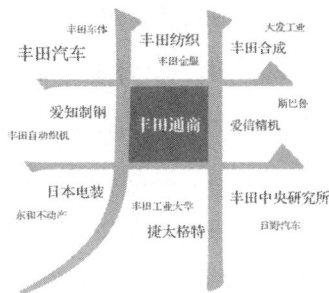

积极运用知识产权

2010 年 9 月，丰田合成与台湾晶元光电股份有限公司（简称台湾晶电）宣布缔结交互许可协议，彼此可使用对方 LED 的技术专利。在这次与丰田合成的交叉授权后，未来台湾晶电将主打照明、TV 背光源等相关应用。2010 年 10 月，双方共同设立合资公司丰晶光电，出资比例日方为 51%，台湾晶电为 40%，丰田合成在台湾的代理商敦意股份有限公司则拥有剩余的 9% 的股权。

根据台湾晶电的说法，未来的 LED 芯片产品售价：丰田合成>丰晶光电>台湾晶电，合资企业丰晶光电的产品主要是提供给需要专利保护更强的客户。事实上，此前很长一段时间里台湾晶电都在帮丰田合成代工生产 LED 芯片，并取得了不错的发展，此次专利授权与成立合资公司，不仅替台湾晶电打开了日系电视背光源市场的大门，也在一定程度上有助于台厂拓展全球的市场。

2012 年 10 月，在三井物产的牵线搭桥下，丰田合成与台湾另外一家大型半导体照明企业璨圆光电签署了 LED 专利交互授权合约。在之前的 2011 年 4 月，三井物产成为璨圆光电股东之一，持股约 15%，协助璨圆光电进行经营上的策略规划。璨圆光电长期的布局以 LED 背光源、一般照明、车用照明为主，未来通过三井物产的协助，可以实现更好的出海发展。

2014 年 6 月，丰田合成持股的台湾晶电以换股的方式全资收购了三井物产持股的璨圆光电，璨圆光电成为台湾晶电全资子公司。过去台湾晶电与璨圆光电的关系是竞争多过于合作，原本在 2007 年一度谈过合并。这次，台湾晶电收购璨圆光电，可立即取得产能，提高附加价值。而璨圆光电有了台湾晶电的技术加持，也可望走出过去长年亏损的阴影，可谓双赢。

2015 年 1 月 15 日，中国半导体照明企业深圳瑞丰光电有限公司宣布与丰田合成在深圳签署了白光专利授权协议，瑞丰光电由此获得丰田合成在奥地利、日本、美国、欧洲、俄罗斯、中国、韩国、印度、马来西亚的白光专利授权。瑞丰光电表示，协议有利于推进公司"大客户"战略和国际化进程，且有助于提升产品附加值和公司核心竞争力。

4 天后，1 月 19 日，另一家中国企业聚飞光电也宣布取得了丰田合成的白光 LED 专利授权。聚飞光电指出，该次签约，代表聚飞光电正式成为 B. O. S. E. 联盟授权的白光 LED 制造商，并拥有从芯片到 LED 白光应用的全方位专利屏障。丰田合成不仅是全球前五的 LED 厂之一，也是达成最多交互授权的 LED 厂。苹果用于 iPhone、iPad 的白光 LED 仅有的两家供应商就是丰田合成、日亚化学。

2015 年 7 月，易美芯光（北京）科技有限公司与丰田合成光电贸易（上海）有限公司在北京举行白光 LED 专利授权协议签署仪式。8 月，佛山市国星光电股份有限公司与丰田合成光电贸易（上海）有限公司举行了白光 LED 专利授权协议签署仪式。其中丰田合成光电贸易（上海）有限公司成立于 2003 年，是丰田合成在华全资子公司，并获得了其相关专利的授权。

2015 年 10 月，深圳市穗晶光电股份有限公司发布公告称，收到并确认丰田合成签署的白光 LED 专利授权协议合同书。据不完全统计，大陆厂商中除上面提到的瑞丰光电、聚飞光电、国星光电、易美芯光、穗晶光电，晶科电子、旭宇光电、鸿利显示等企业也都将获得丰田合成的 LED 芯片及荧光粉等专利授权，从而加强各自走向国际市场的核心竞争力。

时任丰田合成光电贸易（上海）有限公司总经理的杉浦嗣典表示："丰田合成株式会社一贯主张在采取合理的措施保护技术研发成果的同时，积极地运用持有的知识产权，为优质的高亮度 LED 的研发和市场开拓提供公平竞争的市场环境。选择与中国大陆企业进行白光 LED 专利授权，是因为我们看重其在封装技术领域不断创新的能力及尊重他方专利权的专业意识。"

寡头垄断光源技术

2014 年 10 月，丰田合成宣布与德国欧司朗（Osram）签署了一份有关 LED 技术的专利互换的扩展协议。该扩展协议涵盖并扩展了双方 2007 年原始协议的专利范围，其中包含在原协议执行完成后，丰田合成所申请的新专利。协议为双方在开发、制造和推广新产品创造更为便利的条件，以及快速大幅提升 LED 的发光强度，双方无须担心无意中侵犯到对方的专利权。

与电子行业欣欣向荣、百家争鸣的格局不同，光源领域的技术厂商垄断趋势越发明显。尤其是在 LED 关键技术方面，日本丰田合成（Toyoda Gosei）、荷兰飞利浦（PHILIPS）、德国欧司朗（Osram）、美国科锐（Cree）和日本日亚化学（Nichia Chemicals）五大寡头已经形成战略同盟。不仅仅是日本丰田合成与德国欧司朗之间，全球五大 LED 巨头基本都已完成专利互授。

其中，美国科锐与德国欧司朗签署全面性的全球专利交叉许可协议，日本丰田合成、日亚化学与美国科锐达成 LED 技术专利协议，德国欧司朗完成了与日亚化学、丰田合成和荷兰飞利浦的全球专利互授，美国科锐也与荷兰飞利浦签署了一项类似广泛交叉许可的协议。这些专利互授涵盖蓝光 LED 芯片的技术、白光 LED、荧光粉、封装、LED 灯泡灯具，以及 LED 照明控制系统等领域的专利。

在 "LED forum 2014 中国国际 LED 市场趋势高峰论坛" 上，丰田合成全球市场营业部知识产权项目总监东门领一直接表示："当前 LED 基础专利掌握在飞利浦、日亚化学、欧司朗、丰田合成、科锐这 5 家国际大厂手上，彼此间通过专利互动授权形成专利保护墙，从而达到控制产业链、供应链目的，而在专利墙外的业者将面临到诉讼威胁与授权金支付的难题挑战。"

国际巨头们的专利权互授已成为其全球战略的一部分，目前上游所有的关键技术，几乎都被他们垄断。同时，这五大厂商在技术和产品上各具特色，其中日本的丰田合成和日亚化学都已形成 LED 完整的产业链，美国科锐具有自己成熟的技术体系，并只集中于外延和芯片的制造；荷兰飞利浦则更关注大功率

LED 的研发，在白光照明领域实力雄厚；德国欧司朗在白光 LED 用荧光材料方面具有优势。

2015 年 3 月，奥地利锐高公司在德国曼海姆地方法院对 AOC International（Europe）B. V. 及其子公司提起专利侵权诉讼。2018 年 8 月，锐高公司再次在慕尼黑第一地方法院控告德国 Ingram Micro Distribution GmbH 公司销售由中国台湾 HTC 公司生产的智能手机侵犯了公司所持有的专利权。锐高公司是奥德堡集团旗下的重要子公司，主要定位为照明元器件。

这两起诉讼案都并非由奥地利锐高公司独立发起，而是经过了 B. O. S. E. 联盟的授权。所谓的 B. O. S. E. 联盟是指由日本丰田合成、奥地利锐高公司、德国的 Leuchtstoffwerk Breitungen GmbH 和 Litec GbR 共同组成的，拥有以蓝光 LED 和黄色硅酸盐荧光粉生成白光的技术为基础专利的产业联盟，丰田合成正是通过该联盟推出专利使用权许可计划。

在 B. O. S. E. 联盟中，丰田合成所持有的硅酸盐白光专利是核心优势，此外丰田合成还拥有世界最高水准的高亮度封装产品线。奥地利锐高公司的最大优势则在于智能控制，它在 1991 年发明了世界上第一台数字调光镇流器，当今通行的 DALI（电子镇流器）协议便是在其数字调光镇流器技术上建立的，并且锐高公司在欧洲拥有超过 10 年的 LED 电源研发生产经验。

从"技术研发"到"产业整合"

1980 年，日本三洋电机株式会社研制成功磷化镓发光二极管，从绿光到红光均可任意发射。同年，三洋电机经过香港来到珠三角，与佛山市国星光电股份有限公司签订来料加工协议，由三洋电机提供设备和原材料，国星光电负责生产 LED 显示板、LED 小灯、LED 数码管等产品。由此，三洋电机成了最早进入中国 LED 产业的企业之一，并伴随着中国改革开放的春风，一路高歌猛进。

三洋与松下有着密切的历史渊源。早在 1947 年，43 岁的井植岁男正式辞去了松下电器（属住友财团）行政管理主任的职务，和他的兄弟井植佑郎、井植薰在日本大阪创办了三洋电气厂（三洋电机的前身）。井植岁男是"日本经营之神"松下幸之助的内弟，在年仅 14 岁时就随同松下幸之助参与了松下电器的创立与发展。井植家族的兄弟三人也都是松下的创业元老。

在赤崎勇离开松下研究所 22 年之后，2003 年 9 月，松下电器的子公司松下电工株式会社在东京召开的"固体元件及材料国际会议"上，发布了发光效率达原来 1.5 倍的氧化镓蓝光 LED 芯片。此前，松下电工于 2002 年 8 月，出资 1.72 亿欧元，收购了德国照明设备制造商 Vossloh Elektro 公司，以扩大其在欧洲的照明设备业务。

2006 年 3 月，为缓解财务紧张状况，三洋电机向三井住友银行、大和证券 SMBC（三井住友银行与大和证券的合资公司）和美国高盛定向增发优先股，共筹集了 3000 亿日元资金。作为交换，三井住友银行、大和证券 SMBC 和美国高盛共获得了三洋 60% 的投票权，在三洋电机董事会的 8 名董事中，这 3 家公司派出的董事占了 5 名。

三井住友银行由三井银行（樱花银行）与住友银行于 2001 年合并而来。三井住友金融集团又由三井住友银行成立，旗下公司包括：三井住友银行、三井住友卡有限公司、三井住友融资租赁有限公司、日本综合研究所、SMBC 朋友证券有限责任公司、大和 SB 投资有限公司与大和证券 SMBC 有限公司，2009 年持有约 1.8 万亿美元的资产，是世界上最大的金融机构之一。

2008 年 12 月，松下电器宣布并购三洋电机，并与三井住友银行、大和证券 SMBC、美国高盛 3 家大股东就股份转让一事达成了共识。松下总裁大坪文雄表示，松下的白色家电的节能优势明显，三洋在太阳能电池、燃料电池、充电电池等技术上也遥遥领先，松下电器将力争在其创业百年（2018 年）之际，变身为一家综合能源厂商和世界第一的电机制造商。

2009 年 11 月，松下电器对三洋电机的并购正式启动。到 2010 年 8 月，松下

> **综合能源**：指一定区域内利用先进的物理信息技术和创新管理模式，整合区域内煤炭、石油、天然气、电能、热能等多种能源，实现多种异质能源子系统之间的协调规划、优化运行，协同管理、交互响应和互补互济，并通过规划、建设和运行实施有机协调与优化，最终形成能源产供销的一体化。

通过股票公开买卖，获得三洋电机 80.77% 的股份。2011 年 12 月，三洋电机大阪总部的"SANYO（三洋）"标识被"Panasonic（松下）"取而代之。2015 年 4 月，随着三洋电机在日本国内最后的子公司三洋鸟取技术解决方案公司（三洋 TS）所有股份的转让，三洋电机所有职员转往松下。

在东京举办的"2009 电设工业展"上，松下电器旗下的松下电工展出了全部采用 LED 光源照明的店铺。店铺用 LED 照明设计模拟设置了两个杂货店，一个是照明均采用卤素筒灯，一个是照明均采用 LED 光源。该公司表示，LED 照明的照度虽低，但其亮度感与卤素灯相当，而替换成 LED 照明，耗电量可以削减 75%。

2011 年，松下电工开发出了亮度可以达到高功率型高频（Hf）荧光灯照明器具同等甚至以上水平，而耗电量降低的 LED 照明器具"一体型 LED 基础照明灯"，光色有白色、昼白色、暖白色及灯泡色等。该一体型 LED 基础照明灯配备有采用陶瓷基板的 LED 模块。基板具有劣化低、散热高且反射高的特点，使用 4000 小时后，仍可获得高达 95% 的光通量维持率。

日本能，为什么中国不能？

中国 LED 的发展起步并不晚，早在 1968 年，中国科学院长春光学精密机械与物理研究所就成功研制出中国大陆的第一只 LED，这距离美国通用电气公司（GE）开发出世界上第一只 LED 只有不到 6 年的时间。20 世纪 80 年代中国 LED 的材料和器件也已形成产业，90 年代开始迅速发展，企业主要集中在 LED 产业链下游的封装和应用方面。

尽管中国市场已经进入 LED 产业的繁荣时期，但繁荣背后是多数企业和资本的低效率生产运作。归结原因，主要是中国有 90% 以上的 LED 生产企业仍然在跟踪模仿国外的技术，大部分企业都缺少核心专利技术及品牌意识，同质化严重，通过拼价格、拼规模、拼投资，在中低端照明市场挣扎。专利布局的滞后，使得中国企业缺乏高质量发展的动能。

仅以数量计算，中国目前拥有的 LED 专利数量位居世界前五。但是，中国大陆在 LED 产业链中上游的外延技术、芯片结构等重点核心产业领域，专利申请数量却要远低于日本、美国，也低于德国和中国台湾地区。这是因为在很长一段时间里，中国大陆的 LED 发明专利申请者主要都是国家"863 计划"等项目的承担单位和实施单位。

一方面，中国科学院半导体所、物理所、长春光机所、南京大学、北京大学、清华大学、浙江大学和南昌大学等科研院所掌握了大量专利，却面临着研发与生产脱节的实际情况。另一方面，大量中国 LED 企业由于科研实力有限、专利意识不强等，长期受制于外国 LED 巨头的技术垄断。解决长期困扰中国科技发展的"产研脱节"老大难问题是当务之急。

日本首先为中国做出了榜样。2009 年 7 月，日本政府联合 19 家日本大型企业，根据《促进工业振兴和其他法律促进日本工业活动创新的特别措施法》成立了株式会社产业革新机构（Innovation Network Corporation of Japan，简称 INCJ），其中政府出资 920 亿日元，企业出资 100 亿日元，这是日本唯一一家由官民共同出资但是决策权完全交由民间的投资机构。

2010 年 8 月，日本首支专利基金——生命科学知识产权平台基金（Life Science IP Platform Fund，简称 LSIP 基金）成立，主要投资方正是 INCJ。通过汇集来自各大学和研究机构的专利，并向企业提供专利组合许可，LSIP 基金为企业提供研发新产品，以及更充分利用发明创造的手段和途径。由此，LSIP 基金也被称为"知识产权银行"。

INCJ 社长能见公一表示："中国发展的因素在我们投资判断中占有很重要的地位，我们要通过投资来让日本技术在全球竞争中胜出的同时，打开新兴市场，重点就是中国。我们不是因为日本企业有绝对技术优势而进入中国市场，而是要充分运用包括技术、经营理念、经营风格以及以往积累的人力资源经验等日本企业的综合实力来打入中国市场。"

2013 年 7 月，由中国国家半导体照明工程研发及产业联盟（CSSLA）主办、丰田合成协办的"白光 LED 专利研讨会"在上海举办。作为全球一流的 LED 技术开发和生产制造商，丰田合成的顶级专家以及国内知名企业的代表齐聚一堂，并围绕白光 LED 专利问题及关于海外市场的 IP 对策及建议展开深入的交流和探讨。

丰田合成的顶级专家为观众带来了"白光 LED 的专利纠纷""进出口许可的现状""关于提高白光 LED 的寿命和可靠性""关于硅酸盐荧光粉""LED 模组/用于照明器具的白光 LED"等主题演讲。CSSLA 通过携手丰田合成,紧跟企业市场需求,抓住白光 LED 市场及技术的走向,能够为中国国内企业带来日本领先的技术理念,可以为实现国内 LED 产业共同发展创造新的局面。

丰田车体　丰田纺织　大发工业
丰田汽车　丰田金服　丰田合成
　丰田自动织机　丰田通商　斯巴鲁
爱知制钢　　　　　　　　爱信精机
日本电装
东和不动产　丰田工业大学　丰田中央研究所
捷太格特　日野汽车

第五节
跨越百年的创投风潮

世界上最早的创投公司

　　1890 年 3 月，35 岁的伊藤喜十郎在三井银行工作期间，一次从大阪到东京上野参加第三届"内国劝业博览会"，琳琅满目的发明、专利品让其深受震撼，决心通过商业将这些发明实用化。这位伊藤喜十郎和三井家族的渊源颇深，他本姓小野，是大阪商人小野十右卫门第六子，后与同为大阪商人的伊藤善兵卫的长女结婚，成了伊藤家的婿养子，继而改姓伊藤。从历史来看，小野家实际上是三井家族的一个分支家系。

　　当年，伊藤喜十郎决然地辞去三井银行的工作，在东京开了一家专门的事务所，开始遍访散落在日本各地的默默无名的发明家们。这些发明家，几乎都是一些非常痴迷发明却对商业运作不感兴趣的"科学怪人"。在这个过程中，伊藤喜十郎不仅资助他们进行发明创造，同时还努力将这些发明产品实现商用化，创造真正的价值。

　　显然，伊藤喜十郎并不是真正的发明家，他更多的是发明家的伯乐、天使投资人，通过慧眼、商才让那些可能被埋没的发明走进世人的生活。他曾说："发明，只有被世人广泛使用，才谈得上具有价值。"在位于大阪市中央区的伊藤喜公司史料馆内，至今陈列着伊藤喜十郎曾经发掘、销售的各种创投产品：保险柜、誊写版、别针、订书机、收银机、打孔机、安全剃刀……

　　日本"帝国发明协会"先后 50 多次表彰伊藤喜十郎。1929 年，伊藤喜十郎还被天皇召见，这在当时无疑是极高的褒奖和认可。如今他创建的伊藤喜公司已经是日本办公家具行业不折不扣的巨头，除办公家具、建设工程设备制造、销售、维修等主业外，还涉及室内装饰、物流、售后保养等多个领域，目前拥有 25 家子公司、7 家工厂，在新加坡、印度、中国等都设有业务活动基地。

创业投资（Venture Capital）通常也被称为"风险投资"，欧美学者普遍认为创投最早源于美国，萌芽于 20 世纪 20 年代。而伊藤喜公司可以称得上是最早的创投公司，创始人伊藤喜十郎更是被誉为日本"发明大王"。出身自三井银行的伊藤喜十郎深受"日本企业之父"涩泽荣一的赏识，店名"伊藤喜工作部"就是涩泽荣一亲笔题写的。

> **风险投资：**主要是指向初创企业提供资金支持并取得该公司股份的一种融资方式。之所以被称为风险投资，是因为在投资过程中有很多的不确定性，给投资及其回报带来很大的风险。一般来说，风险投资都是投资拥有高新技术的初创企业，这些企业的创始人都具有很出色的技术专长，但是在公司管理上缺乏经验。

继续深挖，最早的创投其实还可以追溯到 1876 年，三井物产在成立之初就扮演着扶植日本中小企业成长的角色。1894 年，丰田佐吉与纺机工厂老板石川藤八共同开办了乙川棉布合资会社，提供周转资金的是三井物产。不仅如此，三井物产为丰田佐吉提供资金支持之余，还为其纺织产品开拓市场。

1895 年，三井物产董事长益田孝发表了"纺织立国论"，并设立了井衍商会招纳丰田佐吉。1905 年 12 月，在三井物产总部主管棉布的主任藤野龟之助和名古屋支店长寺岛升积极筹划下，丰田织布机株式会社诞生，三井物产不仅自己参加，而且还成功地动员了大阪、名古屋以及东京等地的资本家加入该公司。

1912 年 5 月，丰田佐吉急需资金，找到三井服部商店社长服部兼三郎，很快就借到了 25 万日元。1914 年，三井物产董事藤野龟之助又为丰田佐吉提供了 6 万日元的资金，让他放手去干。1926 年，三井物产驻西雅图的办事员冈本藤次郎进入丰田公司，后来冈本藤次郎因其稳重能干且见识不凡成了"为丰田守金库"的监察人。

当然，三井物产对丰田的投资并不仅限于资金方面。1915 年 10 月，三井物产名古屋支店长儿玉一造的弟弟儿玉利三郎娶了丰田佐吉的长女爱子为妻，并改名为丰田利三郎，他就是丰田汽车的首任社长。1916 年，年轻的石田退三也在儿玉一造的引荐下从三井财团来到丰田，并于1950年丰田处于危难之时出任社长，力挽狂澜拯救了丰田，被誉为丰田的"中兴之祖"。

"三井创投"跨入新世纪

1996年，三井物产（综合商社）成立了专门从事创业投资业务的金融投资部门——三井创投株式会社（Mitsui Ventures）。三井创投作为一个金融投资者，独立于三井物产的其他业务单元，专注于向全球新兴企业以及具有高成长性的企业提供风险投资和成长投资。从三井物产1876年创建，到1996年三井创投从三井物产分立出来，已经过去了120年的时间。

2009年10月，三井物产环球投资株式会社（原名三井创投，简称三井环球投资）联合3家中国创投公司，投资2000万美元给阿尔特汽车技术股份有限公司。该公司创始人宣奇武，先后获得清华大学汽车工程系学士学位、日本九州大学工学博士学位，曾在长春一汽汽研所工作，后在日本期间就职于日本三菱汽车公司，任开发本部主任，2002年自日本留学回国后开始汽车研发设计创业。

阿尔特最早在成都龙泉驿区进行产业规划，和成都市产投集团、成都市龙泉驿区工投公司共同投资，于2016年成立了四川阿尔特新能源汽车有限公司，致力于混合动力系统耦合器和纯电动车减速器等新能源动力系统的研发和制造。阿尔特在全国12个省市设有子公司，已为广汽本田、东风本田等车企批量供货，并获得上汽通用五菱、德国大陆等知名客户的定点采购。

目前，阿尔特公司已成为国内最大的独立汽车设计公司，并在2020年登陆创业板，成为A股首家独立汽车研发设计公司。阿尔特已拥有近2000人的团队规模，超过80%为研发人员，在汽车设计领域具备全链条开发能力。随着近年新能源汽车"造车新势力"的兴起，截至2021年6月末，阿尔特新能源汽车研发设计收入占比已达到83%。

2012年12月，苏州汉朗光电有限公司宣布完成公司第二轮融资，本轮融资由三井环球投资领投。汉朗光电由段刘文于2009年创立，他的父亲就是享有"中关村之父"美誉的四通集团董事长段永基。如今在中国专业的液晶新材料及液晶光电器件领域，汉朗光电已经占据 60% 的市场份额。

与前身三井创投相比，三井环球投资进一步加强了和总部三井物产的联系。今后关注企业的规模将更大，行业领域也更为广阔，要求企业具备应对国际化竞争的实力或者潜力，但不再局限于提供早期创业资本。投资团队能够充分发挥三井物产的国内外网络和市场运作能力、业务知识与经营关键技术，利用通过实业培养起来的经营资源和综合能力，提供真正有价值的产业投资。

2017 年 7 月，北京链农互动科技有限公司旗下的网站 FarmLink 完成了数千万元的 B+ 轮融资，本轮投资由三井环球投资领投。作为 B2B 餐饮原材料配送初创公司，链农是一家为中小餐饮商家提供一站式、全品类且更低价食材采购的服务商，主营的餐饮食材供应链行业，是一个具有 1.3 万亿元市场规模的行业，未来发展前景巨大。

三井环球投资先后投资了众多生活消费领域的项目，包括提供热影像数据服务的英国无人机制造商 Sky-Futures（B 轮），生产可持续蛋白产品的美国健康保健公司 Calysta Energy（D 轮），面向印尼 2.5 亿多消费人口出售各种商品的印尼电商平台 Matahari Mall（战略投资），以及日本手机购物平台 Mercari（D 轮）等多家多领域的潜力公司。

根据 2018 年风险投资数据公司 CB Insights 联合《纽约时报》发布的"全球风险投资家 Top 100"榜单，在亚洲企业中，三井环球投资成功跻身世界前 20。如今，三井环球投资在东京、纽约、硅谷、孟买、首尔、上海设有办事处，涉足的领域包括通信、软件、信息服务、生命科学、医疗器械和零售服务。

"丰田创投"应运而生

2016 年 5 月，丰田汽车宣布与美国 Uber 公司签署了合作备忘录，丰田金融服务公司和 Mirai 创意投资有限合伙公司将共同完成对 Uber 的投资。同时，双方在金融租赁、汽车销售等方面展开合作，消费者可以贷款购买丰田汽车，并通过在 Uber 提供服务获得收入还贷。此外，双方还联合开发车内应用，设立面对 Uber 司机的汽车销售项目，以及共享双方的调研成果等。

2017 年 7 月，丰田独立的早期风险投资公司丰田 AI 创投公司（Toyota AI Ventures）诞生了，后更名为丰田创投（Toyota Ventures）。为此，丰田研究所投资 1 亿美元建立风险投资基金，以更好地资助科技初创公司。此前，丰田还有两家早期基金投资——前沿基金（Toyota Ventures Frontier Fund）和气候基金（Toyota Ventures Climate Fund），管理着 1.5 亿美元。

由此，效仿三井环球投资公司，丰田财团在汽车产业领域的创投机构已经搭建出一个雏形，并开始稳健起步和快速发展。丰田汽车社长丰田章男表示："丰田要在同一时间内采取进攻和防守兼备的策略。作为一家有近百年发展历史的汽车制造商，丰田将考虑其他各种可能的发展方向，包括合作、并购和收购等方式。"

丰田创投聚焦人工智能、机器人系统、自动驾驶、数据和云技术，并为那些在相关领域内开发出"颠覆性"技术的科技初创公司设立创业投资基金，其最终目的是要迎接来自新型汽车制造商的巨大挑战。对此，丰田研究所表示，世界上投资 AI 领域初创的风险投资公司虽然比较多，但是并没有哪一家像丰田这样既投资 AI 领域公司，又懂汽车行业。

丰田创投由吉姆·阿德勒担任董事总经理，之前他一直担任丰田研究所的副总裁。他在一份声明中说："汽车制造商必须参与到创业生态系统中，才能在汽车行业的快速转变中保持领先。"阿德勒同时表示，他和他的团队最大的价值就是帮助初创公司思考哪些业务问题值得解决，而不是从这些投资中提取知识产权。

起初，从滑板车初创公司到飞行出租车，丰田创投筛选了 1800 项左右的潜在投资项目，最终决定首先选取 3 家公司作为 AI 领域投资的重点对象，分别是美国硅谷自动驾驶汽车技术开发商 Nauto、英国视觉跟踪和映射算法开发商 SLAMcore 和以色列机器人伴侣开发商 Intuition Robotics，用以帮助丰田弥补在自动驾驶等技术上的不足。

在 2017 年成立后的一年多时间里，丰田创投与 27 家公司达成了交易，其中包括投资了 19 家不同的初创企业，涉及微移动出行和机器人等多个领域。根据丰田创投的一份声明，丰田将会为帮助那些最聪明的企业家去实现其提高人类生活质量的承诺。除启动第一轮 1 亿美元的投资，丰田创投还在 2019 年 5 月推出了第二只 1 亿美元的基金。

作为丰田财团的综合商社，丰田通商一直具备创投的能力，2017 年 8 月参与了东南亚专车公司 Grab 的最新一轮融资，总额达到 25 亿美元。此前，日本软银和中国滴滴已经作为 Grab 本轮融资的领投方对这家公司进行了投资。丰田汽车是丰田通商的大股东，将在 Grab 运营的汽车内安装其驾驶记录设备，希望向新的驾驶服务领域扩张。

2020 年 11 月，非洲汽车公司 Autochek 在两轮融资中总共筹集了 1650 万美元，丰田通商和 CFAO 集团创立的风险投资机构（Mobility 54 Investment SAS）参与其中。此次扩张使 Autochek 与 CFAO 集团合作，将其市场带到法语地区，所在的非洲市场数量增至 5 个。CFAO 集团是丰田通商 2012 年控股的法国经销商，负责将法国国内汽车和药物销往非洲和其他海外地区。

丰田合成拿起创投接力棒

2019 年 1 月，丰田财团的丰田合成决定在公司内部设立风险投资部（Corporate Venture Capital Department）。丰田合成的风险投资部其实也是丰田创投的一个延续。这个新部门成为公司灵活、快速的创业投资与风险投资中心，以加速新技术和新产品的实际应用和商业化的开放创新。

丰田合成的风险投资部前期拥有 30 亿日元的运营预算，主要关注 4 个领域内具有资源和技术能力的初创企业：机器人、半导体、下一代汽车零部件和新材料。丰田合成"2025 年商业计划"显示，在其中一个关键领域"勇于创新并直面新流动性"中，丰田合成正在开发下一代机器人和其他应用的人工肌肉 e-Rubber、具有人机界面功能的模块化汽车产品。

丰田合成在全球 18 个国家和地区拥有约 100 家工厂和办事处。为了使其产品研发生产商业化，风险投资部计划尽快投资于有望与丰田合成的核心技术部门达成协作的初创企业。丰田合成未来的目标是在供应系统和前沿技术的支持下加速成为一家灵活的全球性公司，以通过其灵活的、一体化全球网络快速地应对不断变化的业务环境，并保证全球客户对其产品拥有最高满意度。

2019 年 5 月，日本丰田合成宣布对光学技术创业公司 Imuzak 投资 5000 万日元，以加速开发适用于自动驾驶汽车的内外饰模块。该笔交易通过丰田合成新

> **前沿技术**：指高技术领域中具有前瞻性、先导性和探索性的重大技术，是未来高技术更新换代和新兴产业发展的重要基础，是国家高技术创新能力的综合体现。其主要包括：基因操作和蛋白质工程技术、虚拟现实技术、高温超导技术、氢能及燃料电池技术、天然气水合物开发技术等类似的高新技术。

成立的风险投资部完成，交易完成后丰田合成持有 Imuzak 公司 19% 的股权。Imuzak 作为初创企业成立于 2015 年，专注于光学设计和纳米结构光学元件的开发。

向总部位于日本山形县的初创公司 Imuzak 投资，是丰田合成的风险投资部的首次对外投资。对此，丰田合成在公告中表示："丰田合成对 Imuzak 的投资将使我们获得该公司在光学领域的创新发现，以创造新的价值。因为，它们开发了激光雷达（LiDAR）应用中对红外光透明的外部产品，以及设备运行中利用光的内部产品。"

2019 年 9 月，丰田合成宣布向初创公司 Tryeting 投资 5000 万日元，加速研发采用人工智能技术的材料。通过投资，丰田合成可将 Tryeting 的人工智能技术与其多年积累而来的材料设计知识结合起来，从而拥有快速模拟大量材料不同复合模式的能力，以加速具有优越功能的材料的研发，例如用于激光雷达（光探测和测距）和其他传感器的新材料。

Tryeting 是日本名古屋大学的衍生公司，可以提供一个集成了各种软件的人工智能平台。该公司的优势之一是材料信息学，即将人工智能、大数据等信息技术应用于材料的技术，从而显著加快新材料的研发速度。随着自动驾驶汽车、共享汽车和电动汽车相关技术的不断发展，丰田合成也希望通过将传感器等电子元件集成至其核心塑料和橡胶部件中，寻求让其产品实现更大的附加值。

2020 年 8 月，日本丰田合成宣布与美国初创公司 Ossia 合作，双方将致力于

将无线供电技术应用于汽车座舱、智能城市等领域。成立于 2008 年的美国 Ossia 公司是无线供电解决方案的全球领导者，该公司所拥有的全球首创专利技术可通过空气传输电力，根本无须电缆，而且使用微波，可同时为几米范围内的多个设备供电。

紧接着，丰田研究所于 2020 年 9 月宣布设立一只新的 8 亿美元的全球风险投资基金。该基金的名称是"Woven Capital"，目的是投资自动驾驶汽车和智慧城市等领域的公司。3 个月前，丰田章男在国际消费类电子产品展览会上刚刚公布了丰田"未来城市"的名字——编织之城（Woven City），并表示"我们要建立一个全新的、拥有居民的城市实验室"。

2016 年 7 月，丰田合成宣布，在印度哈里亚纳邦建立新工厂，来满足汽车零部件产品市场需求的不断增长。新工厂将为当地日本汽车制造商生产安全气囊、挡风雨条以及其他零部件。这个工厂投资约为 5.5 亿卢比，占地面积达 2 万平方米，建筑面积为 8000 平方米，于 2017 年 3 月投产。

2017 年 5 月，丰田合成宣布在印度古吉拉特邦建设一个新的汽车制品工厂，即古吉拉特工厂，投资额约为 7439 万元人民币。工厂的土地面积为 2 万平方米，建筑面积约为 8500 平方米。新工厂作为丰田合成子公司的分工厂，主要生产各种安全气囊、方向盘等安全系统制品以及密封条制品。丰田合成将印度视为重点市场，因此着力推进新工厂的增设。

2017 年 8 月，丰田合成宣布在越南成立新的安全气囊零部件工厂，总投资为 2460 万美元。新工厂作为丰田合成在越南的生产子公司 Toyoda Gosei Haiphong Co., Ltd. 的分工厂，将建在越南太平省的前海工业区，占地面积约为 11.3 万平方米，建筑面积约为 2.08 万平方米。该工厂将生产安全气囊、方向盘等相关零部件，其产品将出口到日本、北美、欧洲等最终组装工厂。

参考文献及来源

1.［日］赤崎勇：《蓝光之魅——诺贝尔奖得主赤崎勇自传》，方祖鸿、方明生译，学林出版社 2016 年版。

2. 朱敏慧：《丰田合成的 2020 战略 成为全球化供应商》，《汽车与配件》2014 年第 36 期。

3. 杨与肖：《丰田合成转型》，《经营者（汽车商业评论）》2015 年第 6 期。

4.《丰田合成：安全、环保、轻量》，《汽车与配件》2017 年第 14 期。

5. 绍争：《丰田合成公司研制成世界最高亮度蓝色 LED》，《光电子技术》1991 年第 3 期。

6. 张昕：《"死亡气囊"之殇——日本制造业史上最大破产案揭密》，《国企管理》2017 年第 15 期。

7. 成英译：《白光 LED 和电容器引领汽车电子发展》，《电子设计应用》2005 年第 1 期。

8. 王书宇：《日本产学研结合的经验及启示》，《科技广场》2020 年第 3 期。

9. 宁政：《天津汽车工业振兴之路》，《政策与管理》1996 年第 8 期。

10. ［日］高泽茂治、毕克鲁：《日本橡胶工业的发展和现状》，《橡胶译丛》1982 年第 6 期。

11. 李学乐：《伊藤喜传承法则》，《董事会》2014 年第 8 期。

12. 金田林、吴泓毅、王振东：《日本制造业转型升级的经验镜鉴》，《未来与发展》2021 年第 4 期。

13. 梅清晨：《丰田生产方式≠精益生产》，《企业管理》2017 年第 4 期。

14. 胡若飞：《丰田生产模式（TPS）在我国企业推广中的问题研究》，《产业与科技论坛》2013 年第 6 期。

15. 宋蕾：《蓝色发光二极管的技术与实际应用》，《信息技术》2006 年第 6 期。

16. ［美］Ron Norton：《LED 产业知识产权问题的思考》，《现代显示》2010 年第 5 期。

17. 周程：《坚持到底是赤崎勇的成功之道》，《中国科学报》2014 年 10 月 17 日。

18. 郭一娜：《专访日本产业革新机构（INCJ）社长能见公一》，《国际先驱导报》2011年11月25日。

19. 马磊:《日本官产学研合作的经验与启示》,硕士学位论文,东北大学,2011年。

20.《张夕勇:北汽要学华为丰田 大力发展服务业》,2014年10月16日,见 https://auto.163.com/14/1016/10/A8M26NFN000857IS.html。

21. 猫某人:《丰田合成设立公司风险投资部,CVC 究竟有何魅力?》,2018年11月14日,见 http://www.p5w.net/weyt/201811/t20181113_2219765.htm。

22.《丰田合成密封条合资项目十堰开工》,2020年3月25日,见 https://www.sohu.com/a/383098476_100148131。

23. 杨浩:《投资10余亿日元 丰田合成公司将在中国扩大生产规模》,2019年11月22日,见 https://baijiahao.baidu.com/s?id=1650870674106218161&wfr=spider&for=pc。

24. 王欢:《丰田合成研发新一代橡胶 欲制成柔软机器人》,2018年12月14日,见 https://smart.huanqiu.com/article/9CaKrnKfUPW。

25. [日] 阿部晃太朗:《丰田合成抓住中印商机增产安全气囊》,2020年9月17日,见 https://weibo.com/ttarticle/p/show?id=2309404550081872527478。

26.《陈琦:构建产业生态 实现共生、互生与再生》,2019年7月18日,见 http://opinion.jrj.com.cn/2019/07/18161227857512.shtml。

27.《国际五巨头联手筑 LED 专利壁垒 布局渠道抢占中国市场》,2011年4月20日,见 http://www.cena.com.cn/semi/20110420/27261.html。

28.《丰田合成新建燃料电池汽车工厂 生产高压氢气罐》,2018年3月21日,见 https://www.d1ev.com/news/qiye/65171。

29. 贠娜:《日本诺奖得主 LED 技术获赞 "荒野里的孤独前行者"》,2014年10月9日,见 http://cjkeizai.j.people.com.cn/n/2014/1009/c368507-25799064.html。

30. 丰田合成官方网站:www.toyoda-gosei.com。

第九章　日本电装：智能制造迎未来

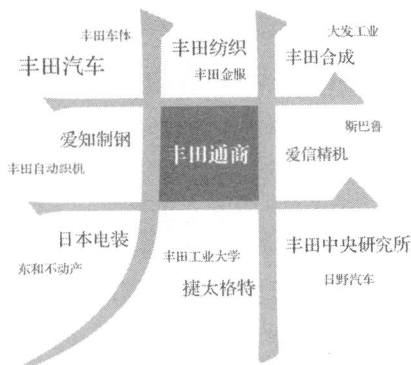

1949年，从丰田汽车分离出来的零部件电装部门，重新注册了日本电装株式会社，丰田汽车占有日本电装的22.5%股份。时至2020年，日本电装已经是世界第二大、日本第一大汽车零部件供应商。这一切，都离不开丰田财团的支持和"三井商道"经营理念的潜移默化的影响。

1987年，根据双方签署的技术转让协议，三井财团的东芝半导体晶圆厂的设计和制造技术移交给了丰田汽车。1989年，丰田汽车在广濑工厂建立了自己的半导体芯片生产线。2007年，日本电装、丰田汽车、丰田中央研究所这三家丰田财团的企业，共同推进半导体碳化硅（SiC）研究。

2018年1月1日，丰田财团宣布启动新体制，涉及日本电装和爱信精机等丰田旗下的主要企业，时年69岁的日本电装副会长小林耕士出任丰田副社长。此次丰田还请来了三井住友银行的前常务执行董事福留朗裕，让其就任丰田金融服务公司的社长，主要负责汽车贷款等金融服务。

"三井"告诉了我们什么

20世纪90年代初,日本通产省官员元岛直树率先提出了"智能制造"愿景:全球产业链互联,企业经营各环节,如订单接收、产品设计、研发生产、物流配送、经营管理等都实现智能化,并通过协作生产,实现全球制造业的网络集成。此后,日本的智能制造发展实际上从最开始的布局规划阶段向整合发展阶段转向,主角也由政府机构转变为制造业企业。

进入21世纪后,全球化、信息化趋势不断增强,为重振经济、追赶世界科技发展新潮流,日本政府丰富了原有的科技战略,提出了"科技创新立国"新战略。同时,日本《科学技术基本计划》逐渐将生物技术、信息技术、环境技术和纳米技术等新兴产业作为重点发展领域,并着重强调智能制造在科技挑战、产业融合等领域的引领作用,同时加强对智能制造的基础研究投入。

2001年,丰田财团旗下的电装公司专门成立研发生产机器人的公司DENSO WAVE。日本曾计算出一个数据:日本若能导入3000万台可24小时工作的产业机器人,就相当于增加了9000万制造业劳动人口,保证日本在2050年前成为全世界最具竞争力的国家。因此,机器人成了日本智能制造的核心方向之一,日本电装、发那科、安川电机等也都是这一领域的翘楚。

2015年6月,日本工业价值链促进会(IVI)正式成立,旨在打造日本的智能制造协同平台。与其将IVI称为典型的"产学官合作"一体化机构,倒不如认为其是一个财团企业合作的大合集。因为IVI在日本拥有250多家企业会员,其中丰田、东芝、IHI、马自达、三菱电机、日立、本田、NEC等财团制造业为核心成员,而另外的一半会员则全都是产业链上相关的各个中小企业。

2016年12月,日本工业价值链促进会推出了工业价值链参考架构(IVRA),形成了独特的日本智能制造顶层架构,其中包括三个层级,即基础结构层、组织方式层、哲学观和价值观层;同时也包括三个维度,即产品维度、服务维度和知识维度。IVRA以大财团制造业企业为核心,纳入中小企业,通过一定的接口形成互联耦合的创新网络,从而形成一种积木式的创新。

2018年3月,日本的工业价值链计划对工业价值链参考架构进行了优化,提出了新一代工业价值链参考架构,对产业价值链或关联产业的战略实施进行了更进一步、更深层次、更加实用的研究。通过用例共享促进智能制造的研究,基于官民一体促进项目发展。2019年,日本决定开放限定地域内的无线通信服务,通过推进地域版5G,鼓励智能工厂的建设。

本章导言

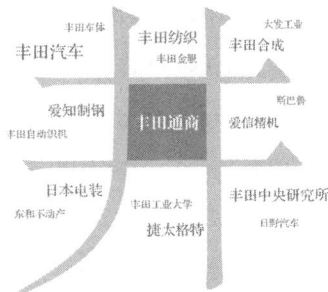

在比亚迪创始人王传福进入汽车行业的 2003 年 8 月，比亚迪第 15 事业部在上海成立，后逐渐发展成为汽车电子研发及生产基地，分布于深圳、西安（含商洛）及长沙，为公司量产车型供应产品多达 4000 余种，涵盖安全电子、车身电子、信息站、商务车专用电子四大领域。"技术为王，创新为本"一直是比亚迪的发展理念，为此，比亚迪从未停止对核心技术自主研发的投入。

2009 年，王传福放出豪言："2015 年成为中国第一大汽车生产企业，2025 年计划销售突破 1000 万辆，超越丰田，成为全球第一。"与此同时，通过对研发、生产、管理、班组团队的高效建设，比亚迪第 15 事业部突破和掌握了汽车电子相关专利累计近 1000 项，仅 2013 年研究的前沿技术就达 70 多项，创造了国内汽车电子产品种类、自主研发深度、产业化率上的奇迹。

丰田财团旗下的日本电装公司是世界顶级的汽车零件供应商，在 60 年前只是丰田汽车的一个研发部门。基于汽车电子研发的比亚迪第 15 事业部很可能会成为"比亚迪的电装公司"。如今，比亚迪累计申请专利超 3 万件，累计申请发明专利 1.7 万件，DM-i 超级混动技术、碳化硅电控、刀片电池、宽温域热泵系统和电池直冷直热技术等都处于同领域世界前列。

在比亚迪公司"汽车电子化战略"的引领下，第 15 事业部专注研发了大量汽车电子技术，并以优质的成本实现产业化，例如多媒体系统、互联网+、驾驶辅助系统、无钥匙系统、行车信息系统、整车热管理系统、安全系统、整车开关及车辆线束。同时，第 15 事业部立足汽车电子、电器，打造一流产品、服务，致力于提升用户驾乘的安全性、节能性、舒适性和娱乐性。

2019 年，丰田汽车与比亚迪开始进入深度合作。当年 7 月，丰田汽车与比亚迪签订合约，计划共同开发轿车和低底盘 SUV 的纯电动车型，以及上述产品所需的动力电池。

比亚迪推出了具备颠覆性的刀片锂电池技术以及 DM-i 超级混动技术，新能源汽车销量更是占其总销量的 90% 以上。因此，无论是技术硬实力还是产品认可度，比亚迪都是丰田汽车最合适的合作伙伴。

2020 年 4 月，丰田汽车与比亚迪合作的纯电动车研发公司比亚迪丰田电动车科技有限公司正式成立，注册资本为 3.45 亿元，中日双方各自持股 50%。2021 年，比亚迪以 59.4 万辆的销量排在特斯拉的 93.6 万辆之后，成为全球新能源汽车销量第二名。除了新能源汽车，在传统燃油车市场，比亚迪也取得了不错的成绩，2021 年销量也达到了 13.6 万辆。

2021 年 3 月，在一段视频谈话中，比亚迪公司创始人王传福说："我心目中最敬佩的就是丰田，要学习丰田的工艺、设计和产品，然后才能站到他的肩膀上。"谈到和丰田成立合资电动车公司，王传福表示："我们要超越竞争关系，在日本去开发一款电动车的产品，成本肯定是比较高的。因此，丰田觉得和比亚迪合作可以让它的产品提前两到三年投入到市场里面去。"

2022 年 3 月，中日合资企业比亚迪丰田电动车科技有限公司宣布将投放首款车型。该款车型正是在 2021 年 12 月丰田全球电动车战略发布会上，丰田章男一口气带来的十多款纯电概念车之一的 "bZ SDN" 的量产版本。丰田 bZ SDN 量产版外观几乎完全还原了 2021 年年底发布会上的概念车，包括贯穿前脸的日行灯带和 4 只 LED 单元的前大灯。

这款丰田 bZ SDN 新车型由比亚迪负责研发电驱系统，丰田负责设计内外造型和生产制造。此前，天津一汽丰田已于 2021 年 12 月建成了新能源汽车项目，计划在 2022 年投产 3 款车型，其中 2 款分别是 bZ4X 纯电 SUV 和赛那姊妹版 Granvia 混合动力 MPV。而第三款代号 EV7 的车型正是这次曝光的 bZ SDN，定位为类似全球战略车型卡罗拉的 A+ 级纯电轿车。

第一节
从丰田走出的世界巨头

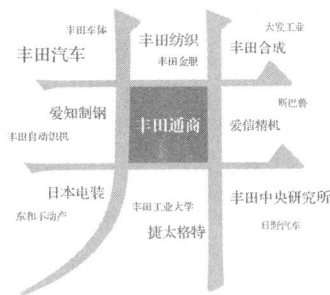

丰田车体　　丰田纺织　　大发工业
丰田汽车　　丰田金融　丰田合成
爱知制钢　　丰田通商　　斯巴鲁
丰田自动织机　　　　　爱信精机
日本电装　　丰田工业大学　丰田中央研究所
东和不动产　捷太格特　日野汽车

日本电装的雏鹰时代

1937 年 8 月，在丰田家族的倾力支持下，丰田汽车工业公司正式成立。在丰田汽车成立之初，电气化配件几乎全部依赖进口。于是，丰田汽车在内部专门设立了一个名为"电气配件"的部门，主要负责采购所需的电气零配件，如今的日本电装公司（Denso）就是始于这个部门。随后由于战争，日本政府开始对汽车配件采购实施限制，电气配件部门便开始尝试自主研制。

第二次世界大战结束以后，丰田汽车在战后重建过程中得以逐渐恢复，但很快又遭遇了经济危机的打击，陷入劳资纠纷让丰田汽车的企业经营一度举步维艰。为此，时任丰田汽车社长的丰田喜一郎决定于 1949 年底对公司进行重组，裁撤掉部分产业，其中一项举措就是把原来的电气配件部门从汽车工厂中分离出去，以缓解丰田的压力。

1949 年 12 月，从丰田汽车分离出来的零部件电装部门在爱知县刈谷市重新注册了日本电装株式会社（Nippon Denso），当时的企业员工将近 1500 人，资产 1500 万日元。按照约定，日本电装公司虽然脱离了丰田汽车的控制，但并没有与丰田集团切断联系，其仍然是丰田汽车的主要配件供应商，丰田汽车也占有日本电装的 22.5% 股份。

当时刚独立出来的日本电装只是一家很小的配件企业。经过几十年的发展，它如今已经是世界第二大、日本第一大汽车零部件供应商。在《财富》杂志发布的 2021 年世界 500 强榜单中，日本电装更是以 466 亿美元的成绩排在第 244 位。这一切都离不开丰田财团的支持和"三井商道"经营理念潜移默化的影响。

可以说，日本电装在初始创业时期完全是在丰田关照下成长起来的，依然沿袭着丰田"精益生产"和"独立自主研发与制造"的企业精神。战后时代日本优秀企业都具备共同的特征，它们普遍都是学习型企业，日本电装也不例外。日本电装认为，只有不断学习最顶尖的技术，才能使企业长盛不衰，正所谓"百丈高楼，起于垒土"。

当时，刚刚成立的日本电装正处于日本经济困难时期，制造汽车产品还是奢望，只能生产日本民众迫切需要的家电产品，于是电装牌的洗衣机应运而生。他们的洗衣机一经上市，就迅速成为日本家电消费市场的宠儿。但是，日本电装并没有满足于短期的利益，而是将这笔钱作为学习的经费，积极向欧美国家派出专员，学习当时世界上最先进的机械技术。

企业以简单的方式来区分的话，一种是经济型企业，另外一种像日本电装这样，属于生命型企业，即学习成长型企业。可以说，世界上目前大多数都是经济型的企业，这样的经营理念与西方的一些管理经验比较符合，而日本的企业可能大多需归为生命型企业。日本人更多把企业当成自己的一个孩子，而不是把企业看成一个赢利或者赚钱的工具、手段。

传统的经济型企业主要是为了让自己公司的利润最大化，企业和员工关系实际上是一种单纯的雇佣关系。但是，在学习成长型企业里面，对于经营成功的考虑，并不是完全看重企业利润的最大化，或者说不关注短期的企业利润最大化，而是从更长远的、长期的发展过程来看待。所以，员工和企业两者之间不再是一种简单的雇佣关系，而是一种盟约关系，或者说是利益共同体。

1952年10月，日本通产省公布了《关于同外国企业在轿车方面合作和装配的方针》，允许在轿车生产方面同外国汽车公司实行合作、进口零部件在国内进行组装。为了弥补技术方面的落后，日本各汽车制造公司相继与欧美企业建立起了合作关系。这也给作为汽车零配件企业的日本电装带来了难得的机遇，与国际先进企业合作，拓展专业技术。

从小学生变成强大对手

1953 年，德国的罗伯特·博世公司决定启动生产液压装置，而生产过水箱的日本电装公司恰好具备一些与之相配的技术，于是两家公司建立技术援助合作。通过这次合作，日本电装公司的技术水平和产品附加值能力得到了很大的提升。在吸收了德国博世公司的先进技术后，日本电装公司也开始进行消化吸收，并逐渐转化掌握这些技术，最终实现自主化研发。

> **产品附加值**：指通过智力劳动（包括技术、知识产权、管理经验等）、人工加工、设备加工、流通营销等创造的超过辅助材料的价值的增加值，生产环节创造的价值与流通环节创造的价值皆为产品附加值的一部分。产品附加值＝产品售价−进入该生产阶段的半成品价格−辅助材料价值。

成立于 1886 年的德国博世公司不仅是全球第一大汽车技术供应商，同时也是欧洲家电市场占有率第一的领导品牌。如今，德国博世的业务范围涵盖了汽油系统、柴油系统、汽车底盘控制系统、汽车电子驱动、起动机与发电机、电动工具、家用电器、传动与控制技术、热力技术和安防系统等，名列 2021 年《财富》世界 500 强第 98 位。

1957 年，通过与德国博世公司之间的数次技术合作，日本电装已经可以开始独立生产电机、火花塞、仪表和发动机等器件。1961 年，日本电装公司获得了日本质量管理的最高奖项——戴明奖。此时的日本电装早已经不再是德国博世身边的小学生，而是摇身一变成了他们在国际市场上的一个强劲的对手。

学习不等于模仿，日本电装的发展轨迹也并不是完全照搬其他企业的技术，而是选择对方先进的技术与理念，进而消化梳理出一条适合自己的道路。对此，电装（中国）投资有限公司总经理山田昇表示："我们的前辈先是引进德国博世的技术，然后消化这种技术，再自主化……电装有很多产品都是从博世学的，但是现在日本电装有部分技术完全超越了德国博世。"

日本电装的技术水平提升，要得益于其坚持"走自己的发展道路"的理念。日本电装还提出了"以高品质的产品和服务令顾客满意；通过预期的变化达到全球范围的营业额增长"的经营方针。事实上，日本电装的"高品质的产品"就是丰田"精益生产"思想的一种具体体现。短短十余年间，日本电装就从刚刚展翅的"雏鹰"成长为可以搏击长空的"雄鹰"。

受益于日本电装在汽车零部件方面的技术突破，丰田汽车成功地于 1966 年推出丰田花冠（Corolla）。该车代表了当时小轿车的最高性能水平，在 1969 年当年成为全球最畅销车型，并在此后很长时间里屡获销量冠军。凭借强大的产品力与性价比，丰田在 1971 年跃居成为世界第三大整车厂，如此快速的成长也成功反哺日本电装，帮助这家零部件企业迅速崛起。

20 世纪 60 年代末，日本电装的年销售额成功达到 900 亿日元，较 1950 年提高了 31 倍，发展迅速。进入 20 世纪 70 年代中期，在石油危机的影响下，日本电装先后开发出多款节能省油的新产品。显然，日益发展壮大的日本电装不希望仅仅被捆在丰田汽车这一棵大树上，于是开始走上海外扩张贸易和资本自由化之路。

当然，日本电装的海外拓展也离不开丰田汽车的帮助。当时，两次石油危机促使美国汽车消费者的需求发生重大的转折，日本车较小的体积、节约燃油等优势成为市场热点。以丰田为首的日本整车厂借此机遇开始大面积向海外扩张。作为丰田的零部件供应商，电装也紧跟丰田海外扩张步伐，触角伸及美国、德国、澳大利亚、泰国、加拿大、南美洲、马来西亚等地。

到 20 世纪 80 年代末，日本电装已经成功打入美国通用、福特和克莱斯勒等国际整车厂的供应链体系，并先后和英国、意大利、西班牙以及中国企业展开合作。当时，日本电装的年销售额已经达到了 1.3 万亿日元，较 60 年代末整整提高了 14 倍，净利润更是高达 483 亿日元。可以说，当时日本电装布局全球市场的战略已初见成效。

与伙伴共同创造价值

进入 20 世纪 90 年代，日本汽车工业得到迅猛发展，并不断对欧美垄断局面发起冲击。伴随着高新技术的发展，众多企业都希望通过自主研发提升竞争力，日本电装也加入其中，在 1991 年成立了电装研发实验室，开始对未来的新兴技术进行研发。此外，其收购和入股的目标公司，大多数都是某项关联领域的技术领先企业。

1996 年，日本电装更名为"Denso（电装）"，去除了"Nippon（日本）"一词，名字的变更也显示出电装公司进军全球市场的决心。1997 年初，决心国际化的电装制定了"Denso 2005"的愿景规划，并将此规划纳入长远的经营目标。2005 年，电装以 229 亿美元的销售业绩，如愿进入《财富》世界 500 强。

2015 年，电装公司在东京车展上提出了"领先工厂"的概念。所谓"领先工厂"是基于产品批量减少而成本不变的思想提出的，并且融合了丰田的"精益生产"和"大规模生产"的理念。同年，电装再次入选《财富》世界 500 强，虽然在总销售额上并未追上德国博世，但双方的利润已比较接近（博世 32 亿美元，电装 23.5 亿美元）。

从过去德国博世身边的一名"小学生"，到如今能比肩国际巨无霸企业的存在，经过长达 60 多年的发展奋斗，电装公司已经逐渐成为全球汽车零部件及系统的顶级供应商，更是全球主要整车生产商可以信赖的长期合作伙伴。截至 2021 年，电装已经实现营收超 3000 亿元人民币，在全球零部件企业中仅次于德国博世，排名第 2 位。

几十年间，通过一代代电装人的技术追求和资金投入，最终形成了公司独立自主的研发能力。目前，电装共有 21 种技术和产品排名世界第一。作为提供汽车前沿技术、系统以及零部件的顶级全球供应商之一，电装公司在环境保护、发动机管理、车身电子产品、驾驶控制与安全、信息和通信等领域，是全球主要整车生产商可信赖的合作伙伴。

丰田财团的电装公司向来低调，与它的顶级供应商身份形成鲜明对比。无论是火花塞、散热器、发动机，还是各种电子控制设备、成品汽车里的电装零部件，从来都不打自家的商标。电装认为，商标应该是成品商的追求，零部件商的职能就是为成品商提供服务，为什么还要和客户抢商标？用电装一位从业人员的话讲："我们是零部件企业，下游客户对我们的认知，就是我们的商标。"

在电装的企业文化中有这样一句话："共同创造价值，使世界变得更加美好。"电装公司没有论坛，没有经验介绍，派员工去学习也都是悄然进行的，甚至连电装高层参加社会活动或者接受采访时都惜字如金。因此，没有多少人能看到他们的企业规划里写的都是什么内容，人们只能看到他们在做些什么，"低调"已然成为电装人的代名词。

很长一段时间以来，媒体似乎都喜欢对世界 500 强企业的成功经验进行解读分析，进而希望总结出一种放之四海而皆准的管理模式。这种学习标杆企业的模式尤其适合那些正处在成长中的企业，显然低调而强大的电装就是一个非常成功的典型。然而，电装并没有固定的管理模式，用他们自己的话来讲，电装每天都仍在学习过程中，能有什么经验模式供你效仿呢？

当然，没有形成管理模型并不等于没有管理。像电装公司这样的大型零部件企业，很难用一套现有的企业模型去进行管理。实际上在经营中提升管理水平，在管理中反思经营得失的企业才是真正的学习成长型企业。这一过程也并不是没有规律的盲目前进，而是需要有一种高度的思想核心去加以约束，这种思想就来自其背后的财团文化和贯穿日本商业数百年的"三井商道"。

离不开的财团生态体系

2016 年 1 月，丰田研究所（Toyota Research Institute Inc.，简称 TRI）在美国硅谷成立，由来自美国国防部先进技术研究局的吉尔·普拉特担任 CEO，谷歌机器人技术部门负责人詹姆斯·库夫纳担任 CTO，这家公司的目标是帮助丰田"发现什么是未来"。自成立以来，丰田研究所做了大量的前沿研究，自动驾驶、机器人技术、材料科学都是其探索的方向。

2016 年 7 月，电装公司联合爱信精机、捷太格特和爱德克斯这 3 家丰田系的兄弟公司，共同组建了合资公司 J-QuAD Dynamics，着手研发自动驾驶、车辆运动控制等方面的集成软件。合资公司由电装公司执行董事隈部肇担任总裁，公司注册资本为 5000 万日元，电装占 65% 股权，爱信精机占 25% 股权，爱德克斯和捷太格特各占 5% 股权。

　　不仅是共同投资，日本财团企业间的相互持股形成的产业互联网是一种历史常态。截至 2019 年 3 月，电装公司的前三大股东公司分别是丰田汽车、丰田自动织机、东和不动产，它们都是丰田财团的核心成员。此时，电装公司则持有丰田汽车 2.59% 的股份，为其第三大股东；丰田自动织机持有丰田汽车 6.73% 的股份，为第一大股东。

　　在丰田财团内部，除了企业之间有相互持股关系及共同投资的关系外，人事互派等方式也是增强财团企业之间关联的重要纽带。早在公司成立之初，日本电装就曾派出两位负责技术方面的董事到欧美学习，其中白井武明是被丰田喜一郎大力培养的丰田汽车骨干。白井武明也是丰田英二（丰田汽车第五任社长）的同事，1937 年曾与丰田英二一同在工厂工作，后来还担任过日本电装的会长。

　　2017 年 11 月 28 日，丰田财团宣布于 2018 年 1 月 1 日启动新体制。与往年相比，提前 3 个月敲定了 80 人规模的董事级人事安排。丰田此前通常会在 1 月调整部长级别以下的人事安排，在 4 月调整董事级别的人事安排，本次则将董事级别的人事安排提前到 1 月。此外，新体制还涉及电装公司和爱信精机等丰田旗下的主要企业，这些企业与丰田一起提前实施人事调整。

　　当时，丰田汽车与主要零部件企业之间的董事级别人事变动非常值得关注。时年 69 岁的电装公司副会长小林耕士出任丰田副社长，他原本就是出身于丰田，2003 年前往电装公司就职。此外，丰田旗下爱信精机的刹车厂商爱德克斯（Advics）的小木曾聪社长，也时隔两年重新回到丰田。有丰田的高管表示，一系列人事变动的原因是"如果不进一步提高凝聚力将无法取胜"。

　　随着业绩和经营环境的变化，丰田的任何人事调整都不足为奇。此次丰田还请来了三井住友银行的常务执行董事福留朗裕任丰田金融服务公司的社长，负责强化车贷等金融服务。这也是过去很长一段时间里丰田没有做出的举动。随着共享经济的普及，车贷等金融服务业务越来越重要。在专业性高的岗位起用非丰田出身的人才，也是此次人事调整的特点之一。

　　日本这种高级经理人在财团内部流动，甚至是跨财团流动，无论是过去还是现在都是十分普遍的。这体现的正是日本财团文化中对人才的重视，在丰田财团内部，每个管理人员都会对一个很有价值的词特别在意，这个词叫"人财育成"。企业造产品只是表象，造产品真正强大的价值在于"造人"，或者叫育人，丰田不只制造汽车，还塑造人。

> **人财育成：** 丰田对劳动力素质用"人财"来重新定义，把制造产品的过程作为将员工智慧转化为创造价值的过程，由此员工就成了"人财"。丰田认为，企业管理人员最重要的工作不是制造产品，而是"制造人"——对员工能力的任何一点投资，都可能多倍转化为产品价值或客户价值。

2018 年 3 月，被誉为丰田财团"三驾马车"的丰田汽车、电装和爱信精机共同注资 28 亿美元，成立新公司——丰田研究所先进开发公司（Toyota Research Institute Advanced Development，简称 TRI-AD），主要对自动驾驶软件技术进行研发。

2019 年 7 月，电装与丰田汽车两家公司共同宣布，考虑到当前的汽车行业正在朝着互联网汽车和自动驾驶汽车方向发展，双方计划成立一家合资企业，共同开发下一代汽车用半导体，如电动汽车所使用的动力模块以及自动驾驶车辆使用的外围监测感应器。双方在一份联合声明中表示，电装公司将持有合资企业 51% 的股份，丰田汽车持股 49%。

第二节
与中国市场共同成长

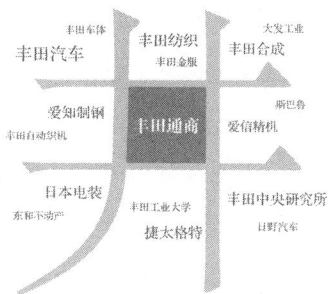

叩开新市场的大门

1987 年，也就是在北京丰田汽车代表处设立 7 年之后，丰田财团的电装公司在中国成立了北京事务所。刚刚成立的电装北京事务所只有一个工作，那就是做产品的前期市场调研，这也是当时许多日本企业进入中国的常用方式，往往不急于马上推出产品，而是要先观察一段时间。

1992 年，中国大陆汽车市场突破 100 万辆，时任丰田社长奥田硕也喊出了"尽丰田集团之全力，助中国汽车之发展"的口号，迫切希望中国政府能够批准其直接进入中国轿车生产领域。日本电装（现名电装公司）为此还成立了一个叫作"中国事业推进室"的职能部门，这一部门的主要任务就是讨论该以怎样的方式进入中国汽车零部件市场。

1994 年 12 月，日本电装在中国成立了第一家生产公司——烟台首钢电装有限公司，希望通过合资的模式在中国推广自己的产品。合资公司由中国首钢总公司（出资 50%）同日本电装株式会社（出资 30%）、丰田自动织机制作所（出资 15%）以及丰田通商株式会社（出资 5%）共同建立，通过引进日本电装的产品、工艺技术和工艺装备，主要生产经营车用空调全系统。

当时，日本汽车在国际市场上已经是风生水起，而刚刚起步的中国大陆并不是很受日本汽车企业的重视。同时，受到当时中国相关汽车政策的影响，日本的整车企业在中国大陆市场的发展情况普遍都不好，这也直接导致了零配件企业电装公司的销售额止步不前。于是在 1995 年，日本电装公司决定派出山田昇前往中国开拓中国市场。

山田昇是个典型的"中国通"，可以讲一口流利的中文。山田昇在 20 世纪 70 年代初上大学时选择的就是中文，这在那个时代的日本社会并不多见，毕竟彼时中日尚未正式建交。而在中日建交后，山田昇成了第一批受政府邀请访华的"日本汽车界代表团"的成员之一。

来到中国后的山田昇，很快就意识到了电装烟台工厂产品卖得不好的原因：中国的地方产业是受到当地政府保护的，外资想要更好地发展，就要找到合适的当地企业作为合资伙伴。不仅需要与当地的重要客户进行合资生产，还要尽可能地在附近建设配套厂房，才能更好地开展业务。而如果要在当地成立企业，就一定要融合进当地的文化，或者是当地的习惯。

1997 年 7 月，电装公司开始选择在离客户比较近的地方建厂，联合丰田通商、天津泰达集团、天津大学科技工贸发展有限公司成立了天津电装电子有限公司，主要涉及引擎产品、汽车组合仪表、燃油泵、车载导航系统等。12 月，电装公司又独立出资成立了天津电装空调有限公司，经营范围为汽车空调器系统、热交换器产品及相关零部件的生产、销售。

1998 年，本田汽车公司在广州成立了公司，开始生产雅阁汽车。随着雅阁汽车在中国市场的大卖，作为配套企业，电装合资公司的生意也开始有了好转。由此，电装公司意识到想要更好地发展，就不仅只是为丰田汽车提供零部件，还要给更多的汽车生产厂家提供产品。此后，电装公司便先后与长春的一汽、广州的广汽以及上海的上汽进行合资，并为它们提供相应产品。

2003 年 6 月，电装公司与广州汽车零部件有限公司成立合资公司广州电装有限公司，以中国南方地区为主要市场目标，为广州本田、东风本田、武汉本田、广州丰田、长安铃木等整车公司提供配套产品。10 月，电装公司又与中国一汽集团所属富奥汽车零部件有限公司成立了天津富奥电装空调有限公司，主要为一汽生产的高级轿车、越野车提供配套产品。

与丰田汽车共舞的十年

1998 年，本田汽车率先在中国投资建厂，丰田汽车、日产汽车先后于 2001

年、2003 年跟进。可以说，电装公司是紧跟着日系车企的脚步开始为中国提供零部件生产的。特别是 2002 年，丰田汽车与中国一汽集团成立了合资公司以后，电装公司在中国市场的销售额逐渐增大。2003 年 2 月，电装公司将北京事务所法人化，正式在中国成立了一家统括公司——电装（中国）投资有限公司。

在电装公司面向 21 世纪发展的全球战略中，中国也第一次被提议为重点强化的地区。同时，电装公司决心在中国扩大市场份额，加快产品开发，建立稳定的销售渠道。2003 年，电装公司选择与沈阳市中汽联合汽配贸易有限公司（简称中联汽配）开展合作，中联汽配摒弃了传统的批发分销方式，率先在中国国内汽配界实行特许经销的专卖体制，一直为业内人士所津津乐道。

2004 年，来自丰田的营业额在电装公司的中国市场总收入占到 40%，本田则占到 30%，可以说这一时期日本整车企业在中国的发展对电装公司具有非常大的影响。此后很长一段时间里，与丰田汽车的独特联系以及紧跟日系车企的步伐，都被看作电装公司能够在中国市场取得成功的主要原因。特别是随着丰田、本田、三菱等在华生产和销售的扩大，电装公司的配件市场也会逐渐发展。

为了进一步增强中联汽配的实力，电装公司还联合丰田通商和中联股东等五方参股组建了日本配件企业联合体——日联公司，专门负责中联汽配与日本各合作企业的产品引进、市场扩展事务。到 2005 年，经销的配件产品已从最初只有电装火花塞发展到近 20 个厂家的 400 多个品种，成为电装公司在中国进行产品销售的主渠道。

2006 年，电装公司就在华南理工大学设立了"电装助学金"，随后又在南开大学、天津大学、中山大学、江南大学、上海交通大学、吉林大学等多所大学设立了"电装助学金"项目。电装公司作为一个外资公司，不仅希望能够为中国汽车产业的发展添砖加瓦，也希望在企业社会责任上树立一个良好的企业形象，贡献出应有的社会力量。

此后，尽管经历了 2008 年四川汶川大地震、2009 年金融危机、2010 年丰田大规模召回、2011 年日本东北大地震、2012 年中日钓鱼岛争端等事件，但是电装公司仍攻克种种难关，用了 10 年时间将电装（中国）投资有限公司发展为拥有 800 多名员工、销售额达 200 亿元、关联公司达 27 家、关联公司员工人数超 1.2 万名的集团企业。

从 2003 年到 2013 年，这是中国汽车产业发展最快的 10 年，也是一家企业的黄金 10 年。10 年间，一汽丰田收获了 350 余万辆的销量，成为中国国内产品线最丰富的汽车企业之一。作为丰田汽车最大的零部件合作企业，电装公司自然也是赚得盆满钵满。此外，在中国市场，电装公司的日系客户（包括丰田在内）占总销售额的比例始终保持在 60% 左右，提供了持续稳定的销售业绩。

许多人认为，电装公司之所以能够短时间内在中国汽车零部件市场上站稳脚跟并迅速做大做强，是借助了日系车丰田、本田和日产等在中国的快速发展。诚然，电装公司和丰田汽车是幸运的，它们都赶上了中国汽车市场迅猛发展的黄金 10 年。但是，在时任电装（中国）投资有限公司董事长兼总经理山田昇看来，成功绝不仅仅是因为"幸运"。

2013 年，山田昇在接受采访时表示："电装公司在中国的起步，虽然是以日系的整车企业为主开展业务，但是在其后的发展过程中，电装在中国市场上开始与不同类型的客户建立了信赖关系，这种客户之间的信赖关系就是一个最大的收获。从形势上来看，大众、通用，包括现代的客户比例会越来越多。从产品来说，商用车包括摩托车，尤其是节能减排的产品，也会越来越多。"

电装公司一直在努力改变过于依赖于丰田汽车的情况，山田昇坚持认为"要在中国开发更多的自主品牌的用户"。多年来，电装公司已经先后与包括一汽集团、长安集团、上海通用等中国汽车企业，在自主开发汽车项目方面有了具体的合作。

> **自主品牌**：指由企业自主开发，拥有自主知识产权的品牌。对于汽车企业的自主品牌，一般认为中国国内企业拥有完全的产品修改权、完全的品牌运营权的品牌，就可以叫作自主品牌。但不一定所有的研发工作都要在本土完成，关键是拥有自主权利。

此外，沃尔沃已经被吉利汽车收购，电装公司在瑞典跟沃尔沃合作得很密切，因此希望将来也能够和吉利汽车有进一步的合作。

形成独立的本土开发能力

2012 年 3 月，丰田财团的电装公司与中国同济大学开展合作，共同在江苏太仓市的道路上进行了交通控制系统的验证试验，这是电装公司首次在中国的一般城市道路上进行车路协同的验证试验。此前，电装公司在全球范围内与业界、政府以及研究机构等合作进行了多次验证试验，并提供了车载通信设备，该系统在欧美安全领域的应用已经较为先进。

电装公司表示，今后还计划和中国其他大学、企业共同合作，以此进行如下验证试验：公共交通的运行管理；新能源车的通信服务；面向一般车辆的交通流控制，交通管理；以及基于车车通信的车辆安全系统。为此，在 2013 年，电装公司投资 5.5 亿元人民币对其位于上海的技术中心进行迁移和扩充，进一步支持中国汽车厂商的发展。

受 2012 年的中日钓鱼岛争端影响，一些日资整车及零部件企业的在华业务受到很大的冲击，这也让不少日资企业不得不调整在华发展目标。对此，电装（中国）投资有限公司副总经理松下恭规表示："我们希望给中国市场提供我们先进的技术和良好的产品，所以我们必须真正地扎根中国才能赢得中国用户的认可，增强电装中国的本土研发能力就是重点措施之一。"

2014 年 7 月，在电装（中国）上海技术中心新址开业典礼上，刚刚接替山田昇出任电装（中国）投资有限公司董事长兼总经理的村上幸彦接受了采访。村上幸彦表示，本土研发能力的建设已经成为电装中国业务发展的重点，短期内电装的目标是以上海技术中心为依托，实现各个事业部的本地化开发，长期目标则是形成独立的本土开发能力。

新建的电装（中国）上海技术中心主要面向中国市场，其职责包括：把电装公司在日本开发的先进技术带到中国，并努力开发出更适合中国市场的产品；参与电装公司全球项目的开发，和电装公司海外技术中心协同合作。据悉，电装公司在海外市场共有 8 个研发中心。这些研发中心形成一个研发网络，在日常的研发工作中紧密合作，资源共享。

村上幸彦还强调，电装公司的目标不是做单个产品的供应商，而是致力于成为系统开发商，为客户提供集成化解决方案，这就对企业的技术能力提出了更高要求。此次电装（中国）上海新技术中心的建设就考虑到系统开发的需要，新建的综合实验楼内设立了环境风洞室、环境实验室、尾气排放实验室、发动机实验室等，能够进行各种性能和耐久性测试。

此前很长一段时间里，中国的汽车市场都处于普及阶段，价格、性能都是企业和消费者重点考虑的因素，因此整个行业对于常规性技术的需求较大。但是随着中国汽车市场的不断发展，对于新技术的需求将会逐渐提高，电装也决定把最先进的技术引入中国，例如先进的汽油、柴油动力控制总成系统，混合动力、电动车能源控制系统，提高驾车安全性的安全控制系统等。

2017 年 11 月，电装公司与中国广汽集团签订了《战略合作备忘录》，双方将在传统汽车零部件领域、新能源汽车零部件领域、智能驾驶领域进行全面合作。同时，双方将就广汽集团正在规划筹建的广汽大学（企业培训中心）的规划、课程设计指导，及委派专业领域老师的协助等事项进行研讨。贴近当地市场需求，与合作客户共同开发是电装的发展理念。

与此同时，广汽集团也在 2017 年成立了广汽新能源公司，正式大规模进军新能源汽车行业。在当今汽车智能化、网联化、轻量化、新能源化的发展趋势下，无论是整车汽车制造商还是零部件制造商都面临较大挑战。此次合作为电装公司和广汽集团双方充分发挥各自技术、产业、市场、人才优势提供了契机，使双方得以顺应时代潮流，增强双方的市场竞争力和行业竞争力。

押注中国新能源汽车

2018 年 10 月，电装（中国）投资有限公司与东软集团旗下东软睿驰共同出资成立睿驰电装（大连）电动系统有限公司，开展电机控制器及相关配套产品的研发、销售等业务，进一步拓展新能源汽车领域。根据协议，睿驰电装（大连）公司投资总额 1.75 亿元人民币，注册资本 7000 万元人民币，其中东软睿驰持有 60% 的股权，电装中国持有 40% 的股权。

东软集团由东北大学教授刘积仁于 1991 年创立，是中国第一家上市的软件公司。东软集团旗下的东软睿驰以汽车技术为核心，专注于智能网联、自动驾驶、电动汽车与汽车共享领域，并在新能源汽车领域持续发力，与吉利汽车等多家车企合作，优化和完善智能充电产品、动力电池包、动力电池管理系统等产品，不断推动中国新能源汽车产业快速发展。

中国是世界最大的新能源汽车市场，2018 年销量比 2017 年增长 62%，达到 125 万辆。截至 2020 年，中国新能源汽车产销量已经连续 6 年蝉联世界第一，累计销售 550 万辆。面对未来巨大的市场潜力，世界各大车企都开始积极规划，抢占中国新能源汽车市场。作为丰田集团旗下最具代表性的零部件企业，电装公司自然也不会无动于衷。

2019 年 4 月，在上海车展上，电装公司展台全面升级，其创建的电动化技术品牌"Elexcore/睿核"首次在中国亮相。这一品牌名称和产品设计，象征着电装公司成为电动化领域中坚力量的决心，也体现了"用尽每一度电"的技术人员的热情和精益求精的追求。该品牌得到了国际的认可，并获得了素有"设计界奥斯卡"之称的德国"iF 设计奖"。

电动发电机、电池管理单元以及逆变器是电装公司"Elexcore"的核心产品。"Elexcore"的电动发电机运用了电装以往积累的卷线技术，并发挥在电动化产品研发中磨砺出的高电压绝缘技术优势，实现小型轻量化。同时，电装公司灵活地运用了半导体、制动以及冷却技术，既能减少能量损失，又能实现电机的冷却，小体积也能释放能量，从而实现小型化与高输出兼备。

除了电动化技术品牌"Elexcore"外，在这次上海车展上，电装公司还展示了其在电动化、自动化领域的全新技术产品和各项系统解决方案，包括为了减少二氧化碳排放量而研制出的 PHEV（插电式混合动力汽车）、HEV（混合动力汽车）、CDV（清洁柴油车）、FCEV（燃料电池电动车）的四种动力总成，以及最

经济产业省：隶属日本中央省厅，前身是通商产业省。它负责提高民间经济活力，使对外经济关系顺利发展，确保经济与产业得到发展，使矿物资源及能源的供应稳定而且保持效率。日本内阁中掌管经济产业省的国务大臣就是经济产业大臣。

新荣获"经济产业大臣奖"的收集交通、环境、移动需求等整个城市相关数据的技术。

2019年5月，电装公司决定在中国广州建设纯电动汽车新能源汽车零部件的新工厂，并与当地政府就建设工厂达成了协议，总建筑面积约为10万平方米，总投资额达到20亿元。此举是用以应对中国这一世界最大纯电动汽车市场的需求增长，同时预计未来零部件的供应还将扩大至日本本土的汽车厂商。

2020年，天津电装电机有限公司在天津东丽开发区五经路新建了新能源汽车驱动电机及逆变器生产项目的厂区，以满足电装公司"Elexcore"产品的生产需求。天津电装电机有限公司在1995年底由当时的天津市内燃机电机厂与电装公司、丰田通商合资而成，2004年4月起改由日方独资经营，主要生产起动机、发电机及聚苯硫醚（PPS）产品（如汽车座椅传感器等）。

如今的汽车行业特别是新能源汽车领域，已是风头最盛的赛道之一。随着中国国内汽车行业趋于饱和，以及新能源汽车的兴起，电装公司也开始把重点转向了新能源领域。电装公司开发的新一代电池监测集成电路，不仅能够提高动力电池的使用效率，还可以延长续航里程。与前一代产品相比，该集成电路监测电压的精度提高了3倍。

在新能源电气化成为汽车行业必然趋势之一的背景下，丰田汽车拟到2030年将电动车的销量增至550万辆，而作为丰田纯电动汽车和混合动力车等环保车电力控制装置的核心制造商，电装公司则计划持续聚焦电动化、智能化等领域，到2025年在变压器和马达等电动化系统领域占据全球30%的市场份额，并将销售额提高至7兆日元。

第三节
电装的"造物"哲学

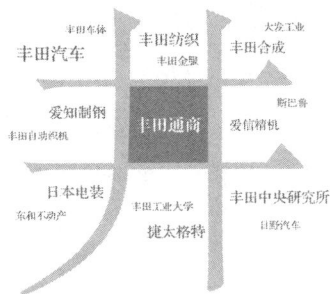

丰田车体　丰田纺织　大发工业
丰田汽车　丰田金属　丰田合成
爱知制钢　丰田通商　斯巴鲁
丰田自动织机　爱信精机
日本电装　丰田工业大学　丰田中央研究所
东和不动产　捷太格特　日野汽车

凭借"内制优势"不断成长

丰田财团的电装公司自创业以来一直秉承着"内制"的生产模式，能够更好地体现自身追求先进生产技术和设备高效率、高品质的价值观。所谓的"内制"，就是指从零件到产品的一切都不需要从外面买，而是全程依靠自己进行生产，这种生产体系就像一个独立的微型制造王国。在电装公司的生产工厂内，几乎所有的专业设备都是由自己研发制造的，市面上很难看到相同的机器。

1955年，日本电装就专门成立了工机部门，负责设备内制。在产品研发的最开始阶段，工机部门就与产品研发部门一同参与产品的开发与设计。该部门会根据产品的生产需求设计制造专用的设备，时刻保持技术领先和生产领先；同时这种从生产设备上建立起的技术防御系统，也让其他公司很难仿制。1969年，电装公司便已经开始进行机器人的内制化生产研发。

零部件领域的研发离不开装备制造的支持，先进的装备制造才是创新的基础，无法实现的创新并不能创造真正的价值。电装公司的"内制"就是坚持产品技术创新与其制造工艺设备创新并行，使两部分紧密结合在一起的模式。这是电装公司独具的特色，或者说以丰田为代表的日本汽车制造业领域所独具的特色。

在形成完整成熟的制造技术及工艺路线后，电装公司再进一步完成相关加工装备的设计与制造工作，从而形成一套"产品设计—工艺流程—装备制造"的良性循环，将所有的知识产权都牢牢地掌握在自己手中。正是凭借着"内制"模式的优势，电装公司才可以在全球众多市场中不断成长，一直发展到今天，并向世界首创技术、世界第一技能不断发起挑战。

电装公司并不只是单纯强调产品的制造生产，而是更加重视"造物"的概念，这也是日本企业的传统。二战后，日本大企业在国际市场上之所以能取得成功，有很大一部分原因就是它们对于"造物"的追求，即在细节和工艺上不断精益求精。"造物"不仅是要制造产品，更是要富有创新性，而且要贯穿产品研发、制造、使用的整个周期。

在实际运营过程中，电装公司逐渐意识到，日本本土对于电装产品的需求量很大，国内工厂的大型设备完全可以满足实际需要。然而，在海外市场，特别是一些刚刚开辟的新兴市场，批量生产的产品只是日本本土或是成熟市场需求量的一半甚至更少。如果还和日本国内工厂一样使用大型设备，不仅会使成本增高，还会造成大量的浪费。

例如，以往某个铝合金铸造件的生产过程由大型熔解炉、大型压铸机和大型热处理炉组合完成，这些设备不仅占据了很大的空间，而且每道工序之间一定的衔接空隙对下一道工序提出了更高的要求。因地制宜后，设备变成了小型熔解炉、小型电动压铸机和小型热处理炉，电装公司还将这些小型设备紧密地连接起来，这样产品从原材料到最后成品也同样可以实现正常化生产。

于是，电装公司又创造性地提出将原有的大型设备缩小至原来"1/N"的理论。而且，为了解决设备缩小同时造成的工艺问题，电装公司还将这些小型设备进行无缝衔接，形成一个有效的生产闭环，由此不仅可以缩小加工设备，减少占地面积，还能够缩短加工时间，降低库存数量。这样不仅解决了因为产量少而带来成本增加的问题，同时还大幅提升了效率。

打造绝对优势的"领先工厂"

1970 年，电装公司设立了西尾工厂，主要生产发动机系统零部件，包括可变气门正时系统、控制阀、火花塞、传感器外壳、喷油管及起动机等。如今，与新兴制造企业宽敞明亮的现代化厂房相比，电装的西尾工厂的确略显老旧，狭小拥挤。不过几十年过去了，这家工厂的生产秩序依旧井井有条，工人们也繁忙且有序地工作着。

电装公司西尾工厂设有专门的部品工程部，负责生产技术开发、设备改造、新设备试验和磨合以及工艺输出等。部品工程部又分为职能部和事业部两大部分：职能部细分为领先部、生研部、材技部、测量部、工机部和试制部，事业部则由 16 个制造部组成。另外，工厂里还有工场推进部，负责建立生产线、通过实际生产提高生产线完成度，进行工艺标准化和示范推广。

2001 年，电装公司西尾工厂的部品工程部有 600 多名技术人员，约占全厂总人数的 9%，不仅对产品充满了创意与激情，还对生产工艺及设备进行了创造性的改革，从而提出了效率提升 N 倍、成本缩减 1/N 的 "1/N 理论"。上文提到，这种理论最初是源自电装公司对于海外市场制造企业产能的考量，根据国内工厂的情况对海外工厂及设备进行相应的改造。

电装公司的 "1/N 理论" 正是丰田 "精益生产" 思想的实际体现。其具体做法是先对生产流程和制造设备进行改造，将原有生产工艺上的装备缩小并集中安置到最终的组装车间，在改造的过程中实现设备自动化和生产流程标准化。同时，电装公司先是在装备与装备之间、生产车间与生产车间之间实现信息互联，最后实现工厂与工厂的信息互联。

企业管理背后的理论不仅是规模经济性，还包括速度经济性和网络经济性。电装公司通过 "1/N" 理论减少了物流时间和成本，把在不同生产车间的加工装备缩小后集中到最终的组装车间，完成成品装配，通过合并生产线，实现同步一体化生产。不仅如此，改造后的设备在更换产品模具时，仅需要一位员工在 1分钟之内就可以完成，即便是体力稍差的女性操作员也没有任何问题。

西尾工厂作为实施 "1/N 理论" 的典范，获得了日本政府颁发的 2012 年"经济产业大臣奖"。由其开发的 130 吨的小型电动压铸机，替代了以前所使用的 500 吨大型油压压铸机，被广泛使用在电装公司的全球各个生产工厂。这不但大大降低了生产成本，提高了生产的效率，同时也推动了电装公司全球 "领先工厂" 的建设。

2015 年，总结几十年的实践积累，电装公司提出了 "领先工厂" 的概念。

毋庸置疑，西尾工厂就是电装公司倾力打造的"领先工厂"，其也是电装公司在全球最大的生产基地。据电装公司西尾工厂"领先工厂推进部"部长久保担当介绍，所谓"领先"的意思是"拥有绝对优势"。

在西尾工厂中，电装公司还通过"并行工程"积极进行"领先工厂"的改造建设。并行工程指的是，在产品设计初期，生产部门、技术部门也参与研发，这实际上就是电装公司"内制"的翻版。不仅仅是新产品研发，包括产品的升级换代，也是从产品设计和生产技术两方

> **物联网**：即"万物相连的互联网"，是在互联网基础上延伸和扩展，将各种信息传感设备与网络结合起来而形成的一个巨大网络，从而实现任何时间、任何地点人、机、物的互联互通。物联网的应用领域涉及方方面面，在工业、农业、环境、交通、物流、安保等基础设施领域都有所应用。

面同时着手进行。电装公司在生产工厂以超越以往的速度进行技术革新，以此来确保电装公司实现"用世界第一的生产线生产世界第一的产品"。

电装公司的"领先工厂"对于自动化、标准化的改善程度并不是简单的流程调整，而是以追求 2 倍、3 倍的高效改善为最终目标。目前，电装公司加快了运用物联网进一步发展"领先工厂"的步伐，并努力整合来自生产第一线的智慧和员工日常不懈钻研的成果在全球范围内，使所有工厂都能够实现同步，通过信息共享和应用，使技术革新的速度和质量拥有飞跃式的发展。

百年一遇的巨大变革

未来每辆汽车的零部件会大量减少，传统的发动机也将会被淘汰，因此围绕汽车为中心的传统配套模式也必然发生根本性变化，这对电装公司而言将是一个艰难的局面。之所以要变革，就是为了不被快速发展的时代抛弃。在延续既往业务的同时，作为全球排名前三的跨国零部件企业，电装公司在困境与机遇面前毅然选择开启自己的"第二次创业"。

从 2018 年开始，在半导体、传感器、ECU、电机领域，电装公司先后投入超 5700 亿日元，用以提升核心技术，加速供给体系的构建。同时，电装公司制定了"2025 长期构想"：重点发展电动化、智能网联、自动驾驶和非车载事业四

大领域。为了突显电动化和自动驾驶的优势，电装公司着手进行关键设备领域改革。

从 1885 年卡尔·本茨发明第一台现代汽车以来，汽车产业从未像今天一样成为如此多技术变革的交汇点，涉及能源、交通、通信、计算机等诸多行业。汽车产业的百年变革期如期而至，特斯拉等新势力的崛起，互联网、半导体等科技巨头跨界进入，改变了汽车产业的竞争格局。当然，变革也意味着巨大的市场机会，电装公司显然也不希望错过。

对此，电装公司 MaaS（出行即服务）开发部部长成迫刚志认为："1900 年，纽约第五大道上，马车穿梭不息。没有人意识到，就在 1913 年，第五大道上奔跑的全是汽车。短短 13 年间，马车全部被汽车取代，这种巨大的转变，便是百年一遇的巨大变革。电装是传统的汽车零部件制造企业，但是随着电动化的发展，未来必须有新的举措。"

2019 年 10 月，在东京车展上，电装公司总裁兼 CEO 有马浩二向外界阐释了电装向"新四化"转型的决心与具体做法。有马浩二表示，现在全世界掀起了数字化浪潮，有了数字化的支持，人类有可能实现超越自己力量的事情，数字化还会让人们和社会能够变得更年轻。在他看来，技术革新必将带来社会变化，汽车变革时代将深刻改变人类的生活和社会。

"新四化"为汽车产业带来第二次百年变革，这被电装公司称为"CASE"。C 即 Connectted，智能网联；A 即 Autonomous，自动驾驶；S 即 Sharing，共享化；E 即 Electric，电动化。在智能网联、自动驾驶、共享化以及电动化的趋势之下，汽车作为交通出行工具，无论是在产品形态上还是在运营模式上，未来都有可能发生颠覆性变化。

不同于德国大陆、博世等欧美企业那样特别高调地宣传自己在电动化、智能化转型方面取得的成功，电装公司的转型之路走得低调谨慎又务实。首先电装公司通过建立相对独立的创新中心，一点一点地完成布局。2 年时间里先后在全球建立了 7 个技术中心，并在芬兰、以色列、加拿大、美国等地开设了研发先进技术的创新基地。

与此同时，电装公司在美国和日本，分别投资了 Foto Nation、Morhpo 两家 AI 技术公司，以分别提升其在 DMS 驾驶员监测和自动驾驶上的视觉感知能力。此外，电装公司目前还拥有毫米波雷达、车载摄像头产品阵列，并投资了美国成像毫米波雷达公司 Metawave、激光雷达公司 Triluminar，以及 AI 芯片公司 Thin CI。在自动驾驶所需的硬件上，从传感器到计算芯片，电装公司都有覆盖。

电装公司在"新四化"趋势下的产品发展路径是"软（件）""硬（件）"兼施。值得关注的是，这一次电装公司把提升软件开发能力摆在首位，这在此前一直坚持硬件为王的日本产业界是非比寻常的。对于电装公司而言，转型升级就必须向着最新且最具价值的领域发力，只有抓住领域内的核心技术，才能成为未来汽车产业的真正引领者。

"敏捷开发"之"硅谷模式"

2017 年 4 月，电装公司 MaaS 开发部成立，由公司内部创造出一个"硅谷模式"。公司只有两名员工。经过两年半时间，MaaS 开发部的规模扩展至 100 人，实现了从"0"到"1"的发展。对此，电装 MaaS 开发部部长成迫刚志自豪地表示："电装集团的 17 万名员工中，能够实现云端软件创新的只有坐在这里的 100 个人。我们人少，但是精英化。"

这样一个百人团队，分成 15 组，每 1 到 3 个月能够开发完成一个新的项目。团队成员在既往汽车行业技术调查基础之上，进行软件开发设计、挖掘客户潜在需求、建立新的服务，生产的前后装产品各占 50%。在研发阶段吸收客户和事业部作为整个产品把控的单元，这种构成体系听起来和初创企业如出一辙，由最终对产品负责的项目负责人指挥所有技术人员。

为了迅速推进技术研发，电装公司聚集了来自全世界的优秀软件领域人才。按照电装公司的规划，公司到 2025 年在世界各地的软件人才数量将扩充到 1.2 万人，他们分布在此前公司开发的世界各大先进技术研发创新基地内，同时开展工作。未来以印度、越南为首，电装公司还将活用全球各网点，24 小时不间断地加速推动大规模的软件开发。

日本东京秋叶原一个安静的居民区，便是电装 Agile 软件敏捷开发中心所在地。与传统的日本企业办公场所不同，这里没有高档的写字楼，也没有严格的管理体系，从楼外面根本看不出来这里是一个研发中心。这里推崇的是"敏捷开发"模式，简单来说就是对于客户需求给出最简单的解决办法，如果不满意，再去沟通改进，可以无限次地重复这一过程，直到满足客户最核心的需要。

虽然 Agile 软件敏捷开发中心是电装公司的一部分，但由于从事的是 IT 软件相关技术的开发业务，因此其更像是一家现代化的小型 IT 公司。例如一楼就是一个车库，里面放了一台丰田卡罗拉，工作人员与客户会直接在车库内进行探讨与沟通，有点美国硅谷"车库创业"的感觉。

作为电装"硅谷模式"的试验场，Agile 软件敏捷开发中心主要针对车联网的软件进行开发，从 2017 年成立至今已经开发了一些像是数字钥匙、APP 与车辆远程互联、APP 远程控制相关的技术。在此之前，电装公司从确认客户需求到产品研发的流程基本上需要 2 年时间，现在该团队通过这种"敏捷开发"的模式，大概 3 个月可以从确认需求到完成交付。

硅谷位于美国加利福尼亚州旧金山以南圣克拉拉县帕洛阿托市到圣荷塞市之间，因为这里的半导体工业特别发达，而半导体的主要材料是硅，故称为"硅谷"。所谓的"硅谷模式"大致包括：自由代理人制度、大量雇用约聘人员、提供股票期权、长时间的工作制。总结下来，典型的硅谷模式即"Build to sell（先建后售）"，团队孵化是否成功大多以企业是否成功卖出判定。

> 《硅谷密码》：华盛顿大学历史系教授玛格丽特·奥马拉的作品。该书讲述了关于硅谷的真实幕后故事。作者为大家解读了谷歌、特斯拉、脸书等高科技企业持续创新、长期创业、规模高速增长背后的管理秘诀。本书作者开创了一个全新的管理模式——硅谷模式。

诚然，这种"硅谷模式"可以极大限度地将科研成果迅速转化为生产力或商品，形成高技术综合体，并在短时间实现企业乃至地区的崛起。但这样的管理模式也有着巨大的弊端，虽然看起来降低了企业成本，但会造成员工对公司没有向心力、忠诚度低、流动率高，间接增加了员工的招聘及培训管理成本。

同时，这种模式也过度依赖于风险投资和强大的资金支持。

在美国还有一种管理模式，被称为"西雅图模式"，即"Build to last（基业长青）"。电装公司其实是在企业内部创造出了一个"硅谷模式"，而外部依然保持着所谓的"西雅图模式"，形成一种内松外紧的局面。这样一来既可以让新技术在短时间内得到探索和实践，同时又能避免企业出现员工没有向心力、忠诚度低的问题。

其实，无论是"硅谷模式"还是"西雅图模式"，本质上都是从不同角度思考和规划的一个投资行为，最终也都会被纳入一个大的生态循环产业链，只不过贡献的商业价值会有所不同。作为丰田财团的重要一员，电装公司采取的一切行动，也都是为了能够更好地融入丰田这个庞大的汽车产业生态之中，而其背后的管理文化正是传承数百年的"三井商道"。

丰田车体　丰田纺织　大发工业
丰田汽车　丰田金圆　丰田合成
爱知制钢　丰田通商　斯巴鲁
丰田自动织机　　　　爱信精机
日本电装　丰田工业大学　丰田中央研究所
东和不动产　捷太格特　日野汽车

第四节
车载半导体的中流砥柱

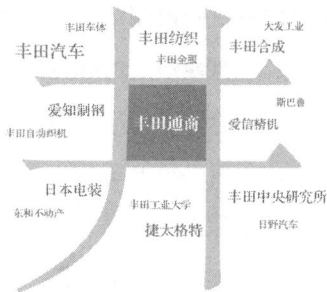

东芝树立芯片产业丰碑

1963 年，日本住友财团旗下的 NEC 公司从美国仙童半导体公司获得了"平面工艺技术（planar technology）"的授权。随后，日本政府要求 NEC 将取得的技术和日本国内其他厂商分享。由此项技术的引进，日本的 NEC、东芝、三菱等都开始进入半导体产业。同时，日本政府还充分利用各种经济手段，比如税收优惠等促进产业投资，保障行业均衡发展。

1976 年 3 月，由日本通产省牵头，以东芝（属三井财团）、日立（属富士财团）、三菱电机（属三菱财团）、富士通（属第一劝银财团）、NEC（属住友财团）五大公司为骨干的国家性科研机构"超大规模集成电路技术研究所（VLSI）"正式成立，专门进行半导体产业核心技术的研发工作，由日本著名的半导体专家垂井康夫担任研究所所长。

1976 年到 1979 年，超大规模集成电路技术研究所的研究经费总额达 737 亿日元，其中政府补贴 291 亿日元，约占科研经费总额的 40%，剩下的大部分则由日本各大财团企业提供。成员企业的研究室为两组：NEC 和东芝组成日本电气-东芝信息系统（NTIS），富士通、日立和三菱电机组成计算机开发实验室（CDL）。

1980 年，成立 4 年的超大规模集成电路技术研究所取得了丰硕的研究成果，获得了大约 1000 多项专利，帮助成员企业提升了在集成电路芯片领域的制造技术水平，使日本公司在迅速扩张的芯片市场上占得了先机。当年，日本公布研制成 64KB 集成电路，比美国早了半年。与此同时，日本电气通信研究所也比美国早两年公布研制成功了用途极广的 256KB 动态存储器（DRAM）。

日本半导体业的崛起以存储器为切入口，主要是动态存储器受益于日本汽车产业和全球大型计算机市场的快速发展，DRAM 需求剧增。而日本当时在 DRAM 方面已经取得技术领先，日本企业此时凭借其大规模生产技术，取得了成本和可靠性的优势，并通过低价促销的竞争战略，快速渗透美国市场，然后在世界范围内迅速取代美国成为 DRAM 主要供应国。

在整个 20 世纪 80 年代和 90 年代初，日美半导体竞争的主要战场是在动态存储器领域。日本三井财团的东芝公司也为此投入了 340 亿日元，有超过 1500 人的研发团队进行 DRAM 的研发和生产。与此同时，作为东芝超大规模集成电路研究所技术专家的舛冈富士雄却花费了大量的精力去做当时"非主流"的 NOR 和 NAND 型闪存（flash memory）的研发。

当时正是 DRAM 鼎盛的时代，有很多人都觉得舛冈富士雄的研究发明是个"包袱"，与其研究 NAND 还不如好好做 DRAM。然而，曾经在三井财团的东芝销售部门工作过一段时间的舛冈富士雄却清醒地认识到，NAND 闪存相比于昂贵的 DRAM 具有价格优势，因为他知道"无论性能多好的存储器，价格高就完全卖不出去"的道理。不久之后，市场的选择便证明了舛冈富士雄是正确的。

1984 年和 1987 年，舛冈富士雄分别发明了 NOR 和 NAND 两种类型的闪存。闪存其实是一种永久性的半导体可擦写存储器，日常生活中的 U 盘、存储卡、SSD 等都属于闪存。现在无论是智能手机、家用电器，还是 IC 卡、信用卡中都装有闪存卡。而且，随着物联网和大数据的不断普及，物联网的传感器和储存大数据的服务器都需要大量的闪存。

东芝作为三井财团核心企业，一直以来都是日本"工匠精神"的最佳典范。但是在日本半导体产业的鼎盛时期，东芝并没有迷失自我，在工匠与商人之间成功切换，根据市场做出了及时的调整，于 1993 年对更符合市场需求的 NAND 闪存进行了商业化开发。舛冈富士雄的一位下属曾经说过，"舛冈在东芝以外的其他地方找不到工作，因为他的梦想只有在东芝才能实现"。

丰田接过汽车芯片接力棒

1968 年，所谓"行车电脑"——ECU（Electronic Control Unit）率先被搭载在了一部德国大众的汽车上，自此开启了车载半导体时代。在此之前，汽车的控制主要依靠机械控制，机械器件结构简单，质量稳定，但效率不高，于是发动机的电喷和直喷技术应运而生，这些技术的优点就是可以通过电子信号精准控制喷油器，从而达到高效率。

同一年，丰田财团的日本电装公司设立了半导体研发中心，开始研究车载半导体技术。从 20 世纪 80 年代开始，日本电装与丰田中央研究所共同推进半导体碳化硅材料的研究。1991 年，在与丰田中央研究所合作的技术基础上，电装公司建立了先进技术研究实验室，重点是展望未来 5—20 年的前瞻技术研发，其中半导体碳化硅材料就是关注的重点领域之一。

丰田汽车的半导体技术最初是由同在三井财团旗下的东芝公司开发的。1987 年，根据双方签署的技术转让协议，东芝半导体晶圆厂的设计和制造技术移交给了丰田汽车。随后，丰田汽车于 1989 年在广濑工厂建立了自己的半导体芯片生产线。丰田汽车虽然很少宣传自身的半导体实力，但一直都是电动车功率半导体领域的主要玩家。

1990 年，丰田汽车的第一批半导体产品开始交付。1997 年，丰田汽车为自家的普锐斯汽车电机控制生产了第一款 IGBT 模块，成为全球鲜有的能够自产 IGBT 模块的整车厂。IGBT 是能源变换与传输的核心器件，俗称电力电子装置的"CPU"，作为战略性新兴产品，在轨道交通、智能电网、航空航天、电动汽车与新能源装备等领域应用极广。

2007 年，丰田汽车、电装公司、丰田中央研究所这三家丰田财团的企业，开始共同推进半导体碳化硅材料研究。2013 年 12 月，丰田汽车在其广濑工厂的半导体生产线上建立了一个专门用于碳化硅半导体开发的生产设施。此后，广濑工厂便拥有了一套完整的碳化硅功率半导体的专用开发生产线，以及其他的专业设备，例如专用于碳化硅的洁净室等。

2014 年 5 月，丰田汽车宣布，与电装公司和丰田中央研究所共同开发出了碳化硅功率半导体，计划在今后一年内配备开发品的试制车开始公路实验。为了进一步降低损耗，丰田汽车计划采用碳化硅功率半导体。碳化硅是硅和碳的化合物，将其用于功率半导体时，损耗可降至十分之一，驱动频率可提高到 10 倍，还能在 250℃ 的高温下工作。

> **功率半导体**：用于从低压到高压各种压强的专用晶体管，例如汽车、工业、电源、太阳能和火车。这些晶体管像设备中的开关一样工作，允许电流在"开"状态下流动并在"关"状态下停止。它们提高了效率并最大限度地减少了系统中的能量损失。多年来，功率半导体市场一直由硅基器件主导。

2018 年 6 月，丰田财团旗下的电装公司和丰田汽车这两家兄弟公司共同宣布：双方确定整合电动汽车相关核心零部件业务，并与各自的主要供应商达成协议。根据协议，电装公司获得丰田汽车在日本国内的生产设备，并对现有工厂实施一体化运营，聚焦纯电动汽车和混合动力车等环保车的电力控制装置。从 2022 年开始，电装公司会正式承接丰田车用电子部件的量产工作。

2019 年 7 月，电装公司和丰田汽车宣布成立一家专门开发下一代车载半导体的合资公司——Mirise，这也是此前丰田汽车与电装公司整合电子部件业务的延续。新公司总投资 5000 万日元，丰田汽车和电装公司的持股比例为 49∶51。总部设在日本爱知县的电装先端技术研究所内，下辖 500 名员工，专注于下一代车载半导体以及应用半导体技术的电子部件的研发。

鉴于汽车电子控制技术不断进化，车载半导体逐渐增加，且性能越来越高，在丰田汽车和电装公司看来，汽车业"新四化"进程中，技术革新的关键点之一就是下一代车载半导体。因此，将丰田汽车的电子部件的生产和开发功能整合到电装公司，并组建合资公司，可以有效地构建快速且有竞争力的生产及研发体系，从而抢占未来技术的制高点。

电装加入产业大整合

2003 年 4 月，作为曾经"超级联盟"的重要成员，日立（属富士财团）与三菱电机（属三菱财团）的半导体部门之间进行了业务合并重组，成立了瑞萨科技。新成立的瑞萨科技充分结合了双方在半导体领域的先进技术和丰富经验，在产销量上仅次于英特尔和三星电子，位居全球第三，其在全球移动通信、汽车电子等领域都有极高的市场份额。

2010年4月，瑞萨科技和NEC电子（属住友财团）重组整合成立新公司瑞萨电子株式会社。NEC电子在系统级芯片领域有较强的实力，擅长消费电子数码产品的芯片研发和制造，而瑞萨科技的产品则主要面向车载电脑和手机。由此，新成立的瑞萨电子是日本乃至世界最大的MCU（微控制单元，又称单片机）企业。

日本汽车芯片供应商中，除了一直为丰田汽车默默服务的电装公司，全球第三大汽车半导体厂商瑞萨电子也是非常强大的存在。瑞萨电子在2014年以前控制着全球车用微控制单元芯片市场近40%的份额。因为日本半导体制造商在推动汽车技术进步有着悠久的历史，这一领域自然也是日本汽车制造商发展创新的关键所在。

2018年3月，电装公司宣布以市值8亿美元的价格收购日本芯片制造商瑞萨电子4.5%的额外股份，交易完成后，电装持有的瑞萨股份将上升至5%。电装公司在此次收购瑞萨电子股权后表示，随着行业逐渐转向电动汽车及自动驾驶领域，进一步加强与在自动驾驶及其他新领域具有丰富经验和技术实力的半导体生产商的合作尤为重要。因为半导体芯片和应用软件在汽车当中所承担的角色越来越重要，汽车生产商及零部件生产商必须加速研发新技术。

2018年11月，继收购瑞萨电子股份之后，电装公司宣布入股德国芯片厂商英飞凌，并用英飞凌的智能传感器、微控制器以及功率半导体等产品，加速发展包括自动驾驶、车辆电气化和电动汽车在内的新兴汽车技术。其实，双方此前就已经有超过10年的合作，本次投资是电装公司希望通过小额股权进一步增进合作伙伴关系的体现。

作为全球领先的半导体科技公司，德国英飞凌科技公司始创于1999年，其前身是西门子集团的半导体部门，在微控制器、半导体传感器、电动车用半导体等广阔的应用领域拥有尖端的高科技技术及丰富的量产经验。立足于汽车电子技术，英飞凌是为数不多的能全面涵盖汽车领域关键应用的汽车半导体制造商之一，可以说是当之无愧的巨头。

对于电装公司的投资，英飞凌首席执行官莱因哈德·普洛斯表示："很荣幸能更进一步深化既有的合作关系。英飞凌与日本最大，同时也是全球领先之系统供应商合作，将强化英飞凌与日本产业的联结，巩固在日本与全球半导体市场的地位。我们欢迎电装加入股东阵容。"电装公司资深执行总监伊奈博之则认为，双方的合作将为汽车电子系统提供最佳的半导体解决方案。

2019 年 12 月，电装公司收购了德国公司 PiNTeam Holding GmbH（简称 PiNTeam）的股份，以加快研发"行车电脑"车载电控单元的基础软件，打造性能、效率和安全性都更好的现代化汽车。这是电装公司从自身在车载电子系统控制的相关技术以及大规模量产的经验出发，与能够满足欧洲标准的 PiNTeam 嵌入式解决方案相结合，从全球角度研发基础软件的选择。

打仗亲兄弟　上阵三井兵

2019 年年底，根据此前双方的协议，丰田汽车把位于爱知县丰田市的广濑工厂的设备、土地、软件等全部转给丰田财团的电装公司，同时相关研发和生产人员也调往电装公司。广濑工厂是丰田的主力电子零部件生产工厂，负责研发和生产电子控制装置和半导体等产品，目前约有 2000 名员工，每年生产约 50 万个变压器。

2020 年 4 月，丰田汽车与电装公司的半导体合资企业 Mirise Technologies 正式成立。这个汇集了丰田汽车与电装公司双方核心技术的主体，显然意在突破丰田体系，向全球整车制造商和零部件企业提供技术标准，成为新一代技术研发的"司令塔"。丰田系企业的这种合资是另一种形式的"集权"，他们以品牌主机厂为中心，始终因理念、资本、技术合作而"协作"。

2020 年 9 月，三井财团的东芝公司宣布退出处于亏损的 LSI 芯片业务，仅保留电源管理芯片业务。东芝 LSI 芯片可用于电子表、计算器和微型电脑，包括该公司向丰田汽车提供的用于图像识别的处理器。此前，东芝以 180 亿美元将其闪存芯片业务出售给了由美国贝恩资本牵头的财团，目前该业务已改名为铠侠（Kioxia）。

2020 年 12 月，东芝和重电机制造商富士电机株式会社向电动汽车动力芯片领域投资近 20 亿美元，用以提高电动汽车节电芯片的产量，以适应全球各国政府向电动汽车和货车的急剧转变。富士财团旗下的富士电机株式会社自创立以来已有 90 余年，是一家以大型电气机器为主要产品的日本重电机制造商，其零部件产品被日本和其他国家的汽车制造商广泛使用。

2021 年 2 月，电装公司宣布投资 1.6 亿林吉特，扩大其在马来西亚的汽车用半导体产能，以化解此前 2 月 13 日日本发生 7.3 级大地震以及美国得克萨斯州出现冬季严寒风暴等对半导体产业造成的影响。在马来西亚强大的供应商网络、完善的基础设施和友好的商业环境的支持下，电装公司马来西亚分公司被选为东盟唯一的半导体生产中心。

2022 年 2 月，三井财团的东芝、丰田财团的电装，以及日本另一家电子元器件制造商罗姆半导体集团，开始研发负责供电和控制的功率半导体节能技术。其中，东芝负责应用于可再生能源和服务器电源的技术研发，电装负责应用于电动车的技术研发，罗姆负责应用于工业设备的技术开发。对此，日本新能源产业技术综合开发机构（NEDO）表示在今后 10 年内，从碳减排技术研发基金中每年对该研发项目拨发约 305 亿日元补贴。

2022 年 3 月，东芝电子设备和存储株式会社宣布，计划在 2022 财年中进行 1000 亿日元的投资，比 2021 财年的 690 亿日元增长约 45%。这笔资金用于在日本石川县的加贺东芝电子的生产基地内建造一座新的芯片制造厂。此外，东芝还将在现有工厂内安装一条新的生产线。这些升级预计将使东芝的电源芯片产能提升约 150%。

与此同时，电装公司向台湾台积电公司在日本熊本县建设的第一家半导体工厂投资 400 亿日元，仅次于投资 570 亿日元的索尼集团，成为台积电该子公司的第三大股东，持有大约 10% 的股份，目的是在日本国内稳定采购电路线宽为

10—20 纳米的尖端半导体。电装公司通过与台积电合作，将掌握汽车 CASE 时代的霸权。

此前在 2021 年，三井财团的索尼公司与台湾台积电公司敲定，携手在日本熊本县菊阳町兴建半导体新工厂（索尼在附近已有一座晶圆厂），索尼占少数股权。总投资额高达 1 兆日元，而日本政府考虑援助 5000 亿日元。这座新晶圆厂将在 2024 年投产，主要生产用于图像传感器、车用芯片和其他产品的 22 纳米/28 纳米制程芯片。

丰田车体　丰田纺织　大发工业
丰田汽车　丰田金融　丰田合成
爱知制钢　丰田通商　曙巴勒
丰田自动织机　　　爱信精机
日本电装　丰田工业大学　丰田中央研究所
东和不动产　捷太格特　日野汽车

第五节
担负"智能制造"的重任

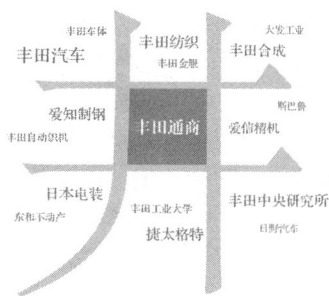

电装专注工业机器人

1958 年，美国发明家乔治·德沃尔申请了工业机器人领域的第一件专利——编程的操作装置。1959 年，他和物理学家约瑟夫·恩格尔伯格共同制造了世界上第一台工业机器人，命名为 Unimate（尤尼梅特），意思是"万能自动"。1961 年，Unimate 被投入美国通用

> **工业机器人：** 广泛用于工业领域的多关节机械手或多自由度的机器装置，具有一定的自动性，可依靠自身的动力能源和控制能力实现各种工业加工制造功能。工业机器人已在汽车、电子、冶金、轻工、石化、医药等 52 个行业大类、143 个行业中类广泛应用。未来，行业应用仍会深入拓展。

汽车公司的一条汽车装配生产线正式开始工作。因此，德沃尔和恩格尔伯格被称为"工业机器人之父"。

1967 年，电装公司正式进行工业机器人的研发，以"关爱"和"喜悦"为目的，用机器人代替人类在危险及枯燥环境下工作。此后，电装公司有了一系列不俗表现：1970 年，开始自己研发用于生产线上的机器人；1982 年，开发出中型 4 轴水平多关节机器人；1983 年，开发出中型 6 轴垂直多关节机器人；1985 年，正式开始在公司内部导入组装机器人。

1980 年是日本的"机器人普及元年"，当时日本汽车生产台数达到全球第一，而多关节机器人推动了汽车行业的高速发展。特别是在这一年，根据日本山梨大学教授牧野洋的想法及观点，第一劝银财团的富士通株式会社制造出了全世界第一台 SCARA 机器人（选择顺应性装配机器手臂），从而确立了日本在全球机器人组装领域的领先地位。

1991 年，电装公司的机器人控制器 RC3 上市，开始对外部销售；1998 年，机器人控制器 RC5 上市；2001 年，电装公司专门成立了研发生产机器人的公司 Denso Wave，即电装 Wave。2002 年到 2012 年，电装公司依次推出系列产品：水平多关节机器人 HS/HM 系列、垂直多关节机器人 VS 系列、垂直多关节机器人 VP、机器人控制器 RC7M、机器人控制器 RC8。

2013 年 12 月，电装公司宣布合并电装 Wave 和电装 Electrics 两家子公司，保留电装 Wave 的公司名。在合并之前，电装 Wave 主要负责开发和销售工业机器人以及条形码识别器等智能设备，电装 Electrics 则主要负责生产上述产品。资料显示，电装 Electrics 此前原为丰田通商（综合商社）的子公司，主要生产纤维机器，后来由电装公司出资并改变其生产方向。

2014 年 11 月，在上海新国际博览中心举办的第 16 届国际工业博览会上，电装 Wave 公司执行董事、控制系统事业部部长长岛良治在接受采访时表示："2013 年，电装全球机器人业务营业额超过 100 亿日元。这其中，电装过去 3 年在中国的机器人业务实现连年倍增，预计电装 2014 年在中国机器人业务总量在 30 亿日元以上。"

对于中国市场，长岛良治表示："在中国，我们分为华北、华东、华南三大区域来开展机器人的销售和售后服务工作，以应对国内汽车及零部件市场、电子产品市场业务日益增长的需求。电装更加看重的是未来中国市场机器人业务的高速持续增长。汽车及零部件、3C 电子产品领域是电装机器人设备在中国市场应用增长最快的两个领域，也是应用最成熟、最自信的两个领域。"

2017 年 11 月，根据 Robotics and Automation 网站的数据，电装公司的全球机器人装机量达 9.5 万台，成为全球第六大工业机器人生产企业。当年，全球工业机器人厂商销量排名如下：第一名，日本发那科（Fanuc）；第二名，日本安川（Yaskawa）；第三名，瑞士 ABB；第四名，日本川崎重工（Kawasaki）；第五名，日本那智不二越（Nachi）；第六名，日本电装（Denso）。

2019 年 2 月，电装公司、KDDI 株式会社与日本国际电气通信基础技术研究所、九州工业大学，共同启动了在工厂自动化中利用新一代移动通信系统 "5G"

控制工业机器人的验证试验。试验先后于 2019 年 1 月在九州工业大学、2019 年 2 月在电装公司九州的工厂实施。试验目的在于，利用"5G"移动通信系统取代工厂内的有线线路，从而省去重新布置机器人时的线路铺设作业。

丰田打造"保姆级"机器人

1967 年，被誉为"世界仿人机器人之父"的日本早稻田大学加藤一郎教授创立了加藤实验室，启动了极具影响力的 WABOT 项目。1972 年，世界上第一个全尺寸人形智能机器人"WABOT-1"在日本诞生。时隔近 30 年，2000 年，本田汽车公司研发的第 11 代机器人"Asimo"首次亮相，被认为是世界上最先进的可直立行走的人形机器人，对科技界来说是个不小的惊喜。

日本三和财团的本田汽车取得的成果，激发了丰田汽车在人形机器人领域的极大热情。2004 年 3 月，丰田汽车对外透露，该公司正着手开发兼具温柔和聪慧特性的新型"伙伴机器人"系列。这种伙伴机器人将如人类一般轻灵、柔软，同时能够身手自如地操作使用各种器具。其主要应用领域瞄准"助理""福利""制造""移动"这四大需要。

2007 年 8 月，丰田汽车推出了一款生活支援机器人"Robina"，用于接待和引导工作。该机器人拥有两条机械臂，机械臂末端装有灵活的手指，可以实现执笔写字。此外，它还拥有类似人脸的面容，可以与人类进行对话交流。12 月，丰田汽车公司对外展示了机器人"Humanoid"，它的外表酷似人类，而且能够依靠双足行走，灵巧的双手可以演奏小提琴。

2013 年 8 月，由丰田汽车公司联合东京大学、机器人车库（Robo Garage）等机构研发的人形机器人"Kirobo"成功进入国际空间站，并工作了 18 个月，成为到目前为止唯一一个登上国际空间站的机器人。Kirobo 的工作不是劳力，而是作为宇航员们的伙伴。Kirobo 身形小巧玲珑，身高只有 13 英寸（约 36 厘米），体重也只有 2 磅（约 0.9 千克）多一点。

2015 年 11 月，丰田汽车宣布投入至少 10 亿美元建造人工智能研究实验室，负责机器人产品的开发和基础研究。为此，丰田计划雇用 200 名科学家。2016

年2月之前，普拉特从Darpa（美国国防部下属的研究机构）被挖过来。该实验室集结了麻省理工学院工程师及谷歌机器人部门联合创始人詹姆斯·库夫纳、机器人高级专家菲利普·米歇尔等高端科技人才。

在此基础上，2016年1月，丰田研究所在美国硅谷成立，提出所谓的"舰队学习"，即机器人技术爆炸的关键在于云机器人技术和深度学习的结合。这种"舰队学习"系统可以让机器人更加轻松地适应各种工作环境。目前，由丰田研究所开发的TRI机器人系统，可以成功执行约85%的相对复杂的人类级任务，每个任务由大约45个独立的行为组成。

2019年8月，丰田汽车公司和首选网络公司（Preferred Networks Inc）发布联合声明表示，两家公司将开展联合研究，开发能够在典型生活环境中学习的生活辅助机器人（Human Support Robot，简称HSR）。HSR可以帮助行动不便的人完成一系列家庭任务，比如开门、从食品柜中取食物或水。尤其对于缺少照顾、行动不便的老人或残疾人，HSR的开发、应用大有益处。

2021年11月，丰田研究所宣布，成功研发出最新一代家庭保姆机器人"巴士男孩（Busboy）"，能够完成85%的人类级任务，最擅长"做家务活儿"。想要让机器人成为"保姆级"的家务能手，目前还是一种奢望。但是，攻克更多家务"困难"从长远看有重要的意义。更多丰田财团和三井财团的企业群参与，将大大推进开发速度。

先行开发自动驾驶技术

2003年，丰田公布了世界最早的自动驾驶概念车，名为"PM-01"。该车采取线控驾驶技术，可以根据交通状况自动调整驾驶模式，和外界以及其他行驶工具无缝交流。2005年3月，丰田又设计了具有驾驶信息提示系统的i-Unit概念车，通过声、光和振动的方式实现内部信息传递，并运用智能传输系统技术（ITS），提供安全、高效的自动驾驶体验。

2016年11月，丰田财团的电装公司和三井财团的东芝公司达成一项基本协议，共同开发一种名为"深度神经网络-知识产权（DNN-IP）"的人工智能技术。该人工智能技术用于一直由两家公司自主开发的图像识别系统，以帮助实现先进的驾驶员辅助和自动驾驶技术。两家公司致力于使该技术能够装配在尺寸更小、功耗更低且具备其他优化性能的车载处理器上。

2017 年 5 月，电装公司与东芝公司开始就强化物联网制造、先进驾驶辅助系统、自动驾驶等多领域合作而展开深入磋商。电装公司多年来服务汽车市场，积累了大量的高水平技术，同时具备雄厚的制造能力。借此机会，电装公司旨在将其优势与东芝公司的影像识别、物联网、人工智能及软件开发技术结合，以便增强其竞争力并应对汽车市场的变化。

2018 年，电装公司在自己的总部所在地刈谷以及东京都分别做了验证试验。电装的优势在于过往的技术积累使其深深地嵌入自动驾驶的技术链条中，并且在个别领域的存在感异常强大甚至是垄断性的。另外，电装公司对自动驾驶的态度非常谨慎，冗余保障贯穿了自动驾驶的所有环节，因为零部件供应商都深知安全是汽车的第一要义，而其刻入骨血的安全基因是其他公司无法复制的。

2018 年 3 月，丰田汽车正式宣布，与电装公司和爱信精机这两家丰田财团旗下公司组建合资公司，名为丰田高级开发研究所（TRI-AD）。该公司首先聚焦于人工智能和机器人领域，改善汽车的导航和驾驶的体验就是其目标之一。三方就联合研发高级自动驾驶软件一事签署了谅解备忘录，共同投资 3000 亿日元用于自动驾驶技术的研发。

新公司预计拥有约 1000 名员工，其中包括丰田汽车、丰田研究所，以及合作公司爱信精机和电装等公司之外的新聘员工，丰田研究所首席技术官詹姆斯·库夫纳表示会面向全球招募自动驾驶领域的工程师。詹姆斯·库夫纳从 2009 年至 2016 年担任谷歌公司的工程技术总监，是谷歌自动驾驶团队的元老之一。该团队制造了全球第一辆谷歌自动驾驶汽车。

2018 年 12 月，电装公司、爱信精机、捷太格特这三家丰田财团的企业，联手丰田汽车制动组件供应商爱德克斯株式会社，共同组建合资公司 J-QuAD Dynamics，研发应用于自动驾驶、车辆运动控制等方面的集成控制软件。其中，电装公司占 65% 股权，爱信精机占 25% 股权，爱德克斯和捷太格特各占 5%，由电装公司执行董事隈部肇担任社长。

2019 年东京车展期间，电装公司自动驾驶先行开发机构执行役员（相当于执行董事）、合资公司 J-QuAD Dynamics 社长隈部肇在接受采访时表示："截至当年 10 月，电装集团内从事 ADAS 和自动驾驶技术相关研发的总计有 1000 人左右，总计有十几台测试车辆（含部分商用车），在日本、美国、德国等地的测试场和公开道路总计进行了两万多千米的实际路测。"

2021 年 4 月，电装公司宣布为其高级驾驶辅助技术（Advanced Drive）开发了新产品，将用于新款丰田雷克萨斯 LS 和新款丰田 Mirai。电装公司新开发的产品支持 Advanced Drive，该系统支持高速公路或其他机动车专用道路辅助驾驶。利用 Advanced Drive，车载系统通过在导航系统中设置目的地，检测环境，制定决策，并根据实际交通情况，在驾驶员的监督下辅助驾驶。

"移动出行"之"合纵连横"

2012 年 10 月，丰田汽车开启自己的汽车共享计划，与日本国土交通省共同合作了名为"Ha：mo"的项目，将个人化移动工具与公共交通结合起来，实现自由出行、减轻环境负荷、提升区域活力。2015 年，丰田汽车在法国格勒诺布尔市推出微型电动车共享服务，合作方由丰田汽车、格勒诺布尔市都市圈共同体、法国电力集团（EDF）以及当地汽车共享运营公司组成。

2016 年 5 月，丰田汽车对美国 Uber 公司进行战略投资。10 月，丰田金融服务公司和 Mirai 创意投资公司对美国汽车共享服务公司 Getaround 投资 1000 万美元。2018 年，丰田汽车又发布了概念车 e-Palette Concept，还发起成立了"e-Palette 同盟"。移动服务伙伴包括滴滴、亚马逊、必胜客和 Uber，技术伙伴包括滴滴、马自达和 Uber。

2018 年 10 月，丰田汽车和软银宣布共同出资成立 Monet Technologies，开发新一代的出行服务"MaaS（出行即服务）"。为加速开发，Monet Technologies 呼吁日本国内汽车厂商广泛参加。2019 年 3 月，本田和日野汽车分别向 Monet Technologies 出资逾 2 亿日元，取得约 10% 的股权。目前，软银持有 Monet Technologies 逾 40% 的股权，丰田汽车持有近 40%。

2019 年 5 月，电装公司宣布注资美国的 Bond Mobility，后者是一家提供微移动共享服务的公司。电装公司此次注资的 Bond Mobility，已在瑞士苏黎世和德国柏林两座城市开展电动自行车共享服务。由此可见，电装公司发力智能网联领域，

> **移动出行**：关于移动出行，目前业界并没有一个统一的定义，总的来说，将人、车、路进行连接，便是移动出行。其核心领域包括：通过各类传感装置获取道路信息；通过移动设备获知用户所处位置与出行偏好，并据此为用户推送所需要的出行信息与方案建议；通过车载硬软件了解车辆当前行驶和服务情况。

着重研发云服务等重要技术，通过积极寻求海内外战略伙伴，把握服务运营者的需求与课题，推动市场先行的事业开发。

2019 年 6 月，丰田汽车社长丰田章男成为电装公司的新任董事，标志着丰田汽车及其掌门人丰田章男都在寻求角色转变，从传统汽车制造商转变为出行服务商。因为自电装公司成立以来，丰田汽车的高管同时兼任电装公司的董事，此前只有丰田章男的父亲丰田章一郎，他从 1964 年开始任职，直到 2015 年正式卸任，参与了电装公司的重要决策整整 50 年。

丰田家族一直和电装公司有着千丝万缕的联系。出生于 1927 年的丰田祯吉郎，父亲便是丰田第一任社长丰田利三郎（原名儿玉利三郎），而他工作的第一家公司是三井银行。后来丰田祯吉郎 1966 年加入日本电装，1973 年成为日本电装的董事，1988 年成为副社长，1991 年担任副会长，1995 年成为会长。

2019 年 7 月，丰田汽车与中国的出行平台滴滴出行达成合作协议，投资 6 亿美元，并与广汽丰田共同成立合资公司，开展面向网约车司机的车辆相关服务。此前，2018 年 1 月，双方建立了 e-Palette 同盟，2018 年 5 月在租赁车辆上搭载丰田开发的"TransLog"系统，并利用丰田构建的智能互联车辆信息系统"移动出行服务平台（MSPF）"服务乘客。

2019 年 8 月，三井物产与复星基础设施产业发展集团在上海 BFC 外滩金融中心举行战略合作签约仪式。三井物产经理阪井大雪表示："复星与三井物产从 2012 年起开始合作，一直以来，高层领导之间关系友好，互动也颇为频繁。我

们的方针是：今后在中国积极开发和建设以可再生能源发电、EV 关联服务、智慧城市、5G 和氢能相关产业为首的项目。"

2020 年 2 月，丰田汽车向中国初创企业小马智行（Pony. ai）投资 4 亿美元，获得 13% 的股份以及一个董事会席位。小马智行成立于 2016 年年底，以中国和美国为起点，分别在硅谷、广州、北京、上海设立研发中心，并获得中美多地自动驾驶测试、运营的资质与牌照。丰田汽车投资之时，小马智行正与广汽集团合作开发"第四级"（L4）无人驾驶汽车，即高度自动化的无人驾驶汽车。

参考文献及来源

1. 胡志强：《从电装的"领先工厂"看日本汽车零部件制造技术发展》，《汽车工艺师》2015 年第 12 期。

2. 曹晓昂：《电装的"造物"哲学》，《汽车纵横》2015 年第 12 期。

3. 高凡婷：《日本电装全球进击史》，《创新世界周刊》2020 年第 9 期。

4. 林蔚仁：《日本电装：丰田系零部件巨擘的励志之魂》，《中国工业评论》2016 年第 7 期。

5. 吴憩棠：《电装在中国的发展蓝图》，《汽车与配件》2005 年第 21 期。

6. 朱敏慧：《电装为中国市场提供更多技术支持》，《汽车与配件》2014 年第 32 期。

7. 曹晓昂：《山田昇：电装（中国）缔造者》，《汽车纵横》2014 年第 1 期。

8. 曹晓昂：《龙潜于渊，电装助之》，《汽车纵横》2018 年第 2 期。

9.《日本电装汽车零部件厂商在华大幅扩产》，《汽车零部件》2008 年第 2 期。

10. 庄严：《造物的电装》，《专用车与零部件》2015 年第 11 期。

11. 陈晓华：《精益改善典范：日本电装》，《中国质量》2018 年第 12 期。

12. 周羽：《电装出征北美车展，展示未来驾驶技术》，《商用汽车》2014 年第 2 期。

13. 李玉玲：《迎挑战 谋未来 电装的售后市场战略》，《汽车与配件》2008 年第 24 期。

14. 刘京运：《丰田：传统汽车厂商的"机器人梦"》，《机器人产业》2018 年第 5 期。

15. 戴荣荣：《日本工业机器人产业崛起之路》，《机器人产业》2015 年第 1 期。

16. 马剑：《电装以人为本，挺进自动驾驶》，《齐鲁晚报》2021 年 2 月 1 日。

17.《电装转型之路：开启二次创业 智能网联部门成为"新势力"》，《中国汽车报》2019 年 10 月 30 日。

18. 周雨晴：《电装入股台积电，欲谋求汽车 CASE 主导权》，2022 年 3 月 2 日，见 http://www.eeo.com.cn/2022/0302/523789.shtml。

19. 明阳：《走进电装集团：在东京大街小巷我们读懂了电装的未来》，2019 年 11 月 19 日，见 https://mp.weixin.qq.com/s?src=11&timestamp=1674439360&ver=4305&signature=WEQooKTTszTExaA20d2SQOG6SnNKHA5NDJLbVwWLcvyx2xKNqtiDphRmo-IHjpZSXkcaBd5fpd*3ImfvEzfwEZmrNSLYZsrjvdMAub5fx4UvfwUBaDliCd*Wb1CwwYGc&new=1。

20. 冯丽君：《智能车时代的车芯投资版图——汽车芯片全景报告》，2022 年 10 月 28 日，见 https://www.yicai.com/news/101576596.html。

21. 潘梓春：《电装 70 年：MaaS 时代中的硅谷模式》，2019 年 11 月 26 日，见 https://mp.weixin.qq.com/s?src=11&timestamp=1674439627&ver=4305&signature=u4*E9-5U4eIsO4acg0vd9BpRI7bUYRF0rVwYlVcSvb3-w-yZqxvnQiWwRnLWZO3u-hQ96mjmP*BRvQnSDg4FDXLa362gFDUItzYNS0Tv5AoHc50mCwAHyrUQAjOWLDAU&new=1。

22.《自动驾驶最新"造车联盟"强强联合谁最有戏？》，2017 年 5 月 27 日，见 http://cnews.chinadaily.com.cn/baiduMip/2017-05/27/cd_29528077.html。

23. 诺一：《走进电装集团：在东京大街小巷我们读懂了电装的未来》，2019 年 11 月 20 日，见 https://aikahao.xcar.com.cn/item/225450.html。

24. 周纯粼：《丰田正在转型为一家移动服务公司 它是怎么做的呢》，2018年1月10日，https://www.jiemian.com/article/1870287.html。

25.《广汽集团与日本电装签署战略合作备忘录》，2017年11月28日，https://finance.eastmoney.com/a2/20171128807065234.html。

26. 晓寒：《东京探访电装研发中心！揭秘日本最强汽车 Tier1 自动驾驶布局》，2019年11月26日，见 https://zhuanlan.zhihu.com/p/93820337。

27.《电装自动驾驶及车联网提速，正在积极寻找中国本土合作伙伴》，2018年9月17日，见 https://www.d1ev.com/news/qiye/76975。

28. 解全敏：《电装投资20亿在华建新能源汽车零部件工厂 2021年开始投产》，2019年5月29日，见 https://auto.gasgoo.com/News/2019/05/29082518251870107964C103.shtml。

29.《丰田电装合资"造芯"是在下一盘什么棋?》，2019年7月26日，见 https://www.21ic.com/tougao/article/17617.html。

30. 电装公司官方网站：www.denso.com。

第十章 丰田不仅造车，更是造财团

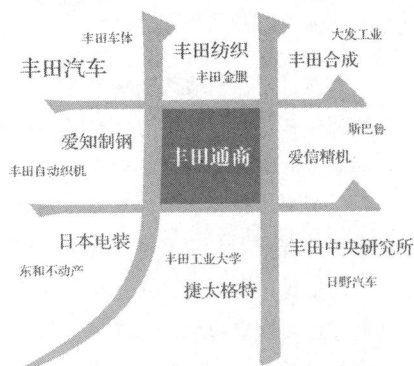

丰田车体
丰田汽车　　丰田纺织　丰田合成　大发工业
　　　　　丰田金服
爱知制钢　　丰田通商　斯巴鲁
丰田自动织机　　　　爱信精机
日本电装　　　　　　丰田中央研究所
东和不动产　丰田工业大学　日野汽车
　　　　　　捷太格特

20 世纪 70 年代，马自达曾一度陷入经营危机，幸亏住友银行（现三井住友银行）全力支持，才得以脱困。90 年代，马自达成了美国福特汽车的全资子公司。2010 年，三井住友银行从福特接手马自达的股份，又促成交叉持股协议，让丰田财团全部接管了马自达的股权和经营。

2014 年 7 月 8 日，三井不动产建设的"柏之叶"项目开业，它是集住宅、商业、办公楼、饭店于一体的复合开发型"智能城市"。以此为借鉴，2021 年 2 月 23 日，丰田财团举行了"Woven City（编织之城）"的奠基仪式，作为自治、智能出行、智能家居和人工智能的研究测试平台。

2020 年，丰田财团拥有的现金数额比日本大银行保有的现金数额还要多，已达到 23 万亿日元，日本因此流行着"丰田是日本中央银行"的说法。不仅仅局限于汽车行业，银行、证券、保险、商社、电气、通信、化学、钢铁等众多行业都有丰田财团的身影。

"三井"告诉了我们什么

二战以后，在日本六大财团的形成过程中，三井、三菱和住友三大财团都是直接起源于传统财阀，并且延续了财阀商号，依旧继承了数百年来形成的日本财阀的部分制度和文化遗产。三和、富士、第一劝银三大财团则是为了适应新时代产业体系化的需要，模仿三井财团而抱团式发展的民间财团。很长一段时间里，正是这些财团担负着振兴日本经济、对抗美国经济霸权的重担。

随着时间的推移，一些从制造业中成长起来的新兴大型国际化日本集团企业也开始逐渐走向财团化，其中以丰田为核心代表。从一开始，丰田汽车就是三井财团二木会（总经理会议）的重要成员，其与三井财团之间有着割舍不断的历史渊源。1894 年，丰田佐吉（丰田财团创始人）开办了乙川棉布合资会社，为其提供周转资金的正是三井财团的综合商社——三井物产。

三井财团是非常庞大的日本产业集群，旗下有三井物产、三井住友金融集团、三井不动产，形成了相对紧密的金融生态系统。三井财团的金融基因从家族企业开始渗透，演化到传统财阀，进而构成财团体系，不断进行产业方面的收、并购，最终形成庞大的金融系统。以三井财团为模板，丰田财团的成员企业也是用这样的方式，不断优化供应链结构，不断向上游进行知识研发和思维模式构建。

以三井物产为核心的三井财团是日本产业、商业力量的代表和象征，而丰田财团可以看成制造型企业成功学习"三井商道"，升级为日本第七大财团的典型案例。不知不觉中，深受三井商业文化影响的丰田汽车集团内部已经悄然孕育出了一个"新三井物产"——丰田通商。作为丰田财团的综合商社，丰田通商承担起了培育、构建全球汽车产业链（财团生态）的重任。

时至今日，丰田的"产商融"财团模式已基本定型，即以汽车相关制造业为产业基础，以丰田通商为综合商社及纽带，金融主体则包括自有储备资金和丰田金融。毫不夸张地讲，在当今日本经济社会乃至全球汽车产业的影响范围内，丰田在产业链、价值链上下游的渗透深度和控制力都实属罕见，实际上也基本在承担着几大财团（三井、三菱、住友等）所承担的责任。

以丰田为代表的日本制造业财团企业，不断围绕着"全套完整产业链"构造组织结构，最终形成了"产（制造企业）、商（综合商社）、融（主办银行）"三位一体结合的经济模式，这其实也是一种产业、商业与金融的共生模式。正是这种融入了东方商业智慧的"产商融"模式（"三井商道"的显性表象），奠定了日本商业数百年的生生不息与不断发展壮大的基础。

本章导言

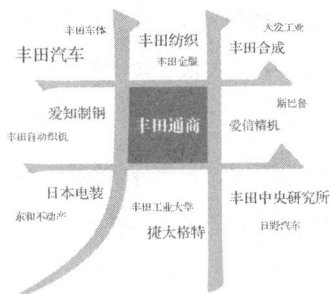

2009 年，在接任丰田汽车社长后第一次接受媒体采访时，丰田章男虽然远在大洋彼岸的美国，但心心念念的仍是中国市场，因为他意识到了"中国汽车市场及汽车业未来发展迅速"。面对当时金融危机对汽车行业的冲击，丰田章男迅速做出调整，将发力重心转向中国市场，加快、加大在中国的投资力度，更是用中文说出了"中国最重要"的口号。

丰田汽车社长丰田章男的夫人田渊裕子，是三井物产原副总裁田渊守的女儿，而丰田章男的母亲则是三井银行原董事三井高长的女儿三井博子。另外，丰田章男堂兄丰田达娶了住友银行（现三井住友银行）原行长堀田庄三的女儿堀田真理。通过联姻，丰田与三井日益紧密融合成一体。丰田之所以与一般汽车企业不同，主要是因为丰田的模式中蕴含了很深的"三井商道"。

2012 年，丰田汽车提出要将"丰田中国"转变成为"中国丰田"的战略，实现更加扎根于中国的本地化变革。对此，丰田汽车社长丰田章男向中国本部长大西弘致提出了两点建议：第一点是"要发自内心地喜欢中国，要在中国多结交一些朋友"，第二点是"遇到不好判断的事，要多站在中国这个国家的立场上去思考"。丰田高层对中国的重视态度，也表明了他们对于中国市场的诚意。

2019 年 4 月，丰田章男再次"中国行"。从体验共享单车、关注淘宝造物节，到乘坐北京的 10 号线地铁，再到品尝臭豆腐，丰田章男多次以各种各样的新鲜形式去了解中国社会的生活方式与中国汽车市场的紧凑步调。同年在上海车展现场，丰田汽车公司执行董事、丰田汽车（中国）投资有限公司董事长上田达郎再次强调要加快丰田在中国的本地化发展速度。

从 2020 年起，丰田财团旗下的丰田汽车拆分了其在亚洲和中国的业务，中国业务作为独立板块运行，中国市场的全球地位进一步提升。在组织构架调整的同时，丰田汽车在华投入也在加大。通过扩大与中国合资公司的产能，一汽丰田天津工厂、广汽丰田广州工厂以及四川一汽丰田成都工厂，2020 年在华产能提高 1 倍，总产能达到了 200 万辆。

2020 年 2 月，丰田汽车向中国初创企业小马智行出资约 4 亿美元，这一举动被视为丰田扩大在华自动驾驶规划。小马智行总部位于广东省广州市，是一家自动驾驶技术初创企业，在广州市的试验区等运营自动驾驶出租车。丰田汽车考虑在正在开发的面向 MaaS（出行服务）的纯电动自动驾驶汽车"e-Palette"上采用小马智行的技术经验。

在电动车市场，丰田汽车也在加紧规划。2020 年天津生态城管理委员会发布的《设计招标公告》显示，丰田汽车和一汽集团计划投资 84.95 亿元在天津滨海新区生态城新建一座新能源工厂，工厂已被天津生态城管理委员会批准建设。该新能源工厂计划年产能为 20 万辆，其中包括纯电动汽车、插电式混合动力汽车以及燃料电池汽车。

2022 年，丰田汽车向北京冬奥会提供 2022 辆氢燃料电池赛事服务汽车。对此，丰田汽车表示："希望以此为契机不断推动中国氢燃料电池产业发展。为了在迅速变化的中国市场普及、推广氢燃料电池，丰田与志同道合的中国企业一起，举全行业之力，共同打造氢燃料电池的发展基础。通过氢燃料电池的本土化研发和生产，为中国实现碳中和贡献力量。"

丰田财团的新能源路线可以总结为一个基本面加一个切入点。基本面是近期通过混动、插电混过渡到未来的氢燃料电池汽车，这一点在其发布的远景规划得以充分体现。切入点是用下一代电池技术攻占电动汽车革命的制高点，以增强对纯电动汽车的战略布局。其中，纯电动车将适用于短距离通勤，长距离运输将以混动、插电混动和燃料电池汽车为主。

第一节
进入品牌并购时代

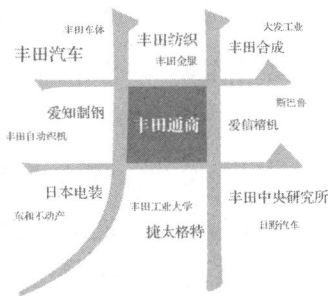

拿下大发与日野

1967 年，日本大发工业株式会社与丰田汽车工业公司、丰田汽车销售公司签订业务合作协议，正式开启了大发与丰田的合作之旅。1907 年创立于日本大阪的大发工业株式会社是日本最古老的汽车制造商之一，以生产内燃机起家，百年来始终致力于小型车领域的拓展，是全球领先的小型车制造企业，被誉为"小型车专家"。

日本大发与中国市场的渊源颇深。20 世纪 90 年代，"黄色小面"成为中国乘用车普及的一道城市风景线，而由天津汽车工业公司生产的夏利更是成了当时的"国民汽车"。大发早在 1986 年就通过技术转让的方式向中国输出了黄色车身的"小面"Hi-jet 和 Charade 夏利两款车型。只是后来伴随中国乘用车市场竞争的加剧，大发在中国逐渐被边缘化。

1998 年，亟须在小型车市场站稳脚跟的丰田汽车出资购买了大发工业 51.2% 的股份。而以 2006 年丰田 Rush 品牌为开端，丰田开启了从大发汽车代工生产（OEM）采购的步伐，其中就包括小型车中的 Tank、Roomy、Raize 以及轻型车 Pixis Epoch 等。此外，丰田海外售卖的 Calya 等车型也是由大发贴牌生产的。到 2011 年，大发开始全面生产丰田品牌的微型车。

一直以来，微型低价车型这个市场都是丰田的短板，因此全资控股大发汽车可以让丰田有资本叩开微型低价车型亚洲市场的大门。为此在 2016 年 1 月，丰田汽车支出约 30 亿美元 100% 收购大发工业，后者由此成为丰田的全资子公司。丰田汽车时任 CEO 丰田章男表示，在完成交易后，大发品牌将被赋予"和丰田、雷克萨斯等品牌等同的地位"。

2001 年 8 月，丰田汽车成为日野的第一大股东，拥有日野 50.1% 的股份。此后，丰田的大巴车和卡车就改由日野负责生产。如果说大发是丰田财团内部的"小型车专家"，那么日野就是丰田的"商用卡车之王"。日野汽车是一家位于日本东京的柴油卡车、公共汽车和其他车辆的制造商，长期在日本的中重型柴油卡车制造领域中占据领导地位。

日野汽车的前身是 1910 年成立的东京瓦斯工业公司，业务是从生产瓦斯开始的。1917 年，东京瓦斯生产出第一辆卡车，开创了汽车研发的历史。1932 年，东京瓦斯生产出了翻斗车和巴士。1942 年，东京瓦斯旗下的柴油汽车工业有限公司被拆分为日野重工和五十铃。在这之后，日野成为独立公司，并于 1946 年启用现在的名称。

日野汽车从 1964 年便停止了乘用车的生产，专心制造重型拖挂卡车和柴油发动机。经过数十年的发展，日野汽车已经成为日本最大的商用卡车制造企业，拥有员工超过 8000 名，总资产达到了 727 亿日元。如今在日本街道上随处可见日野的卡车，用于城市配送、冷藏运输……因此，将日野卡车尤其是轻卡称作日本的"卡车之魂"绝不为过。

在全球汽车市场进入低速增长期的"新常态"下，丰田收购大发汽车和日野汽车，可以使得其产业集中度再度提升，规模效应扩大化。特别是在紧凑型和小型车辆领域，丰田围绕多个年龄层、多种身份细分市场，制定差异化战略。而在技术方面，丰田汽车和大发汽车则可

> **差异化战略：** 为使企业产品、服务、企业形象等与竞争对手有明显的区别，以获得竞争优势而采取的战略。从产品质量、款式等方面实现差别，寻求产品的与众不同的特征。对同一行业的竞争对手来说，产品的核心价值是基本相同的，所不同的是在性能和质量上。

以共享丰田拥有的新一代技术，以及大发以低成本快速制造低燃耗车辆的技术。

2021 年 1 月，日本丰田汽车公司发布报告称，由于中国等海外市场汽车销售恢复强劲，包括大发和日野在内的丰田集团 2020 年全球销量约为 952.84 万辆，超过了德国大众汽车集团，重回世界首位。显然，丰田收购大发和日野之

後并没有出现各品牌之间产品定位重叠、产研效率低下的情况，反而实现了扩大细分市场，提高日本品牌竞争力的良好局面。

逐步控股斯巴鲁

1953 年，群马县吞龙工厂和太田制作所重组成为富士重工。1955 年又合并富士工业、富士汽车、大宫富士工业、宇都宫车辆、东京富士重工业而形成多元化集团。出于前述合并、重组历史，集团的 LOGO 是昂宿星团的六连星，即五颗小星伴随一颗大星，小星代表被合并的企业，大星代表原来的富士重工。2017 年 4 月，富士重工正式改名为斯巴鲁（Subaru）。

2005 年 10 月，丰田汽车宣布接手 8.7% 的富士重工的股权，并与富士重工签订了一项合作计划，利用富士重工设于美国印第安纳州西拉法叶市的闲置厂房，组装旗下的丰田 Camry 车型。同时，为了减轻内部的财务危机，美国通用汽车公开宣布出清所持有的日本富士重工的 20% 股权。2008 年，丰田汽车对富士重工的持股比例提升至 16.7%。

不同于欧美汽车企业依靠资本优势大规模收购的模式，丰田汽车的整合收购明显表现出日式财团经营理念的特点。在同样庞大的产业结构之下，丰田不但没有出现欧美企业重规模、轻协同的弊病，反而在内部形成了大集团（财团）各个企业之间优势互补、资源共享、共同成长的关系，每个企业都拥有属于自己的合理定位，不同企业之间的协作也遵循着基本的商业规律。

近年来，斯巴鲁旗下的森林人、力狮、傲虎、XV 等品牌车型在汽车界都有着不错的口碑，它们极其重视良好的视野、易于操控等实用性能。同时，斯巴鲁因其出色的安全性在北美市场一直颇受追捧，销量也是持续上涨，无论是美国权威的消费品评测机构 Consumer Report 还是 IIHS 这样的权威汽车碰撞测试机构，斯巴鲁旗下的产品均获奖无数。

2020 年 2 月，斯巴鲁宣布：丰田汽车追加投资 700 亿日元，对公司的持股比例由 16.7% 提升至 20%，成为控股公司。经过本次增资，丰田汽车与斯巴鲁成为"一体"。作为丰田汽车的子公司，按照日本《持分法》对股权投资的规定，今后斯巴鲁的盈利和亏损将正式被纳入丰田汽车的财务报表中，一同进行披露，这也就意味着斯巴鲁汽车已正式成为丰田大家族中的一员。

在汽车行业中，斯巴鲁虽然口碑不错，但一直都被认定为一个小众汽车品牌。然而，斯巴鲁拥有非常先进的技术，掌握着全球领先的四轮驱动技术，水平对置发动机、EyeSight 自动驾驶辅助系统也都排在行业前列。曾有媒体报道："世界上只有两个公司这么多年坚持研发水平对置发动机，一个是保时捷，另一个就是斯巴鲁。"

不仅如此，斯巴鲁还打造了着眼于未来的汽车制造平台——斯巴鲁全球化平台。该平台不仅适用于汽油动力汽车，还适用于混合动力汽车、电动汽车。利用该平台制造的汽车，不仅大大提高了整体的安全性，而且实现了更加安心愉悦的驾乘感受。因此，丰田是希望通过控股斯巴鲁以获取相关产品及技术支持来弥补丰田汽车的一些不足。

2021 年 3 月，丰田欧洲部门发布了一张关于全新纯电中型 SUV 的预告图。这款概念型 SUV 正是利用斯巴鲁和丰田共同研发的平台 e-TNGA 打造的，并且结合了斯巴鲁在 SUV 方面的优势技术。这款纯电 SUV 是丰田控股斯巴鲁后双方合作的第一步，之后还将对新能源汽车的研发、生产等多领域展开深度合作，显然斯巴鲁已经成了丰田电动车阵营中的重要一员。

同马自达交叉持股

作为《财富》世界 500 强的跨国汽车制造企业，马自达在众多日系车中绝对是最特立独行的那一个。它不像丰田那般总是满足大众需求，以稳定、耐用著称；也不像本田那样"买发动机送车"，拥有一众死忠粉；更不像日产那样低调、舒适。马自达十分偏执，从不向市场妥协，坚持不加长车身，坚持不使用涡轮增压发动机，坚持不降低价格等，而且几十年来一直使用未被大规模认可，其他车企也不采用的旋转发动机。

马自达的历史最早可以追溯到 1921 年由松田重次郎创立的东洋软木工业公司，该公司成立之初的主要产品为制造保温热水瓶用的软木、冰箱零组件等。

1927 年，东洋软木工业公司改名为东洋工业公司，2 年后开始制作工业机械，当中包括摩托车。20 世纪 60 年代起，马自达涉足四轮乘用轿车领域，陆续推出四轮乘用车 R360 Coupe、Carol 360、Familia 等车型。

公司创始人松田重次郎并没有像丰田和本田那样直接用自己日文姓氏的英文拼写作为商标，而是找了一个接近自己姓氏英文拼写（松田，Matsuda）的英文单词"Mazda（马自达）"作为品牌名。其源自西亚神话中创造铁器、车辆的文明之神阿弗拉·马自达（Afura Mazda），含有聪明、理智、理性和协调之意。

到 20 世纪 70 年代石油危机时，因推出的车型大多搭载油耗表现较差的转子引擎，马自达的销售成绩一蹶不振，一度陷入经营危机。幸亏其主要往来银行住友银行（现三井住友银行）全力支援，才得以脱困。因此，现在三井住友银行的公司用车大多出自马自达。其实，也正是与三井住友银行的这层关系，才最终促成了丰田与马自达的交叉持股。

2010 年 11 月，美国福特汽车公司正式宣布将所持马自达汽车公司的股份从 11% 减至 3.5%，未来全面放弃马自达股份。此时，正值 2008 年全球金融危机后期，汽车市场急剧恶化。早在 1979 年，美国福特汽车就入股了马自达。到 20 世纪 90 年代日本出现经济泡沫时，马自达甚至一度成了美国福特汽车的全资子公司。

就在福特汽车全面退出马自达的同时，三井住友银行高调对外宣布，正式接手马自达股份，成为马自达的最大股东。有了三井财团和住友财团联合体旗下的三井住友银行的支持，马自达在资金、技术、原材料、物流、管理等多方面同时受益。为了避免和美国福特分家后马自达会在技术及市场领域走下坡路，三井住友银行又从中牵线让马自达和丰田签署了合作协议。

2015 年 3 月，丰田汽车与马自达汽车签署了构建持续性合作关系的备忘录，努力实现双方产品、技术的互补，发挥最大合作效力。而随着环保、安全方面的法规在全球趋于严格，新型汽车种类的加速崛起及出行方式的多样化，汽车行业迎来了巨大变革期。丰田与马自达不仅需要强化各自擅长的技术及事业基础，更需要通过业务及资本合作的形式，强化合作关系。

2017 年 8 月，丰田汽车与马自达汽车发表联合声明，双方通过交叉持股形成资本联盟，并在制造与技术研发五个领域展开合作：在美国成立合资企业，建厂投产新车；联合开发技术用于电动汽车；联合开发车载互联技术；联合开发先进安全技术；扩大互补产品阵容。

丰田汽车通过第三方配股的方式，收购马自达新发行的 31928500 股普通股，在马自达增发后根据已发行量测算，所占股比大约为 5.05%，总价值约为 500 亿日元。而马自达也经由处置库存股的途径（由丰田通过第三方配股的方式执行），收购等价丰田股权，按照丰田已经发行的股本计算，大约占 0.25% 的股比。

2020 年 8 月，马自达和丰田表示，在位于美国亚拉巴马州的合资工厂增资 8.3 亿美元，用于改善生产线和生产流程。至此，两家公司已在亚拉巴马工厂累计投资 23 亿美元。根据此前规划，该工厂将于 2021 年正式投产，年产能为 30 万辆，马自达和丰田各占 15 万辆。这也是马自达位于美国的第一家工厂，对于马自达产能布局全球化的意义非常大。

与铃木构筑资本同盟

无独有偶，在丰田投资之前，同斯巴鲁和马自达一样，铃木汽车也曾经与欧美汽车巨头有着一段不算成功的"婚姻"。早在 2009 年 12 月，日本铃木和德国大众结成交叉持股联盟，大众以 17 亿欧元收购 19.89% 铃木股权，铃木斥资 7.7 亿欧元持有大众 1.5% 股权。大众看中了铃木在小型车和东南亚市场的优势，而铃木希望从大众那里获得柴油发动机等技术。

从 2011 年 3 月开始，铃木与德国大众关系逐渐恶化。德国大众仅将日本铃木视为"联营公司"，不仅未能如约提供柴油发动机技术，甚至还希望对铃木的"财务及运营方针起到重大影响"。11 月，铃木开始向国际申请仲裁以求终止与大众之间的联盟。2015 年 9 月，铃木回购大众所持股权。2016 年 2 月，大众和铃木共同宣布"和平分手"。

正是大众和铃木的关系破裂，才给丰田与铃木的合作提供了基础。2016 年

10 月，丰田社长丰田章男和铃木会长铃木修在东京会面，表示两家车企将展开合作。2017 年 2 月，丰田和铃木双方又签署了业务合作备忘录。不同于德国大众入股后的权力争斗，丰田与铃木之间的关系是相互融合，共同发展，而非恶意竞争，这也体现出了日本企业界长久以来的"财团文化"。

> **财团文化**：在日本，"共生共荣"是普遍的价值观，财团最大的意义就是建立庞大的生产体系，企业通过交叉持股形成了共渡危机、共享繁荣的命运共同体，从而有效避免了恶性竞争，实现了分工合作。正是这种融入了东方商业智慧的"产商融"模式奠定了日本商业此后百年间的生生不息与不断发展壮大的基础。

2019 年 8 月，丰田汽车与铃木汽车公司发布联合公告，双方将构筑资本联盟，加速技术研发进展，更好地应对全球汽车产业面临的骤变局势。按照协议，丰田斥资 960 亿日元，收购铃木 4.94% 股权（2400 万股普通股）；而铃木以 480 亿日元的价格，购得丰田 0.2% 股权。

丰田和铃木发布的联合声明，也充分表达了"相互融合，共同发展"的理念，联合声明中表示双方"将围绕新领域构建并深化合作关系，但仍然是竞争者关系"。这一方面是确定基调：双方将在技术层面展开更深层次的合作。另一个方面是向世界宣布，两家仍然是各自独立的公司，并不存在谁控制谁、谁依附谁的关系。合作与竞争共存才是日本企业间的主旋律。

作为日本第四大汽车制造商，铃木主要打造的是低价微型车以及小型车，合作后将从丰田的技术和资源中受益，尤其是自动驾驶以及电气化等技术。由于自身的规模和技术实力，铃木对于新技术的投入有限，与丰田形成同盟有助于提高自身的产品竞争力。对于丰田而言，铃木在印度汽车市场常年稳居榜首，其供应链网络将使自身获益良多。

2020 年 7 月，铃木推出了自 2019 年与丰田开启深度合作后的首款车型产品——铃木 Across。铃木 Across 基于丰田 RAV4 Prime 插电混动版重新打造，前脸进行了再次设计，但内饰没有太大的差别，除了方向盘上的车标换成铃木，其余大部分都与丰田的 RAV4 共享配置，此外，还搭载了由丰田提供的 E-Four 电子四驱系统。

2020 年 9 月，铃木汽车再次推出全新的铃木 Swace，作为铃木与丰田合作的第二款车，其设计理念与丰田卡罗拉非常相似，延续了丰田汽车的最新设计语言，同时也采用了旅行车的设计。在动力方面，铃木 Swace 搭载了来自丰田的 1.8L 混合动力系统，这是丰田的王牌混动系统，装机量大且很适合家用车型，燃油经济性比较好。

2022 年 3 月，日本媒体报道，丰田汽车计划联合铃木与大发这两家微型车翘楚，共同开发全新的紧凑型中置引擎跑车。其中，丰田负责主导协调整个计划，以 TNGA 架构的技术核心为基础。动力配置则由铃木负责，初步规划为 1.0L 直三涡轮增压引擎。大发的专长是树脂车身覆盖件，除了使车身重量更轻，还能降低生产成本，更有利于让不同品牌拥有各自风格的外观。

第二节
占领全球广阔市场

日本是丰田的王国

在 2019 年日本市场汽车销量排行榜上，前 15 名中丰田占据了 13 个，丰田普锐斯则以 12.5 万辆位居第一。而根据日本汽车经销商协会的一份资料，丰田的日本市场销量份额占比达到了 43.9%，远高于第二名日产的 12.7%。与此同时，同属丰田阵营的马自达销量份额占比为 5.3%、斯巴鲁为 3.6%、日野为 2.1%、高端品牌雷克萨斯为 1.6%。

德国媒体曾对日本汽车市场发表评论称：日本是丰田的王国，丰田统治着这个美国与中国之后的世界第三大汽车市场。事实不仅如此，日本的客户对丰田这个自己的本土汽车制造商十分忠诚，每年丰田车型都会占据当年售出新车的一大半，而与此相比较，大众在德国本土的市场份额仅为 21.2%。在日本只要提到汽车，大部分民众就会直觉性地联想到"丰田"。

为何丰田在日本的人气让本田、日产等日系大厂都难以望其项背？首先就是丰田强大的品牌号召力。多年来，丰田一直下大力气在品质改善上，"价格便宜、质量好、小毛病少"是一般日本民众对丰田车的普遍印象，这也打造了丰田口口相传的口碑。虽然随着时代的发展，各大汽车厂商的整体制造水平都已基本相当，但"开不坏的丰田"这深入人心的理念依然能打动很多消费者。

丰田在日本有 5 个相对独立的销售网络和渠道，分别是 Toyota 店、Toyopet 店、Corolla 店、Netz 店以及豪华品牌雷克萨斯店。2005 年，雷克萨斯店才从丰田其他店中独立出来，作为豪华汽车销售渠道，主要面向年收入 1000 万日元以上的高收入人群。此外，集团旗下小型车品牌"大发"以及商用车品牌"日野"

也都有自己独立的销售系统。

Toyota 店是丰田最开始就设立的销售渠道，目前这个渠道的店铺主要销售丰田品牌旗下的高端车，比如旗舰车型丰田世纪、皇冠、酷路泽以及高级 MPV 车型 Estima 和 Esquire，等等。Toyota 店所销售车辆主要面向企业法人，作为运营车辆或公司重要人物的迎送用车。由于受日本"年功序列"等制度的影响，其目标群体大都是更注重稳重和品质的中老年阶层。

Toyopet 店所销售车型的定位要低于 Toyota 店，主要销售丰田旗下的中型车，比如锐志、凌放、艾尔法等车型。显然，Toyopet 店的目标客户群为经济比较富裕的家庭用户。"Toyopet（丰田宠儿）"一词来源于丰田利用自己的技术制造出了第一代"皇冠"汽车，其也是日本汽车工业史上真正独立研发的第一款车型。

Corolla 店也主要面向家庭用车，但相比于 Toyopet 店，更加经济实惠一些，主要销售的车型有凯美瑞、卡罗拉、诺亚等。目标客户群为年轻家庭用户，比如有一两个孩子、结婚不久的年轻夫妇。此外，Corolla 店除了销售这些国民车型，同时也在积极耕耘运动车型的贩售。可以说，Corolla 店自 1969 年成立以来一直都是跟随着丰田运动车系成长的。

Netz 店则主要面向喜欢玩车的二三十岁的年轻人，所售车型以运动兼经济性为主，相比于其他丰田销售店，历史也要短很多。Netz 店是丰田轻车（K-car）的主要销售途径，同时也有 RAV4、86、普瑞斯等车型在售。丰田认为，不同的消费者有不同的需求，丰田提供的不光是车，还有与车相对应的服务。因此车不同，对应的服务和经营理念自然也是不同的。

2019 年 4 月，丰田将旗下的 Toyota、Toyopet、Corolla、Netz 这 4 家经销网络在东京进行整合，统一形成丰田 Mobility Tokyo Inc.。此前，在 2018 年 11 月，丰田提出了新的销售网络升级计划——"May 2020"。虽然丰田在日本多个地区的多个销售网络仍将继续存在，但这样的销售结构，将在日后于东京由新公司以"one 丰田"策略为主导，力求在日本各地提供更为完整的销售服务。

利润引擎来自美国

2020 年，丰田汽车（含雷克萨斯）在美国市场的年度销量为 211 万辆，已经连续 9 年成为销量第一的汽车品牌。同时，丰田汽车 2020 财年第二季度北美的营业利润也大幅上涨至 10.9 亿美元，地区运营利润率从上一财年同期的 1.4% 升至 4.4%。显然，美国市场是丰田汽车不容有失的重要市场，也是丰田汽车的利润引擎所在。

自 20 世纪 70 年代，借助石油危机进军美国市场开始，日本丰田汽车逐步搭建起自己在美国的销售网络体系，建设销售、服务"一体化"的零售店，每个店都设立了供应零部件的门市部，并配有懂礼节、技术精的维修人员。20 世纪 80 年代以后，丰田又寻找通用汽车等合作伙伴积极在美国本土建厂造车，从此彻底在美国市场站稳了脚跟。

如今，美国作为丰田的最大单一市场，车辆保有量约为 3800 万辆，远超大众、本田等国际知名品牌，只有通用、福特等美国本土车企能够企及。此外，丰田在美国的投资金额也高达 600 亿美元，直接解决就业 9.3 万余人，间接解决就业更是高达 40 余万人。丰田在美国的产能达到了整个集团的 72%，远超日本和中国市场。

原本在很长一段时间里，美国通用都是汽车领域一个高调的"领导者"，丰田则是一个低调的"追随者"。那么，这个追随者是如何战胜领导者的呢？一个企业的成功不仅体现在畅销的产品，其背后一定是拥有出色的体系来支撑。日本企业的成功往往不同于美国企业的成功，它通常是由其内在的因素带来的，而这种内在的因素就是企业文化。

首先就是丰田的商人文化，丰田总是习惯把客户需求作为第一要务，从客户的需求出发，产品附加的所有服务都是客户可以接触到的，这也就避免了浪费，同时也降低了不必要的成本。相反，欧美汽车公司则大多是由工程师负责管理，其汽车生产计划、各项汽车技术参数都是由工程师决定，所以欧美汽车的特点就是产品性能非常出众，却相对忽视了消费者的心声。

为了实现企业利益与产品质量的完美匹配，丰田选择了"浪费为零"的产品生命周期设计。丰田对产品各个环节的严格把控，并不是要让汽车的生命周期无限延长，相反是通过每个环节的精密计算，对各种材料的巧妙选取，使得汽车的生命周期刚刚能够满足正常使用的时间。这一方面满足正常驾驶年限内的安全行驶，另一方面也大大降低了汽车的制造成本。

> **产品生命周期**：管理学术语，是指产品从准备进入市场开始到被淘汰退出市场为止的全部运动过程，由需求与技术的生产周期决定；是产品或商品在市场运动中的经济寿命，也即在市场流通过程中，由于消费者的需求变化以及影响市场的其他因素所造成的商品由盛转衰的周期。

人们很少能在丰田美国公司中看到日裔员工、日本文字标识等日企元素。虽然销售和研发的一把手来自日本，但执行委员会是美日各半，而各个工厂和销售大区也全部由美国人负责。可即便如此，丰田美国工厂中生产的汽车质量问题相比于其他美国本土汽车制造企业依旧是最少的，这些改变都要得益于丰田的生产管理方式和独特的企业精神文化对美国本土员工的培养。

丰田第一位非日籍董事会成员、曾担任丰田北美销售公司总裁的吉姆·普莱斯就曾表示，与其他在美国的外国企业不同，丰田更像是在向美国进行"企业移民"。丰田虽然不是美国的企业，但一直在美国国内交纳税金，并努力试图融入美国社会。在工厂日益本土化的背后其实隐藏着丰田精神对于美国企业管理者潜移默化的影响，企业文化才是最强大的管理武器。

2021 年 1 月，汽车研究网站 iSeeCars 公布了最新评选出的"长期持有汽车榜"，统计出了美国消费者"最喜欢连续持有（使用）至少 15 年"的 10 款车型。其中，丰田普锐斯凭借 13.7% 的车主连续持有（使用）15 年以上位居第一。此外，前 10 名榜单中共有 8 款车型来自丰田，包括斯巴鲁森林人占据的一个席位。可以看到，丰田时至今日仍是美国汽车市场上不可忽视的力量。

竞争与机遇并存的欧洲

根据 2020 年欧洲车企销量排行榜，在市场份额排名前 10 名当中，欧洲品牌占据了 6 个，特别是德国大众（25.4%）、PSA 标致雪铁龙（14.4%）以及法国雷诺（10.3%）这三巨头，远远甩开了其他品牌。而日系品牌，进入榜单的都比较靠后，丰田汽车以 5.8% 的市场份额排在第 7 位，日产汽车则位于第 10 位。

为什么丰田在全球都保持着不错的销量，唯独在欧洲市场一直不受欢迎？其中一个重要原因就是丰田不合欧洲人的胃口。欧洲人普遍对车辆的操控性有着相对较高的要求，而丰田汽车大多数车型轻盈的转向、柔软的底盘明显更强调行驶舒适性。此外，日本车在欧盟的进口关税为10%，而日本车在美国的关税才2.5%，相对更高的购车成本也成了阻碍。

欧洲各国政府对当地购车者都会出台非常具有诱惑力的补贴政策。在德国，报废行驶9年以上的老车转而购买新车时，政府补贴2500欧元。在意大利，"以旧换新"最高补贴5000欧元。在法国、葡萄牙、卢森堡等地也同样有着不同程度的购车补贴。当然，这些补贴政策的背后相应还有一些附加条件，那就是往往对大众高尔夫、雷诺、标致等欧洲本土车型更为适用。

然而，较低的欧洲市场占有率同时也就意味着巨大的机遇。欧洲汽车行业主要国家是德国、法国、英国、意大利，每个大型企业都是该国的代表企业。因此，丰田想要在传统汽车领域获得成功难度颇大，另辟蹊径显然是最好的选择。对此，丰田汽车欧洲公司总裁兼首席执行官约翰·范·齐尔表示，丰田在欧洲的发展道路是很明确的，即向电气化积极转型。

事实上，随着新能源汽车全球化的步伐越来越快，除了中国市场，欧洲或将成为第二个主力市场。仅2020年10月在欧洲全区域范围内销售的电动化车型（含混动），相比于2019年同期激增了153%，其中丰田的混动汽车和大众的纯电动汽车表现特别突出，丰田旗下混动品牌雅力士（Yaris）的欧洲订单量更是"创下了丰田所有车型的历史最高纪录"。

约翰·范·齐尔还认为，欧洲应该是丰田纯电动汽车战略的头号关键市场。欧洲拥有汽车电气化转型落地的各项便利条件：欧盟方面制定的《绿色协议》、可再生能源的使用以及可发挥金融支持作用的预算系统。与此同时，欧洲电池产能方面也吸引到了外界的投资支持，更重要的是，种种便利条件在欧洲全境遍地开花。

然而，丰田的纯电动汽车动作似乎显得慢了半拍。对此，丰田汽车欧洲公司产品和营销总监安德烈亚·卡卢奇给出了解释："丰田的混合动力技术使该公司能够遵守欧洲严格的排放标准，而不会过早进入电动汽车市场。然而，混合动力的成功给丰田提供了必要的基础，其他电气化动力系统一直在研发中。当时机、市场和基础设施成熟时，我们就会推出。"

2020 年 12 月，丰田对外透露，未来几个月会在欧洲推出一款电动 SUV，并计划在本世纪 20 年代初推出一款固态电池电动汽车。丰田零排放汽车（ZEV）工厂的副首席执行官丰岛裕司向欧洲市场介绍道："到 2025 年，丰田计划每年在全球销售 550 万辆电动汽车。同一时间内，丰田将推出 60 款新的电动汽车，包括混合动力车、纯电动汽车和氢燃料电池汽车等。"

氢燃料电池车在中国发力

2019 年 4 月，丰田财团与清华大学签约成立了清华大学-丰田联合研究院，发挥清华大学与丰田汽车公司的优势并联合外部政产学研等各界力量，产生引领性创新重大研究成果。这是迄今为止清华大学与国内外企业合作的第一家联合研究院，也是丰田汽车公司在全球与高校开展的最高级别合作。对于中国汽车产业的升级转型，丰田汽车早已经未雨绸缪。

清华大学-丰田联合研究院包括产业发展与环境治理中心、清华大学-丰田研究中心、清华大学-丰田自动驾驶人工智能研究中心和清华大学-氢能与燃料电池研究中心四个机构。联合研究院管委会主席、丰田汽车社长丰田章男表示，汽车行业正面临百年不遇之大变局，其中最大的课题是汽车电动化，双方合作关注新燃料，着眼全球最高水平，能够充分创造双赢的机会。

与丰田汽车之前在江苏常熟设立的研发中心不同，就清华大学-丰田联合研究院在汽车"新四化"的研究维度，丰田早已给出清晰的战略规划。2010 年 11 月在江苏常熟成立的丰田汽车研发中心（中国）有限公司，主要以丰田油电混合动力技术为基础，开展研发核心组件的国产化、混合动力车辆的匹配性技术等。

在清华大学-丰田联合研究院成立的同一个时间点，2019 年 4 月，丰田汽车与北京亿华通、北汽集团达成合作协议，向北汽集团旗下的北汽福田提供氢燃料电池技术和零部件，生产搭载丰田氢燃料电池系统的氢动力大巴。北京亿华通的前身是成立于 2004 年的北京清能华通科技发展有限公司，也是清华大学节能与新能源汽车工程中心的产业化实体。

2019 年 12 月，丰田财团的丰田汽车公司官方宣布，从 2020 年 1 月起实施新的组织架构，将中国业务与亚洲业务进行拆分，此后丰田在中国市场的业务运营开始独立。新的架构下，丰田未来在中国市场的动作必将更加频繁。显然，丰田将中国市场的业务提升到了更加重要的战略地位，未来将根据中国市场的需求提供更加精准的产品和服务。

此后，丰田汽车在中国氢燃料电池汽车领域持续发力。2020 年 6 月，丰田汽车联合一汽、东风、广汽等多家车企成立了联合燃料电池系统研发（北京）有限公司，进行商用车燃料电池系统的研发。2021 年 6 月，丰田汽车又合资成立了华丰燃料电池有限公司，如果说联合燃料电池系统研发公司是负责技术研发，那么华丰燃料电池公司的主要任务就是负责生产和销售闭环。

2022 年年初，丰田汽车为北京冬奥会提供了一款氢燃料汽车：柯斯达氢擎福祉车。这款车型是位于江苏常熟的丰田汽车研发中心（中国）有限公司专门为北京冬奥会和冬残奥会设计开发的，由四川一汽丰田进行生产。这也是丰田汽车首次在海外实现氢燃料电池技术从研发到生产的全流程“本土化”。

2023 年 2 月，中国首个氢燃料电池轿车全场景规模化示范运营项目“南沙氢跑”正式启动，项目由广州市南沙区政府和广汽丰田共同合作开展。项目官方表示，广汽丰田和南沙区政府将合力把“南沙氢跑”打造成全国氢能源产业新 IP，探索推动氢燃料电池汽车的使用普及，推广氢能零碳交通出行方式，加快大湾区城市绿色发展进程。

此次“南沙氢跑”项目初期将投入 65 辆第二代丰田 Mirai 氢燃料电池轿车和一座 70 兆帕撬装式加氢站，在广州南沙区提供多项公共出行服务，包括以燃油汽车同价格水平的租金提供短租车服务；与网约车出行平台合作开展网约车服务；在南沙区重点交通枢纽、重点景区、商业中心、政务中心等交通节点设立巡游车体验专线，通过预约模式，为市民提供出行便利。

丰田车体　丰田纺织　大发工业
丰田汽车　丰田金银　丰田合成
爱知制钢　丰田通商　斯巴鲁
丰田自动织机　　爱信精机
日本电装　丰田中央研究所
东和不动产　丰田工业大学　日野汽车
捷太格特

第三节
引领 "智慧城市" 的崛起

"智慧城市" 的时代先锋

2009 年 7 月，日本政府推出 "I-Japan（智慧日本）战略 2015"。此前，"智慧城市" 概念由美国 IBM 公司于 2008 年提出，随即东京大学前校长小宫山宏提出日本 "智慧城市" 概念。2010 年，日本经济产业省、内阁府、总务省先后出台了三大智慧城市建设构想，推进智慧城市建设，明显特征就是社会资本作为建设主体，均由日本大型财团企业牵头。

2012 年 4 月，三井不动产常务执行董事齐藤一志，在 "博鳌论坛·亚洲城市的未来" 分论坛上，就城市问题发表了自己的意见："东京在它的发展过程中也遇到了一系列大城市的问题，比如住房分配、空气污染、交通堵塞，等等，东京花了 30 年的时间才慢慢克服，并取得了现有的一些成就。但现在东京又开始面临一系列新的问题，全球化发展也给城市带来了更多的挑战。"

三井不动产的发展与三井财团百年来的组织结构调整与演进有着密不可分的关系。1909 年，日本第一家控股公司三井合名会社（集团控股公司）成立，100% 持有三井物产、三井银行和三井矿山这 3 家企业的股份，同时持有其他产业资产。1914 年，三井合名会社内部设置了不动产部门，专门负责管理三井家族拥有的土地和建筑物。

1941 年，负责管理三井合名会社的不动产部门独立，三井不动产株式会社由此诞生，注册资金 300 万日元，并于 1949 年上市。刚刚独立不久，三井不动产便迎来了企业发展的第一个黄金时期。20 世纪 50 年代中后期，日本经济向上爬坡，三井不动产开展临海地区的填海事业，大规模工业区、企业园区由此诞生。

2000 年 5 月，三井不动产提出新的发展计划，完成了从传统开发商向服务提供商的角色转变。如今，三井不动产旗下有 200 多家子公司，主营业务横向囊括办公、商业、住宅、物流、酒店和房地产金融等，纵向则覆盖开发、交易、持有、运营等多个环节，并形成代建、销售、租赁和管理的商业模式。在集团收入结构体系中，代建占 15%、销售占 29%、租赁占 31%、管理占 20%、其他占 5%。

2014 年 7 月，三井不动产建设的"柏之叶"核心设施"Gate Square"开业，集住宅、商业、办公楼、饭店、表演厅等城市功能于一体的复合开发型"智能城市"项目，就此正式开始运行。"Gate Square"在低碳环保、被动式节能、采用高效设备、导入太阳能发电装置等节能环保和环境共生方面有十分卓越的规划。

位于千叶县西北部的"柏之叶"智慧城市正式运行之前，三井不动产就已经开始推动项目所在的柏叶校园站周边地区的发展建设，以车站为中心，逐步发展了商场、办公大楼、集合住宅及医疗院所等城市功能。同时，三井不动产还与政府和市民携手合作，积极打造一个任何人皆可参与的智慧城市建设试点项目，一个宜居宜业的智慧生活模式。

日本"柏之叶"智慧城市建设虽然以土地开发商三井不动产为主，但其在不同阶段吸纳了以节能技术为主要研发方向的日立公司、以精密测量为主的国际航业、以建筑设计知名的日建集团等 20 余家专业型企业，成立"城市设计中心（UDCK）"。此时，丰田、东芝、松下等企业也都在着手智慧城市的创建和探索。

UDCK 全称为"Urban Design Center Kashiwa-no-ha"，是日本第一个"城市设计中心"。其由"官"（柏市市政府、NPO 非营利性组织）、"产"（三井不动产、首都圈新都市铁道公司、柏商工会议所、田中地域家乡协议会等）、"学"（东京大学、千叶大学）共同组成。各方派出运营委员成立委员会，对智慧城市的整体运营基本事项做决议。

不仅造车，还要造城

2010 年，日本政府选定丰田市、横滨市、京都府以及北九州市 4 个城市率先开展智慧城市试点，对相关技术、结构、商业模式等进行验证。在日本智慧城市建设初期，主要是从汽车交通和基础信息网络两方面入手，建立智慧城市雏形，再向其他方面扩展。其中，丰田市是丰田汽车的大本营，因此丰田汽车也算是第一批参与智慧城市建设的企业之一。

2010年4月，丰田市被确定为日本经济产业省"新一代能源及社会体系实证工程"4个地区之一，计划5年时间内开发实证及信息系统。项目以居民为主体，以生活圈、社区为单元，力争实现能源利用的优化。丰田市市长担任"丰田市低碳社会系统实证推进协议会"会长，加盟者包括名古屋大学、丰田汽车、夏普、富士通、三菱、大和运输等26个团体和企业。

2011年7月，丰田市启动了对智能电网进行实验和实证的"家庭、社区型低碳城市构建实证项目"。丰田市和丰田汽车共同联合能源、住宅、交通、流通等27个政府机构和先进企业，直接参与构建新一代低碳能源和社会系统的实证项目。项目根据居民的行动路线，着眼于生活核心的"家庭内"到"出行、目的地"及整个"生活圈"，在全社会实现能源利用的优化。

2012年，丰田汽车开始为丰田市提供互联交通系统，搭载支持汽车导航、可用P&R（停车换乘）停车场检索、电车和公共汽车等公共交通检索等多项互联交通功能。此后，丰田市将能源数据管理系统接入此系统，使得区域内智能电网和智能交通形成联动。为此，丰田汽车专门提出"智能化高速公路"设想，包括高速公路在内的所有公路均由信息技术控制。

2014年，丰田汽车宣布，已经在丰田市低碳示范镇建立了一个智能交通充电站。"电动汽车的真正使命也许并非驾着它行驶200英里，而是用于处置最终一英里。"丰田的智能交通充电站正是基于这样的理念。它是融合了单人电动汽车、电动自行车、汽车共享、太阳能、能量贮存以及移动电子商务的综合体。

> **智能交通**：将先进的信息技术、数据通信技术、传感器技术、电子控制技术以及计算机技术等有效地综合运用于整个交通运输管理体系，从而建立起一种大范围、全方位发挥作用的，实时、准确、高效的综合运输和管理系统。各系统之间各司其职、相辅相成，有效改善交通状况。

2018 年 1 月，在美国拉斯维加斯举办的国际消费类电子产品展览会记者会上，丰田汽车社长丰田章男宣布："丰田将从一家传统汽车制造商转型为移动出行服务供应商。"此后，丰田多次阐述该意愿，并借助电动化、互联化与智能化为日常生活提供"全新移动出行方式"。事实上，丰田章男的讲话中涵盖了更多围绕高效出行的城市服务，目标在于推动"智慧城市"这一未来图景的实现。

2019 年 5 月，丰田汽车、松下以及建筑公司三泽住宅等宣布，在住宅事业领域进行合作，透过网络整合电动车、自动驾驶等车辆新科技，以及住宅服务、智慧城市等技术。丰田和松下计划于 2020 年 1 月合资成立专注建设智慧城市与住宅的新公司——最先进生命科技（Prime Life Technologies，简称 Prime 公司），由松下专务执行董事北野亮担任 Prime 公司的首任社长。

Prime 公司整合了松下住宅（Panasonic Homes）、松村组等 3 家松下集团的子公司，并将丰田子公司丰田住宅纳入新公司，同时新公司还包含即将通过三角持股方式成为丰田子公司的三泽住宅，而且三井物产也在考虑对 Prime 公司投资。松下通过 2017 年成为其全资子公司的松下住宅，把智慧住宅相关的生活科技提供给 Prime 公司，将不动产开发与人工智能结合，开展打造智慧城市的新尝试。

丰田负责提供电动车、自驾车等移动出行服务的技术，提升交通便利性，也提高住宅的附加价值。松下原本就在推动 Home X 的智慧住宅方案，因此从物联网（IoT）家电、照明到住宅设备，生活方面的硬件装置松下皆可提供。丰田与松下的合作不但能提高旗下住宅事业的存活率，也能将丰田致力研发的移动服务平台（MSPF）与松下正在发展的永续智慧造镇（SST）这两个强项以网络结合，在网络速度越来越快的时代，设法扩大在智慧城市与生活领域的新版图。

未来产业的"编织之城"

2020 年 1 月，在美国举行的 2020 年国际消费类电子产品展览会上，丰田汽车第一次发布了名为"Connected City（互联城市）"的项目。该项目将基于人们生活的真实场景，建设能够引入及验证自动驾驶、移动出行服务（MaaS）、个人出行、机器人、智能家居、人工智能等先进技术的实验城市。随后，丰田汽车将该智慧城市项目命名为"Woven City（编织之城）"。

2020 年 3 月，丰田汽车和日本电信电话公司（NTT）决定签署业务资本合作协议书，建立可推动智慧城市项目事业化的长期、持续的合作关系。双方将创造具备舒适性和便利性等新价值的智慧城市事业作为今后全力发展的一大重点领域，开展各项工作。此前，双方曾在 2017 年 3 月达成"丰田和 NTT 面向'互联汽车'开展 ICT 基础研发"的协议，在互联汽车领域开展合作。

丰田汽车社长丰田章男在与 NTT 合作的发布会上，分享了他关于数字化转型的思考。他认为，两个正在发生的变化，促使丰田开始考虑建设 Woven City 来进行进一步的数字化探索。第一个变化是软件地位正在显著提升，丰田需要实现"软件优先"的策略，特别是对于高级辅助驾驶等先进技术，软件和数据是关键。第二个变化则是汽车的角色正在发生变化。

丰田章男认为，丰田无法独自应对汽车角色的变化，需要建立一个城市，在那里汽车和房屋是连接的。通过互联网或物联网，汽车将成为社会系统的组件之一。他说："在考虑我们的业务时，汽车不再是个独立的单元，而是包括汽车在内的整个城市。"这两点变化，促使丰田大刀阔斧地进行数字化转型，加大在软件方面的投入。

丰田章男还表示，他的祖父丰田喜一郎在被告知日本人无法制造汽车的时候，将自己的一生奉献给了日本汽车产业，现在他也到了这样一个重要的选择关口，他想建立一个幸福的移动出行社会。丰田汽车努力打造 Woven City 正是基于三点现实考量：日本人口老龄化、可持续能源以及对未来城市出行的探索。

2021 年 2 月，丰田举行了 Woven City 的奠基仪式。作为以人为本的未来城市建设实证项目，这座编织之城坐落于日本富士山下，原本是静冈县裾野市一片占地 175 英亩（约 70.8 万平方米）的丰田工厂旧址，城市计划容纳大约 2000 人，并作为自治、智能出行、智能家居和人工智能的研究测试平台。

丰田财团将该城市命名为 Woven City，意为希望打造一个道路像网格一样交织在一起的城市街区。用智能化方式将城市道路、通信网络、家居等设施连接在一起，实现真正意义上的城市"互联"。按照计划，未来城市在地面上会建设无人驾驶专用车道、行人专用车道以及行人与个人出行工具共用的三种道路网，同时在地下建设一条货运专用道路。

2021年3月，为了资助 Woven City 这一总成本预计超过数十亿美元的项目，丰田汽车发布了5000亿日元的债券，这一债券被命名为"Woven Planet 债券"，收益的一部分将用于投资 Woven City，这是全球发行的最大的可持续债券之一，也是日本汽车行业内的首个可持续债券。

2021年5月，丰田汽车宣布，与新日本石油株式会社（ENEOS）进行合作，围绕 Woven City 所使用的氢气，开展不排放二氧化碳的氢动力车辆和发电供能的实证试验，力争向全社会推广。ENEOS 向 Woven City 提供以太阳能等可再生能源生产的氢气，从而支撑以氢燃料电池车为基础的物流系统和使用氢气的固定式发电设备。

在科技领域的"先行棋子"

2020年7月，丰田汽车宣布升级业务，新成立控股公司 Woven Planet Holdings，从而为整个集团提供战略决策，扩大与合作伙伴的协作，创造新的商机。9月，丰田汽车宣布成立总额8亿美元的全球投资基金"Woven Capital"，计划支持处于发展阶段的公司，公司业务涵盖无人驾驶、智能城市、人工智能、机器学习、数据分析等。

丰田全球投资基金"Woven Capital"是丰田在科技领域的"先行棋子"，隶属于 Woven Planet Holdings 控股公司，目标是建设一个以自动驾驶汽车为基础的智慧城市，正好对应 Woven City 智慧城市项目。正是因为承接了 Woven City 项目，丰田汽车内部才有了这家为"量产幸福"而进行规模扩张的 Woven Planet Holdings 控股公司。

作为 Woven Planet Holding 控股公司的核心任务，Woven City 项目将展现现阶段智慧城市的全部构想模型。Woven City 与以往城市开发项目有很大的区别，更重视"软件优先"的理念。所以，在开发过程中 Woven City 的基本开发模式是：工程师利用数字模拟特性，快速多次地进行前期测试，再根据测试结果建造真实的物体。

Woven Planet Holdings 的办公区位于距离 Woven City 100 多千米的东京市中心的日本桥。和一般的办公区不同，Woven Planet Holding 的办公区设计参考了日本桥街道上的风景：有小巷，有路标，还有部分商铺。进入办公区，仿佛置身于一个街区，甚至可以提前体验电动滑轮车或自动驾驶机器人川流不息的未来街道。

这里的会议室分别被命名为芬兰、丹麦等国名，寓意 Woven Planet Holding 放眼全球，甚至创造整个行星（Planet）的未来。在办公区的一侧，依然可以看到东富士工厂（丰田东日本公司前身）的影子，工厂中的"枯山水"装饰着 Century 与 JPN Taxi（二者均为车型名称）的迷你车模型，这种直观的装饰形式将东富士工厂的历史、文化和编织之城进行了完善融合。

在 Woven Planet Holding 的办公区中，可以完美再现预定建造在编织之城地下的物流中心。而这只是在办公室中模拟的一个物流中心"一线"，如果将其放大到城市物流的规模去考虑的话，"一线"将存在局限性。这时就可以以原单位为基础，利用数字孪生技术融合 TPS（精益化生产）理念，在电脑中模拟运转物流中心，边改变货物量，边进行实际验证。

2021 年 3 月，丰田汽车宣布，通过旗下的全球投资基金 Woven Capital 投资美国无人送货车初创企业 Nuro。对美国 Nuro 公司的投资是 Woven Capital 成立以来的第一笔投资项目。此次针对 Nuro 的 C 轮融资，旨在加快无人送货车的研发进程。丰田汽车正在日本静冈县建造智慧城市 Woven City，Nuro 无人送货车很有可能成为城市的主角之一。

2021 年 6 月，丰田汽车财年报告披露，丰田汽车社长丰田章男利用个人资金对集团内部的 Woven Planet Holdings 控股公司进行了 50 亿日元的投资。此外，丰田章男的儿子丰田大辅是 Woven Planet Holdings 控股公司的高级副总裁，也是 Woven City 项目的主管负责人之一。

2021 年 10 月，丰田汽车的 Woven Planet Holdings 控股公司的首席执行官詹姆斯·库夫纳在接受采访时，详细介绍了智慧城市 Woven City 的规划以及混合出行系统、绿色电网、可持续农业。在谈到未来出行时，库夫纳则表示，"对于丰田家族来说，打造飞行汽车是他们的一个梦想，未来某一天，Woven City 有可能成为日本乃至全球的航空出行发源地"。

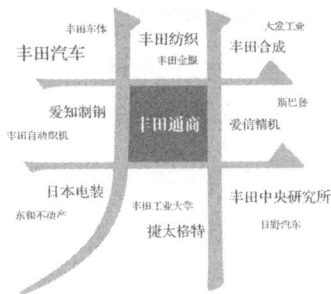

第四节
不易察觉的隐形力量

汽车之乡：爱知县丰田市

1937 年，丰田汽车在日本爱知县举母市（1959 年更名为丰田市）建立第一家工厂。此后，爱知县的汽车制造业以丰田汽车总部所在地丰田市为中心，逐渐形成了汽车生产、销售、修理全产业链体系，不仅拥有汽车组装、引擎等核心加工厂，还包括与汽车相关的塑料制品、金属制品、生产用机械、纤维、电气机械等上下游配套企业。

如今，整个丰田市及周边地区都与丰田公司紧密联系在一起，丰田公司员工的消费成了当地餐馆及商店的主要收入来源，冠有丰田公司的建筑物在丰田市内随处可见，丰田市政厅、丰田鞍池纪念馆、丰田纪念医院、丰田运动中心、丰田消费合作社……它们都是为丰田汽车的职员们的福利及健康建造的建筑，同时也向市民开放。

1964 年，丰田市选举产生了有着丰田汽车公司背景的市长，并连任了 12 年。与此同时，丰田还不断向县议会和国会送出自己的代表，不断开展本地的市议会活动，在教育、文化、生活等多方面参与到城市的管理和建设当中。这在日本被称为"企业城下町"，即指"一种由大企业对地域社会实现全方位支配的状态，甚至包括对地方行政和居民的控制"。

虽然丰田市的发展与丰田汽车的发展具有重要的关联性，但丰田市并没有失去一个城市的固有属性而成为丰田汽车的附属产品。丰田汽车在发展的同时也与地域社会形成了良好的协作和社会交换关系，不断促进企业员工的社区融入、新旧居民的社会交流，推进了新型社区的形成与其稳定发展。如今，丰田汽车与地域社会之间的关系已经日益趋向完美。

2017 年 7 月，在首届国际城市可持续发展高层论坛上，时任丰田市市长太田稔彦表示："丰田市是一个典型的企业城，自从更名以后，整个丰田市就和汽车产业绑在一起了。以丰田汽车为代表

> **地域社会学：** 日本社会学的一个分支学科，运用社会学的理论和方法研究地域社会。学界通常将地域社会学视为以地域社会为研究对象的社会学分支学科，主要是指超越都市和农村的界限，将地域社会纳入总体视野，以研究地域社会的社会结构、集团构成以及人类行动为主要内容的学问。

的汽车产业的确让丰田市引以为荣，但我们也不希望被完全单一化，其实丰田市不仅是工业强市，也是体育强市，丰田市的足球、棒球、橄榄球产业都是经济收入的重要来源。"

在丰田财团的努力下，围绕爱知县丰田市形成了大规模的产业集群。丰田汽车在日本国内的 11 处工厂中，有 6 处位于丰田市，3 处位于丰田市隔壁的三好市。截至 2018 年，丰田市共有工厂 816 家，其中与汽车制造相关的工厂占 41.4%；从业人员 11.5 万人，其中从事汽车制造的占 85.8%；工业交货值 14 兆 5903 亿日元，其中由汽车制造贡献的占 96.7%，是当之无愧的"汽车之乡"。

丰田财团所在的爱知县被称作"制造之县"，拥有一个集零部件制造和汽车组装于一体的综合性汽车产业集群。作为日本全国汽车制造的中心，这里 2018 年生产汽车 167 万台，占日本全国总产量的 33.5%。近年来，随着丰田等大型汽车厂商在海外开办了大量组装厂，爱知县被重新定位为汽车零部件的开发和生产中心，目前日本生产的汽车零部件有一半左右出自爱知县。

显然，爱知县汽车产业集群的形成与丰田汽车及其本地供应商的发展是息息相关的。首先，丰田成立后，吸引了大量的供应商依层次结构聚集在其周围，逐渐填补形成完整的供应链体系。然后，随着丰田的经营自主权不断扩大，其对区域生产要素包括资金、技术、人才的支配能力也不断增强，丰田财团在该地域社会中也逐渐变成组织者的身份。

为了更好地完成区域产业经济组织者的角色，丰田财团会定期通过"协丰会"和"荣丰会"开展区域内供应商联合大会会议（2 个月一次）和主题委员

会议（1个或2个月一次）。前者是关于高水平的显性知识的分享（如在供应链内的计划、政策、市场趋势等），后者则是关于市场变动的4个特殊领域（成本、质量、安全和社会活动）的知识分析。

"协丰会"与"荣丰会"

1939年11月，丰田公司举办首次日本国内供应商圆桌会议，商议依托丰田汽车共同应对战时物资管控的局面，以及丰田举母工厂和相关工厂集体搬迁的事宜。之后该会议定期举行，并于1943年12月正式成立协丰会。可以说，协丰会正是为丰田供应体系提供合作平台而建立的组织，由此丰田汽车的国内供应商占比显著提升。

1945年9月，美国占领当局发表《美国初期对日方针》，提出解散财阀以作为日本非军事化的重要一环。丰田汽车下辖的丰田工机、丰田钢铁、日本电装、爱信精机和丰田合成等在这一阶段被分离出去，而后逐步形成系统的丰田供应商体系。此前，丰田在汽车产业链上，自己不但生产大多数的零部件，还生产汽车用特殊钢材、模具和相应的加工机械。

现在，丰田财团按照供应商所生产部件和对整车的重要程度，将供应商划分为三类：核心部件供应商、特征部件供应商、商品部件供应商，并建立起了二级供应商组织"协丰会"和"荣丰会"。对隶属不同组织的供应商，丰田与其建立了不同的股本关联关系。这种模式使得丰田及其供应商都可以获得长期竞争优势，同时这种资产的联系极大地促进了丰田与核心部件供应商之间的信任和合作。

其中，协丰会成员全部是丰田的核心部件供应商（35家左右），丰田财团的企业一般都持有它们超过30%的股份。荣丰会成员都是特征部件供应商，丰田一般拥有它们10%左右的股份。而第三类的商品部件供应商，丰田则一般不与其建立资产关联关系。由此，丰田可以详细了解其所有供应商的详细成本信息，进而商定未来的投资计划，以及合作开发新产品等。

丰田财团对待这些供应商的要求非常严格，总是给序列供应商以巨大的压力，迫使这些供应商跟随其前进的步伐。例如，丰田要求供应商们将生产设施建立在丰田的整车厂周围，以便近距离采购。相对地，丰田对供应商的支援更多，丰田会为协丰会成员提供大量的管理和生产技术方面的支持，并在供应商处推行丰田生产系统，帮助它们提高生产效率和产品竞争力。

为了促进协丰会内的供应商不断提高，丰田财团在供应商管理中还采用了一套独特的方法：丰田会将每个零部件的生产都分配给两个以上的生产厂商，进而通过调整不同厂商的供货比例来推动供应商不断提高产品质量，降低成本，并使所有厂商都能够获得长期的竞争优势。

此外，协丰会和荣丰会分别是一个可以共享知识的小社区。丰田财团在协会内部又分出若干分会，将生产相同部件的彼此竞争的供应商分入不同的分会，每个分会成员相互交流生产技术。由于隶属于同一个分会的成员间没有直接的竞争关系，因此可以放心交流。协丰会还会定期选派供应商的工程师，到丰田学习先进的工艺技术和实际的现场管理经验。

"协丰会"和"荣丰会"并不是一个"闭关锁国"、封闭独立的组织。丰田财团鼓励供应商向除日产和本田外的其他厂商供货，而这些供应商在与其他客户的合作中能够学习吸收更多的技能，也会促进丰田的发展。这样反复循环，丰田和其他汽车制造商之间的差距必然会越来越大。实际上，丰田也经常从独立体系和其他车系的供应商处采购产品，主要目的也是获得最新的产品技术和制造技术。

新时代的"产商融"财团

1945年9月，美国以反垄断为名，实施一系列措施解散了日本财阀，同时输出大量资本进入日本。这一时期，日本出现了短暂的产融分离的格局，经济被美国控制。为了避免经济进一步被殖民化和满足本国产业发展的需求，日本国内逐步形成了以三井财团为样板的"产商融"相结合的新财团体制。也正是凭借这套经济模式，日本在战后与美国进行了卓有成效的经济对抗。

本质上，"财阀"是指在同一金融寡头控制下，结合同族、近亲而形成的垄断资本集团，这些财阀以家族总公司为中心，形成"家族总公司—直系公司—旁系公司"的特殊持股关系。虽然已经初步具有商业资本、金融资本和产业资本相结合的特点，但这些财阀往往和浓厚的封建家族联系在一起。重要代表就是日本战前的"四大财阀"：三井财阀、三菱财阀、住友财阀和安田财阀。

如今，日本社会有着"丰田 Group 17 社"的说法，它是由丰田财团控制的复合型企业的总称，包括但不限于：丰田汽车、丰田通商、丰田金服、丰田纺织、丰田自动织机、爱知制钢、爱信精机、丰田合成、电装公司、丰田车体、丰田工业、捷太格特、东和不动产、丰田中央研究所、大发工业、日野汽车、斯巴鲁等庞大而密集、涉及更多领域的"产业互联网"体系。

"丰田 Group 17 社"基本定义了"产商融"财团模式，即以汽车相关制造业为产业基础，以丰田通商为综合商社及纽带，金融主体则包括丰田金服和自有储备资金。因此，有人习惯将丰田称为"大财阀"，但与其将丰田称作财阀，倒不如将其看作一个新时代的财团生态体系，因为两者之间存在着本质上的区别，一个是特定历史条件下的旧物，一个则是顺应时代发展的必然。

20 世纪 90 年代，由汽车产业引发的日美贸易大战中，丰田财团就起到了非常重要的作用。1995 年 6 月，日美双方准内阁级别和专家级别会议在美国华盛顿开始了马拉松式的谈判，但华盛顿和东京方面都未能取得有效进展。于是，丰田汽车会长丰田章一郎与美国驻日本大使蒙代尔，在东京港区赤坂的美国大使官邸进行了紧急会晤。

在与美国驻日本大使蒙代尔的会谈中，丰田章一郎表示丰田公司同意在 1996 年度进口价值 64.5 亿美元的美国零部件。在明确了丰田的自主计划后，蒙代尔迅速与美国贸易代表坎特以及时任美国总统克林顿取得了联系。随即谈判有了实质性进展，美国贸易代表坎特声明美国政府放弃对五大日本汽车厂商进口美国零部件的具体数额要求，日美谈判迈出了一大步。

从此，丰田向美国展示了一种产业财团体系。一辆现代化汽车通常是需要由几个，甚至十几个不同行业的厂家共同提供材料、技术与服务的，其中还会涉及无数领域的专业知识，丰田却可以独立完成，足见丰田产业集群的强大。

从汽车用特殊钢的制造采购到变速箱、发动机等零部件的研发加工，再到整车的生产销售，丰田拥有着近乎汽车全产业链"自给自足"的生产模式。

以丰田为代表的新时代财团，无法用西方经济理论进行解读，因为这是由东方"三井商道"孕育的较为特殊的事业形态。因此，在英语、法语或者德语等使用拉丁字母的语言中，在学术性场合或者其他要求精确的场合上，"财团"通常使用罗马字拼写的日语"Zaibatsu"表示，而不是西方定义的"Consortium（银团）""Plutocrats（财阀）""Konzern（康采恩）"。

由传统制造业成功向现代化财团生态转型，丰田汽车之所以与一般制造业企业不同，主要是因为其深受中华商业文化的熏陶。日本丰田模式中蕴含了很深的"三井商道"，不被外界察觉。实际上，"三井商道"最初来源于中国的浙江天台山地区，如"宁波商人""温州商人"等古老商帮的经营理念，在"三井""丰田"的经营哲学和经营文化中都有所体现。

隐形的日本中央银行

1949年，二战后的日本经济危机引发通货紧缩，严重打击了汽车制造等资金消耗型行业，汽车销量急剧下降，销售货款严重滞纳，丰田负债与自有资金的比例一度高达近10倍。当时，丰田掌门人石田退三毫不犹豫地开始实施新的财务战略：不能依赖银行，自己的城池要自己坚守。在出身自三井的石田退三和神谷正太郎的努力下，"无贷款经营"很快收到显著效果。

1975年，丰田公司有了较充裕的资金，完全实现了无贷款经营，利息不再是经营成本，从而得到了"丰田银行"的称号。1977年，"丰田银行"拥有金融资产8700亿日元，当年金融活动收益为390亿日元，相当于60万辆汽车的销售总额。丰田"爱存钱"的习惯，源自其基因里的危机意识，最早的体现就是石田退三的"无贷款经营"。

三井财团培育起的丰田财团，凭借着充足的现金储备，渡过了二战后的历次经济危机。1997年，东南亚金融危机爆发，丰田一度成为诸多日本企业的"救世主"。依靠强大的金融实力，丰田财团成为众多并购交易的幕后支持者，而且不仅仅局限于汽车行业，银行、证券、保险、商社、电气、通信、化学、钢铁等众多行业都有丰田财团的身影。

2000 年 7 月，为了进一步发展金融事业，丰田财团专门创建了丰田金融服务株式会社，旗下包括海外销售金融公司和 4 家日本国内金融公司，提供包括

> **东南亚金融危机**：1997 年 7 月 2 日，亚洲金融风暴席卷泰国。不久，这场风暴波及马来西亚、新加坡、日本和韩国、中国等地，冲击亚洲各国外贸企业，造成亚洲许多大型企业的倒闭、工人失业、社会经济萧条，打破了亚洲经济急速发展的景象，甚至一些国家的政局也开始混乱。

汽车销售金融服务在内的多种金融服务。事实证明，这是正确的选择，因为一辆汽车在其整个生命周期中，丰田汽车的生产环节只创造了不到 40% 的利润，而流通和售后环节中的金融服务却能带来 60% 以上的利润。

2009 年，丰田保有资金近 5 万亿日元，这一数字到 2020 年已达到了 23 万亿日元。日本一度流行"丰田汽车公司是日本中央银行"的说法，原因就是丰田汽车拥有的现金数额比日本国内大型银行保有的现金数额还要多。

2019 年 9 月，日本企业总共保有 507 万亿日元（约 34 万亿元人民币）现金，接近日本 2019 年度 GDP，也相当于中国 2019 年度 GDP 的三分之一。悄然间，以丰田为代表的日本企业已经成为日本隐形的中央银行。早在 2008 年金融危机爆发之时，日本企业内部保有现金数额就达到了 257 万亿日元，而到 2019 年，这一数据居然翻了近一倍。

有日本经济界学者曾经分析评论说："丰田汽车公司凭借着它的巨额现金和影响力，现在与日本中央银行一样，发挥着维持日本金融体系的支撑作用。丰田以现金融资支持一些企业公司，一方面有力地证实了丰田的信誉。而且，获得了丰田资金支持的企业，将资金用于新技术开发和提高企业效益，从另一方面也使丰田获得了实际利益。"

日本习惯把企业的现金储备叫作"内部留保"，即企业将获得的利益，扣除分红和设备投资等支出之后留存的钱，简单地说就是"企业存款"。三井财团的索尼公司在 2020 年疫情之前的企业内部留保有 1.4 万亿日元。出身自三井财团的稻盛和夫也曾透露说，他创立的京瓷公司即使 7 年不赚一分钱，也不会倒闭。

充沛的内部留保，可以大幅提高企业的抗风险能力。

而且，随着第四次产业革命来临，日本企业在物联网、新一代通信设备、人工智能等领域有扩大投资的意愿，这些领域都需要大规模资金的持续投入。新开拓的事业虽然在短期内好像无法应对眼前的危机，之后却能成长为支撑企业的支柱型产业。丰田的储备现金也是"持币待机"的投资安排，面对大规模投资机会时，若单纯依靠外部融资，则有可能丧失先机。

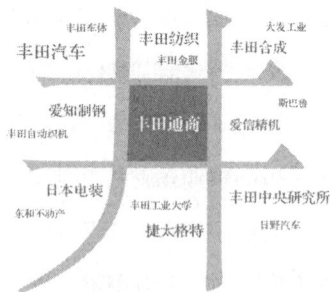

第五节
高屋建瓴的财团智库

经常领先于时代潮流

1960 年 11 月，丰田中央研究所在日本名古屋市天白区成立，1980 年搬迁至爱知县名古屋市近郊的长久手市。丰田中央研究所的前身，是 1936 年丰田喜一郎让自己的堂弟丰田英二，在东京芝浦某汽车旅馆里建立的汽车研究所（也被称为芝浦研究所）。丰田中央研究所一直将企业创始人丰田佐吉的遗训"研究和创造，经常领先于时代潮流"当作公司的基本精神。

2006 年 3 月，丰田中央研究所成功开发了使用近红外线车载激光雷达，在行驶中检测距离车辆数十米的行人的技术，为自动驾驶技术奠定了基础。此后，丰田中央研究所利用单片传感器，成功开发出可获得高分辨率图像的小型、低成本的传感器技术。这种技术可作为"车的眼睛"识别道路和障碍物，用于开发先进的驾驶辅助技术。

2019 年 4 月，丰田汽车联合丰田中央研究所、丰田金融、电装公司等 6 家子公司共同设立了丰田区块链实验室，进行相关技术的研究，并试验如何通过区块链更好地连接人与车辆。除了绑定乘客身份及车辆信息，研究课题还包括汽车制造的供应链管理等。此外，实验室还对日本国内金融机构主导开发的价值数字化领域（数字证券等）进行研究。

如今，作为丰田财团的核心研发机构，丰田中央研究所主要由总务部、运营部、知识产权部和契约涉外部等构成，其研究领域则包含了环境·能源·动力总成、材料·制造、信息·安全舒适·电子、研究基础技术等几乎所有现代核心科技领域。可以说，丰田汽车的新技术基本都是丰田中央研究所的成果。

此外，他们还会对社会人文方面进行研究并出具报告。

2020 年 6 月，丰田汽车副社长、执行董事吉田守孝出任丰田中央研究所会长。吉田守孝是典型的丰田人，1980 年从日本名古屋大学毕业后便加入了丰田汽车，此前长期在丰田核心部门负责量产车产品的开发，并在任职期间领导了新的设计方法项目——TNGA。显然，在丰田财团内部，丰田中央研究所一直都扮演着举足轻重的角色，并由财团的核心领导人负责管理。

丰田中央研究所还分别下设了稻垣特别研究室和森川特别研究室。其中，稻垣特别研究室以身边常见的二氧化碳、氮、水等为原料，合成燃料和塑料等有用物质的技术，用以摆脱对化石资源的过分依赖。森川特别研究室则从 2006 年开始研究人工光合作用：在接近常温常压的条件下，利用二氧化碳分子进行光能储存的人工光合成技术。这是一种终极高密度能源储存技术。

2021 年 4 月，丰田中央研究所宣布成功实现"人工光合作用"技术，并且该技术的能源转化率不仅是全球最高，同时更超过了植物光合作用的效率。同时，丰田中央研究所表示未来会把该技术扩展到市面上应用。若该技术在未来能够普及，今后人们便能利用"人工光合作用"来消耗二氧化碳并解决生物燃料解决能源问题，这无疑对自然环境和能源应用方面都做出了重要的贡献。

经过数十年的投入研发，丰田中央研究所的许多技术都已经达到世界一流水平，如固态高分子型燃料电池。下一代汽车的动力源需要洁净、高效的能源，为开发高输出、高持久、低成本的燃料电池，丰田中央研究所主要以电极、电解质、电极电解质的接合体为中心，进行相关基础原理研究，并以此为基础进行评估、解析和材料的开发。

2021 年 12 月，丰田中央研究所尾崎隆史团队在《自然·电子学》(Nature Electronics) 上发文，介绍了一种新型无线射频电源，可用于驱动昆虫仿真扑翼飞行器，其功率重量比为 4900W/kg，比重量相当的现成锂聚合物电池高出 5 倍。利用该电源系统，丰田中央研究所演示了微型扑翼飞行器的无缆起飞，其射频动力飞机质量为 1.8 克，比以前的射频动力微型飞行器轻 25 倍以上。

从全球角度看待国际问题

2007 年 3 月，丰田汽车、佳能、东京电力和新日本制铁（现日本制铁）作为代表，联合日本国内 80 家龙头企业，发起成立了一家民间智库组织国际公共政策研究所（CIPPS），由经团联会长、丰田汽车公司会长奥田硕担任该研究所的组织会长。这是由日本著名经济学家田中直毅倡导设立并担任理事长的民间

> **经团联：** 即"日本经济团体联合会"，成立于 1946 年 8 月，最初由大企业经济团体与中小企业经济团体联合组成，1952 年代表中小企业利益的"日商"退出"经团联"后，"经团联"遂变成以大企业为中心的经济团体。作为日本财界的核心团体，拥有很大的话语权，其会长也被称作"财界总理"。

智囊机构，针对日本外交和国家安全等重点课题展开研究。

日本国际公共政策研究所作为民间智库，主要从以下四个角度进行研究：第一，考虑世界霸权的趋势。第二，从全球角度看待国际问题。第三，经济命题中使用的假设开始迅速改变。第四，看待国际问题，必须牢记历史。在众多成员公司的支持下，CIPPS 从上述角度进行研究，并向国内外社会发布声明，以创建一个可持续发展的日本。

2015 年 6 月 26—27 日，由中国国际经济交流中心举办的"第四届全球智库峰会"在北京中国大饭店举行，主题为"全球可持续发展——2015 年后新路径"。日本国际公共政策研究所理事长田中直毅表示：中国认为自身在制造业方面有很多的过剩产能，同时许多亚洲国家都希望能够加强基础设施建设。通过亚投行我们能够实现这种"双赢"战略。

在峰会上半场，与会嘉宾围绕"抓住'一带一路'新机遇打造中国品牌"的主题发表演讲，田中直毅在演讲中提出了自己的看法及建议。在圆桌讨论环节，田中直毅与加拿大国际治理创新中心前执行董事托马斯·伯恩斯、神州数码智慧城市研究院副院长路琨、华侨大学海上丝绸之路研究院副院长许培源等人，展开开放式对话。

2017 年 2 月，田中直毅率团到深圳创新发展研究院参观访问，双方签订了

战略合作协议。深圳市委原常委、副市长张思平和田中直毅在会谈中就深圳特区改革发展的基本经验、日本经济形势以及双方共同关心的话题展开了深入的交流。深圳创新发展研究院（SZIDI）是深圳改革创新的社会智库，于 2013 年 7 月在深圳民政局登记注册。

深圳创新发展研究院对田中直毅的这次访问，在官方网站上做了专门介绍：日本国际公共政策研究所成立于 2007 年 3 月，在全球治理、区域振兴、产业政策等领域具有较高的国际影响力。研究所自成立以来，与国家发改委、财政部、中央党校等政府机关，社科院、北京大学、清华大学等研究机构的专家学者都有着密切的接触，在国内具有广泛的影响。

日本经济决策的神经中枢

1967 年，三井情报开发研究所成立。1991 年 10 月，三井物产将原来的情报调研部分离出来，升格为三井物产贸易经济研究所。1999 年，贸易经济研究所更名为三井物产战略研究所，作为三井物产株式会社的控股独立法人研究单位，主要从事经济方面相关的调查研究。2022 年 11 月，研究所已经建成业务统括部、产业情报部、国际情报部、技术·革新情报部四大部门，为各委托单位提供经济方面的专业调查研究服务。

2004 年 3 月 24 日，三井物产战略研究所在日本《世界周报》上发表了题为"中国经济进入新的扩张期"的文章，从而正式吹响了日本企业大规模进军中国市场的号角。与中国经济发展战略出自大学教授、经济学家的意见不同，日本的经济决策更多依赖于综合商社的研究机构，如三井物产战略研究所、三菱综合研究所等，它们对日本的经济活动具有指导作用。

2009 年 10 月 20 日，在"北京大学三井创新论坛"2009 年度第 3 次讲座上，三井物产战略研究所会长寺岛实郎出席演讲。作为当代日本国际政治与经济领域的著名学者，寺岛实郎著有《新经济主义宣言》《了解世界的力量》等 20 多部著作。此外，寺岛实郎的思想对日本前首相鸠山由纪夫的影响颇大，甚至被称作"鸠山的大脑"。

寺岛实郎在 1973 年从早稻田大学大学院政治学研究科硕士毕业；1987—1991 年，担任美国三井物产纽约总部情报企划科科长；1991—1997 年，担任美国三井物产华盛顿事务所所长；1997 年 4 月—1999 年，担任三井物产业务部综合情报室室长。2003 年 4 月—2006 年 3 月，担任三井物产执行董事；2006 年 4 月—2009 年 3 月，担任三井物产常务执行董事；2009 年 4 月，担任三井物产战略研究所会长。

2012 年 1 月，三井物产战略研究所会长寺岛实郎，在接受新华社采访时表示：自冷战结束以来，美国式金融资本主义风行全球，我们冠以"全球化"之名，但冷静思考后就能意识到，其实质是华尔街的"金钱游戏"全球化。美国式金融资本主义已经病入膏肓，以后如何制约、如何控制，或许只能从东亚商业文明的复兴中找到答案。

在接受共同社采访时，寺岛实郎特别提道：日本应告别市场万能的理论，回归到涩泽荣一的思想上，推行"义利合一"的资本主义。受寺岛实郎思想的影响，鸠山由纪夫在担任日本首相期间，就曾多次发表批评美国模式的言论。鸠山由纪夫表示，"美国主导的市场理念使人失去尊严"。他所批评的"全球主义"也是美国式的"资本主义"。

2015 年 7 月，三井物产战略研究所产业情报部产业调查第一室室长西野浩介和国际情报部研究员八井琢磨一行两人到国家信息中心访问，双方就中日两国的汽车产业、汽车市场形势进行了深入交流。国家信息中心是国家发展和改革委员会直属事业单位，主要负责面向国家发改委和上级部门提供大数据决策支持服务。

2019 年 5 月，三井物产株式会社一行到访全球化智库（CCG）北京总部，八井琢磨与 CCG 副主任兼秘书长苗绿、CCG "一带一路"研究所副所长肖慧琳等，就"一带一路"倡议与中日合作的发展前景等议题展开交流，旨在更好地了解"一带一路"发展状况，加强第三方市场共建和智库交流，共同开拓中日两国在"一带一路"国际合作领域的新机遇。

CCG 成立于 2008 年，由商务部原部长、中国外商投资企业协会陈德铭担任名誉主席，由原经贸部副部长、博鳌亚洲论坛原秘书长龙永图先生担任主席，外交部原副部长何亚非和香港恒隆地产董事长、亚洲协会联席主席陈启宗担任联席主席。作为中国领先的国际化智库，CCG 是中联部"一带一路"智库联盟理事单位。

坚不可摧的经济共同体

二战后，日本财团因法律限制而不能成立控股公司，其组织方式主要表现为系列化。财团内部的最高决策组织为总经理会议（社长会），即由财团内主要企业的总经理组成、召开的定期例行会议，是一切有关财团利益的经营策略决策与情报交流的最高层组织。例如：三井系的二木会、三菱系的金曜会、住友系的白水会、芙蓉系的芙蓉会、三和系的三水会与第一劝银系的三金会。

20 世纪 50 年代初，由三井银行发起成立了"月曜会"，在每周一，三井财团成员企业董事间都会举行和睦交流和信息交换的聚会。接着，以促进三井物产的合并为目的而成立了总经理一级会议"五日会"。由此，三井财团各成员企业在保有独立性的同时，透过相互持股、投融资或业务合作、重要干部派遣与主办银行居间协调等方式，形成成员企业间彼此坚固紧密的结合关系。

到了 50 年代末期，原二战前的三井财阀直系、旁系公司以企业集团的新形式集结而恢复成为三井财团，经理会成员公司及其子公司和连带公司曾高达 150多家。1960 年，"五日会"改名为"二木会"，并逐渐成为三井财团的统筹领导机构。二木会成立后，月曜会依然保留，目前成员基本囊括了三井财团各成员企业。而作为总经理一级会议的二木会，共有如下 26 名成员：

三井物产、三井住友金融、三井住友信托、三井生命保险、三井不动产、三越百货、丰田、东芝、东丽、石川岛播磨、富士胶片、王子制纸、三井化学、三机工业、三井金属矿业、商船三井、三井住友海上火灾保险、太平洋水泥、三井住友建设、日本电化、三井仓储、三井造船、日本制钢、日本制纸、日本制粉、东京放送。

三井财团并没有权力集中统一的管理机构，表面看上去更像是一个超级企业联盟，然而这个看似松散的组织，却能协调一致地掌控着整个日本经济的命脉，并将触手渗透到世界每一个角落。除了交叉持股、主办银行、综合商社等要素外，以二木会为代表的财团内部各式各样的组织协调机构，在将财团凝聚成一个坚不可摧的经济共同体的过程中，起到了关键作用。

近年来，全球化、网络化得到进一步发展，社会、经济方面的环境也在不断变化，但随着以往产业框架下不同行业、不同领域间企业的合作加深，业际研究也变得越来越重要。"业际"这一概念的引入，要求财团内不同行业不同企业间的经营资源实现集合高效的利用，并通过各财团成员的同心协力，在共同

> **全球化**：一种概念，也是一种人类社会发展的现象过程，主要体现在国际化、自由化、普遍化和星球化这四个方面。通常意义上的全球化是指全球联系不断增强，人类生活在全球规模的基础上发展及全球意识的崛起，国与国之间在政治、经济贸易上互相依存。全球化亦可以解释为世界的压缩和视全球为一个整体。

进行新领域、新业际调查研究的同时，实现财团内部信息的搜集和共享。

1978 年 10 月，作为二木会的直属机构，三井业际研究所宣告成立，目前会员由三井财团 31 家成员企业组成，主要在"跨行业的业际领域发挥智囊集团的机制作用"。三井业际研究所的运营委员会主要由三井集团内重要公司的高层领导组成，负责制定整个集团的营运方针，收集和管理有关信息，进行业务调研，促进国内外各机构间的交流合作等。

2008 年 10 月，时任天津经济技术开发区管委会主任何树山，接待了时任三井业际研究所运营委员长、三井金属矿业社长宫村真平率领的访华代表团。会见中，宫村真平介绍了三井业际研究所的有关情况，他表示，天津滨海新区和开发区已经成为中国新世纪的新经济增长极，三井业际研究所非常关注该地区，并希望更深入地了解开发区的有关情况。

此次来访的代表团成员包括了三井金属矿业、三井住友金融集团、三井不动产、三井矿业、保险行业、东芝公司等 17 个日本主导产业领域的高层领导。此时，以参加的三井财团 31 家企业的高级干部作为代表，三井业际研究所集合了三井财团内超过 500 名各行各业的专业人才，共同进行"业际活动"，实现各

公司间人才的利用和交流。

参考文献及来源

1. 白益民编著：《财团就是力量——"一带一路"与"混合所有制"启示录》，中国经济出版社 2015 年版。

2. 梁伯苓：《日本国？丰田国？》，《汽车导报》2017 年第 12 期。

3. 张安迎、童昕、谷川宽树：《从产业集群到生态城镇：日本爱知县的经验借鉴》，《国际城市规划》2021 年第 4 期。

4. 陈晋：《日本丰田汽车企业集团组织结构分析》，《世界汽车》1995 年第 4 期。

5.［丹麦］Bjarke Ingels Group：《丰田编织之城》，《景观设计》2020 年第 1 期。

6. 沈安、顾丽琴：《从日本汽车业看供应商与制造商的关系》，《汽车工业研究》2007 年第 7 期。

7. 徐静波：《面对百年一遇大疫情，日本大企业为啥不慌不忙？》，《中国经济周刊》2020 年第 11 期。

8. 宋雅：《日本丰田市"日本制造"的脊梁丰田》，《城市地理》2012 年第 4 期。

9. 田正：《日企"存钱"之道》，《中国中小企业》2020 年第 11 期。

10.［日］荣千治：《柏之叶智慧城市 日本千叶》，《世界建筑导报》2019 年第 3 期。

11. 王建萍：《从欧洲市场看日本车企的全球战略》，《汽车与配件》2017 年第 33 期。

12. 高丹：《丰田：永远的危机感》，《宁波经济》2016 年第 10 期。

13. 雷保中：《丰田汽车的争霸智略》，《产权导刊》2007 年第 2 期。

14. 轩书新、唐毅：《日本企业竞争情报系统的发展及对中国的启示——以三井物产为例》，《现代情报》2012 年第 4 期。

15. 朱琳：《丰田的高人》，《经营者（汽车商业评论）》2020 年第 11 期。

16. 江盈盈、贾倍思：《日本住宅产业的工业化和用户定制——基于积水住房和丰田住宅两大住宅公司的研究》，《建筑学报》2014 年第 S1 期。

17. 汪静：《丰田章男的"丰田进化论"》，《中国经营报》2009 年 10 月 26 日。

18. 王鑫、王一萍：《丰田"造城"记》，《汽车商报》2021 年 8 月 9 日。

19. 赵妍：《丰田企业研发模式及其对区域经济影响研究》，硕士学位论文，上海师范大学，2017 年。

20. 柴夏：《产业集群的培育及其对区域经济之带动效应研究——以"汉口北"产业集群为例》，硕士学位论文，湖北大学，2011 年。

21. 高俊：《丰田在日本如何卖车？》，2015 年 7 月 20 日，见 https://mp.weixin.qq.com/s?src=3&timestamp=1674447728&ver=1&signature=RJrY9ub4m0CnuFBDqVrCkuOVo2KR-VyoqdsD3pCdX8eaNRj5v5x9BMn-IX8hJ4HSsrxBDwDooMLQl9EaGRWJOyxCAsli4yWIe402xpDFy8lv70ywlfv1ImOYhmEN⁕2XtmRk8okyU17s94MCFU8vwRg==。

22. 石劼、丁钰：《丰田马自达交叉持股"仅剩三家日系车"的前奏？》，2017 年 8 月 7 日，见 https://news.yiche.com/hao/wenzhang/259530。

23. 《丰田市：一个产业如何撑起一座城？》，2016 年 11 月 9 日，见 https://cj.sina.com.cn/article/detail/2693883292/98644。

24. 李倩：《爱知县汽车产业集群的形成与丰田集团公司发展息息相关》，2018 年 3 月 12 日，见 https://www.elecfans.com/d/646300.html。

25. 《丰田、日产和三菱的供应商体制》，2009 年 3 月 3 日，见 https://auto.gasgoo.com/news/2009/02/27044152415256356267.shtml。

26. 王一萍：《讲述日本的财团文化——丰田为何能顺利控股斯巴鲁？》，2020 年 2 月 14 日，见 https://mp.weixin.qq.com/s?src=11&timestamp=1674448163&ver=4305&signature=⁕ilEZW0VxW9btVTHg4K0NVGQNoc1L-eAfkaUd8tkrqqkb3CIl40oq3SYuCnk8rb5o5x0QiS-ly9Hm8a6hqMt0BLw-MtrMLSdtxK4iEaUpHhxBP8hA2A

mZZQydvpwx6oy&new＝1。

27.《供应链对比分析：丰田 vs 福特》，2017 年 9 月 28 日，https://www.
sohu.com/a/195154588_ 748306。

28. 东和不动产官方网站：http://www.towa-r.co.jp。

29. 丰田中央研究所官方网站：www.tytlabs.co.jp。

30. 三井业际研究所官方网站：http://www.mitsui-gyoosai.com。

丰田车体　丰田纺织　大发工业
丰田汽车　丰田金融　丰田合成
爱知制钢　丰田通商　斯巴鲁
丰田自动织机　　爱信精机
日本电装　　　丰田中央研究所
东和不动产　丰田工业大学　日野汽车
捷太格特

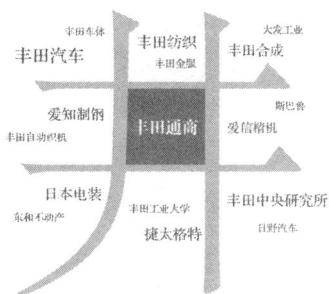

后　记
丰田的未来战略

2021 年 4 月，在第 19 届上海国际汽车工业展览会上，与三井财团渊源深厚的丰田汽车发布了旗下全新电动车系列 "Toyota bZ"，并展出了该系列的首款概念车 "Toyota bZ4X Concept"，其量产车型计划在中国和日本进行生产，2022 年中旬实现全球销售。随着丰田正式入局纯电动汽车领域，也宣告着一场有关未来汽车的产业大战拉开了序幕。

在此前很长一段时间里，丰田对于纯电动汽车似乎都没表现出足够的兴趣，一直有着一套自己完善的动力系统切换过渡和实现 "碳中和" 的路径规划。但是，随着能源危机的加剧与互联网技术革新带来的业态剧变，以及造车新势力和互联网企业的竞争压力，燃油车巨头们纷纷开始布局纯电动与智能领域，丰田最终也选择果断入场。

对此，丰田汽车公司执行董事兼 CTO 前田昌彦表示："丰田最擅长的，其实就是改善。" 前田昌彦还表示："在环保技术革新的大背景下，丰田的行动其实是最早的。早在 1996 年，丰田就曾推出过 RAV4 的纯电动车型，只是当时顾客几乎没有人会选择纯电动汽车。因此，汽车的实用性才是推动汽车业进化的根本问题，而不完全在于技术变迁。"

而且，丰田在纯电动汽车市场火了这么久之后才入场其实一点也不晚，因为只要拥有强大的体系化研发制造实力和长期深度的布局，一旦选定方向，再次掌握话语权并不是什么难事。以新能源汽车为例，丰田到现在生产了超过1700万辆新能源汽车，电池系统出现故障的次数居然为零，这对于由几万个零件组成的汽车来说是多么不可思议。

占领科技制高点

丰田汽车在纯电动汽车领域采取后发制人的战略，但在新能源汽车的另一条赛道——氢燃料动力电池方面，走在了世界汽车产业的前沿。丰田将氢视为未来有前途的能源，并提出燃料电池车可能是终极生态汽车的概念。丰田的计划是利用燃料电池乘用车和商用车的协同效应，来刺激氢能源的需求。

氢能源汽车分为两种，一是氢燃料电池车，二是氢内燃机汽车。氢燃料电池是通过燃料电池使氢气和空气中的氧气发生反应，产生电力用于驱动电动机为车辆提供动力。氢内燃机则在原有的汽油发动机上改进而来，通过燃油供应、喷射系统的改进，让内燃机能使用氢燃料，实际上有些类似目前出租车的“油改气”。

目前，以锂电池为代表的纯电动汽车几乎垄断了在售的绝大多新能源车的动力电池，但传统锂电池也有许多缺陷，例如续航里程难以突破，同时电池充电较慢、维修与更换成本等问题也让消费者有所顾虑。而氢燃料只需3分钟便可加满约5千克的高压氢气，续航里程可以达到650千米（日本的JC08标准），显然为消费者提供了一个新的选项。

从1992年开始，丰田就已经展开对氢能源汽车的相关研究，这一时间甚至还要早于油电混动技术。1996年10月，丰田发布了首款氢燃料电池汽车。在随后的十多年里，丰田汽车又陆续推出了FCHV-3、FCHV-4、FCHV-5、Toyota FCHV等多款燃料电池汽车，但受限于成本及市场问题，这些燃料电池车并没有量产销售。

2014年12月，丰田汽车在日本发布了其全球首款量产氢燃料电池汽车“未来（Mirai）”。Mirai的工作原理其实非常简单，通过氢气与氧气在燃料堆中发生反应，产生的电能通过电机驱动车辆行驶。2015年，Mirai卖出700辆，2016年这一数字达到了 2000 辆，截至 2019 年 11 月，丰田的氢能源车 Mirai 已经在全球卖出超过 1 万辆。

2020 年 12 月，丰田宣布第二代氢燃料电池汽车 Mirai 正式上市，在电机动力输出功率上有所提升，储氢罐由 2 个增至 3 个，续航里程则提升至 850 千米，同时价格也有所下降。虽然产品销量一般，但丰田依然遵循既定开发节奏，第二代 Mirai 的诞生也对外宣告了丰田在燃料电池领域依旧领先，这将成为丰田创建氢能源社会的新起点。

丰田的氢燃料电池技术到底有多厉害呢？据统计，丰田汽车已在 21 个国家和地区、2 个国际知识产权组织申请了超过 1.5 万件与燃料电池相关的专利，其中有效专利超过 1 万件。丰田汽车、爱信精机以及电装 3 家丰田系的企业将全球 48.6% 的氢燃料技术专利垄断在自己的手中，超过了三星、现代、通用、戴姆勒、美国 UTC Power 五大厂商专利的总和。

理论上来讲，氢燃料电池汽车相比于纯电动汽车，具有以下优点：一是清洁环保，其化学物质反应后的唯一副产品是水，没有其他污染物，特别是温室气体。二是不易燃烧爆炸，事实上氢燃料电池根本不是点燃的，而是电化学过程。三是方便快捷，只需 3 到 5 分钟就能充满长途行驶所需的高压储气罐，而不是等上几个小时来充满电。

既然氢能汽车有诸多优势，为什么中国会放弃氢能源汽车？实际上，中国并没有放弃氢能源，根据国务院办公厅印发的《新能源汽车产业发展规划（2021—2035）》，2035 年目标之一就是燃料电池汽车实现商业化应用。这个发展规划也正说明氢能源其实是汽车发展的未来，目前以纯电动汽车为主的规划只是过渡阶段。

而且，中国正在积极建立相关的氢能源示范城市，并为开发氢能源相关技术的公司提供补贴，计划在 2030 年实现 100 万辆氢燃料汽车的市场规模，同时加氢站的数量达到 1000 个。虽然目前氢能源的发展仍然面临很多障碍，但是其发展潜力毋庸置疑。对于中国这一潜力巨大的市场，拥有明显技术优势的丰田显然不会错过。

2020 年 6 月，丰田汽车、中国一汽、东风、广汽、北汽、北京亿华通 6 家公司在北京签署合营合同，成立联合燃料电池系统研发（北京）有限公司（FCRD），联合研发公司全流程开发"氢燃料电池（FC）电堆等的组件技术"等技术。由此缩短从开发到产品化所需时间，加快燃料电池车在中国商用车市场的普及。

从市场反响看，无论是海外市场还是中国市场，受限于技术成本及基础设施建设等因素，氢燃料电池在乘用车领域大规模普及的难度很大。因此，丰田将与中国企业的合作重心放在了商用车领域。与乘用车相比，商用车采用氢燃料电池的前景更为广阔。毕竟在固定的运输路线上进行加氢站及相关配套设施的建设，难度和成本都更低。

2021 年 3 月，丰田汽车和北京亿华通宣布成立合资公司——华丰燃料电池有限公司，总投资额 80 亿日元，其中丰田汽车和北京亿华通各出资 50%。新公司首款产品，将基于丰田氢燃料电池车 Mirai 的燃料电池系统，在 FCRD 公司提升输出功率以适用于商用车，进而推进中国商用车燃料电池系统事业。

要做全能选手

一直以来，在新能源汽车发展路线中，动力电池和氢燃料电池都是极具发展潜力的两个技术方向。从目前行业主流发展方向看，未来很长一段时间里，动力电池和氢燃料电池两条路线都将并存。事实上，丰田"豪赌下注"的氢燃料电池只是遥远的未来战略，其短期内真正押注的还是全固态电池。

早在 2004 年，丰田汽车就开始研发全固态电池。2008 年，丰田汽车与英国南安普敦大学孵化的初创公司伊利卡达成合作，共同进行固态电池材料的研发。此外，丰田汽车还积极与日本京都大学、日本理化学研究所等学术机构及汽车、电池、材料企业开展合作，共同推进研发全固态电池的项目。

全固态电池相比于一般锂离子电池，可以实现更轻的质量、更小的体积，能量密度也有较大幅度的提升。传统的锂离子电池主要由正极、负极、隔膜、电解液、结构壳体等部分组成，而全固态电池顾名思义就是电池里面没有气体、液体，所有材料都以固态形式存在，用固体电解质来代替现有锂离子电池中使用的液体成分。

最为重要的一点是全固态电池的安全性能要远高于传统的锂离子电池。传统锂离子电池的电解液在高温下发生化学反应，容易引发燃烧；同时电池热管理系统出现故障时，也会导致电池过充、过放等问题。全固态电池因为其固态特性而不存在以上安全风险，在安全性方面明显优于传统锂离子电池。

因此，在当前新能源汽车市场，全固态电池是最有希望缓解纯电动汽车各类痛点的电池技术，这也已成为新能源汽车界的共识。各个新能源汽车制造商和电池厂商都闻风而动，想在全固态电池领域抢占先机，为后期发展打下更好的基础。而丰田汽车就是业内公认在全固态电池领域最有实力的玩家之一。

2010年，丰田就曾推出过续航里程可超过1000千米的全固态电池，不过当时只能在实验室里进行测试。如今丰田已经在概念车上进行了全固态电池的测试，并希望在2025年正式量产首款搭载全固态电池的汽车。据丰田在测试中取得的数据，丰田的全固态电池仅需15分钟即可从零电量充至满电。

1990年至今，固态电池领域已经公开的专利数目达到1926件，其中全固态电池领域专利数目达到871件，占比约45%。而从专利主体来看，作为全球第一大车企的丰田汽车拥有固态电池专利252件，数量远超其他车企与电池企业。此外，日本共拥有固态电池专利916件，占比接近一半，领先优势较大。

总体来看，日本固态电池的研发以产业界为主导。2018年，由丰田、本田、日产、松下等23家汽车、电池和材料企业，以及京都大学、日本理化学研究所等15家学术机构共同参与的日本新能源产业技术综合开发机构（NEDO），计划全力研发下一代电动汽车全固态锂电池，并希望能够全面掌握全固态电池相关技术。

2019年2月，丰田公司与住友财团的松下公司宣布成立合资公司，建立联合电池制造厂，为550多万辆电动汽车提供电池，丰田占有该公司51%的股份，松下则拥有剩余的股份。从公示内容来看，合资公司的产品主要为方形锂离子电池、全固态电池和下一代电池产品。此前，松下也在固态电池领域有着广泛布局。

通过与松下的合作，不难发现丰田在动力电池领域的战略意图：首先聚焦于当下主流的方形锂离子电池，其次研发并生产极具潜力的全固态电池，未来还将研究新的电池技术。从最开始热衷于混合动力技术路线的传统车企，到如今手握多项顶尖技术的新能源车领域的全能车企，丰田对于电机、电池、电控技术都有了相当的积累。

在新能源汽车领域里，丰田其实从来都不曾落后，只不过是相较于新造车势力关心的所谓电池技术、人工智能以及一些人拼命鼓吹的"软件代替硬件"，丰田一直更关心如何建立起一套完善甚至完美的商业体系。与其电动化"一条道走到黑"，不如寻求更实际的"多条腿跑"，成功的商人从来都不会把鸡蛋放在一个篮子里。

一家大数据公司？

汽车行业与崛起中的其他行业不断融合，其核心技术也将大大转变。丰田汽车的转变关键词是"CASE"，在过去的 10 年和未来的 10 年，丰田在 CASE 相关领域中不断探索与开发，从未放弃打造未来汽车社会。

谁抓住了"第四次工业革命"，谁就将成为世界的领导者。丰田财团的企业群在这一方面，也在积极做着相关的产业布局。"第四次工业革命"就是利用信息化技术促进产业变革，其中物联信息系统是核心，未来将向生产中的供应、制造以及销售等环节供应数据化、智慧化的信息产品。

2016 年 4 月，丰田财团成立丰田互联公司（Toyota Connected Inc.），这个以大数据为基础的技术公司的研发对象比较模糊，用丰田的话来说是"丰田全球业务的数据中心"。公司提出了互联交通的三个发展策略：连接所有汽车，完善互联平台；创造新的社会价值和商业革命；创造新兴移动服务。

丰田互联希望通过加强并扩大与美国微软公司的合作，高效地利用微软云科技，大力研发家庭与物联网的贯通、安全特性以及城市智能一体化等方向，向区块链技术延伸。除了全新的研发方向外，丰田互联还将为政府部门及其他公司提供数据分析服务，推进其产品和服务的发展。丰田希望互联技术能更有预见性、信息沟通更舒畅、使用更直观。

2017 年，丰田中央研究所联合美国麻省理工学院媒体实验室，共同对区块链技术与自动驾驶汽车的结合进行研究。2019 年 4 月，丰田设立了区块链实验室（Toyota Blockchain Lab），进行相关技术的研究。该实验室由 6 家丰田系公司组成——丰田汽车公司、丰田金融服务公司、丰田金融公司、丰田系统公司、电装公司以及丰田中央研究所。同时，丰田已聚集了一批专攻区块链各技术领域（如支撑比特币运行的分布式、加密账本技术）的合作伙伴，共同研究如何将该技术移植到汽车行业中。

2020 年 11 月，丰田互联基于亚马逊云服务（AWS）开发的数据湖——Toyota Big Data Center China 正式上线。该数据湖可以存储、处理上千万辆丰田汽车每天在行驶过程中产生的数十 TB 的数据，从而为用户提供各种创新的服务，推动丰田汽车的车联网解决方案在中国市场大规模落地。

丰田互联副总经理光武小叶子介绍说："数据已经成为企业的血液，善用数据，车联网将引领未来出行方式的变革。依托丰富而强大的大数据分析服务，Toyota Big Data Center China 能够简化开发，快速进入市场，实现实时接收、存储和处理 PB（1PB＝1024TB）级大数据的关系及非关系型数据，助力丰田汽车为中国用户提供一流的车联网服务。"

数以千亿千米的人类驾驶数据可以为提高自动驾驶汽车的安全性和舒适性提供巨大帮助，并帮助更快达到自动驾驶的研发目标，因此构建这样一个数据库非常有必要，而数据库的构建，就将使用区块链技术。丰田长期以来一直是区块链领域的参与者，并于 2016 年成为 R3 区块链联盟的一员，这是全球涉足或者想要涉足区块链的公司组成的团体。

2020 年 10 月，丰田的 IT 子公司丰田系统（Toyota Systems）开始与日本加密货币交易所 DeCurret 合作开发丰田内部使用的数字货币，并利用 DeCurret 专有的基于区块链的平台发行和管理数字货币。丰田系统公司的 2500 名员工将参与测试计划，参与计划的员工可以用数字货币兑换公司福利积分或礼物，但无法将数字货币兑换成日元。

目前来看，现阶段的区块链技术并不能够给汽车行业带来颠覆性的变革，但当区块链和物联网、大数据以及人工智能相结合时，可以产生很大的影响力，并提供一种新方法来使这些技术达到效益最大化。随着汽车产业进入大数据时代，丰田并没有固守传统制造业者的骄傲，而是积极将"智能技术"全面渗入整个公司体系。

从未离开的三井物产

2019 年 8 月，美国电动汽车充电站管理软件"EV Connect"宣布与通用汽车合作，帮助通用汽车改善雪佛兰电动汽车 Bolt 车主的充电体验。企业用户将自己旗下的充电桩联入 EV Cloud 的充电网络后，可以访问该平台进行一系列操作。除了与电动汽车直接相关的投资者，类似 EV Connect 的充电设施整合商也是重要一环，三井物产显然希望占得先机。

2019 年 10 月，EV Connect 获得 1200 万美元 B 轮融资，本轮融资由日本三井物产和 Ecosystem Integrity Fund 领投。EV Connect 开发了一款云端 SaaS（软件即服务）平台——EV Cloud，用于在线管理电动汽车充电设备。目前 EV Connect 的主要欧美客户包括赫兹租车、万豪酒店、Panda Express、洛杉矶大都会交通局、纽约电力局等。

2019 年 11 月，由日本三井物产、协鑫集团和华菱星马汽车集团联合主办的中国电动重卡绿色联盟高峰论坛在无锡举行。论坛上，协鑫集团、日本三井物产、华菱星马汽车集团、国家电投租赁公司、中交兴路和 G7 智慧物联网等 6 家单位发起成立了中国电动重卡绿色联盟，旨在加快推进新能源电动重卡的技术、应用和效益革命，打造能源全产业链生态圈。

根据介绍，中国电动重卡绿色联盟将充分凝聚各个发起单位的优势资源，有效发挥各个发起单位的强大影响，抱团合作、创新模式、做好表率，影响和带动更多的机构、单位和企业参与电动重卡的业务发展和生态建设，将发展成推动技术进步、加速行业发展、创新商业模式、促进合作共赢的国内权威、在国际上具有影响力的行业组织。

作为世界汽车产业巨头，丰田自20世纪90年代开始将镍氢动力电池应用于汽车，并于2020年在中国正式引进自行开发的量产型电动汽车，同时积极推进锂电池再利用和循环再生业务。事实上，三井物产很早之前便涉足了中国电池领域，早在2009年，三井物产就与北京建龙重工集团共同出资建立了动力电池企业——天津市捷威动力工业有限公司。

2020年9月，日本三井物产和松下、凸版印刷等公司在大阪府吹田市万博纪念公园开展了自动驾驶巴士实证试验"EXPO Autoride & Guide"，普通游客可免费乘车。该巴士汇集了能与景色联动放映导览视频的显示屏、能与乘客进行简单对话的多语种自动语音功能等新一代技术；共有2条路线，覆盖作为公园象征的广为人知的太阳塔周边，以及公园北部日本庭园周边。

本次试验投入2辆电动巴士，一共运行16天。其中1辆巴士还搭载了表情分析摄像头，以调查乘客满意度。三井物产关西分公司社长堀晋一表示："将对感想进行分析，开发其后的新服务。"可以看到，从电动汽车电池的生产，到充电设备的服务管理，再到废旧电池的回收利用，以及物联网、自动驾驶等重要技术的研发使用领域，三井物产从未离开涉及汽车产业革命的方方面面。

2020年10月，为了更好地发展新能源产业，日本三井物产首席执行官安永龙夫表示，公司计划在2030年之前出售其在燃煤电站中的剩余股权，从煤炭转向天然气，以帮助实现其2050年净零碳排放目标。在全球公司纷纷放弃使用煤炭以减少有害的二氧化碳排放并减缓气候变化的大势下，此前从能源和金属中获取三分之二利润的三井物产也在从石油转向低碳能源。